yingyonghanyu

主　编　宋庆山
副主编　张　岚　张建徽　钱　放
编　委　（按姓氏笔画）
李　桦　柳国栋　秦晓梅
张　岚　张建徽　钱　放
程淑萍　谢　灵

安徽省“十一五”规划教材

应用汉语（第2版）

yingyonghanyu

合肥工业大学出版社

图书在版编目(CIP)数据

应用汉语/宋庆山著．—合肥:合肥工业大学出版社,2005.8(2015.7 重印)
ISBN 978-7-81093-257-8

Ⅰ.应…　Ⅱ.宋…　Ⅲ.汉语—写作—教材　Ⅳ.H15

中国版本图书馆 CIP 数据核字(2005)第 091455 号

应用汉语(第 2 版)

主编　宋庆山　　　　责任编辑　方立松

出　版	合肥工业大学出版社	版　次	2005 年 8 月第 1 版
地　址	合肥市屯溪路 193 号		2008 年 8 月第 2 版
邮　编	230009	印　次	2015 年 7 月第 6 次印刷
电　话	总　编　室:0551-62903038	开　本	710 毫米×1000 毫米　1/16
	市场营销部:0551-62903198	印　张	24.75　　字　数　422 千字
网　址	www.hfutpress.com.cn	印　刷	合肥学苑印务有限公司
E-mail	hfutpress@163.com	发　行	全国新华书店

ISBN 978-7-81093-257-8　　　　定价:40.00 元

再版前言

2005年4月,在安徽省教育厅有关部门支持下,合肥工业大学出版社组织召开了《应用汉语》教材编撰研讨会。与会专家、学者和一线教师代表,对现行于我省各高校的汉语教材,进行了归类、比较和分析,发现各版本讲授的内容侧重点不一,有的内容还有重复交叉的现象,不利于统一、规范、评估汉语教学工作。会议决定:编写一本融语音、汉字、词汇、语法、修辞、逻辑于一体的教材,以统一、规范、评估汉语教学工作。考虑到高职培养的是应用型人才,决定以"淡化概念、侧重应用"为编写本教材的指导思想。

编写一本高质量的应用汉语教材,对我们来说是绠短汲深的事。为不负期许,确保质量,先由主编谨拟提纲,向专家、学者、师生广泛征求意见,几作修改,最后又征询大多数编委意见,才最终确定了本教材的编写提纲。教材成稿后,编委会又进行了三次审核,方由主编统稿成书。

参加本教材编写的老师,多是在教学一线长期从事所写章节教学的讲师、副教授、教授。池州师范专科学校程淑萍讲师,安徽工业经济技术职业学院钱放副教授,蚌埠坦克学院张建徽副教授不仅亲自撰稿,还做了大量审稿工作。特别是蚌埠坦克学院长期从事逻辑学教学和研究的谢灵教授不仅亲赐最新成果,还奖掖后学,甘居编委,令人感动。另外,本教材在编写过程中一直得到安徽新华学院领导和该院中文系全体老师的大力支持,特别是得到新华学院中文系主任、原安徽大学硕士生导师方铭教授的指导,谨在此一并致谢。

参加本教材编写的院校和人员是:

绪论　安徽新华学院　宋庆山

语音　安徽商贸职业技术学院　秦晓梅

汉字	安徽职业技术学院	柳国栋
词汇	安徽新华学院	张　岚
语法	池州师范专科学校	程淑萍(1－4 节)
	安徽工业经济技术职业学院	钱　放(5－8 节)
修辞	蚌埠坦克学院	张建徽(1、2、4、5、6 节)
	蚌埠学院	李　桦(3、7 节)
逻辑	蚌埠坦克学院	谢　灵

三年过去了，该教材在许多院校得到了很好的使用，教学效果反映良好，被评为安徽省“十一五”规划教材。值此再版之际，我们对该教材部分内容进行了充实、调整，以使之日臻完善。

编　者

二〇〇八年八月

目　录

绪 论

一、方言、普通话和现代汉语

（一）方言

汉语是汉民族的语言。今天，全世界使用汉语的人不少于15亿。地域之广，人数之多，这在世界上是任何语言都不能比的。但是因为历史原因，汉语形成了许多区域方言。仅就国内而言，大致就有北方方言、吴方言、湘方言、赣方言、客家方言、闽方言、粤方言七大类。

汉语方言各有特点。概括起来，这些方言特点的差别大致表现在以下三个方面。

一是在语音上。从声母上看，有的保留古浊音，有的浊音很少；有的区分zh、ch、sh和z、c、s，有的不区分；有的区分ji、qi、xi和zi、ci、si，有的不区分。从韵尾上看，有的有－m、－n、－ng、－b、－d、－g，有的只有－n和－ng，有的连－n和－ng也不区分。从声调上看，入声、调类、调值都多有不同。

二是在词汇上。同一事物在不同地方多有不同名称。如“玉米”，有的地方叫“棒子”，有的地方叫“开心果”（当然还有其他名称）。就是同一词语，在不同地方也会表现不同意义。如“爹爹”，有的地方指父亲，有的地方指爷爷。同一动作在不同方言中也有不同字眼。如北京的“喝茶”到了上海就成了“吃茶”，到了广州就叫做“饮茶”了。

三是在语法上。如北方话说：“跳舞吗?”浙江话说：“阿要跳舞?”北方话说：“给你钱，”广东话说：“畀钱你。”不过方言区的语法差别比语音和词汇方面的差别要小得多。

方言特点表现上的差别，导致语音上的南腔北调，甚至是十里不同音，常常使这个地方的人听不懂那个地方人的话。这不仅给我们民族的自由交际带来极大不便，也给我们与兄弟民族的交流和进行国际交流带来极大的不便，有时甚至会造成不必要的麻烦。正像秦时为了社会政治、经济、文化交流与发展的需要，不能不进行统一文字、统一货币、统一度量衡一样，我们的国家和民族也急需一个统一的有利各民族交流，有利促进社会政治、经济、科技、文化发展的共同语言。所以规范一个全民族都能接受的同共语，是我们民族很久以来就有的共同愿望，也是建国后，我国政府十分重视的一项工作。

（二）普通话

1955年，中国科学院召开了现代汉语规范问题学术会议，研究了各地方言，确定了现代汉民族的共同语，并把它称为普通话。1956年，国务院颁布了《关于推广普通话的指示》，正式确定了普通话这一名称。并且规定：普通话以北京语音为标准音，以北方话为基础方言，以典范的现代白话文著作为语法规范。

这一规定是符合客观实际的。

从1153年金迁都北京以来，元、明、清三个朝代的首都都建在北京，不仅使北京成为全国的政治、经济、文化中心，也使北京话获得了“官话”的地位并影响全国。同时，文化的影响也对北京语音的传播起了积极作用。如元代的杂剧，明清时的《水浒传》、《西游记》、《红楼梦》、《儒林外史》等著名小说，都是用北方话写成的。北方白话作品的流传扩大了北方语言的使用范围。加上清政府曾在福建、广东设立正音书院，教授“官话”；“五四”以后又掀起白话文运动，这都使北京语言获得了更广阔的使用空间。以至到了上世纪五六十年代，从东北的哈尔滨到西南的昆明，从东南的南京到西北的酒泉，在这个广大地域中，人们使用的都是北方话，使用北方话的人口占到了整个汉民族总人口的70%以上。

因此，可以说，这一规定既是对我国汉民族语言的历史继承，也是客观的和科学的。

这里要指出：普通话是超方言的，不能认为北京土话就是普通话。所谓“以北京语音为标准音”，是指以北京话的语音系统作为普通话的语音系统。至于北京话的土音成分，1985年《普通话异读词审音表》确认以外的字、词读音，则不是我们要推广的普通话。所谓“以北方话为基础方言”，是说普通话是在北方方言的基础上形成并逐渐发展起来的，北方话的词汇是普通话词汇的基础和主要来源。至于北方方言中的一些土话，如“地板”（地）、“抄手”（馄饨）、“老爷儿”（太阳）、“撂脖儿沉一沉儿”（稍微等一等）等等土俗词语，普通话都是舍弃不取的。不仅如此，普通话还从其他方言中吸取富有表现力的词语，吸收一些有生命力、有表现力的古语词和外来词，不断充实普通话的词汇。所谓“以典范的现代白话文著作为语法规范”，是说普通话的语法不以北方话或北京话的口语为标准，而是以具有广泛代表性的现代白话文著作作为语法规范。这个语法规范是指典范的现代白话文著作中的“一般用例”，也就是最具有普遍性的用例。这些用例排除方言语法中没有用的东西，吸收方言语法、古代语法、外国语法中有用的有生命力的语法成分，使我们的语言表达更为精密、准确、富有表现力。

普通话具有以下特点：

1. 语音方面

普通话音节由声母、韵母和声调组成。声母往往由辅音充当，韵母往往由元音充当。而一个音节，可以没有辅音，如“欧”（ōu），却不能没有元音。也就是说在普通话音节结构中，有元音占优势的特点。其次，普通话音节结构中没有复辅音，即没有辅音和辅音的组合。有时就算一个音节中包含两个辅音，如“三”（sān），“s”和“n”两个辅音也不能同时在元音的前面或后面，即不能写成“sna”或“asn”。再次，每个音节都有一定的声调，并且字的读音一旦确定了声调，则这个字调便是稳定的，不会任意改变了。如“树”（shù），它不可能在这本字典中标为去声调，而在另一本字典中标为别的声调。但是，普通话语音在动态中还有一个特点，那就是语调会有变化。诸如轻声和儿化，上声和去声的变读，“一”、“七”、“八”“不”的变读，重叠式形容词和语气词“啊”的变读，都是最突出的例子（具体可见本书第一章中的朗读）。除此以外，汉语语音还具有音乐性的特点。由于音节中元音占优势，这使语音里乐音特别多；由于辅音和元音的互相间隔，这又形成分明的音节，使语言富有节奏感；由于声调的变化，这又使语言具有抑扬顿挫的音乐色彩。再加上词汇里双音节化和四字格的词语结构以及汉语的分词连读、双声、叠韵、叠音等形式，都使汉语语音显出音乐性的特点。

2. 词汇方面

普通话词汇中，首先是双音节词多。这一点，可从现代文章中、现有词汇中得到有力证明。这里不说一般的双音节词，仅说常用必读双音节轻声词就有近千个。还有，古代汉语中不少单音节词，现在也多扩展为双音节词，如“衣”扩展为“衣服”，“父”扩展为“父亲”。另外，现在有不少多音节词，也压缩为双音节词了，如“发电厂”压缩为“电厂”，“衣服架子”压缩为“衣架”，“中华人民共和国”也常压缩为“中国”，等等。其次是合成词多。由于汉语双音节多，因此，构成的双音节词也多，这就在客观上促进了合成词的大量产生。合成词的大量产生，常使合成词的读音不同，意义也不同。轻声、儿化就是典型例子。如“孙子”的“子”，若念本音“zǐ”，则“孙子”指的是人；若念轻声“zi”，则“孙子”是辈分的意思。再如“盖”，如念本音“gài”时，可作名词、动词和副词；若儿化的话，“盖”则为合成词“盖儿”，不能表示动作，只能表示事物，而没有其他方面的意义了。

3. 语法方面

普通话语法没有明显的语法形态变化。如：

我们是中国人。

中国有值得我们骄傲的历史。

这两句话中“我们”和“中国”这两个词，虽然在句子中出现的位置不同，但它们的形态却没有变化。这不像英语，如 give，有时变为 gave，有时变为 giving，有时变为 gaven。所以，我们不能从形态上确定“我们”、“中国”分别属于什么词，也不能从形态上确定他们在句子中担任什么成分。再如“你寄送邮件”，是过去寄送，现在寄送还是以后寄送，形式上没有任何标志。由于汉语没有形态变化，要体现时态差别，就只好通过词汇手段增加体现时态差别的词或词语，如加时态助词“着”、“了”、“过”或加“现在”、“过去”、“将来”等词语来表示了。认识到这一点很重要，因为这有利于我们从语义角度去认识汉语句子的内部结构和理解句子的意义。

普通话语法的另一个特点，是词法和句法的结构关系基本一致。还是先看例子。如：

词	词组
文化—偏正型	刻苦学习—偏正关系
签名—述宾型	增进友谊—述宾关系
证实—述补型	了解清楚—述补关系
印刷—联合型	研究讨论—联合关系
心得—主谓型	心情舒畅—主谓关系

比较上例不难看出：在结构上，词和词组的关系是一致的。

就是有些复杂的词和词组，也只不过是这些基本结构关系在更多层次上的扩展。如：

科学家

“科学”这个词，加上语素“家”，便形成了第一层次上的偏正型的附加式合成词。而“科学”本身也是一个偏正型，是“科学家”这个词中的第二个层次，当然，分析词，一般不这么细化。

再如：

保护人民的利益

这是一个有多层结构关系的词。“保护”与“人民的利益”构成述宾关系，是第一层结构关系；“人民的利益”中“人民的”与“利益”构成了偏正关系，这是这个词组中的第二层结构关系了。

至于连动词组、兼语词组等特殊词组，其结构关系也都是基本语法结构关系的扩展，因后面有述，这里就不举例说明了。

认识词和词组的这种结构，就可以推而广之地认识句子的结构。我们认识了句子的结构，就可以逐级回溯，更好地认识和理解词和词组了，这对于我们更好把握句子的基本意义将起到重大作用。

(三) 方言与普通话的关系

普通话是建立在方言基础之上的，特别是建立在北方方言的基础之上的。可以这么说，没有方言也不可能有规范的共同语——普通话。但普通话则优于任何一种地方方言，比任何一种地方方言都富有生命力和表现力。它不仅有利于人际交流，有利于社会协调和运作，更能促进社会政治、经济、科学、文化的发展。所以早在上世纪50年代，国家就确定语言文字工作的三大任务：促进汉字改革、扩大普通话、实现汉语规范化。后来，《中华人民共和国宪法》明确规定“国家推广全国通行的普通话”。但是，在目前情况下，推广普通话并不是要取消方言。我们要处理好方言和普通话的关系，在承认方言的区域交往和历史地位与作用的同时，大力推行普通话，使普通话逐渐成为全国各方言区人们的自然语言，不断缩小乃至最终取消给交际带来严重障碍的各地方言。这是方言和普通话的发展趋势。

(四) 普通话和现代汉语的关系

现代汉语是现代汉民族的语言。它包括现代汉民族的共同语普通话和区域语方言。因此，我们不能说普通话就是现代汉语，也不能说现代汉语就是普通话。普通话只是现代汉语的一个重要组成部分。现代汉语不仅研究汉语的语音、词汇和语法，还研究语音、词汇、句子的书面表现符号——汉字。因为汉字是语音、词汇、句子赖以存在和表达意义的形态标志。没有汉字是不可能研究汉语的语音、词汇和句子的。

二、现代汉语与应用汉语

现代汉语和应用汉语一样，都研究现代汉民族的语言。但是现代汉语一般只研究语音、汉字、词汇、语法等方面的内容（有的也研究修辞，但多不涉及篇章修辞），而且具有较强的理论性，是汉语言文学专业选学的内容。而这本应用汉语不只研究语音、汉字、词汇和语法，还研究修辞和逻辑。虽然修辞和逻辑不具备汉语的本质属性，但汉语的表达是离不开修辞和逻辑的。因为，语法研究句子的结构规律，管“通不通”的问题。而修辞却可以增强语言的表达效果。因为它研究词语用得确切不确切，句式用得妥当不妥当，篇章条理清楚不清楚。也就是说它管词语、句子、篇章的“好不好”的问题。语言结构不仅要通顺，表达效果要好，还要遵守人类共同的思维规律。逻辑研究思维形式和思维规律，管语言的“对不对”的问题，不对的语言是不能用的，所以语言的表达也要遵从逻辑规律。

这里举几个常见的句子具体分析一下。

例1：

圆圆的月亮。

银盘似的月亮。

很显然，后一句因为用了比喻修辞，因而比前一句生动、形象，表达效果好些。

例2：

火并到终场，一脚定输赢——北京足球队以三比二胜青海队。

这是一位记者报道一场足球赛的标题。从语法角度看，这个标题句子没有错误；从修辞角度看，则是一个误解用词的句子。“火并”本指“同伙决裂，自相杀伤或并吞”，这里却被误解为“激烈搏斗”了。

例3：

同学们冒着滂沱大雨和泥泞道路上学去。

从语法和修辞角度说，这个句子没有错误。从逻辑角度看，它则是个错句：“大雨”从空中往下落，在头上，同学们可以“冒着”，而“泥泞道路”在地上，在脚下，同学们只能踩着，不可能“冒着”。这个句子犯了违背事理逻辑的错误。

例4：

夜晚，远远望去，整个大楼漆黑一团，只有一个房间还亮着灯。

从语法上看，这是个通顺的句子；从修辞上看，这是个生动的句子；从逻辑上看，这是个错误的句子。既然是“整个”大楼漆黑一团，那就不应该有“一个”房间还亮着灯。它犯了前面用全称肯定，后面又用特称否定的判断错误。

所以我们认为，在使汉语符合语法规则的同时，也应该使汉语符合修辞原则，符合思维规律，这应该是我们追求的目标。这本《应用汉语》较好地做到了这一点。

与现代汉语相比，应用汉语淡化概念（当然也不是不讲概念），主要通过侧重应用实例的介绍、分析和训练，来培养学生运用语言的能力。

以上两点，是这本教材不同于现代汉语的重要之处，也是这本教材最主要的特点。

三、应用汉语课的性质、内容和任务

应用汉语课是大学专科文秘专业的基础课，当然也可做中文、新闻专业的基础课教材。之所以把它列为这些专业的基础课，是因为社会对从事这些专业的人员，在语言文字运用方面的要求很高。在正式场合的讲话，要语音标准，清楚明白，富有意趣；写出来的东西要文从字顺，符合逻辑，富有表现力。这些都是文秘、中文、新闻专业学生必须具备的最基本的应用能力之一。而这本《应用汉语》就着眼并致力于培养学生这方面的应用能力。

应用汉语除绪论外，有以下六个部分：

1. 语音。以《汉语拼音方案》为纲，讲授现代汉语语音知识，重点通过对普通话声母、韵母、声调的发音分析和朗读技能的训练，使学生掌握普通话语音流变的规律，辨别和纠正错误读音，使说话发音符合普通话语音的规范要求。

2. 汉字。讲授汉字的特点，形体演变，现代汉字的结构，现代汉字的标准化和规范化。使学生了解汉字在传承中华文化与加强中华民族凝聚力上的作用，进而掌握现代汉语常用字，正确使用规范汉字，避免错别字。

3. 词汇。重点讲授词的构造，词汇的构成，词义的演变，词义的辨析和词义的表达作用。使学生了解词和词汇的基本知识，熟悉各类词语在语言表达上的作用，掌握词义分析和词义辨析的基本方法，从而正确地使用词语，提高汉语词汇的表达能力。

4. 语法。讲授现代汉语组词造句的一般规则，包括介绍词类、词组类型，语句类型，单句、复句、句组的结构关系，标点符号的用法，常见的语法错误。使学生掌握组词造句的方法和规律，熟练运用现代汉语语法知识，辨析词义、分析句子、说写句子，避免语法错误。

5. 修辞。讲授现代汉语修辞的基础知识，包括语音、词语、句子、语体风格、篇章的修辞和常用修辞格。使学生了解修辞的方式和修辞的基本要求，掌握修辞的基本知识，在说话和写作时取得理想的表达效果。

6. 逻辑。讲授概念、判断、推理、假说、论证、逻辑基本规律。通过大量实例的列举和分析，化抽象为具体，使学生能在实际的语言运用中，利用逻辑的思维形式，遵循逻辑的思维规律，思维精细缜密，思想鲜明深刻。

应用汉语课的任务，就是贯彻国家语言文字工作的政策、法令，结合语言学、修辞学、逻辑学原理，从突出应用的角度，较为系统地讲授语音、汉字、语法、修辞、逻辑等知识，并结合适度的练习训练，提高学生理解、分析和运用汉语的能力，为将来从事文秘、中文和新闻工作打下坚实的语言基础。

思考题

1. 普通话“以北京语音为标准音，以北方话为基础方言，以典范的现代白话文著作为语法规范”的依据有哪些?
2. 普通话的主要特点有哪些?
3. 普通话是否就是现代汉语?为什么?
4. 应用汉语课程的基本内容是什么?

第一章 语音

据说一位南方的官员乘船沿江巡视，望着眼前的美景，不免诗兴大发，顺口吟道："坐在床头看娇妻，娇妻越看越美丽！"一席话惹得同船人哈哈大笑。因为他把"船头"说成了"床头"，"郊区"说成了"娇妻"。如果那位可敬的官员能够区分前后鼻音韵母，念准i和ü，就不会闹这么大的笑话了。正如这位官员，现在许多人一张口就会说出带有地方特色的普通话，给我们的交际带来很多麻烦。怎样才能说好普通话呢？首先，我们必须掌握一套最基本的发音方法。

第一节 语音概说

我们生活在一个热闹喧嚣的世界里，每时每刻都能听到各种声音：风声、雨声、脚步声、马达声、动物吼叫声……还有人类的说话声。其中人类说话的声音是从人类发音器官中发出的，具有交流信息、表达情感的作用，我们把它叫做"语音"。世界上有些地区，如非洲、美洲及太平洋地区，人们常常利用打击锣、鼓等一些乐器，发出具有特定节奏的声音来表达一定的意义，但因为这声音不是由人发出的，所以不能叫语音；而那些像咳嗽、打哈欠时所发出的声音，虽然是由人的发音器官发出的，但因为这些声音只是人生理上的本能反应，不表示意义，所以也不能叫语音。语音是通过人的发音器官发出的代表一定意义的声音。

语音产生于声带的振动，具有一定的物理性质。但语音是人这一生物发出的，它又具有生理性质。更重要的是语音还可以表达一定的意义，这个意义不是由个人决定的，而是由使用该语音的全体社会成员在漫长的历史发展中约定俗成的，所以语音又具有社会属性。

一、语音的基本性质

（一）语音的物理性质

从自然属性来看，语音是声音的一种，其发音原理同一般声音一样，也是因为外力振动发音体，发音体振动空气，产生音波而形成的，所以它也是由音高、音强、音长、音色四个要素构成的。

1. 音高

音高是指声音的高低，它决定于发音体振动频率的大小，即每秒钟内振动的次数。声带是语音的发音体，语音的高低取决于声带振动的频率。声带短而薄，振动快，频率大，声音就高；声带长而厚，振动慢，频率小，声音就低。所以一般孩子的声音高于成人，女子的声音高于男子。如果是同一个人，也可以通过控制声带的松紧发出高低不同的声音，声带绷紧的时候，声音就高；声带放松的时候，声音就低。在汉语普通话中，语调、声调的变化主要是由音高变化来决定的，并且可以起到区别语意的作用。“你真是好人?”和“你真是好人!”两句话语调的差别，“衣、移、乙、易”四个字声调的差别，都是由于音高不同而造成的。

2. 音强

音强是指声音的强弱，它决定于发音体振动幅度的大小。语音的强弱是由发音气流冲击声带力量的强弱决定的。用力大，呼出气流强，冲击声带的力量大，声带振动幅度大，声音就强；反之，声音则弱。比如同一把琴，琴弦的长度和松紧不变，但用力弹拉时，声音就响；轻轻弹拉时，声音就比较弱。朗读时的逻辑重音，普通话中的轻声都是音强的表现形式，如“龙头”区别于“笼头”就是音强造成的。

3. 音长

音长是指声音的长短，它决定于发音体振动时间的长短。振动时间长，声音就长；振动时间短，声音就短。普通话中音长不区别意义，但可以表达不同的语气，例如，同是一个“啊”的声音，读短音表应答，读长音表示沉思或感叹。但在英语或汉语方言里，有时音长的变化有区别意义的作用，比如：ship［i］和 sheep［i:］就是两个不同意义的词，再比如广州话中［sa:m］（三）与［sam］（心）也是完全不同的两个词。

4. 音色

音色也叫音质，即音的本质。音色的差别决定于音波振动形式的不同。发音体不同、发音方法不同、发音共鸣腔形状不同都会造成音波振动形式不同，从而形成音色的差别，它是区别意义最根本的因素。比如人在发音时，发音体是声带，声带的不同造成每个人音色的不同，而同一个人通过控制声带的状态，改变发音体的具体情况，也能够发出不同的声音。

（二）语音的生理性质

声音是由人的发音器官发出的。这些器官包括肺、气管、喉头、声带、口腔和鼻腔等。在这些器官的相互配合下，人就能发出各种不同的声音。

发音全仗一口气，这口气好比是原动力，它从肺这个“动力站”里出发，通过“运输系统”——气管，到嗓子眼儿，引起喉头中间的声带振动，这样声音就发出来了。口腔和鼻腔都是共鸣器。气流如果通过鼻腔流出，就会发出鼻音（如 m、n）；如果从口腔中流出，那么口腔里的上下唇、上下齿、齿龈、舌头、硬腭、软腭等部位一起或分别活动起来的时候，就会发出各种不同的声音。

发音口腔器官示意图：

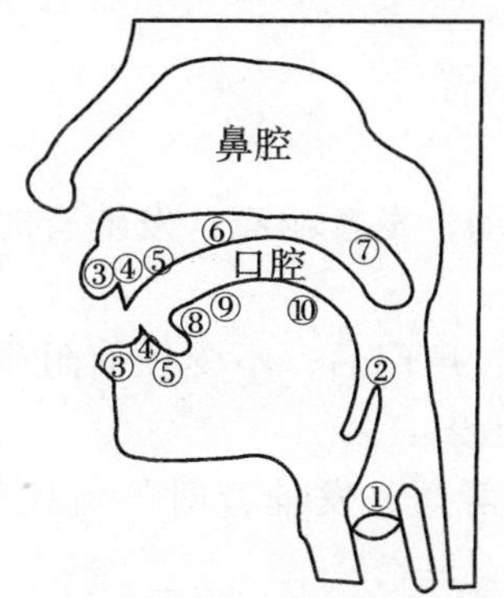

①声带 ②气管 ③上下唇 ④上下齿
⑤齿龈 ⑥硬腭 ⑦软腭 ⑧舌尖
⑨舌面 ⑩舌根

（三）语音的社会性质

语音具有表意功能，语音形式和语意内容的关系是由使用同一种语言的全体社会成员约定俗成的，它是一种社会现象，比如，［tu］这样的声音，在汉语中可能是表达“兔”的意思，而在英语中却是“二”的意思，在别的语言中又可能被理解为其他的意思。语音的这种社会属性是它区别于自然界其他声音的最本质特征。

不同的语言具有不同的语音系统，现代汉语中不同的方言也是这样。比如，普通话中鼻音 n 和边音 l 界限分明，而西南、湖南、江淮一带的某些方言里则 n、l 不分。语音系统的这些差别，足可说明语音是不同于单纯的物理或生理现象的一种社会现象。

语音的社会性质是语音的本质，否认或忽视了语音的社会性质就难以说明许多语音现象，也无法合理解决语音上的各种问题。

二、语音的单位

（一）音素与元音、辅音

音素是构成音节的最小语音单位。音色是分析音素的依据。对音节进行音色分析时，划分出一个个各具特色的最小语音单位就是音素。比如我们在完成“三（sān）”这个发音过程时，读得慢一点就会发现，它是由s、ɑ、n三个音组成，用这种方法分析出来的结果，就叫做音素。例如，普通话的词“期望”和“棋王”，前两个音节和后两个音节的音高各不相同，但音素相同，“棋”和“期”都由“q、i”两个音素构成，“望”和“王”都由“a、ng”两个音素构成。

音素按发音情况的不同可分两大类：

1. 元音　指气流振动声带，在口腔、咽头不受阻碍而形成的响亮发音；

2. 辅音　指气流在通道中受到阻碍而形成的音。

元音和辅音的区别主要有以下几点：

第一，声带是否振动。发元音时，声带振动，发音响亮；发辅音时，有的声带不振动，声音就不响亮。

第二，气流是否受阻。发元音时，气流通过声门后，不受任何阻碍；发辅音时，气流通过咽头、口腔总要受到某种阻碍。

第三，气流的缓急。发元音时，气流比较舒缓；发辅音时气流比较急促。

第四，发音器官的紧张状态。发元音时，发音器官持均衡紧张状态；发辅音时，发音器官成阻的部位特别紧张。

普通话语音共有三十二个音素，十个元音，二十二个辅音。

除了元音和辅音之外，还有一种在性质上很接近元音的半元音。半元音的发音特点是气流通过口腔时稍带摩擦成分。普通话中的半元音出现在i、u、ü开头的音节，如“衣、乌、鱼”等。汉语拼音方案中，i写作y，u写作w，ü写作yu。

（二）音节与声母、韵母、声调

音节是听觉上自然感受到的最小的语音片断，它是语音的基本结构单位。一般来讲，一个汉字就是一个音节。例如，“我们是大学生”。这句话书面上是6个字，语音上是6个音节。所以汉语也称音节为字音。当然，也有特殊情况，比如儿化音节就是用一个音节表示两个汉字。

汉语传统的分析方法，是把一个音节分析成声母、韵母和声调三部分。

声母，指音节开头的辅音。“音节开头”和“由辅音充当”是声母两个不可缺少的条件。辅音如果不在音节的开头，而在音节的末尾，如“完（wán）”，这个音节中的辅音 n 就不是声母，而是韵尾；音节的开头不是辅音，该音节就没有声母，习惯上称之为“零声母”。

普通话语音二十一个声母都由辅音充当，但声母和辅音并不相等。辅音是就音素性质而言的，声母是对音节结构而言的，而且它们之间不存在一一对应的关系，比如辅音 n，既可作声母又可作韵尾，辅音 ng 只作韵尾，却不能作声母。

韵母，指音节中声母后面的部分。音节“答（dā）”中，a 就是韵母。零声母音节也叫韵母自成音节，整个音节由韵母构成，如“无（wú）”。

韵母有由单元音、复元音构成的，如“a、o、ao、uei”，也有由元音加鼻辅音构成的，如“en、eng”。韵母和元音也不是一一对应的关系。如“eng”中的“e”是元音而不是韵母，只是韵母中的韵腹。

声调是字音高低、升降、曲直变化的形式，它和音长有关。如“喊”（hǎn）这个音节，先降后升的音高变化就是它的声调。现代汉语音节一般由声母、韵母、声调三部分构成。有的音节可以没有声母，即零声母音节；但除极个别的音节（如“嗯 ng”、“呣 m”）外，一般音节不能没有韵母，更不可没有声调。可见一般一个音节中韵母和声调是不可缺少的。

三、记录语音的符号

为了给汉字注音，人们采用过多种记音方法，主要可分为三大类：

（一）汉语拼音方案

汉语拼音方案是记录现代汉语语音系统的法定拼音方案。这套方案是我国语文工作者在总结我国注音识字和拼音字母运用的经验、吸收世界各国拼音文字长处基础上制定出来的。它的主要用途是给汉字注音和作为推广普通话的工具，还可用作我国各少数民族创制和改革文字的基础，帮助外国人学习汉语，翻译人名、地名和科技术语。

汉语拼音方案由字母表、声母表、韵母表、声调符号、隔音符号五部分组成，用注音字母标注字母、声母、韵母的名称和读音，有的还辅以汉字说明。

汉语拼音方案采用了国际通行的二十六个拉丁字母。其中的 y 和 w 主要用来区分音节的界限；字母 v，只用来拼写外来语、少数民族语言和方言。为解决拉丁字母的不足，方案结合现代汉语语音系统的特点进行了调整加工：

1. 以组合字母记录音素，有 zh 、ch 、sh 、ng、er 五个。

2. 加符字母，有 ê、ü 两个。

3. i 为兼职字母。即 i 字母在不同的条件下代表不同的音素。在 zh 、ch、sh、r 声母后代表［ʅ］，在 z、c、s 声母后代表［ɿ］，在其他情况下是［i］。

字母表采用了拉丁字母的体式及国际通用的顺序，还规定了国际化的汉语字母名称（《汉语拼音方案》附后）。

（二）直音和反切

直音就是用一个汉字给另一个汉字注音，如“嗤，音吃”。反切就是用两个汉字给另一个汉字注音，比如“古，工舞切”，“工”是反切上字，与被注音字“古”的声母相同，“舞”是反切下字，与被注音字“古”的韵母和声调相同。

（三）国际音标

研究语音必须要有一套符号系统来记音，由于语言都有自己的语言特点，于是就需要研制一套专门的简明的统一的记录语言的符号，于是就有了国际音标。

国际音标是国际语音学协会于 1888 年制定的一套记音符号。国际音标的形体以拉丁字母的小写印刷体为基础，用大写、草体、合体、倒排、变形、加符等办法加以补充，共一百多个。

国际音标的优点是，每一个固定的音素由一个记音符号表示，不会发生标音含混的现象；而且国际音标的字型是在国际通行的拉丁字母的基础上制定的，多数字形为大家所熟悉，掌握起来比较方便。国际音标就好像一套标准的公式，我们可以利用它对各种语言或方言进行讨论或交流，也可以根据别人的描述，准确地还原出那个音。我国的语言学者调查方言或少数民族语言，阐述古汉语语音，都使用国际音标。

思考题

1. 举例说明怎样理解语音的社会性质？
2. 默写发音器官示意图。
3. 能否说“声母等于辅音，韵母等于元音”？
4. 举例说明“反切注音法”。
5. 结合自身经历谈谈学习普通话的体会。

附　汉语拼音方案

一、字　母　表

字母：	Aa	Bb	Cc	Dd	Ee	Ff	Gg
名称：	ㄚ	ㄅㄝ	ㄘㄝ	ㄉㄝ	ㄜ	ㄝㄈ	ㄍㄝ
	Hh	Ii	Jj	Kk	Ll	Mm	Nn
	ㄏㄚ	ㄧ	ㄐㄧㄝ	ㄎㄝ	ㄝㄌ	ㄝㄇ	ㄋㄝ
	Oo	Pp	Qq	Rr	Ss	Tt	
	ㄛ	ㄆㄝ	ㄑㄧㄡ	ㄚㄦ	ㄝㄙ	ㄊㄝ	
	Uu	Vv	Ww	Xx	Yy	Zz	
	ㄨ	ㄪㄝ	ㄨㄚ	ㄒㄧ	ㄧㄚ	ㄗㄝ	

V 只用来拼写外来语、少数民族语言和方言。

字母的手写体依照拉丁字母的一般书信习惯。

二、声　母　表

b	p	m	f	d	t	n	l
ㄅ玻	ㄆ坡	ㄇ摸	ㄈ佛	ㄉ得	ㄊ特	ㄋ讷	ㄌ勒
g	k	h		j	q	x	
ㄍ哥	ㄎ科	ㄏ喝		ㄐ基	ㄑ欺	ㄒ希	
zh	ch	sh	r	z	c	s	
ㄓ知	ㄔ蚩	ㄕ诗	ㄖ日	ㄗ资	ㄘ雌	ㄙ思	

在给汉字注音的时候，为了使拼式简短，zh ch sh 可以省作 ẑĉŝ。

三、韵 母 表

	i 丨衣	u ㄨ乌	ü ㄩ迂
a ㄚ啊	ia 丨ㄚ呀	ua ㄨㄚ蛙	
o ㄛ喔		uo ㄨㄛ窝	
e ㄜ鹅	ie 丨ㄝ耶		üe ㄩㄝ约
ai ㄞ哀		uai ㄨㄞ歪	
ei ㄟ欸		uei ㄨㄟ威	
ao ㄠ熬	iao 丨ㄠ腰		
ou ㄡ欧	iou 丨ㄡ忧		
an ㄢ安	ian 丨ㄢ烟	uan ㄨㄢ弯	üan ㄩㄢ冤
en ㄣ恩	in 丨ㄣ因	uen ㄨㄣ温	ün ㄩㄣ晕
ang ㄤ昂	iang 丨ㄤ央	uang ㄨㄤ汪	
eng ㄥ亨的韵母	ing 丨ㄥ英	ueng ㄨㄥ翁	
ong （ㄨㄥ）轰的韵母	iong ㄩㄥ雍		

（1）“知、蚩、诗、日、资、雌、思”等七个音节的韵母 i，即：知、蚩、诗、日、资、雌、思等字拼作 zhi、chi、shi、ri、zi、ci、si。

（2）韵母儿写成 er，用作韵尾的时候写成 r。例如：“儿童”拼作 értóng，“花儿”拼作 huār。

（3）韵母ㄝ单用的时候写成 ê。

（4）i 行的韵母，前面没有声母的时候，写成 yi（衣），ya（呀），ye（耶），yao（腰），you（忧），yan（烟），yin（因），yang（央），ying（英），yong（雍）。

u 行的韵母，前面没有声母的时候，写成 wu（乌），wa（蛙），wo

（窝），wai（歪），wei（威），wan（弯），wang（汪），weng（翁）。

ü 行的韵母，前面没有声母的时候，写成 yu（迂），yue（约），yuan（冤），yun（晕），ü 上两点省略。

ü 行的韵母跟声母 j，q，x 拼的时候，写成 ju（居），qu（区），xu（虚），ü 上两点也省略；但是跟声母 n，l 拼的时候，仍然写成 nü（女），lü（吕）。

（5）iou，uei，uen 前面加声母的时候，写成 iu，ui，un。例如 niu（牛），gui（归），lun（论）。

（6）在给汉字注音的时候，为了使拼式简短，ng 可以省作 ŋ。

四、声调符号

阴平	阳平	上声	去声
ˉ	ˊ	ˇ	ˋ

声调符号标在音节的主要母音上。轻声不标。例如：

妈 mā	麻 má	马 mǎ	骂 mà	吗 ma
（阴平）	（阳平）	（上声）	（去声）	（轻声）

五、隔音符号

ɑ，o，e 开头的音节连接在其他音节后面的时候，如果音节的界限发生混淆，用隔音符号（′）隔开，例如 pi′ao（皮袄）。

第二节　声母发音

一、什么是声母

声母是指音节开头的辅音。汉语普通话里共有 21 个辅音声母，1 个零声母。辅音声母的发音是由发音部位和发音方法决定的。发音部位是指发音器官阻碍气流的部位。发音方法是指发音时构成和克服阻碍的方法。

二、声母的发音

由于发音部位和发音方法的不同，决定了 21 个辅音声母音色各不相同，因此要想学好声母发音，首先要弄清楚它们各自的发音部位和发音方法。

以下是 21 个声母发音部位和方法的示意图，请仔细阅读并加以练习，找出它们彼此的区别。

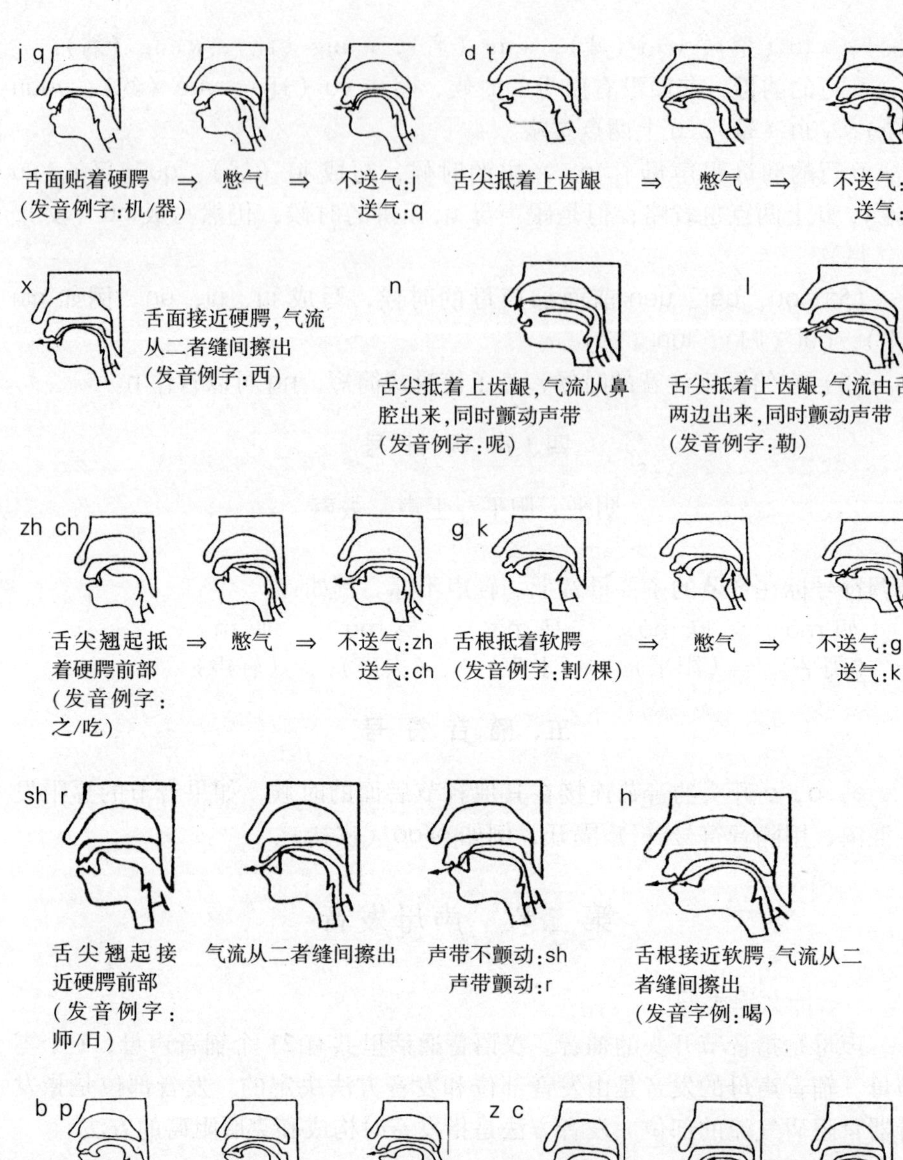
j q
舌面贴着硬腭 ⇒ 憋气 ⇒ 不送气:j
(发音例字:机/器) 送气:q
d t
舌尖抵着上齿龈 ⇒ 憋气 ⇒ 不送气:d
送气:t
x
舌面接近硬腭,气流
从二者缝间擦出
(发音例字:西)
n
舌尖抵着上齿龈,气流从鼻
腔出来,同时颤动声带
(发音例字:呢)
l
舌尖抵着上齿龈,气流由舌
两边出来,同时颤动声带
(发音例字:勒)
zh ch
舌尖翘起抵
着硬腭前部
(发音例字:
之/吃)
⇒ 憋气 ⇒ 不送气:zh
送气:ch
g k
舌根抵着软腭 ⇒ 憋气 ⇒ 不送气:g
(发音例字:割/棵) 送气:k
sh r
舌尖翘起接
近硬腭前部
(发音例字:
师/日)
气流从二者缝间擦出
声带不颤动:sh
声带颤动:r
h
舌根接近软腭,气流从二
者缝间擦出
(发音字例:喝)
b p
双唇闭合
(发音例字: ⇒ 憋气 ⇒ 不送气:b
拨/泼) 送气:p
z c
舌尖抵着上
齿背
(发音例字:
姿/疵)
⇒ 憋气 ⇒ 不送气:z
送气:c

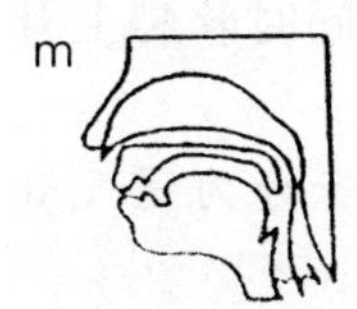

双唇闭合，气流从鼻腔出来，同时颤动声带
（发音例字：摸）

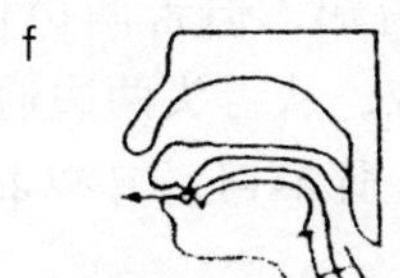

上齿轻和下唇，气流从齿缝间擦出
（发音例字：佛）

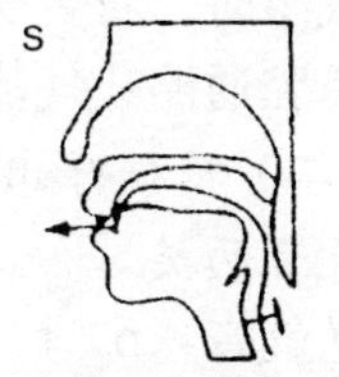

舌尖接近上齿背，气流从二者缝间擦出
（发音例字：丝）

以上声母按照发音部位的不同，可以分为七类：

双唇音 b p m

唇齿音 f

舌尖前音 z c s

舌尖中音 d t n l

舌尖后音 zh ch sh r

舌面音 j q x

舌根音 g k h

声母的发音方法包括三方面情况：发音器官形成阻碍和气流克服阻碍的方式、气流呼出的强弱以及当时声带是否振动。

（一）根据发音时形成阻碍和克服阻碍的不同方式，可以将声母分为五类

塞音：b p d t g k

成阻时，两个发音部位完全闭合；除阻时，让气流冲破阻碍，爆发成音。

擦音：f h x sh r s

成阻时，两个发音部位接近，只留一条窄缝，然后让气流从窄缝挤出，摩擦成音。

塞擦音：j q zh ch z c

是塞音和擦音两种方法的结合。成阻时与塞音相同，形成阻碍的两个发音部位完全闭合；除阻阶段又与擦音相同，两个发音部位慢慢放松，形成一条窄缝，让气流从缝中擦出而发音。

鼻音：m n

成阻时，两个发音部位完全闭合，软腭下垂，打开鼻腔通路，让气流从鼻腔通过而发音。

边音：l

成阻时，将舌尖抵住上齿龈，但舌两边仍留有空隙，同时软腭上升，阻塞鼻腔通路，气流振动声带，从舌头两边通过。

（二）根据呼出气流的强弱不同，可以把塞音和塞擦音分为送气音、不送气音两类

送气音：p　t　k　q　ch　c 发音时口腔呼出的气流较强。

不送气音：b　d　g　j　zh　z 发音时口腔呼出的气流较弱。

进行发音练习时，可用一张纸挡在嘴巴前面，从纸张的颤动情况来判断发音时呼出气流的强弱。

（三）根据发音时声带是否振动，可以把声母分为清音和浊音两类

清音：b　p　f　d　t　g　k　h　j　q　x　zh　ch　sh　z　c　s 发音时声带基本不颤动。

浊音：m　n　l　r 发音时声带颤动。

进行发音练习时，可用手指轻触咽头部位，去直观感受声带的振动情况。

综合上述描写的普通话 21 个声母的发音部位和发音方法，可以通过附录中的《普通话声母总表》了解它们之间的具体情况。

二、声母发音辨正

（一）分清 f 和 h 、b、p

声母 f 是唇齿清擦音，是气流冲破上齿和下唇形成的阻碍而形成的发音。在发音时应该注意：

1. 不要把舌根音 h 发成 f

这类发音错误主要出现在 h 和 u 或 u 开头的韵母相拼的音节中。例如：huā 花说成 fā 发，huī 灰说成 fēi 飞。

h 是一个舌根音，照理跟 f 的发音部位不一样，但当 h 与 u 或 u 开头的韵母相拼时，因为 u 是一个后高圆唇元音，这样就使 h 的发音部位发生了细微变化，接近于 f，因此二者很容易相混。所以，在发 h、f 这两个音时，一定要注意它们发音部位的不同，f 是上齿、下唇形成阻碍，h 是舌根和软腭形成阻碍。

2. 不要把 f 发成双唇音 b、p

在有的方言中，没有 f 这个辅音，与 f 比较接近的就是 b、p 这两个双唇音，因此在学习 f 这个声母时，就容易产生把该念 b、p 的念成 f 的情况或把该念 f 的念成 b、p 的情况。

例如：

fā 法—bā 把　　fān 番 —bān 班　　fēi 飞—bēi 悲

fēn 芬—pēn 喷　　fó 佛—pó 婆　　fū 夫—pū 铺

（二）分清 z、c、s、zh、ch、sh 和 j、q、x

对很多人来说，z、c、s、zh、ch、sh 和 j、q、x 的区分很难，尤其是舌尖后音 zh、ch、sh 与舌面音 j、q、x，比如常常把 zhīchí（支持）说成 jīqí（积齐），把 shīzi（狮子）叫成 xīzi（西子）。

也有些方言区的人容易把舌尖前音和舌面音 j、q、x 相混，比如当舌面音 j、q、x 与 i、ü 或 i、ü 开头的韵母拼和时，很多人会把舌面音 j、q、x 误读为舌尖前音 z、c、s。比如把酒（jiǔ）读成（ziǔ）；把雪（xuě）读成（suě），这些发音习惯很显然都是不正确的。实际上在普通话中，舌尖前音 z、c、s 是不能和［i］、ü 或 ü 开头的韵母相拼的，所以我们只要把与 i、ü 或 i、ü 开头的韵母相拼的 z、c、s 改为 j、q、x，就可以了。

更多的人则是舌尖前音 z、c、s 和和舌尖后音 zh、ch、sh 区分不清。如把诗人（shīrén）说成私人（sīrén），把历史（lìshǐ）说成历死（lìsǐ），这两组具有区别意义作用的声母是不容相混的。

要想分辨这几组声母，首先要依据发音规则学会发音，进行舌位强化练习；再者就是要熟练掌握普通话中每个字声母的准确发音。

（三）鼻音 n、边音 l 和擦音 r

这几个声母在普通话当中具有区别意义的作用。但在一些方言中，鼻音 n 和边音 l 分得不够清楚，时常会把边音 l 发成鼻音 n，比如把 liǎo（了）发成 niǎo（鸟）；把 lǔxùn（鲁迅）念成 nǔxùn（努迅）。

另外，由于有的语言中没有擦音 r，因此，也常常用相近的边音代替，比如把 rè（热）说成 lè（乐）；把（rìběn 日本）念成 lìběn（利本）。

造成 n、l 不分主要是因为发音时控制不了自己的软腭。因此，发边音时要尽量使软腭上升，升到堵住鼻腔的通路，不让气流进入鼻腔，这样就可以摆脱鼻音干扰；而 r、l 不分大多是由于在发舌尖后擦音 r 时，舌尖与上齿龈相碰而误发成 l，因此只要注意舌尖与上齿龈不碰到一起，就可以准确地发好 r 音。

（四）送气与不送气

汉语中，送气与不送气形成对立的辅音声母共有 6 对，有区别词义的作用。但在很多语言中，送气与不送气不是用来区别意义的。由于没有意识到这两个概念的对立性，因此在学习时就往往容易忽视他们：听他们说

tùzi（兔子）时，总感觉他们说的是 dùzi（肚子）；说 kèrén（客人）时，也好像说的是 gèrén（个人）。

送气与不送气的主要区别在于发音时气流的强弱，在发送气声母时一定要注意气流的相对加强。

思考题

1. 写出下列声母的发音部位和发音方法。

① h　② zh　③ l　④ c　⑤ b

2. 试把下列字音的声母写出来。

竟（　　）　湖（　　）　进（　　）　了（　　）　几（　　）
黑（　　）　进（　　）　既（　　）　猛（　　）　路（　　）
素（　　）　着（　　）　完（　　）　民（　　）　赶（　　）
与（　　）　饿（　　）　想（　　）　也（　　）　归（　　）
穷（　　）　山（　　）　赶（　　）　拧（　　）　请（　　）
心（　　）　穿（　　）　舱（　　）　点（　　）　前（　　）

3. 注明下面两段话里各字的声母，并练习朗读。

①桃子、李子、栗子和柿子，
栽满了院子、林子和寨子。
锤子、斧子、锯子和凿子，
做出桌子、椅子、箱子和橱子。

②牛郎年年恋刘娘，刘娘年年恋牛郎，牛郎刘娘连年恋，刘娘牛郎念连年。

应用汉语

附　普通话声母总表

声母　发音部位		发音方法	塞音		塞擦音		擦音		鼻音	边音
			清音		清音					
			不送气音	送气音	不送气音	送气音	清音	浊音	浊音	浊音
唇音	双唇音	上唇 下唇	b [p]	p [p′]					m [m]	
	唇齿音	上齿 下唇					f [f]	(v)		
舌尖前音		舌尖 上齿背			z [ts]	c [ts′]	s [s]			
舌尖中音		舌尖 上齿龈	d [t]	t [t′]					n [n]	l [l]
舌尖后音		舌尖 硬腭前			zh [tʂ]	ch [tʂ′]	sh [ʂ]	r [ʐ]		
舌面音		舌面 硬腭			j [tɕ]	q [tɕ′]	x [ɕ]			
舌根音		舌根 软腭	g [k]	k [k′]			h [x]		(ng)	

第三节　韵母发音

一、什么是韵母

在音节中，声母后头的部分叫韵母。现代汉语普通话的韵母主要是由元音构成，也有的是由元音加鼻辅音构成，它们的内部结构较为复杂，分成韵头、韵腹、韵尾三部分。

韵腹是复韵母的中心，在几个元音的比较下，由开口度较大，声音较清晰响亮的元音来充当，因此也称为“主要元音”。

韵头只出现在韵腹前面，又叫介音，发音轻而短，只表示复元音韵母的发音的起点，由 i、u、ü 来充当。

复韵母中的韵尾是指韵腹后面的部分，由元音 i、u、o 和辅音 n、ng 来充当，表示韵母发音时舌位滑动的最后方向。

二、韵母的发音

普通话韵母共有39个，分别由一到四个音素构成。虽然数量上比声母多，但发音并不复杂，只要掌握了10个单元音韵母的发音，再把握一些复韵母发音的规律和技巧就可以了。它们主要是由于气流呼出时受到口腔的形状大小变化的影响而发出不同的音，发音时一般需要振动声带。根据韵母的内部结构情况，可分为单韵母、复韵母、鼻韵母三类。

（一）单元音韵母发音

单元音韵母是由一个元音构成的韵母，又叫单韵母。它的发音，除er外，都是一个单纯的动作，即舌位、唇形始终是不变位的。

普通话单元音韵母共10个。根据发音时舌头的部位和状态可分为三类：舌面韵母、舌尖韵母和卷舌韵母。

1. 舌面元音韵母（7个）

舌面元音韵母发音时，舌面起主要作用。舌面韵母的不同音色，取决于不同形状的口腔共鸣器对音波的调节，共鸣器的不同具体地说有以下三方面造成的：

第一，舌位的高低。元音发音时，舌位的高低一般可划分为高、半高、半低和低四度。舌位的高低和口的开闭有直接关系：舌位高，开口度小；舌位低，开口度大。口腔的开闭也相应地分为闭、半闭、半开、开四度。

第二，舌位的前后。元音发音时，舌位的前后位置一般划分为前、央、后三种。

第三，唇形的圆展。元音发音时，唇形的差别一般划分为圆唇、不圆唇两类。

因而，描写元音韵母的发音特点，就必须从上述三方面去说明。现将舌面元音分述如下：

ɑ 舌面、央、低、不圆唇元音。发音时，舌面中部微微隆起，舌位低，口腔大开，唇呈自然状态。例如“大妈、发达”的韵母。

o 舌面、后、半高、圆唇元音。发音时，舌面后部隆起，舌位高，口半闭，呈圆形。例如“婆婆、默默”的韵母。

e 舌面、后、半高、不圆唇元音。发音时，舌位高低、前后和开口度都与o相同，只是唇形不圆，嘴角略向两边展开。例如“哥哥、合格”的韵母。

ê 舌面、前、半低、不圆唇元音。发音时，舌面前部隆起，舌位低，口腔半开，嘴角向两边展开。

i 舌面、前、高、不圆唇元音。发音时，舌面隆起部位在前，舌位高，口闭拢，嘴角向左右展开，上下唇呈平形。例如“立即、奇迹”的韵母。

u 舌面、后、高、圆唇元音。发音时，舌面隆起部位在后，舌位高，上下唇拢圆成一小圆孔，双唇向前突出。例如“谷物、苦读”的韵母。

ü 舌面、前、高、圆唇元音。与 i 的发音舌位相同，不同之处在于 i 是圆唇。例如“区区、絮语”的韵母。

根据以上分析，普通话舌面元音的舌位变化见右图所示。

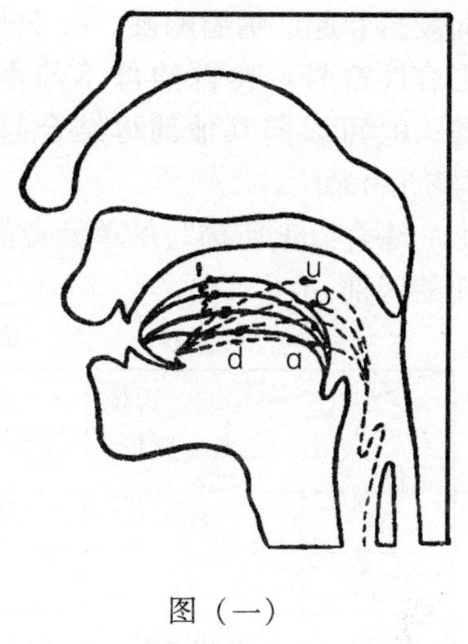

图（一）

图（一）表明了舌面元音在口腔中舌位高低、前后的位置，把各个元音舌位隆起的最高点连结起来，就如图（二）所示。

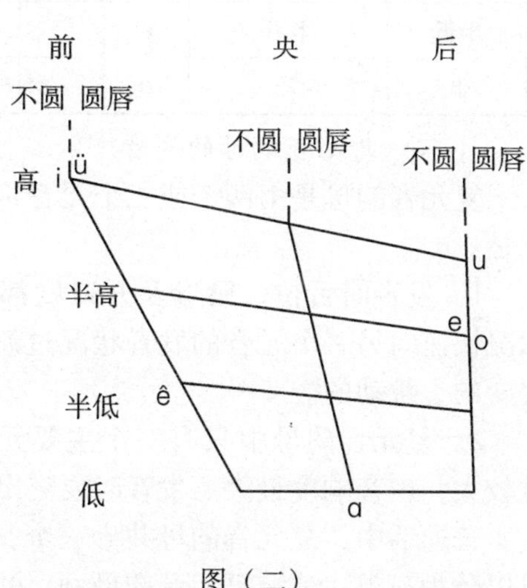

图（二）

2. 舌尖元音韵母（2 个）

舌尖元音韵母发音时，舌尖起主要作用。舌尖韵母的不同音色取决于舌尖位置的前后。

(1) i（前）舌尖、前、高、不圆唇元音。国际音标用［ɿ］标写。发音时，舌尖前伸，对着上齿背，气流通道较窄，但不发生摩擦，唇形不圆。-i（前）在普通话语音里只和 z、c、s 三个声母相拼，例如“次子、私自”的韵母。

(2) i（后）舌尖、后、高、不圆唇元音。国际音标用［ʅ］标写。发音时，舌尖上翘，靠近硬腭前部，气流通过时不起摩擦，唇形不圆。-i（后）在普通话语音里只和 zh、ch、sh、r 四个声母相拼。例如“指示、时日”的韵母。

3. 卷舌元音韵母（1 个）

er卷舌、央、中、不圆唇元音。发音时，在发e［ə］的同时，舌尖向硬腭卷起，嘴唇略展，er只代表一个音素，其中的r是表示卷舌动作的形容性符号。卷舌韵母不与声母相拼，只能自成音节，例如“而、二”等；er可以同其他韵母结合起来，形成儿化韵。书面上写作“r”，例如“花儿huar”。

综合以上所描写的单元音韵母的发音要点，可以从下表中比较它们之间的区别：

单韵母发音要领表

舌位 \ 唇形 \ 舌位 \ 口形		前		后		前	后	上卷
舌位	口形	展	圆	展	圆			
高	闭	i	ü		u	-i［ɿ］	-i［ʅ］	
半高	半闭			e	o			
中	半开半闭							er
半低	半开	ê						
低	开	ɑ						

（二）复元音韵母的发音

复元音韵母是由两个或三个元音组合而成的韵母。复元音韵母发音特点是：

1．发音时舌位、唇形及开口度都有明显变化，即从一个元音的发音状况快速向另一个元音的发音状况过渡，而且这种过渡是渐进式的，不是突变的、跳动的。

2．复元音韵母中只有一个主要元音，即韵腹，它在整个音节中开口度较大，声音响度最大。发音时要突出主要元音。

普通话中，复元音韵母共十三个，根据主要元音所在位置的不同，又可以分为三类：前响复元音韵母ɑi、ei、ɑo、ou、后响复元音韵母iɑ、ie、uɑ、uo、üe、中响复元音韵母iɑo、iou、uɑi、uei。

请用下表来练读复元音韵母，注意突出韵腹的特色。

（三）鼻音韵母的发音

鼻尾音韵母是由元音带鼻辅音构成的韵母，它们的发音就是单元音或复合音后面附带一个鼻音（－n或－ng）作为尾音。要想发好鼻尾音韵母，要注意两点：第一，从元音过渡到鼻音时，也是舌位逐渐变化、滑动的过程；第二，发好－n和－ng，它们发音方法相同，都是浊鼻音，只是发音部位不同，前者 -n 是舌尖中浊鼻音，发音时用舌尖抵齿龈，气流从鼻腔通过，声带振动发音；后者 -ng 是舌根浊鼻音，舌面后部抵住软腭，气流从鼻腔通过，声带振动发音。普通话鼻尾音韵母共 16 个，根据韵尾鼻辅音的不同分为两大类：前鼻尾音韵母、后鼻尾音韵母。请用上表来练读鼻尾音韵母，注意突出韵腹的特色及前、后鼻尾音发音的不同。

我们把以上介绍的复元音韵母和鼻尾音韵母两类韵母统称为复韵母。

	韵母	韵头	韵腹	韵尾	发音例字
前鼻音韵母	an		a	n	安
	en		e	n	恩
	in		i	n	银
	ian	i	a	n	淹
	uan	u	a	n	挽
	uen	u	e	n	吻
	ün		ü	n	孕
	üan	ü	a	n	冤
后鼻音韵母	ang		a	ng	昂
	eng		e	ng	棱（leng）
	ong		o	ng	隆（long）
	ing		i	ng	影
	iang	i	a	ng	样
	uang	u	a	ng	望
	ueng	u	e	ng	嗡
	iong	i	o	ng	永

按汉语音韵学传统的分法，根据韵头的不同，可将韵母分成开口呼、齐齿呼、合口呼、撮口呼四类，简称“四呼”：

开口呼，没有韵头，韵腹又不是 i、u、ü 韵母。

齐齿呼，韵头或韵腹是 i 的韵母。

合口呼，韵头或韵腹是 u 的韵母。

撮口呼，韵头或韵腹是 ü 的韵母。

三、韵母发音辨正

1. 发好复元音韵母

普通话复元音韵母（ai、ei、ao、ou、iao、uai 等）的发音，有唇形、舌位逐渐移动变化的动程。但北方方言及吴方言的部分地区，复元音韵母的发音或者发音短促，没有明显的动程，或者单元音化。要学好复元音韵母的发音，必须分清复元音韵母与单元音韵母发音的区别，反复练习复元音韵母的发音。为体会复元音韵母的发音口形变化明显、舌位动程大的特点，练习时可放慢速度，扩大音程。

2. 防止丢失韵头 i、u、ü

复韵母中含韵头 i、u、ü 的韵母有这样几个：ia、ie、ua、uo、iao、iou（iu）、uai、uei（ui）、ian、uan、uen（un）、iang、uang、ueng、iong。

在这些韵母中，i 作韵头的韵母与 ü 作韵头的韵母最容易在发音时发生混淆，如把 jiān（间）发成 juān（捐）把 xué（学）发成 xié（鞋）。

i 和 ü 都是前、高元音，它们的区别只在嘴唇的圆展。i 作韵头时，嘴唇一直是展开的，而发 ü 作韵头的韵母时，嘴唇先拢圆，然后再逐渐展开。因此，发这两组复合韵母时，必须注意嘴唇的形状。

至于 u 作韵头的复韵母，在发音时最容易发生的是韵头丢失的问题，如把 guān（关）发成 gān（干）；与之相对应的，在没有 u 韵头的韵母中却又加上 u，如把 shāng（伤）发成 shuāng（双）。要避免类似错误的发生，关键就在于掌握普通话声韵配合规律（见第四节中《普通话声韵配合简表》）。例如，合口呼复韵母、鼻尾音韵母都不与唇音声母 b、p、m 、f 相拼和；uei 与 d、t 拼和，不与 n、l 拼和。

3. 发准前鼻音韵母和后鼻音韵母

普通话的鼻音韵母有 -n 和 -ng 两组，它们具有区别意义的作用，但有的方言区不分，他们把“共产党”说成“共产胆”，把“开门”说成“开蒙”。在这两组鼻尾音韵母中，最难发准的是 en、eng 和 in、ing 两组韵母，因而必须注意发 en、in 时，口腔中的收尾动作是舌尖接触上齿龈，相当于声母 d、t、n、l 的位置；而发 eng、ing 时，口腔中的收尾动作是舌面后部轻轻抵住软腭。这两组音要先单独练习，后交替练习，才能直至熟练。

思考题

1. 以舌位的前后、高低和唇形为标准描述出单元音韵母的分类状况。
2. 举例说明单韵母、复韵母、鼻韵母各自的发音特点。
3. 练习下面每组韵母的发音，找出它们的主要区别。

（1）i —— ü　　（2）e —— er

（3）ei —— e—— a　　（4）ie —— üe

（5）e —— o —— uo　（6）ian —— üan

（7）ün —— in —— ing

（8）en —— eng —— ong —— ueng —— uen

4. 分析下列韵母的韵头、韵腹、韵尾。

i、e、er、ou、üe、iao、ün、iang、ong

5. 注明下列音节的韵母：

日　司　发　波　特　矣　二　内　考　否　男　很　张　成　绒　迷　家　别

秒　牛　年　斤　良　兵　兄　布　花　多　快　对　团　尊　双　翁　女　掠

第四节　声调的发音

一、什么是声调

汉语字音高低升降的调子就是声调，在现代汉语里，声调具有区别词义的作用。

声调主要是由音高的变化构成。音高的变化，从生理性质的角度来分析，是发音时声带的松紧造成的。声带松，气流冲击时音波振动次数少，频率小，声音就低；反之则高。如果声带由松到紧，声音就由低变高；反之，声带由紧到松，声音则由高变低。因此，通过控制声带松紧就可以形成不同的音高，也就形成了不同的声调。

声调的音高是相对的，是通过比较而区别出来的高低升降类型。如“弯”和“万”相比前者是高平调，后者是高降调。这两个音高低的区别与发音人语音本身的高低无关，无论老人或小孩都可以完整地将这两个音表现出来；它们也不会因发音人起音的高低而受到影响，无论窃窃私语或高声喊叫，一样可以表现出这两个音音高的不同。

我们可以从调值和调类两个方面来分析声调。

（一）调值

调值也叫调形，是指音节高低、升降、曲直、长短的变化形式，也就是声调的实际读法。

（二）调类

调类是对声调的归类。调类相同，调值不一定相同。调值相同，调类也不一定相同。可以说，调类是名，调值是实，它们之间是名和实的关系。

二、声调的发音

普通话的全部字音分属四种基本调值。

1. 阴平（第一声）高而平，即由5度到5度，表示声音比较高，而且基本上没有升降的变化，调值55。因此，阴平调又叫高平调或55调。例如“孤、分、鹰、空”的声调。

2. 阳平（第二声）由中音升到高音，即由3度升到5度，是个高升的调子，调值35。因此，阳平调又叫中升调或35调。例如“琴、赢、文、来、回、繁、忙”的声调。

3. 上声（第三声）由半低音先降到低音后升到半高音，即由2度降到1度再升到4度，是先降后升的曲折调，调值214。因此，上声调又叫降升调或214调。例如“我、里、勇、敢、稳、友、好”的声调。

4. 去声（第四声）由高音降到低音，即由5度降到1度，是个全降的调子，调值为51。因此，去声调又叫全降调或51调。例如“制、度、进、望、建、设、世、界”的声调。

普通话四种基本声调的调型可以简单归结为一平、二升、三曲、四降。

为了把调值描写得具体、好懂，一般采用赵元任创制的“五度标记法”来标记声调，即在一根竖线上分成四格五度，分别表示：高、半高、中、半低、低，然后再在竖线左侧用横线、斜线、曲线来表示声调曲直升降的实际类型。这种表示法如下图形式：

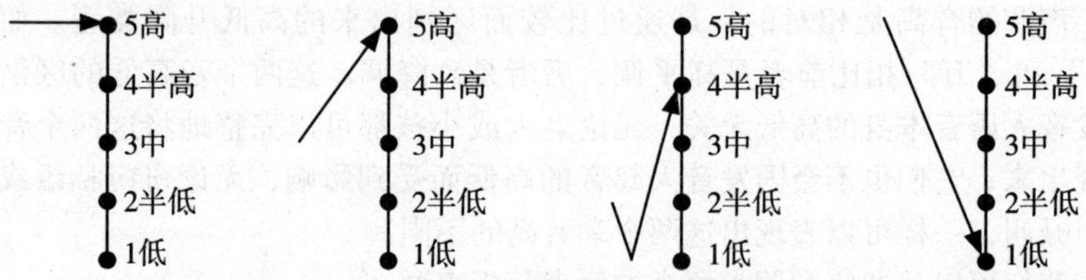

在汉语音节中，声调是贯穿于整个音节的，它的变化形式是渐变的，滑动的，而不是跳跃的，突然的。大家在练习声调发音时一定要注意这一点，保持发音的连续性。

声调符号标在什么地方，在《汉语拼音方案》中有严格的规定，即要求声调符号标在韵腹（主要元音）上，例外的只有省略了主要元音的韵母：iu、ui、un，iu、ui的调号标在最后一个字母上，而un的调号则标在

u 上。

三、声调发音辨正

方言声调的调值与普通话声调调值区别很大，因此，进行声调发音辩正是说好普通话的关键。我们从以下两大方面进行分析：

（一）读准普通话四声的调值

普通话四个声调的特点是：调型分明，一平、二升、三曲、四降，抑扬有致，富有音乐美。方言区的人学习普通话声调，首先要把握四声的特点，要求看见调号，就能准确读出调值来。

（二）认清方言与普通话声调对应规律

方言和普通话同古四声的分合关系各不相同，但它们之间又有整齐的对应关系。现作如下说明：

1. 从方言的调类推知普通话的调类

方言和普通话的四个调类——阴平、阳平、上声、去声，一般是相对应的，因此，从方言的调类可以推知普通话的调类。

平声：绝大多数方言同普通话一样，平声分阴平、阳平两类。

上声：粤方言和吴方言的部分地区，上声分阴上、阳上两类，应把方言里零声母和有 m、n、l、r 声母的阳上字归入上声，其余的归入去声。多数方言，上声不分阴、阳，字的归类与普通话也大体一致。

去声：粤方言、闽方言、吴方言、湘方言等，去声分阴去、阳去两类，这些方言区的人只需将阴阳两类合并成一类。北方方言和客家方言同普通话一样，除包括去声外，还包括阳上声中的一部分字和半数以上的古入声字。

入声：汉语各方言区大都有入声。没有入声的方言，或把入声全归入阳平，如西南地区，把入声分归阴、阳、上、去四类，但与普通话的归类不尽相同。

2. 从方言调值改普通话调值

除入声外，明确了方言与普通话调类的对应关系，就知道方言与普通话调值的差别，就可以按普通话的调值去读调类相同的字，即改方言声调为普通话声调。比如，“古”字是上声字，厦门话上声调值是 51，那么改“古”字的 51 调值为 214 调值，就成为普通话的声调。

四、声韵调的配合

普通话中声母、韵母的配合，声母、韵母、声调的配合不是随意的，而是有一定规律的。

（一）声母和韵母的配合关系

下面列出《普通话声韵配合简表》：

普通话声韵配合简表

能否配合 声母 \ 韵母		开口呼	齐齿呼	合口呼	撮口呼
双唇音	b、p、m	+	+	只跟 u 相拼	
唇齿音	f	+		只跟 u 相拼	
舌尖中间	d、t	+	+	+	+
	n、l				+
舌面音	j、q、x		+		+
舌根音	g、k、h	+		+	
舌尖后音	zh、ch、sh、r	+		+	
舌尖前音	z、c、s	+		+	
零声母	Ø	+	+	+	+

“+”表示全部或局部声韵能相拼，空白表示不能相拼。

从表中可以看出，并非所有的声母和韵母都能拼合。

由于在声母方面，决定拼合关系的往往是发音部位，因此上表是根据发音部位来划分声母的；而在韵母方面，决定拼合关系的主要是介音，也就是韵头，因此上表是按不同的介音，即“四呼”来划分韵母的。

分析上表后，可以得出以下几条声韵配合规律：

1. b、p、m 只拼开口呼、齐齿呼和合口呼中的 u 韵母。f 在普通话中不能和齐齿呼相拼，其他情况和 b、p、m 一样。

2. d、t 能拼开口呼、齐齿呼和合口呼。

3. z、zh、g 组正好和 j 组形成互补。z、zh、g 组只拼开口呼和合口呼，而 j 组只拼齐齿呼和撮口呼。

4. n、l 和零声母除了舌尖韵母（-i，只能和 z、zh 组相拼）以外，能和所有的韵母相拼合。

（二）声调和声韵母的配合关系

相对于声母、韵母配合时受发音部位影响较大的情况，普通话中，声调和声韵母的配合所受的限制就不是很多，主要有以下两条规则：

1. 不送气声母“b、d、g、j、zh、z”跟鼻音韵母相拼时，没有阳平调（第二声），zán（咱）、béng（甭）除外。例如：

	阴平	阳平	上声	去声
ben	奔		苯	笨
duan	端		短	段
jing	惊		井	竟

2. 浊声母 n、l、r 构成的音节，阴平调（第一声）的很少，即使有，也只有一个字。如 nāo（孬）、luō（啰）、rāng（嚷）、rēng（扔）等。其他的，基本是下面这种情况：

	阴平	阳平	上声	去声
nai			乃	奈
lan		兰	揽	烂
rao		娆	扰	绕

思考题

1. 什么是调值和调类？举例说明二者之间的关系。
2. 标出下列词语的声调：

缺乏　完整　教师　高兴　逮捕　暂时　抵抗　联想

勇往直前　穷途末路　想入非非　呕心沥血

狐假虎威　四面楚歌　惊心动魄　五颜六色

中流砥柱　积少成多　异口同声　永垂不朽

3. 用“五度标记法”表示四种声调的变化形式。
4. 把下列各字按普通话四声分组：

背 笔 元 往 斯 规 急 倔 远 蓝 天 巾 假 泣 更 旧 彩 锤

揽 玷 高 音 大 在 原 复 考 程 读 理 金 文 选 散 经 股

第五节　朗　读

一、注意音变

我们说话时，并不是将音素或音节一个一个地单独说出来的，而是把一连串音节所组成的词和句子连续发出，形成语流。在这个连续发音的过程里，相连的音素或音节之间有时会相互影响，产生音变。普通话主要的音变现象包括轻声、儿化、连读变调，“啊”的音变等几种。

（一）轻声

1. 轻声的性质

在语流中，由于音节相连，有的音节失去原有调值，变成一种轻短模糊的调子，这就是轻声。如“头”的声调是阳平，在“石头、笼头、孱头”等词中就变读成了轻声。轻声并不是普通话四种声调以外的第五种声调，它只是四声在特殊语境中的一种音变现象，在词语中读轻声的字，单独念时都各有其本来的声调。

轻声是在一定的条件下读得又短又轻的调。通常把这些读轻声的字，叫做轻声字。轻声不仅引起声调的变化，而且有的还会影响音节的声母和韵母，引起音色的变化。主要表现为：

（1）使不送气的清塞音和清塞擦音浊音化。例如：

“刷子”的“子”，轻读后，声母变成浊塞擦音［dz］。

“锅巴”的“巴”，轻读后，声母变成浊塞音［b］。

（2）使一些韵母中较高或较低的元音向央元音靠拢，韵母的音值变得比较模糊。例如：

“笑话”的“话”，轻读后，韵母变成［uə］。

“起来”的“来”，轻读后，韵母变成［ə］。

（3）使一些音节的韵母脱落。例如：

“丈夫”中的“夫”，轻读后，音节就变成［f］了。

“意思”中的“思”，轻读后，音节就变成［s］了。

2. 轻声的作用

（1）有的轻声音节可以起到区别词义的作用。例如：

①谁说老子不敢打你？

②孔子是儒家的代表人物。

这两句中的“老子”、“孔子”都是名词，但词义不一样。（1）句中的“老子”是自称的一种形式，“子”没有实在意义，读轻声；而（2）句中的“子”指人，是古代对男子的一种敬称，有实在意义，所以不能读轻声，要读第三声。

（2）有的轻声音节可以起到区分词性的作用。例如：

① 你的普通话说得很地道。

② 这个村子有一个抗战时期留下的地道。

①句中的“地道”是“够标准的，好的”意思，是形容词，“道”没有实在意义，读轻声；第②句中的“地道”是指“在地下挖的通道”，是

名词，“道”有实在意义，所以不能读轻声，要读第四声。

3. 轻读的规律

在日常口语中轻读出现频率较高，哪些音节是读轻声，哪些不是，没有确定的规律，但遇到下列情况都必须要读轻声。

（1）助词“的、地、得、着、了、过”和语气词“吧、啊、吗”等。例如：

小的、慢慢地、说得好、走着、快了、去过、来吧、是啊、对吗

（2）构词用的后缀“子、头”及表示群体的“们”等。例如：

椅子、笼头、我们

（3）用在名词、代词后面的表示方位的语素或词。例如：

心上、那边、店里、脚下、里面

（4）在动词、形容词后，用来表示趋向的词“来、去”等。例如：

过来、回去、起来、跑去、拿来

（5）叠音词和动词的重叠式后面的一个字。例如：

听听、走走、姐姐、宝宝、爸爸、笑笑

（6）一些常用的双音节词，第二个音节也常常读轻声。例如：

耳朵、嘴巴、学生、风筝、相声

（二）儿化

1. 儿化的性质

在口语中，普通话的一些音节在发音时，可以在韵母后面加上一个卷舌动作，这个动作可以跟韵母的元音同时发出，合为一个音节，这样构成的韵母叫做“儿化韵”。例如普通话念“鸭儿（yar）”的时候，这个“儿”不是一个独立的音节，也不是音素，而只是一个形容性符号。只表示在念到“鸭”这个音节的末尾音素时，随即加上一个卷舌动作，使韵母带上卷舌音“儿”的音色。用汉语拼音拼写儿化音节，只需在原来的音节之后加上“r”（表示卷舌的动作）就可以了。例如：花儿（huar）、车儿（cher）等。

2. 儿化的作用

儿化也是一种音变现象，它具有区别词义、区分词性和附加感情色彩的作用：

（1）区别词义。有的词儿化后具有比喻义。例如：

头（人体器官）——头儿（领头的）

门（房子的一部分）——门儿（办法）

（2）区分词性。兼做动、名两类的词或形容词，儿化后就固定为名词。例如：

手（名词　人体器官）——手儿（量词）

尖（形容词）——尖儿（名词）

（3）附加较小的、可爱的、讨人喜欢的等感情色彩。例如：

小球儿　　女孩儿　　柳丝儿　　小张儿

3. 儿化的规律

韵母儿化后音节主要是加卷舌动作。由于原韵母末尾的音素与卷舌动作相适应的情况不同，儿化音节的情况也有不同。如果原韵尾的发音便于卷舌，原韵母不变，直接加卷舌动作；原韵尾的发音不便于卷舌，就要变更、增、删某个音素。具体情况如下：

（1）韵母或韵尾是 a、o、e、ê、u 的，韵母直接卷舌。如：

页码儿 a→er　　小车儿 e→er　　小鸟儿 iao→iaor

小兔儿 u→ur　　大伙儿 uo→uor　　枝条儿 iao→iaor

柳叶儿 ie→ier　　小猴儿 ou→our　　锯末儿 o→or

（2）韵母是 i、ü 的，儿化时增加元音 ə，同时卷舌。如：

小鸡儿 i→ier　　小鱼儿 ü→üer　　玩意儿 i→ier

（3）韵尾是 i、n 的，儿化时失落韵尾，主要元音卷舌。如：

小孩儿 ai→ar　　床单儿 an→ar　　枪眼儿 an→ar

一份儿 en→er　　没准儿 un→ur　　一袋儿 ai→ar

一块儿 uai→uar　　羊倌儿 uan→uar

（4）韵母是 -i［ɿ］、-i［ʅ］的，儿化时原韵母变作 e，同时卷舌。如：

柳枝儿 -i［ʅ］→er　　瓜子儿 -i［ɿ］→ier

发丝儿 -i［ɿ］→ier

（5）韵尾是 ng 的，儿化时失落韵尾，主要元音鼻化，同时卷舌。如：

帮忙儿 ang→ar　　眼镜儿 ing→ier　　树阴凉儿 iang→iar

胡同儿 ong→ur　　小熊儿 iong→iur　　花瓶儿 ing→ier

（三）连读变调

在连续发出的语流中，音节和音节相连，互相影响，会使某些音节的调值变得和原来的调值不同了，这种变化叫做“变调”。同时汉语讲究语音美，高低起伏的语调比起多个连在一起的同一语调好听得多，所以人们为了表达的需要也会改变某些音节的声调。变调有一定规律，往往是后一个音节影响前一个音节。普通话里常见的变调主要有以下几种情况：

1. 上声的变调

由于上声是个曲折调，调值最长，因此发音时也最费劲，当两个或三个上声字连读时，人们为了使说话更流畅，往往会把前面的上声字的调值省去一部分，读成阳平。具体的情况如下：

（1）两字上声词语，前一字变读阳平。例如：

展览　美好　懒散　小李

（2）结构为“2+1”式的三字上声词语，前两字均变读阳平。例如：

种马场　手写体　展览馆　蒙古语

（3）结构为“1+2”式的三字上声词语，中间一字变读阳平。例如：

老古董　小两口　买雨伞　冷处理

2. 去声的变调

两个去声相连，前一个如果不是重读音节的话，调值由51变成53。例如：

制度　变化　注视　庆贺

3. “一、不、七、八”的变调

（1）“一、不”单念或用在词句末尾，以及“一”在序数词中，声调不变，读原调：“一”念阴平（55），“不”念去声（51）。例如：

一、二、三　二十一　统一　划一　万一　唯一　第一

不　就不

（2）在去声前，一律变读为35调值。例如：

一样　一脉　一气　一块儿　不去　不孝　不看　不像

（3）在非去声（阴平、阳平、上声）前，“一”变读为51调值，“不”仍读去声（51）。例如：

一年　一边　一天　一成　一碗　一两（变读51）

不和　不开　不喝　不屈　不高　不想（仍读51）

（4）“一”嵌在相同的动词的中间，“不”夹在词语中间读轻声。例如：

看一看　唱一唱　缓一缓　说一说

去不去　远不远　扫一扫　好不好

（5）“不”在可能补语中读轻声。例如：

扫不净　回不来　寻不见　拿不出　坚持不下去

（6）“七、八”在去声前调值可以变读为35，也可不变，其余场合念阴平原调值55。例如：

七月　七栋　七路　八岁　八月　八步（念35或55）

七斤　七旬　七里　八里　八年　八天（仍念55）

4. 形容词重叠的变调

单音节形容词重叠后儿化时，第二个音节不论是什么调值，往往读成55调值。如“高高儿的、小小儿的、好好儿的、慢慢儿的”。

单音节形容词的叠音后缀，不管原来是什么声调的字，多半念成55调值。例如：“白花花、红彤彤、亮堂堂、明晃晃、绿莹莹、沉甸甸”。但也有仍念原调的。例如：“软绵绵、金灿灿”。

双音节形容词重叠后，第二个音节变为轻声，第三、四个音节也多半读55调值。例如：“红红火火、老老实实、迷迷糊糊、干干净净”。

（四）语气词“啊”的变读

句末的语气词“啊”，在语流中受前一个音节末尾音素的影响，往往发生音变的现象。

“啊”的音变规律如下：

1. 前面音素是ɑ、o（ɑo、iɑo除外）、e、ê、i、ü时，“啊”变读yɑ，可写作“呀”。如：

（1）使劲儿拉呀！

（2）这里真暖和呀！

（3）他是你哥呀！

（4）你怎么不好好学呀？

（5）快点写呀？

2. 前面音素是u（包括ɑo、iɑo）时，“啊”变读wɑ，可写作“哇”。如：

（1）大声读哇！

（2）这儿有很丰富的石油哇！

（3）这件事真巧哇！

3. 前面音素是n时，“啊”变读nɑ，可写作“哪”。如：

（1）我们的老师真是个不知疲倦哪！

（2）你走路可要小心哪！

（3）这道题可真难哪！

4. 前面音素是ng时，“啊”变读ngɑ，仍写作“啊”。如：

（1）你这样办不成啊！

（2）请大家静一静啊！

(3) 这副担子可真不轻啊!

5. 前面音素是 -i [ɿ] 时，变读为 [zɑ]；是 -i [ʅ]、er 时，变读为“rɑ”，仍写作“啊”。如：

(1) 你真是个合格的老师啊?

(2) 那里有一个石狮子啊!

(3) 我不认识这个繁体字啊!

(4) 这究竟是怎么回事啊?

二、注意语音规范

(一) 异读词读音的规范

语音的规范化，主要是根据语音发展的规律来确立和推广标准音。这里，主要包含了两方面的内容：第一，确立正音标准；第二，推广标准音。

1. 确立正音标准

汉民族共同语以北京语音为标准音，这在1955年就已经明确了。然而在北京语音内部，还存在着一些分歧的现象，这种分歧现象对学习和推广普通话是不利的。

北京语音的内部分歧有两种：第一种是北京口语的土音成分。例如：

把“太好了”读做“tuī hǎo le”。

把“不言语”（不说话）读做“bù yuan yi”。

把“蝴蝶”读做“hú tiěr”。

像这一类的土音，显然是不能进入普通话的。

北京话里儿化、轻声现象特别多，都算普通话成分要全国人学习是有困难的，也是没有必要的。一般说来，能区别词义和词性的可承认是普通话成分。例如：

信儿（消息），与信（书信）不同。

头儿（为首的），与头（脑袋）不同。

滚儿（名词），与滚（动词）不同。

兄弟（xiōngdi，弟弟）与兄弟（xiōngdì，哥哥和弟弟）不同。

大意（dàyi，形容词），与大意（dàyì，名词）不同。

吸收这些儿化及带轻声的词，可使普通话更加丰富多彩。至于不起上述作用的和在习惯上儿化不儿化两可的就不要吸收了。如北京话的“地点儿、伙伴儿”，普通话就应该“地点、伙伴”。“职业（轻）、牢骚（轻）”第二音节就不必念轻声了。

第二种是北京话里异读词，即习惯上有几种不同读音的词。例如：

波	bō	pō		扔	rēng	rěng
暂时	zàn	zhàn	zǎn	侵略	qīn	qǐn

前一个读音已被确定为规范的读音。

但是同一个汉字，虽然有不同的读音，却只出现在不同的词里，或者它的不同读音所表示的意义并不相同，这种同字异音是一种正常的现象，必须同上面所说的同词异音加以区别。例如：

睡觉	jiào	觉悟	jué	长短	cháng	长幼	zhǎng
恶劣	è	厌恶	wù	散布	sàn	松散	sǎn
重要	zhòng	重复	chóng	拗口	ào	执拗	niù

异读词中的字，声母、韵母或声调可能不同，有的声、韵、调都不同。例如：

声母不同的如："酵母"（jiào—xiào）　"赏赐"（cì—sì）

声调不同的如："教室"（shì—shǐ）　"讨伐"（fá—fà）

"拙劣"（zhuō—zhuó）

其他情况如："炊帚"（zhǒu—zhù）　"沸腾"（fèi—fú）

"摄影"（shè—niè）

以上这些异读词，已经确定前一个为规范的读音。

2. 推广标准音

推广标准音是语言规范化的另一方面的任务，这就是要求我们发音符合普通话的语音规范。这对不同的人应该有不同的要求。北京人或者北京话说得比较好的人，应该尽量符合标准，每个北京人说的话并不一定都符合正音的标准，还必须努力克服土音土调的影响。学生、教师，特别是语文教师，不论基础如何，都应该从严要求自己。至于一般方言区的人学习普通话语音，则应从实际出发，一方面不能要求一下子就说得很标准，另一方面，也不能满足于"差不多"，也应要求自己逐渐向标准靠拢。

（二）多音多义字的读音规范

单个的字，有的只有一个读音，有的不止一个读音。但是任何一个字只要进入具体的语言环境里，它的读音一般都是唯一的，而且意义也是相对固定的。所以对于多音多义字我们应当根据它所在的语言环境判断出正确的读音。下列的字都是不止一个读音的，但它们与其他的字组成双音节词语后，在各自所在的词里，读音就只能是一个（不同的读音用"/"号隔开，"～"号代表例字）：

解	jiě/jiè/xiè	量	liàng（“打量”是轻声字）/liáng
否	fǒu/pǐ（～极泰来）	种	zhǒng/zhòng（～植）/chóng
难	nán/nàn（逃～）	干	gān/gàn（～部）
创	chuàng/chuāng（～伤）	当	dāng/dàng
强	qiáng/qiǎng（～迫）/jiàng	恶	è/ě/wù/wū

三、朗读技巧

要朗读好一篇作品，除了语音规范，还必须掌握一定的基本的相关技巧。如停连、节拍、重音、语调等。

（一）停连

停连，指的是朗读语流中声音的停顿和连接。它是由朗读者生理和心理上的需要所造成的。

从生理角度来说，朗读者不可能一口气把一篇作品读完，总要有换气和气息调节的时候，这时就要在停顿换气之后，才可以继续朗读。但不可能每个字读后都一一换气，这时就要连接。

从心理角度来说，朗读者的思想感情总是随着作品文字序列的层层衔接、步步展开而发展变化的。当文字序列出现区分、转折、呼应、递进等语意变化时，就需要运用停顿；当文字序列逻辑严密，语意连贯，感情奔流，层层推进时，朗读者心潮激荡，一气呵成，就需要运用连接。

停连不当，主要指非必要的停顿过多、过长，导致文字序列失调，语意支离破碎；或者必要的停顿过少、过短，导致文字序列一贯到底，语意混沌一片。总之，“该连不连，语意不全；当断不断，反受其乱”，这两种现象都会使听者不知所云，不明其旨。一般来说，我们必须以思想感情发展情况为前提，根据作品内容和具体语句来安排停连方式。一般说来，句子越长，内容越丰富，停顿就越多；相反，句子越短，内容越单薄，停顿也就越少。感情凝重深沉时，停顿较多；感情欢快急切时，连接较紧。

朗读过程中，为了正确地处理停连方式，我们必须注意以下几个问题：

1. 停连，必须根据生理和心理两方面的需要来考虑，不能只顾一面而忽视另一面。一般说来，当二者发生冲突时，生理上需要的停顿（如换气）必须服从心理状态的需要，否则，就会破坏语意的完整。

2. 停连方式的处理不能拘泥于某种固定格式，必须依照作品内容和朗读者思想感情的变化来灵活地处理它。更不能孤立地、机械地考虑哪句话是“语法停顿”，哪句话是“心理停顿”，哪句话又是“逻辑停顿”，而应当根据整体情况作出机动准确的判断。

3. 标点符号是我们安排停顿的重要参考，但有时也不能过于僵化，完全受标点符号的制约。没有标点符号的地方，有时也需要停顿，有标点符号的地方，有时也需要连接。例如：

“你们看着，这只是一块普通的石头吧！这位女士请你过来一下！”一位游客走到前面，导游员将夹克像变魔术似的拿开，那女士伸头望了一下，不禁大声“啊！”地叫了起来。

这里，“女士”后虽无标点，朗读时必须停顿一下，因为“称谓语”之后一般都应有所停顿，以显示说话人的礼貌和郑重。“啊”之后虽有标点，但不能停顿，必须同下半句连起来读，否则就会破坏语意的完整。

（二）节拍

朗读中节拍的主要表现形式就是语速，即朗读中的语流速度。

语速贯穿于朗读的全过程。就作品全篇来说，语速表现在层次、段落本身以及它们相互之间的停顿、转换上。就句子、短语或者词来说，语速主要表现在音节的缓急上。这种由音节缓急造成的语流速度贯穿于全篇并与其他因素相结合，就够成了朗读中的节拍。

语速不仅影响到作品的整体节奏，也影响到作品内容与思想感情的表达。这其中，“快”与“慢”是十分重要而又不易把握的。朗读者常犯的毛病主要是语速过快或者过慢。

语速过快，是指一些朗读者自以为熟悉所读的材料，朗读中只图酣畅、痛快，缺少必要的停顿和转换，语声急促连绵，忽视了作品内容的需要和听者的感受，使人听不真切，无法感受作品的真实的思想感情。有的朗读者出于某种习惯或为了掩饰某种语音缺陷，也容易形成此种倾向。

语速过慢，是指一些朗读者对所读材料准备不足，朗读中语声缓慢迟疑，停断较多，重复频繁，导致语脉时断时续，语意残缺不全，给人的感受是拖沓、沉闷。有的朗读者出于某种习惯或心理压力，也容易形成此种倾向。

要克服上述两种倾向，把握语速“快”与“慢”的尺度，必须把握好以下几个方面：

1. 从作品全篇来说，语速的快与慢应该服从于整体的节奏。一般说来，紧张型、轻快型、高亢型节奏的作品，读起来语流的速度相对较快；而低沉型、凝重型、舒缓型节奏的作品，读起来语流的速度相对较慢。其实，这里说的节拍的快与慢是相对而言的，读到具体篇章，我们还应当根据具体作品中所表达思想感情的不同去细致地把握它的节拍，使自身的朗读显得得体而细腻。

2. 从作品局部来说，语速的快与慢应该服从于思想感情的运动状态和情节的发展。一般说来，平静庄重的场面，沉郁、悲哀、迟疑、缅怀、悼念等心情，年长者、诚实者的言语动作，记叙、说明、描写、追忆性的段落及一些较难理解的语句，读的时候速度要稍慢一些；而紧张、急速变化的场面，热烈、欢快、兴奋、慌乱、惊惧等心情，年轻人、爽快人、机警者的言语动作，以及愤怒、反抗、驳斥、申辩、激昂、慷慨等内容，读时速度可稍快一些。

3. 从表达效果来说，语速的快与慢应该服务于听者的感受。朗读中，语速如果快慢得当，松紧相间，张弛相谐，不仅可以准确传达作品的情绪和渲染气氛，而且还可以使全篇的节奏起伏跌宕，从而增强语言的表达效果，形成读者与听者的共鸣。反之，如果该快不快，该慢不慢，快慢失调，就会拉大听者与作品内容的距离，无法产生心理上的共鸣。例如：

“……有一次一个男同学跟我推心置腹地谈了一个晚上。我知道了男人的好成绩也免不了要死记硬背，男人的知识面也不一定宽；知道了男人也哭，知道了男人常常追求女人却又追求不到；知道了男人也羡慕女人可以穿裙子，知道了男人觉得自己活得累，男人也说‘下辈子不再做男人’……

于是我不再为自己是个女人而遗憾。”

这是一篇作品的最后两段。前一段以排比句式，淋漓而细致地揭示出男人也有许多弱点和苦衷，交代了自己从羡慕到“不再羡慕”的原因，语速稍快，层层推进。省略号之后稍顿，继而缓慢而坚定地读出最后一段“我不再……遗憾”，意味深长地点明主题。如果后一段与前一段的语速相同，且中间没有停顿，也就显示不出上下两段的区别，文章的主旨和立意也就不够明朗了。

从以上实例中我们可以看出，语速的快与慢是相对而言的。应该根据作品节拍、内容发展和听者感受的需要妥善处理，切实避免过快或过慢的倾向，力争做到：语流适中，快慢得当。

（三）语调

语调是朗读中快慢、高低、强弱、虚实等各种声音形式的总和，是语气的外在表现形式，它贯穿于语句乃至篇章的始终，是由说话时语气的色彩和分量决定的。语气的千变万化，决定了语调的丰富多彩。

朗读实践证明，普通话语调都是曲折多变的。这体现了普通话韵律的美感，也是作品语句所蕴含的具体思想感情的要求。

日常朗读活动中，朗读者在语调上容易出现以下两种毛病：一是带有某种固定腔调，二是存有某种方言语调。

1. 固定腔调

固定腔调，是指在朗读中使用某种固定不变的声音形式，以不变的语调形式应付各种朗读材料。不管其内容、体裁、语体形式有何不同，也不管是鲁迅还是巴金的作品，都以不变应万变。

固定腔调的形成，有的是幼年读书时养成的读书歌子的习惯，一下子改不过来；有的是对作品缺乏深入的理解；更多的是对朗读缺乏认识，没能很好地掌握朗读方法和技巧。

固定腔调一般有以下几种类型：

一是念书腔，即照字念音，或有字无词，或有词无句，听不出完整的句段，更没有思想感情的流露。这种腔调的主要问题是停顿多，停顿位置和时间大致相同，词或词组没有轻重格式之分，没有重音，语气近似。

二是唱书调，即节拍一律，节奏变化不大，只是那几个音调的简单重复。其最大弊端是声与义隔，只闻声而不解意，不传情。它不管长句、短句，也不论内容变化与否，都可以连续不断、整齐划一的唱下去。对听者来说，只有简单曲调的刺激，不会产生任何共鸣。

三是念经式，即那种用小而快的声音读书的方式。它可能是从“默读”或“虚声读”沿袭来的，与朗读的基本要求背道而驰。如果要朗读，即使是自我领略和品味，也应该适当放开声音，不仅从思想感情，而且从声音韵律上给自己以美感享受。

四是朗诵调，表演性的朗读，夸张、渲染的有声语言显得生动感人，不仅激情洋溢，而且音调铿锵。朗读者若不分场合、不明目的、不看内容、不管体裁，一味从声音形式上模仿这种朗诵调，必定会给朗读带来不利的影响。朗读者若过于追求声音形式的完美、感人，相反忽视了普通话语音的准确，那结果恰恰是适得其反，得不偿失的。

综上所述，固定腔调的害处是显而易见的，朗读者对它们应有充分的辨别能力，并在平时练习中努力加以克服。基本途径有两条：一是要增强语感，辨别优劣，择其善而从之。练习中，让那些优秀的朗读范例（包括广播、录音）充分发挥榜样的力量。二是要注意状态。要打破固定腔调，使语流符合朗读规律，必须改变言不由衷、消极被动的朗读状态，加强思想感情的运动，切实把握语气的色彩、分量，注意气息、声音的变化，使有声语言充满活力。

2. 方言语调

朗读者在朗读时，自觉或不自觉地会受到某种方言音系的影响，朗读中流露出与普通话语调有一定差异的声音形式，这就是方言语调。产生方言语调的原因多种多样，一般有以下几种情况：

（1）由成系统的语音错误而形成相对于普通话的发音缺陷。例如：

声母方面：平、翘舌不分，边、鼻音不分，h、f 不分，送气音与不送气音相混，j、q、x 发成 z、c、s 或 zh、ch、sh，j、q、x 过于接近 z、c、s（即尖音与团音不分）等。

韵母方面：单元音韵母发音错误或不到位，复元音韵母舌位动程明显不够或单音化，前后鼻尾音不分等。

声调方面：语调变化形式把握不准，调值不准确（明显偏高或偏低）等。

音变方面：儿化音卷舌色彩不够或读得过于生硬，该读轻声的没有读轻声，上声的变调处理不恰当，“一、不、七、八”在所有音节前一律读成原调等。

（2）由于词的轻重读法、句中停连、重音、节奏等处理不当而形成的方言语调。

（3）由于模仿闽、粤、吴等腔调的普通话而形成的方言语调。

这里既有语音问题，朗读技巧问题，也有不正确的模仿习惯问题。这几方面情况表现得明显与否，直接关系到你的普通话语调是否准确，因而一定要多加注意。

（四）重音

所谓重音是指语句中念得比较重，听起来相对清晰的音叫做重音。我们用扩大音域和延续音长来表现重音，同时语音的强度也增加了，尾音也念得更加的清晰，所以听起来特别清晰完整。重音总是相对而言的，即使在轻声耳语时也可以表现出重音所在。一句话，哪些词该读重音，情况是不一样的。根据产生的原因可以把重音分为两种：一种是按照语法结构的特点而产生重读的，叫语法重音；一种是为了突出句中的主要思想或特殊感情而重读的，叫强调重音。

1. 语法重音

根据惯常的表达习惯，我们会重读句子里某些语法成分，这就叫做语法重音。这种情况较复杂，这里举几例加以说明：

谓语中的主要动词常常重读。例如：

（1）老师来了。

（2）妈妈已经告诉我了。

表示性状和程度的状语常读重音。例如：

（3）孩子，不要急，慢慢来。

（4）我们要努力学习现代汉语。

表示状态或程度的补语常常读重音。例如：

（5）他的歌唱得十分好听。

（6）他提的教学改革建议棒极了。

表示疑问和指示的代词通常读重音。例如：

（7）这样的好事是谁做的？

（8）在这儿，他什么人也不认识。

2. 强调重音

在句子中，某些需要突出或强调的部分也要重读。一般来讲，我们依据语境或说话人的要求和情感表达的需要来确定需要突出或强调的词语。下面同一句话由于重音的位置不同会表现出不同的感情色彩来：

（1）你为什么不说。（别人已说你却不说）

（2）你为什么不说。（到底是何原因不说）

（3）你为什么不说。（只要说了就没事了）

（4）你为什么不说。（不要用笔，只要口说就行了）

思考题

1. 下列句中带着重号的音节，在语流中会发生哪一种音变现象？

（1）我们走啊走的，忽然间，柯瓦连科骑着自行车来了。

（2）冈山的翠竹啊！去吧，去吧，快快地去吧！

（3）不用说，我指的是那几位老向导。

2. 下列各对词语在词性和意义上有什么差异？

（1）地下 dìxià
地下 dìxia

（2）自然 zìrán
自然 zìran

（3）照应 zhàoyìng
照应 zhàoying

（4）口音 kǒuyīn
口音 kǒuyin

3. 举例说明什么是儿化、儿化韵、儿化音节？

4. 为什么会发生变调？上声在什么情况下变调？

5. 语气词"啊"变读的规律是什么？

6. 朗读下列词语，并说明音变情况。

房子里	那边	走出来	好啊	去吗	坏得很
一起	说一说	不答应	不是	不至于	小伙伴儿

7. 什么是强调重音？找出下文中的强调重音，并说明你选择的表现方法。

啊，昆仑的形象，是多么伟大的形象啊！

它长期经历着狂风的鞭挞，暴雪的搏击，而它坚贞不屈、屹然挺立，它是永恒的战斗者。

它那样圣洁，如洁白莲花；山崩地裂，飞沙走石，它永远亭亭玉立。

它凝聚在冰山雪窟之中，封锁在凛冽严寒之下，但它的心永远跳荡着火的熔焰，喷吐出温暖的大河。

第二章 汉字

第一节 汉字的性质、特点和作用

一、汉字的性质

文字是记录语言的书面符号，即用书面的形式记录语言的音和义的一种符号。这种功能是各种成熟的文字所共有的。但是，与其他文字特别是表音文字相比，汉字的情况有很大不同。古汉字象形程度很高，字形同语言里的词或语素的意义有直接的联系。到了现代，经过隶变和楷化的汉字尽管字形结构发生了很大变化，字形结构与字义的直接联系远不如古代汉字那样明显，但是，形声字在汉字中仍占绝大多数，这些形声字的形旁仍然在表示字义的类属方面起着一定的作用。因此，同表音文字相比，现代的汉字属于表意性质的文字。

汉字能表意而不便于表音，音有限而意无穷。汉字的表意性质直接铸就了汉字形体繁杂、数量惊人的特点，客观上造成了汉字难认、难读、难写的现状。

二、汉字的特点

汉字是世界通行的文字中历史悠久而又体制特殊的一种文字。主要有如下一些特点。

（一）汉字是音节文字

音素文字是用字母记录语音系统中的音位，音节文字是用一定的符号记录语言中的音节。汉字是用一定的符号记录语言中音节的一种文字。所以汉字是音节文字，一个汉字代表一个音节。汉字虽然是音节文字，但跟一般音节文字又有不同。一般音节文字是一个音节用一个符号表示，音节总数不多，文字符号总数也不多。而现代汉语普通话中带声调的音节总数较多，有一千几百个，汉字总数更多，有好几万个，音节跟汉字并不一一对应，一个音节往往对应几个甚至十几个汉字。还有的一个汉字能对应好几个音节，一形一音或一音一形的汉字并不多。可见，从语音单位上看，汉字又不同于一般音节文字。

音节跟汉字的关系还有一种特殊情况，即存在两个汉字一个音节的情况，如“鸟儿”、“花儿”等写下来是两个汉字，读出来是一个音节，这是“儿化韵”现象。

汉字跟汉语音节的这种对应关系，正好适应了汉语语素的单音节性，使得汉字跟汉语之间有很强的适应性，保证了汉字长期稳定的发展。

（二）汉字是平面型方块体文字

世界上许多拼音文字记录一个词用一串字母作线性的排列，汉字不是这样。汉字是由笔画组成的，笔画在构字时不是一个笔画接一个笔画呈线性展开的，而是横向和纵向同时展开，形成平面。一个汉字的或多或少的各种笔画总是分布在一个方块里，如“翼”字，由 17 画组成，但 17 个笔画（包括重复的）有秩序地分布在一个平面型的方框里。可见，从书写形式上看，汉字是平面型方块体文字。这样，笔画的配合就比线性文字的字母排列方式复杂，字形也丰富多样了。这是汉字从外观上或视觉上所体现出的最明显的特点。

（三）汉字记录汉语不实行分词连写

用拼音文字作为语言的符号体系，绝大多数用空隙表明词的界限，即在词内连着写，词与词之间分开写。这种书写规则就叫做分词连写。如英语的“学校”写作“school”，“我们的学校”写作“our school”，可见，在英语的书面语中分别词是很容易的。而汉字记录汉语是一个字接着一个字，字与字之间留有空隙，如“我们的学校”，词与词之间没有明显的空隙。汉字记录汉语不实行分词连写这个特点，对学习和阅读有些不便。书面语不显示词的界限，阅读时不容易掌握好句子里的停顿，有时甚至会误认词界，影响语意的理解。

（四）汉字数量多，字形结构复杂

汉字记录的是汉语中的语素，汉语语素的数量很多，因而汉字的数量也非常多，从3000 年前甲骨文发展到现在，汉字的总数有 5 万以上，即使是现代常用汉字和通用汉字，也在 3 000 到 7 000 个之间。要使如此多的汉字在形体上有所区别，汉字的构造单位和构造方式必然是多种多样的，这样就形成了汉字在内部结构和外在形体上的一个明显特点：结构复杂多变。而拼音文字的字母对应的是音位，一种语言的音位数目是有限的，如英文字母只有 26 个，俄文字母只有 33 个。字母本身的内部结构和外在形体都较为简单。

（五）汉字具有一定的超时空性

汉字跟语音的关系并不密切，跟意义的关系较为密切，这就使得汉字具有一定的超时空性。就时间来说，虽然古今汉语语音系统发生了很大的变化，但由于汉字字形本身大体上是稳定的，所代表的字义变化并不大，所以上古或中古的文献，对有一定文化水平的人来说，也能看懂或大体看懂。这一点跟拼音文字大不相同，拼音文字由于记录的是语音系统中的音位，语音系统变化了，拼音字母也就必然变化。所以，后代的人不经过专门的训练，就很难识读前代的文献。从这方面来看，汉字的这一特点对于继承和传播中国古代文化遗产是有利的。

就空间方面来看，由于汉字不跟语音密切联系，同一个汉字在不同的方言区就可能有不同的读音，但不同方言区的人对同一个汉字的字义理解却是相同的；有些方言之间语音差别很大，以致难以进行口头交流，可是把要说的话用汉字写下来就基本能互相理解了。如果是拼音文字，语音系统差别太大，无论口头和书面都难以交流。这样看来，汉字在一定程度上具有了超方言的特性。

三、汉字的作用

几千年来，汉字对中国文化的发展和繁荣做出了巨大的贡献。

1. 汉字的产生扩大了语言的交际功能。有声语言即口语，在古代只能口耳相传，用于当面或近距离交谈。从空间看，远方的人无法听到；从时间上看，现在人听不到过去人说话的声音，将来人也听不到现在人说话的声音（当然录音的出现，后人是可以听到今人的声音了）。而汉字的出现突破了汉语口语在时间和空间上的限制，被文字记录下来的语言和文化不仅能传之远方，而且能传之未来。

2. 汉字的产生使得中华民族的悠久文化得以保存和传播，为中华文化的繁荣和发展做出了巨大的贡献。几千年来，中华民族遗留下了难以计数的图书典籍、文物宝器，它们是中华文化的最直接的见证，而中华文化的保存和传播主要依赖于汉字的记录。这些典籍和宝器，记录了中国历史上出现过的政治、经济、文化、科学技术等方面的资料，是我们祖先各种经验和教训的总结，它们在中国历史的发展进程中起到了积极的作用。

3. 汉字的产生使得汉语除口语之外有了第二种存在形态——书面语。书面语的出现使得人们有条件对汉语语法结构和表达形式进行耐心细致的加工和规范，进而产生了文学语言，产生了标准语。书面语的提高又反过来促进口语的规范和提高。可见，汉字的产生在一定程度上促进了汉语自身的发展。

思考题

1. 从文字跟所记录的语言的关系看，汉字具有什么性质？
2. 同拼音文字相比，汉字有哪些特点？

第二节　汉字的形体

一、汉字形体的演变

字体是文字符号的体式。由于工具和承载材料不同等原因，一种文字往往有多种不同的符号体式。这些不同的体式随着时代的发展而更迭，有的时候几种符号体式在同一时代并存，而以一种为主要通行文字。文字符号体式的差异包括许多方面，例如笔画粗细、弯直的形状特征，字的整体形态，组字成分的组合、安排，等等。

汉字的字体演变，主要经历了甲骨文、金文、小篆、隶书、楷书、草书、行书等几个发展阶段。

（一）甲骨文

甲骨文主要是商代王室刻在龟甲兽骨上的文字。因为刻画在龟甲兽骨上而称为甲骨文。它是我国目前所能见到的最早的成批的成体系的较为成熟的汉字。目前已经发掘出的龟甲兽骨多达10万多片，已发现的汉字总数达5 000多个，其中已经考释出意义的汉字约有1 700多个，尚未认识的字多是人名、地名、族名等专用名。

甲骨文的主要特点是字的大小不一，线条纤细，直笔居多，棱角鲜明，字形瘦削挺拔（图一）。

图一　甲骨文

商祭祀狩猎涂朱牛骨刻辞

（二）金文

古人把青铜称作“金”，所以把浇铸在或刻在青铜器上的文字称作金文。青铜器以钟鼎为多，所以，金文又称钟鼎文，其文辞被称作铭文（图二、图三）。在青铜器上铸字，商代晚期就有了，但不普遍，这里的“金文”主要指西周时代青铜器上的文字，后代于青铜器上浇铸的文字多是对西周金文的模仿。

金文的主要特点是笔画肥大厚实，丰满圆润。在结构上，金文更趋于整齐、匀称、方正。

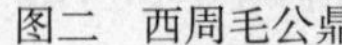

图二　西周毛公鼎

图三　金文　毛公鼎铭文　西周

（三）篆书

春秋战国时期，秦国文字的字形结构大体上保持了西周的写法，只是变得更加整齐匀称，人们称之为大篆，可以用石鼓文作代表。这是小篆的前身。

秦始皇统一六国之后，为巩固政权，进行了一系列的改革，其中包括统一文字。秦王朝在大篆的基础上整理出小篆，作为标准字体向全国推行。

小篆是汉字第一次规范化的字体。小篆的线条带弧形，圆转而匀称的线条使字形略呈椭圆，极其整齐。小篆把原来没有固定形式的各种偏旁统一起来，一个偏旁只有一个形体，为汉字组字成分的统一打下了很好的基础。小篆确定了偏旁在汉字形体中的位置，不能随意变动，每个字所用的偏旁固定为一种，不能用其他偏旁代替，减少了异体，每个字的书写笔数也基本固定，基本上做到了定型化（图四）。

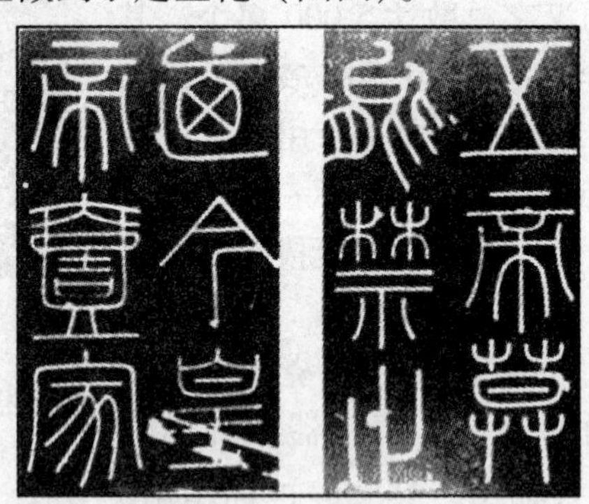

图四　峄山刻石

（四）隶书

秦代通行小篆的同时，还通行隶书。隶书是从篆书变来的。

秦隶发展到汉代更加趋于简单易写，从而形成汉隶，是汉代通行的正式字体（图五）。汉隶又叫今隶，相对的秦隶又称为古隶。

早期的隶书，仍保留了一些篆书的风格，后期的隶书笔画趋于平直，后来更添了波势和挑法，字形也渐成扁方形了。用点、横、竖、撇、捺等笔画转写篆书所发生的变化叫作“隶变”。隶变使汉字进一步变成纯粹符号性质的文字，同时也是汉字由繁趋简的演变现象。隶书可以说是由古汉字演变为现代汉字的一种过渡字体。

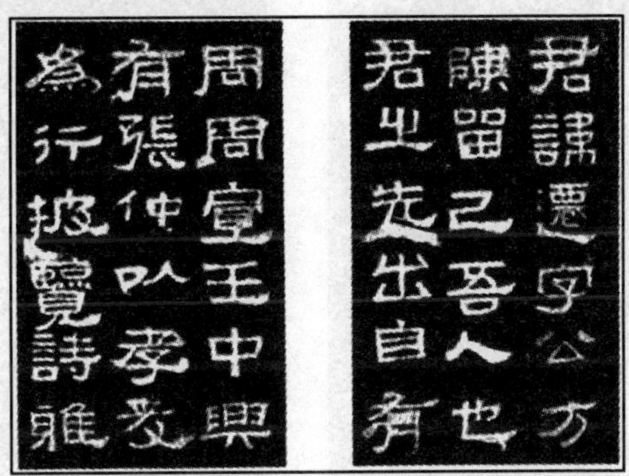

图五　汉隶张千碑

（五）楷书

楷书又称“真书”、“正书”，是现代通行的字体。“楷”是法式、模范的意思。一般认为楷书始于汉代，魏晋以后开始流行。

楷书是从隶书演变而来的，它的特点是取消隶书的波磔笔法，笔画更加平直，字形方正，也更加简化，易于书写。楷书使汉字完全变为由笔画组成的方块形符号（图六）。

（六）草书

自有汉字以来，各种字体都有草率的写法。不过这里的“草书”专指汉代以后形成的一种字体。

草书共有三种：章草、今草和狂草。章草是就隶书加以变化的，起于汉代（图七）；今

六　南北朝　张黑汝　墓志铭

草是章草的继续，是楷书的快写体，从东汉末年至今（图八）；狂草是在今草的基础上任意增减笔画，恣意连写，兴于唐代（图九）。总起来说，章草是从隶书发展出来的，今草和狂草是从楷书发展出来的。当然也不能忽略今草是章草的直接演变、狂草是今草的直接演变这一情况。它们的发展过程如下图示：

隶书——→楷书
↓　　　　↓
章草——→今草——→狂草

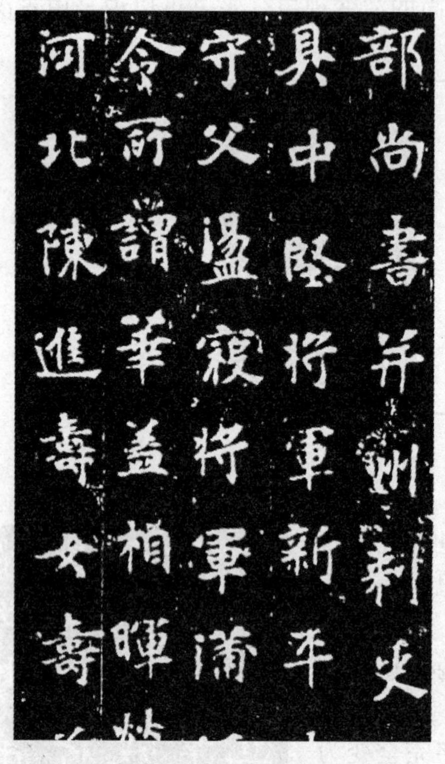

图七　章草　（传）张芝　秋凉帖

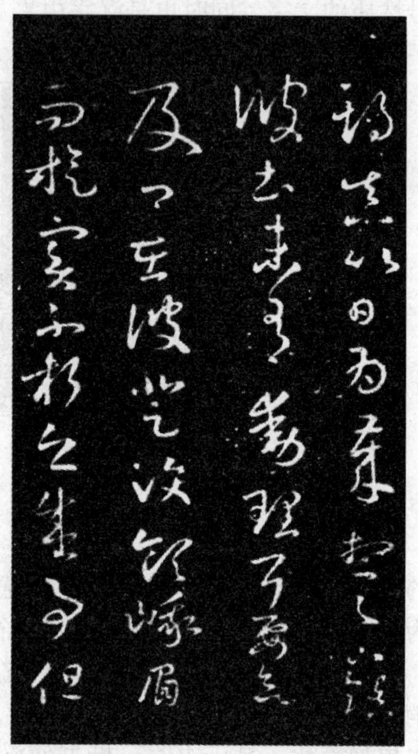

图八　今草　晋　王羲之　十七帖

草书打破了汉字的方块形体和结构系统，打破了楷书向四面八方用笔和不断起笔落笔的书写方法，而把许多原来的笔画和偏旁变成易于一笔连写的符号。这样把方块字的结构和写法高度简化，达到快写的目的，提高了工作效率，有一定的进步意义。不过唐代兴起的狂草，任意连写，难以辨认，只能当作书法艺术看待，实用价值是不大的。

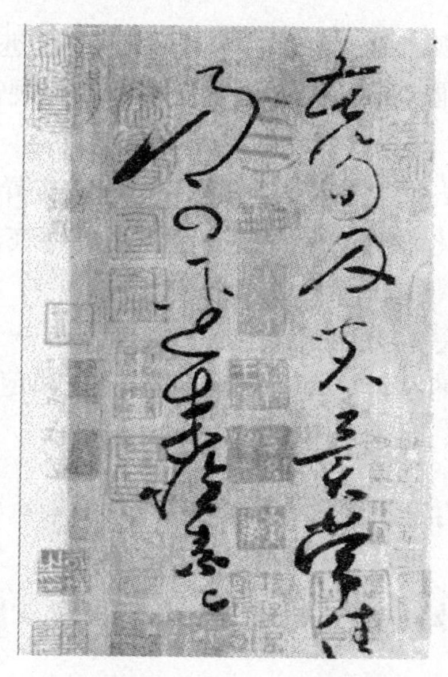

图九　狂草　唐　怀素　苦笋帖

（七）行书

行书大约是在东汉末年以后今草和楷书盛行时出现的一种介于今草和楷书之间的一种字体。写得稍微规矩一些，接近楷书的叫做“行楷”；写得放纵一些，接近草书的叫做“行草”。行书的特点是姿态灵活，书写便利，比草书易认，比楷书易写，切合实际应用，因此至今仍然是人们手写时惯用的一种字体（图十）。

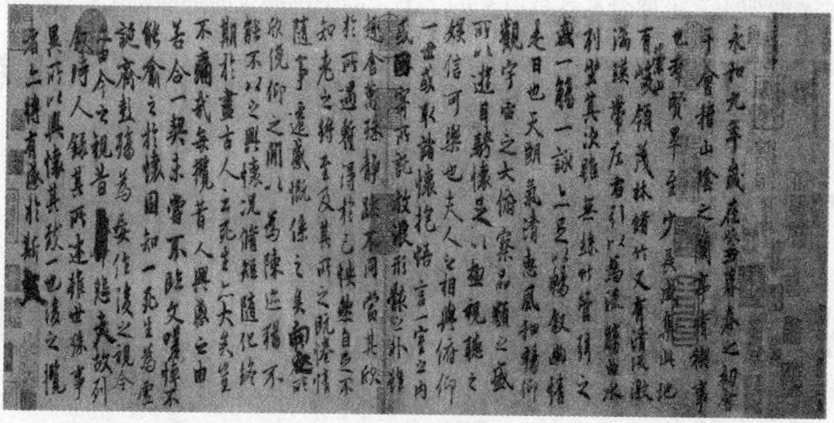

图十　行书　晋　王羲之　兰亭序

上述七种字体递相演变，都是沿着简化字形、逐渐规范的道路前进的。每种新字体的出现，对原来的字体都是一种改进。这种改进，总的精神就是删繁就简，避难趋易，这显示了汉字的简化规律。

二、异体和简体

汉字的形体，过去缺乏严格的规范，一直就有异体的存在；又由于字体演变的总趋势是简化，所以一直就有简体字的存在。

（一）异体

甲骨文和金文的字体都没有完全定型化，同一个字有几个不同的形体。小篆是经过整理的字体，基本上做到了统一和定型，但是仅就《说文解字》所收的字来看，还有不少异体字。

球 璆　　𡴂 芬

処 處　　看 𥈈

祀 禩　　氛 雰

藼 蕿 萱　　壻 婿

例如上边这些字，每行第一个在当时算是“正体”，后边的称为“或体”，也就是异体。小篆演变为隶书，隶书演变为楷书，在这演变过程中，异体字的数量又增加了。下面是从魏晋以来的字书、韵书中摘录的一些例子：

體 躰 軆　　臝 倮 躶 裸

嗜 呩　　嚾 唤

恾 忙　　疆 畺 壃 ①

胡 頶 啯　　襪 韈 帓 妺

俟 竢 䇉 迉　　　　犇 驞 奔 ①

啼 嗁 [illegible] [illegible] 渧　　　　穿 穿

造 [illegible] 艁 [illegible]　　　　㱃 飲 [illegible] [illegible] [illegible] ②

在使用过程中有些异体被淘汰了，但是新的异体又会在人们的笔下产生出来。为什么会这样呢？汉字结构复杂，汉字和汉语又不能密切结合，这是造成异体的根本原因。

异体字多，对于学习和掌握汉字是不利的，必须加以整理，精简。

（二）简体

简体字和异体字实际上是难以截然分开的。简体字是异体字中符合简化要求的一部分，流传下来的简体字是异体字中应当选用保留的一部分。

简体和繁体并存的现象在甲骨文里就有，例如：

[illegible] [illegible] [illegible] ——兽(狩)　　[illegible] [illegible] ——采

[illegible] [illegible] [illegible] ——毓　　[illegible] [illegible] [illegible] ——渔

简体字的大量出现是在战国时期，汉代通行隶书和草书，字体的简化主要向草书方面发展，但是隶书的简体字也是不少的，在碑刻和铜器铭文中都可以找到例子。现代通行的简体字，有的可以追溯到很早的年代，这种演变历史很值得注意。下边以“为”、“寿”二字为例来看简体字发展的大致情况。

魏晋以来的碑志、经卷上有所谓“俗字”，其中不少就是简体。宋元以后的民间刻本上，简体字更是广为流传。这些简体字是历代人民群众所创造的，我们应当研究和吸取其中有用的东西，来做好今天的简化汉字工作。

（甲骨文） （金文） （小篆） （隶书） （楷书）

（战国简体） （草书） （现代通行简体）

（金文） （小篆） （隶书） （楷书）

（战国简体） （草书） （现代通行简体）

三、印刷体和手写体

印刷体指汉字在书籍、报纸、杂志等印刷品上出现的字体形式，一般用于楷书。常见的有三种：一是老宋体，又称宋体，是最通用的印刷体。二是仿宋体，常用于排印诗词的正文、一般文章的引文和图版说明。仿宋体还有一种变形叫长仿宋，一般用于表格的题头，或用于排印诗词和正文中的夹注等。三是正楷体，同手写体接近，比仿宋体丰满，多数用来印通俗读物、小学课本和儿童读物。印刷体中另有一种黑体，又称方头体、粗体，供表示着重用，作为文章的标题一般也用黑体字。印刷体根据字体大小编号，如“三号字”、“五号字”等。

汉字的手写体一般不超出楷书、行书和草书三种，以行书为主，楷书为辅，草书主要见于书法作品。

思考题

1. 汉字字体主要有哪几种？各种字体主要通行在什么朝代？
2. 小篆字体有什么特点？
3. 小篆和隶书在汉字字体的历史演变中有什么重要性？为什么？
4. 为什么说汉字字体演变的总趋势是简化？

第三节　现代汉字的结构

一、笔画

汉字的笔画是现代汉字成形的最小单位。书写时从落笔到笔提起，叫做“一笔”或“一画”。笔画是由点和线构成的，点和线的具体形状叫做笔形。现代汉字基本上没有圆弧形线条，它有利于形成方正的字形。这是现代汉字区别于小篆等古代汉字的地方，也是现代汉字区别于许多拼音文字字母线条的地方。书写现代汉字时，笔画有先有后，书写时的这种笔画先后叫做笔顺。学习现代汉字，要正确掌握字形的各个笔画的笔形、笔画起讫的位置和笔画数，还要注意笔顺，这对于写好汉字、正确掌握汉字以及利用工具书查检汉字都是有重要意义的。

二、部件

许多汉字可以分离出相关的两个或两个以上的部分，这些构成汉字的各个部分就是汉字的构字部件。部件是构成汉字字形的基本单位，具有组配汉字的功能。部件是由笔画构成的，单个笔画构成的部件叫单笔部件，但大多数部件是由不止一个笔画构成的，这叫多笔部件。有的部件可以独立成字，叫成字部件，不能独立成字的部件叫不成字部件。

三、偏旁

传统上对汉字字形的分析采用的是偏旁分析法，偏旁分意符（也叫形旁、形符）和音符（也叫声旁、声符）两种。偏旁中意符表示该字的字义类属，音符表示该字的大致读音。

偏旁跟部件一样，都是介于笔画和整字之间的构字单位，两者有一致的地方，如“男”的“田”和“力”既是偏旁，也是部件。但两者并不完全相等。偏旁是对会意字、形声字中表意和表音成分的分析，而部件是对现代汉字内部结构系统分析的结果，部件可以表义、表音，也可以不表义、不表音。如“磨”从偏旁来看，只有“麻”和“石”两个偏旁，而从部件来看，则有“广”、“木”、“木”、“厂”、“口”五个部件，作为部件的“广”、“木”、“木”、“厂”、“口”在“磨”字中既不是意符，也不是音符。部件可大可小，是有级别的，而偏旁是固定的。

四、独体字和合体字

按照构成汉字部件的多少可以把汉字分为两大类，一是独体字，一是合体字。

独体字是指只有一个部件构成的字，如“人”、“口”、“木”、“禾”、“广”、“无”、“五”等。有些字虽然可以切分出一定的部件，但余下的部分不能处理为最小的部件，因而也只能看作独体字，如“大”、“串”、“丰”、“日”、“本”、“甘”等字，可以切分出“人”、“口”、“三”、“木”、“廿”等部件，但剩下的一横、一竖无法处理。这样的字只能作为独体字看待。

独体字的数目是有限的，汉字中大多数是合体字。合体字是指由两个或两个以上的部件构成的字。如“休”由“亻”和“木”两个部件构成，“数”由“米”、“女”、“攵”三个部件构成，“摸”由“扌”、“艹”、“曰”、“大”四个部件构成，等等。

传统的文字学把独体字叫“文”，合体字叫“字”。现代汉字的独体字和合体字跟古代汉字的独体字合体字有传承关系，现代汉字的独体字多数来源于古代的独体字，也有少数来自古代的合体字，如“秉”、“及”、“更”、“重”在古代是合体字，在现代成了独体字。有些字的繁体是合体字，简体则是独体字。

古今汉字独体字和合体字的变化是由于字体的演变和简化造成的。

思考题

1. 什么是笔画？什么是笔形？掌握汉字的笔画和笔形有什么意义？

2. 偏旁和部件有什么联系？有什么区别？

3. 什么是独体字和合体字？请阐述独体字、合体字与部件之间的关系。

第四节　现代汉字的标准化和规范化

一、现代汉字的标准化

现代汉字标准化就是对现代汉语书面语用字进行全面的、系统的、科学的整理，做到“字有定量、字有定形、字有定音、字有定序”，即定量、定形、定音、定序，简称“四定”。

（一）定量

定量主要是规定现代汉语用字的总量。

甲骨文时代汉字只有几千个，经过三千多年的发展演变，汉字积累了相当多的字量。但这些字中，有许多是异体字、繁体字，也有许多是历史上曾经使用过，而现代书面语中已经基本不用的“死”字。一般来说，现代汉语书面语中使用的汉字总数在 1 万个左右。

这 1 万个左右的现代汉字，对学习和使用的人来说也还是一个非常大的数字。不同学习阶段、不同使用场合和不同要求的人，使用汉字的数量是大不一样的。因而，在汉字定量研究方面，还必须在现代汉字的基础上研制出常用汉字和通用汉字。常用汉字是在日常语体的现代汉语书面语中使用频率高的字，1988 年，国家语言文字工作委员会和国家教育委员会联合发布了《现代汉语常用字表》。该表共收常用汉字 3 500 个，被分为两级，其中一级常用字 2 500 个，二级常用字 1 000 个。这些字都具有常用性、稳定性、简易性等特点。通用汉字就是书写现代汉语通常要用的字，1988 年国家语言文字工作委员会和新闻出版署在过去通用字研究的基础上，联合公布了《现代汉语通用字表》。该表共收通用汉字 7 000 个，包括了《现代汉语常用字表》的 3 500 个常用字。《现代汉语通用字表》是国家公布的规范字表，该表的发布为汉字教育、汉字应用和汉字规范提供了科学的依据。

（二）定形

定形就是规定现代汉语用字的标准字形。

字形是文字符号的物质外壳，是书面语信息的载体。字形清晰、统一、合理、规范是进行书面语交际的基本条件，也是提高书面语交际效率的重要保证。随着汉字信息处理技术的发展，更需要汉字有明确规范的字形。

从汉字整理的历史来看，过去的汉字整理研究也非常注重对字形的规范和整理，并取得了相当大的成效。《第一批异体字整理表》、《简化字总表》、《印刷通用汉字字形表》、《现代汉语常用字表》、《现代汉语通用字表》等文献的发布，就基本上确立了现代汉字的标准字形，促进了汉字的规范化和标准化。

不过，汉字的定形还有许多工作要做，如需要进一步整理异体字，需要整理同音同义字中的异形字，还需要进一步规范书写笔顺。

在已经公布的《第一批异体字整理表》中，还有个别地方需要修订。如“楞［愣］”条，把“愣”作为“楞”的异体字来处理是不够妥当的。因为“楞”音 léng，义同“棱”，而“愣”音 lèng，义为“发愣”，可见，“楞”和“愣”音义均不同，不能作为异体字来处理。

汉字的书写笔顺，经《印刷通用汉字字形表》和《现代汉语通用字表》的规范，基本上有了一定的依据。但也还存在一些不够统一的地方。如“乃”和“及”，结构相似而笔顺不同，“乃”字的起笔是折笔，“及”的起笔是撇。再如“叟”字的上部是先两边，后中间，而“插”字的下部是先中间后两边。而同样是左中右结构的字（或部件）有的是按左、中、右的顺序来书写如“谢”、“辩”、“鞭”等字，有的则按中、左、右的顺序来书写，如“兜”字的上部。同类结构的这些不统一现象，似乎应该进行修订，使同类结构字的笔顺统一，便于学习和应用。

（三）定音

定音是指规定现代汉语用字的标准读音。现代汉语用字的标准读音是北京语音，需要定音的主要是异读词的字音。

异读词是指表示同一个意义而有不止一种读音的词，这属于现代汉语用字字音不确定现象的一种。如“凹陷”中的“凹”字曾有三种读音：āo、yào、wā。过去在异读词整理方面已经取得一定的成绩，经过 1957 年到 1962 年分三次审定异读词，产生了《普通话异读词审音表初稿》后，1985 年 12 月，国家语言文字工作委员会、国家教育委员会和广播电影电视部又审核公布了经过修订的《普通话异读词审音表》。这次审音修订是以符合普通话语音发展规律为原则，以便利广大群众学习普通话为着眼点的，采取约定俗成、承认现实的态度。该表公布以后，异读词的读音均以此为准。

（四）定序

字典、词典的编写，各类索引的编排，计算机字库的编制，等等，都需要汉字有合理的稳定的排列顺序，以便于汉字的查检。可见，汉字的定序工作，主要是指汉字查字法的标准化。

最早给汉字归类定序的是东汉许慎的《说文解字》，用的是部首法。它把具有相同表义偏旁的字汇集在一起，建立一个“部”，每个部就用那个相同的偏旁作为代表，放在一部之首，这个字就叫“部首”。《说文解字》首创的部首法，在汉字查检史上有重要的地位。但这种部首是据义归部的，面对的是小篆字体。后来随着楷书的通行，字体结构有所改变，字义也有所发展，这样，《说文解字》的归纳部首的原则和所立的部就不尽合适了。后代的字典、词典确立的部首的数目也很不统一。因此，部首的数量，字的归部原则要逐步一致，几个部件都是部首的字取部要规律化。笔画查字法标准化主要解决笔画数相同的字怎样排列次序的问题。一部分笔画数计算有分歧的字要尽快明确它们的笔顺和笔画数。此外，音序法、四角号码法等也都要标准化、统一化。

二、现代汉字的规范化

（一）使用规范字

国家规定在一般场合停止使用的繁体字、异体字和旧字形，以及不符合《简化字总表》规定的简化字都属于不合字形规范的字。现代汉语的标准字体是指《简化字总表》公布的简化字，因此，除文物古籍，书法、篆刻等艺术作品，题字或招牌的手写字等特殊情况，一般情况下都应该使用这些规范的简体字。

简体字的标准是《简化字总表》，因而，使用简体字首先必须识记《简化字总表》中的字，熟悉类推简化的范围，了解一些形近简化字的细微差别以及笔画数和笔顺。具体说应该注意以下几个方面的问题。

首先，要了解《简化字总表》的结构。1986 年新版的《简化字总表》分为三个表：第一表收不作偏旁用的简化字 350 个，第二表收可作简化偏旁的简化字 132 个和简化偏旁 14 个，第三表收应用第二表所列简化偏旁得出的简化字 1753 个（其中“须”、“签”跟第一表重复）。三个表共收简化字 2 235 个。

其次，使用《简化字总表》要注意有些简化字跟繁体字不是一对一的关系，如“钟”对应“鐘”和“鍾”两个繁体字，再如“复”、“获”、“纤”、“坛”、“团”、“脏”、“只”、“当”、“发”、“汇”、“尽”、“历”等字都是一对二的，“蒙”、“干”、“苏”、“系”是一对三的关系，“台”则是一对四的关系。因而这些简化字在还原成繁体字字形时就必须注意字义和词义的准确对应，如“复印”对应的是“複印”，而不是“復印”，“肝脏”对应的是“肝臟”，而不是“肝髒”。

再次，要充分利用“注解”。《简化字总表》共有56条注解，这些注解的作用，一是具体说明简化字的规范字形的，二是具体说明如何正确使用简化字的。如“临”：左是一短竖一长竖，不是一短竖一长撇”；“蚕”：上从“天”，不从“夭”；“借”：“藉口”、“凭藉”的“藉”简化为“借”，但是“慰藉”、“狼藉”等的“藉”仍用“藉”。再如“乾净”、“乾燥”的“乾”简化为“干”，而同字不同音的“乾隆”、“乾坤”的“乾”没有简化。

另外，还要注意1986年新版《简化字总表》跟1964年公布的《简化字总表》的不同。1986年重新公布的《简化字总表》对1964年公布的《简化字总表》作了个别调整，如：删去“迭［叠］”，“叠”不再作“迭”的繁体字；“覆”不再作“复”的繁体字，在‘余’和‘餘’意义可能混淆时，仍用‘餘’，如文言句‘餘年无多’。

（二）消灭错别字

错字是指不成字的字，是规范标准的字典中查不出的字。如把“步”写成“步”，“长”写成“长”。别字是把甲字当作乙字来写，如把“成绩”写成“成积”，把“已经”写成了“以经”，虽有“积”、“以”这个字，但是用在这儿不对。

写错字主要有三种情况：

1. 相近偏旁、部件影响而错写偏旁、部件。例如：

“染”错成“染”、“轨”错成“轨”，是受“熟”字中“丸”的影响。“策”错成“策”、

“棘”错成“棘”，是受“赖”、“喇”等字中“束”的影响。

2. 常结合在一起的双音词中的一个字受另一个字偏旁的影响而误。如：“模糊”错写成“糢糊”，“枢纽”错写成“枢杻”，“犹豫”错写成“犹貈”等。

3. 弄错字的笔画，误写笔形。例如：把“卑”字中从“白”字撇出的斜撇误分成竖、撇两笔，作“卑”，或者错把末笔的竖贯通“白”内作“卑”。把“刊”字的首笔误为短撇作“刊”，或者把首笔和第三笔都误成撇，作“刋”。

克服写错字除了学字时要认真弄清每个字的形、音、义外，尤其要注意辨明形体相似的偏旁或部件，弄明白有关的字究竟用的哪一个偏旁或部件。

写别字主要有两种情况：

1. 形近而误。例如：南辕北辙（误作撤、撤）、一窍（误作窃）不通、如火如荼（误作茶）、滥竽（误作芋）充数、戳（误作戮）穿、糜（误作靡）烂、姿（误作恣）态。

2. 义近而误。例如：直截（误作接）了当、阴谋诡（误作鬼）计、歪风邪（误作斜）气、倒行逆施（误作驶）、自力（误作立）更生、川（误作穿）流不息。

要纠正错别字，首先，必须要端正写字态度，认识到写字的重要性，认真对待写字，养成一丝不苟的写字习惯，并勤查字典，多向人请教，写完字后能认真核查。其次，必须了解汉字的形音义，掌握常用字、通用字的写法、读法、用法，学会区别形似字，辨别同音字。只有从字形、字音、字义三个方面去仔细辨析，才能尽可能地少写或不写错别字。

思考题

1. 字标准化包括哪些内容？它们对汉字的社会使用有什么意义？

2. 别字由哪些原因造成？应该怎样克服写错别字现象？

3. 按要求做以下各题：

（1）改正下列各词中的别字：

敝开　湍气　斟察　坎烟　树哨　后选

串插　泡制　灯炮　草搞　胆心　清淅

幸苦　疮伤　举列　忘想　粉粹　按排

（2）下面一对一对的字，分别指出它们的近似和区别所在：

未末　要要　祟崇　己已　盲肓　享亨

秃秀　差羞　哀衰　羸嬴　徽徵　斑班

隐稳　侵浸　缜慎　肄肆　贩败　折拆

第三章　词汇

第一节　词汇概说

一、语素

语素是语言中最小的音义结合体，是能够区别意义的最小的语言单位。例如“水”，是一个语素，它的语音形式是“shuǐ”，它的意义是“最简单的氢氧化合物”；“蜘蛛”也是一个语素，它的语音形式是“zhīzhū”，意义是“一种节肢昆虫”。它们都是最小的音义结合体，不能分割成更小的有意义的语言单位。

汉语的语素多数是单音节的，写下来就是一个汉字，如“天、地、山、人、书、你、我、吗、呢”；也有双音节和多音节的，写下来是两个或更多的汉字，如“马虎、迪斯科、莎士比亚”。

确定语素的方法主要是替代法：用已知语素替代有待确定是否语素的语言单位。例如要检验“汉语”：

汉——汉语 德语 法语 英语

语——汉语 汉字 汉族 汉人

能这样进行双向替换，说明这个双音节词是两个语素。而“蝴蝶”：

蝴——蝴蝶 粉蝶 彩蝶 幼蝶

蝶——蝴蝶 蝴×蝴×蝴×

这就是说“蝴蝶”是一个语素。再举个多音节的词为例。如“劳动力”：

力——劳动力　生产力　战斗力　理解力

劳动——劳动力　劳动日　劳动节　劳动队

这说明“力”是一个语素。“劳动”是一个语素还是两个语素，可以再进行替换：

劳——劳动　劳作　劳教

动——劳动　活动　运动

因此“劳动”是两个语素。

采用替代法要注意在替代中保持意义的基本一致，例如“马虎”，如果按下面的方式替代便是错误的：

虎——马虎　猛虎　老虎　幼虎

马——马虎　马路　马车　马鞍

因为“马虎”中的“马”和“虎”同“马车”、“老虎”中的“马”和“虎”在意义上毫无关系，无法保持结构单位的基本一致。实际上“马虎”中的“马”和“虎”都不能被别种已知语素所替代，所以都不是语素，“马虎”只能是一个语素。

二、词

比语素高一级的语言单位是词，它由语素充当。词是代表一定的意义、具有固定的语音形式、句中最小的能够独立运用的语言单位。确定什么是词，最重要的是“最小的能够独立运用的语言单位”。例如：

他的手胖乎乎的。

“他、手、胖乎乎”都能够单说，可以单独做句子成分。余下的两个“的”字能单独起语法作用，也是词，这就排斥了比词小的单位——语素；“胖乎乎”由两个语素“胖”和“乎乎”构成，但“乎乎”不能独立运用；“最小”，排斥了比词大的单位——词组。例如：禁止吸烟。“吸烟”也能单说，能独立运用但不是最小的，因为“吸”与“烟”也都能够单说，所以“吸烟”是动宾词组。

因此，常用的确定词的方法是：

1. 能够单说或单用的是词。但要注意有些由两个或几个语素组合成的单位不能单说或很少单说，例如“教给”、“人造”、“国际”、“可控制”等，但可以用来充当句法成分，所以它们也是词。

2. 把一句话、一个句子中所有可以单说、可以充当句法成分的单位提开，剩下来不能单说而又不是一个词的组成部分是词。虚词就是用这个方法来确定的，如上面例子中的“的”字。

3. 扩展法来检查：某一个语言单位中间不能插入别的成分的是词。例如“生姜”不能扩展成“生的姜”，“白菜”不能扩展成“白的菜”等都是如此。它们扩展后改变了原来的意义，所以都是词。

三、词、语素和汉字的关系

词是造句的单位，是最小的能够独立运用的语言单位；语素是构词的单位，是能够区别意义的最小的音义结合体；词是由语素构成的，语素只有构成词之后才能在句子中起作用；而汉字是记录它们的书写符号系统，一个个方块形体就是汉字，它同汉语是对应的，基本上一个汉字一个音节。而汉语中的语素绝大部分也是单音节的，所以从整体上看，大多数汉字和语素具有对应关系。但也有别的情况：

1. 一个音节写成一个汉字，表示一个意义，或者表示几个意义（这几个意义必须联系得起来），这都属于一个语素同一个汉字的关系。例如：

fén——坟（坟墓）

tóu——头（头部，头发，物体的顶端，事情的起点，头目，第一，领头的……）

2. 一个音节写成不同的汉字，但只表示相同的意义，这是一个语素同几个异体字的关系。例如：

cūn——村，邨（村庄，泛指人口聚居的地方）

huí——回，囘，囬（曲折环绕，从别处到原处……）

3. 一个音节写成一个汉字表示几个意义，而这些意义联系不起来，这是几个语素同一个汉字的关系。例如：

huā—— 花 （种子植物的有性繁殖器官，可供观赏的植物，形状像花朵的东西……）
（用，耗费）

4. 不同的音节写成同一个汉字，表示的是同一个语素，这是一个语素和多音字的关系。例如：

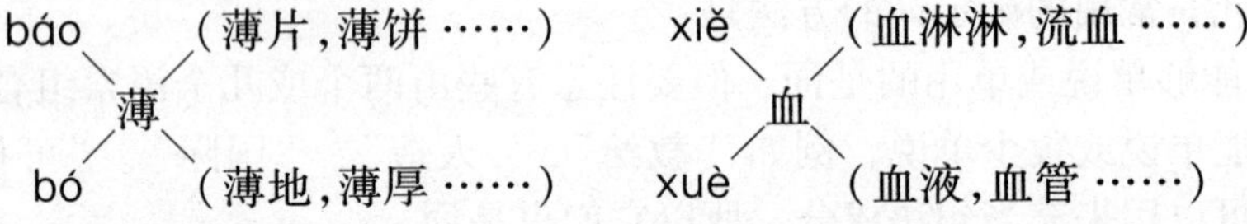

5. 不同的音节写成同一个汉字，表示不同的意义，这是几个语素和一个多音多义字的关系。例如：

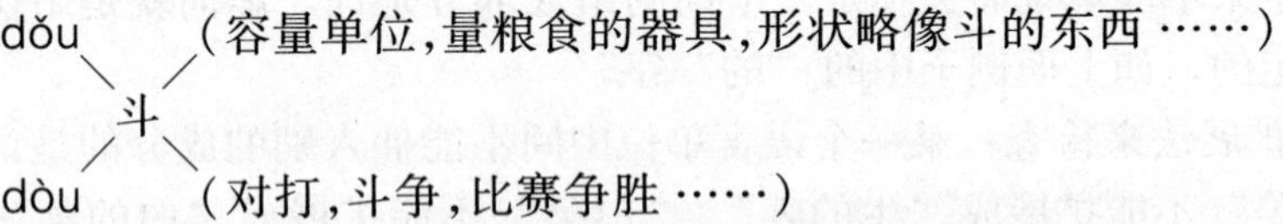

dān　　（一个，单独，仅……）
chán—单—（单于）
shàn　　（姓，单县）

上述语素和汉字之间的五种关系，都是在一定程度上简化了的。例外情况如儿化音节，即在一个音节的末尾附加卷舌动作，“儿”不是一个单独的音节。“gaìr——盖儿”、“wánr——玩儿”都是一个音节写成两个汉字，代表一个词、两个语素的例外情况。

对于词和汉字，若从词的语音形式上看，单音节词和汉字的关系基本对应（上述儿化音的特例除外）。例如：“天”、“地”、“人”、“马”、“喝”，都是一个汉字代表一个词。但现代汉语词汇双音节词占多数，如“电视”、“李白”、“玻璃”、“享受”，这些都是一个词，却由两个汉字表示。还有两个以上音节构成的词，如“生产力”、“曹雪芹”、“迪斯科”、“奥林匹克”，它们也都是一个词，但由三个或四个汉字表示。

对于词和语素，若从词的内部结构形式上看，由一个语素构成的单纯词，词和语素的关系是一一对应的。例如：“人”、“谁”、“琵琶”、“杜鹃”、“蒙太奇”、“苏维埃”、“可口可乐”、“阿司匹林”，它们是一个语素，也是一个词。而由几个语素组合构成的合成词，情况就比较复杂。例如：“巧克力糖”是一个词，却由两个语素“巧克力”和“糖”组成；“电视机”是由三个语素组成的一个词。

可见，词、语素和汉字的关系是：凡是单音节语素或者只由一个单音节语素构成的词，都是用一个字来表示，词、语素和汉字三者是一致的。多音节语素或多音节词，因为它们的每一个音节都需要由一个字来表示，所以情况较复杂，而且词、语素和汉字也往往不完全一致。

思考题

1. 什么是语素？请举例说明。
2. 什么是词？请举例说明。
3. 汉语里一个个字，是否就是一个个语素？请举例说明。
4. 划分出下文中的词（在词下划一横线）。

月亮升起来。院子里凉爽得很，干净得很。白天破好的苇眉子湿润润的，正好编席。女人坐在小院当中，手指上缠绕着柔滑修长的苇眉子。苇眉子又薄又细，在她怀里跳跃着。

第二节 词的构造

一、单音词、双音词、多音词

现代汉语中的词按音节的多少，可以分为单音词、双音词和多音词。词都是由语素构成的。词中表示基本词汇意义的语素叫词根，加在词根上边表示附加意义的语素叫词缀。如："老虎"里的"老"是词缀，"虎"是词根。"凳子"里的"凳"是词根，"子"是词缀。

(一) 单音词

由一个音节构成的词叫单音词。例如：

天 人 走 去 亮 小 很 都 一 我 啊

(二) 双音词

由两个音节构成的词叫双音词。双音词在现代汉语词汇中占多数。例如：

文学 成功 攀登 靓丽 潮湿 特别 大家
沙发 克隆 冉冉 汩汩 姗姗 呼噜 奶奶

请看下面一句话：

"我应该感谢母亲，她教给我生产的知识和革命的意志，鼓励我以后走上革命的道路。"

在这短短的由23个词（包括重复的词语）组成的一句话中，双音节的词（不包括重复的词）就有12个，余下的全是单音节的词。

如果从现代汉语词汇发展的过程看，这一特点更为明显。许多以前使用过的单音节词都逐渐变为双音词；多音词也紧缩为双音词。例如：

目——眼睛 学——学习 且——而且
外交部长——外长 彩色电视机——彩电

除了少数科技用语外，几乎不再产生单音词了，所以双音词占优势是现代汉语词汇语音形式上的一个重要特点。

在双音词中，有两种特殊的语音形式，这就是双声词和叠韵词。双声词由两个声母相同的音节构成。例如：

踌躇 吩咐 改革 眉目 澎湃 斟酌

它们的声母分别是"ch，f，g，m，p，zh"。

叠韵词由两个韵母相同的音节构成。例如：

买卖 腼腆 司机 蜻蜓 怂恿 徜徉

它们的韵母分别是“ai，ian，ing”。

（三）多音词

由两个以上音节构成的词叫多音词。例如：

马克思　主持人　白兰地　方便面

现实主义　歇斯底里　试管婴儿

虽然根据统计表明，现代汉语中双音词约占70%以上，但多音词也有日益增多的趋势。

二、单纯词和合成词

根据每个词的不同的内部结构形式，可以把词分为单纯词和合成词。

（一）单纯词

由一个语素构成的词叫单纯词。单音节的单纯词有“电、跑、人、呢、把”，等等，双音节及多音节的单纯词有以下几类：

1. 联绵词

指两个音节连缀成义而不能拆开来的词，包括双声词、叠韵词和非双声叠韵词。

（1）双声词　例如：

含糊　玲珑　忐忑　琵琶　坎坷　琉璃　唐突　惆怅

（2）叠韵词　例如：

橄榄　葫芦　从容　迷离　荡漾　混沌　蜻蜓　妖娆

（3）其他　例如：

杜鹃　玛瑙　嘀咕　珊瑚　鹌鹑　妯娌　蝙蝠　峥嵘

2. 叠音词

由两个相同的音相叠而构成。例如：

狒狒　奶奶　翩翩　冉冉　皑皑　瑟瑟　脉脉　侃侃

3. 音译的外来词

指以读音相近的字翻译外族词语而形成的单纯词。例如：

扑克　葡萄　喇嘛　尼龙　沙发　咖啡　咖喱　雷达

4. 拟声词

指模拟自然界和人类自己声音的词。例如：

扑通　轰隆　哎呀　呜呼

（二）合成词

由两个或两个以上的语素构成的词叫合成词，包括三大类：

1. 复合式合成词

复合式合成词都由词根加词根直接组合构成的，这是汉语词汇构成的基础形式。从词根和词根之间的关系看，又有以下五种类型：

(1) 偏正式合成词

前一词根修饰、限制后一词根，而在整个词义的构成上，则以后一词根为主。例如：

红花　草帽　纸袋　怀表　黑板　方桌　四季　午休　雪亮　笔谈
冷饮　细心　笔直　火红　公园　地铁　马车　密植　兔毛　新潮

从意义上说，这类词的前一词根可以从不同角度修饰、限制后一词根。如可以表示性质（“红花”）、领属（“兔毛”）、状态（“雪亮”）、方式（“笔谈”）、数量（“四季”）、程度（“密植”）、时间（“午休”）、及其他情况。

(2) 述宾式合成词

前一词根表示动作、行为，后一词根表示动作、行为所支配的对象，词根之间有支配和被支配的关系。例如：

司机　将军　司令　关心　投机　签名　挑战　招生　承包　挂钩
达标　站岗　冒险　举重　动人　示威　吹牛　带头　立冬　因此

(3) 述补式合成词

后一词根补充说明前一词根，在整个词义的构成上以前一词根为主，词根之间有补充说明的关系。述补型又分为两类：

第一类：前一词根表示动作，后一词根补充说明动作的结果或趋向，这些词的中间往往可以插进“得”表示可能，插进“不”表示不可能。例如：

提高　纠正　缩小　降低　推翻　失去　收回　拿起　改进　压缩
看透　认清　充实　立正　凑巧　充满　摧毁　展开　冻僵　改善

第二类：前一词根表示物件，后一词根是物件的计量单位，这一结构也可以算是一种补充式。例如：

马匹　车辆　房间　船只　羊群　人口　书本
花朵　稿件　钟点　土方　纸张　花束　枪支

(4) 主谓式合成词

前一词根表示被陈述的对象，后一词根是陈述部分，词根之间有陈述和被陈述的关系。例如：

地震　月食　海啸　人为　兵变　心虚　年轻　手软　眼花　肉麻

月亮　眼馋　体验　神往　面熟　性急　胆小　符合　脑震荡　胃下垂

（5）联合式合成词

由两个意义相同、相近、相关或相反的词根并列组合而成，又叫并列式合成词。根据两词根意义关系的不同，又有以下四种类型：

第一类：两个词根的意义相同或相近，在意义上起着互相补充的作用。例如：

人民　休息　语言　制造　思想　收获　关闭　声音　道路　完整

斗争　学习　生产　美好　寒冷　善良　仓库　喜欢　周全　孤独

第二类：两个词根的意义相反或相对。例如：

动静　来往　迟早　横竖　反正　买卖　天地　轻重　矛盾　彼此

表里　开关　奖惩　教学　早晚　始终　老小　今昔　利害　春秋

以上这些词，有的并列的词根原义仍保留着，组合成的词包含相互对立的两方面意义，如“表里”、“买卖”、“迟早”。有的并列的词根原义出现了变化，组合成的词产生了新意义，如“反正”、“开关”。

第三类：两个词根的意义相关，结合后产生了新的意义，这些词不能从词根的字面去解释，例如：

骨肉　眉目　口齿　江山　笔墨　形容　尺寸　领袖　岁月　心肠

血汗　细软　印刷　辛酸　江湖　描写　负担　招待　聪明　艰难

如“眉目”是头绪、条理的意思；“骨肉”是至亲的意思；“江山”是国家或国家政权的意思。

第四类：与前三类不同，虽然也由两个词根并列组合而成，但只有一个词根的意义在起作用，另一个词根的意义完全消失，所以这类词又称“偏义词”。例如：

国家　质量　睡觉　忘记　干净　任务　好歹　梦寐

瘫痪　窗户　雷霆　舟楫　师傅　人马　糟粕　兄弟

2. 附加式合成词

由一个表示具体词汇意义的词根和一个表示某种附加意义的词缀结合在一起组成，词根是词的中心部分，词缀是词的附加部分。根据词缀在词中的位置以及词缀是否叠音，又分为三类：

（1）词缀 + 词根　　这种词缀也叫前缀　　例如：

老——老虎　老师　老乡　老板　老百姓

小——小王　小丑　小狗　小姐　小伙子

阿——阿猫　阿妈　阿姨　阿毛　阿飞

（2）词根＋词缀　这种词缀也叫后缀　例如：

子——桌子　骗子　胖子　刀子　空子　日子

头——石头　骨头　来头　念头　苦头　赚头

儿——花儿　鸟儿　歌儿　盖儿　头儿　破烂儿

者——作者　读者　老者　强者　胜利者　马列主义者

性——党性　感性　弹性　阶级性　海洋性　理论性

化——绿化　美化　深化　规范化　多样化　自动化

家——大家　作家　道家　音乐家　女儿家　老人家

（3）词根＋叠音词缀　例如：

红彤彤　绿油油　粘乎乎　水淋淋　灰溜溜　阴森森　活生生

脏兮兮　干巴巴　香扑扑　明晃晃　喜洋洋　乐悠悠　笑嘻嘻

分析由词根和词缀组合的合成词时，要注意以下几点：

① 词缀多由词根演化而来，在形式上，有的词缀和词根相同，须注意区别。例如"老虎"、"老师"中的"老"已经不表示具体实在的意义，但"老人"中的"老"表示年纪大，"老调"中的"老"表示陈旧或流传已久。又如"石头"、"木头"中的"头"意义也比较虚，但在"头痛"中，"头"表示人身体的顶部，"烟头"中的"头"表示物品的残余部分，意义都比较实在。

② 有些词缀附加在指人或动植物的词根前，往往带有一定的感情色彩。例如"阿"经常带有亲昵的意味（试比较"姨妈"与"阿姨"，"哥哥"与"阿哥"）。"小"常常带有喜欢的意味，多表示爱称，如"小王"、"小猫"。

③ 有些词缀在构词中经常具有类化的作用，表示一定的语法意义。例如凡是带"子"、"头"的词（即使是一些表示动作行为、性质状态的词根），一般都是名词（"椅子"、"骗子"、"乱子"、"石头"、"甜头"、"来头"），而带"化"的词一般都是动词（"绿化"、"美化"、"规范化"），带"性"的词一般是表示抽象意义的名词（"阶级性"、"思想性"、"积极性"）。

3. 重叠式合成词

由相同的语素重叠后组成的合成词。例如：

哥哥　爷爷　常常　仅仅　隐隐　星星　刚刚

断断续续　原原本本　口口声声

由三个以上语素构成的合成词，内部关系比较复杂，不止一个层次，它们往往是按照一定的结构方式逐层地构造起来的。

例如“牛皮纸”一词，由“牛皮”和“纸”组成，“牛皮”修饰“纸”，为偏正式合成词，但“牛皮”又是两个语素，也为偏正关系。所以，“牛皮纸”包括两个层次的结构关系。图示如下：

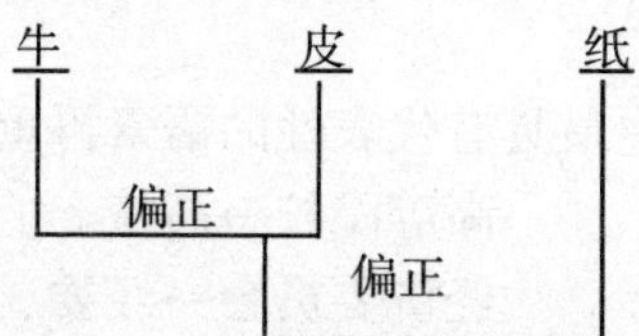

又如：“脑溢血”，“溢血”陈述“脑”，为主谓式合成词；“溢”支配“血”，是两个语素，为述宾关系。图示如下：

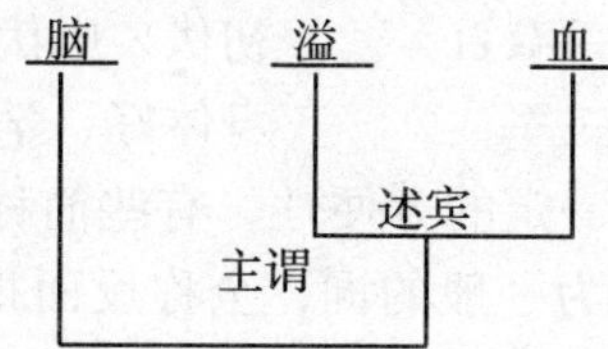

如：“碰碰船”，“碰碰”修饰“船”，“碰碰”重叠。图示如下：

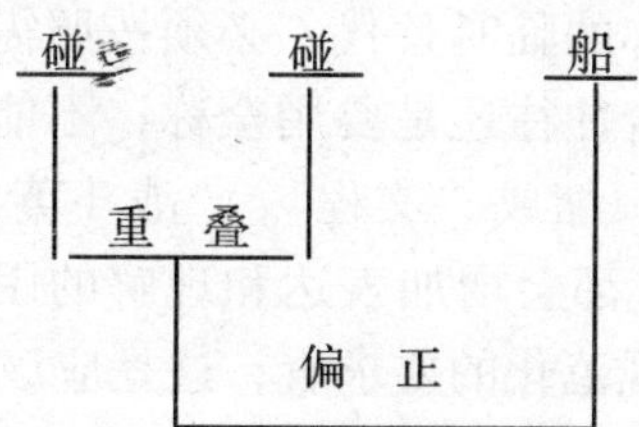

再如：“无产阶级化”，“化”附在“无产阶级”后，“无产”修饰“阶级”；“无产”是述宾式。“阶级”是联合型。图示如下：

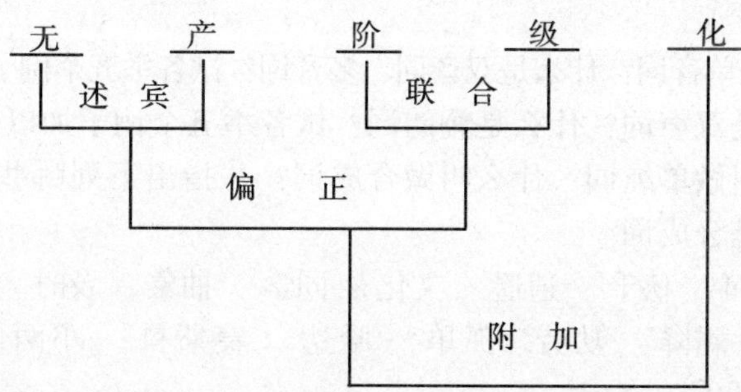

（三）简称

在语言的使用过程中，由于语言交际的经济性原则的作用，或者是主观上出于表达简洁性的需要，人们常把长的名称或并列短语化短，于是形成简称。常见的方式有：

1. 减缩

从原词语或全称中截取中心成分。例如：

西藏自治区→西藏　　复旦大学→复旦　　半导体收音机→半导体

2. 紧缩

选取原词语或全称中最具有代表性的语素再重新组合。例如：

外交部长→外长　　高等院校→高校

归国华侨→归侨　　经济委员会→经委、经委会

3. 标数概括

用数字概括标示几项具有共同特点的成分。例如：

百花齐放、百花争鸣→双百　　初伏、中伏、末伏→三伏

陆军、海军、空军→三军　　身体好、学习好、工作好→三好

简称对语言的表达有一定的方便性，有些简称经过长期使用，形式和内容都固定化了，便转化为一般的词，全称反而很少使用了。例如："地铁"（地下铁路）、"空调"（空气调节器）、"教研室"（教学研究室）等等。但是简称本来是全称的临时替代，必须按照需要和明确、约定俗成的原则来进行。在正式场合往往还是要用全称，不能只图个人方便而任意生造。例如把"文化程度"缩成"文程"、"战斗英雄"缩成"战英"、"应用汉语"缩成"应汉"，都会增加表达和理解的困难，造成交际的麻烦和语言的混乱。从语言的规范化的要求看，这是应该坚决反对的。

思考题

1. 什么是单音词？什么是双音词、多音词？试各举五个例子加以说明。
2. 什么是双声词？什么是叠韵词？试各举五个例子加以说明。
3. 什么叫做单纯词？什么叫做合成词？并指出下列哪些词是单纯词，哪些是合成词。

   走　而　秋千　逍遥　文化　同学　抽象　及时　震动　分明
   心得　霜降　功劳　孤单　哈达　莫斯科　小两口　多样化
   可口可乐
4. 指出上题复合式合成词的类型。
5. 什么叫词根？什么叫词缀？试举五个含词根、词缀的词语加以说明。
6. 试举五个由"词根＋叠音词缀"组合的合成词。
7. 分析下列合成词的结构。

英雄榜　　　燕子矶　　　非海洋性

8. 常见的简称方式有哪几种？试各举两个例子。

第三节　词　　义

词是由一定的语音形式和意义内容构成的一种语言单位，声音是词的形式，意义是词的内容。例如“国家”这个词的语音是“guójiā”，它的词义是“阶级统治的工具，由军队、警察、法庭、监狱等机构组成，是阶级矛盾不可调和的产物”；“林”的语音是“lín”，它的词义是“成片的树木或竹子”。

词的声音和意义是相互联系、统一的。但就语言的本质来说，某一特定的语音形式同特定的意义内容之间并没有必然的联系：同一语音形式可以用来表示不同的意义内容，如“扫”和“嫂”，它们的语音形式都是“sǎo”，但“扫”的词义是“用笤帚、扫帚除去尘土、垃圾等”，而“嫂”的词义指“哥哥的妻子”，它们的词义则不同。不同的语音形式也可以用来表示相同的意义内容，如“日”和“太阳”，它们的词义都可以用来表示“银河系的恒星之一，太阳系的中心天体”，它们的语音形式却不同，分别是“rì”和“tàiyáng”。这些情况是由社会的习惯来决定的。因此词的声音和意义是词的两个方面，它们既矛盾又统一。

无论如何，词都是一种符号，它代表的是各种各样的事物或现象。所谓词义就是这些事物、现象在人们头脑中的反映，不管它们是客观存在的事物、现象，还是人们头脑中想象的；不管它们是否真实，只要社会交际中需要，都可以用词来表示。例如“玉皇大帝”在现实世界里当然不存在，但在人们交际中能够用到这个词，这个词也就一直存在着，它的词义是“道教称天上最高的神，也叫玉帝”。

一、词义的演变

词义是一个历史范畴，随着社会生活的变化和人的认识的深化，处于经常演变的状态。

引起词义演变的原因主要有三点：

·社会生活的发展。社会生产力的提高，科学文化的进步，社会制度的变革和社会生活的变化等因素都会引起词义的演变。例如“枪”原来只指在长柄的一端装有尖锐金属头的旧式兵器，如红缨枪、标枪，而现在还可以指能发射枪弹的武器或性能、形状像枪的器械。

·人类认识的进步。人对客观事物、现象认识的进步也是引起词义演变的重要原因。例如“云”，古人以为是“山川气也”。这个词反映了当时人们对“云”的认识，而现在我们知道，“云”是由水滴、冰晶聚集而形成的悬浮在空中的物体，现在的认识要比过去更加深刻，更为科学。

·相关词义的影响。每当一个新词新义加入到语言的体系中来，它就要跟词汇体系中相关的词或词组相互影响，从而引起这些词或词义的变化。例如在一些单音节的名词、形容词中增加一个去声读音，就可以表示相关的动作，从而导致词义的变化。如：种 zhǒng——种 zhòng，好 hǎo——好 hào，泥 ní——泥 nì。

这些只是词义演变的大致原因。前两点是语言的外部原因，第三点是内部原因。而词义演变的方式包括词义的扩大、缩小和转移。

1. 词义的扩大

有些词的应用范围原来比较狭小，后来包含了更多的意义，应用范围便比以前广泛。例如“江”、“河”，原来只指长江和黄河；现在泛指一切河流。还有“脸”，原来指脸颊，即眼睛下面的一小块部分；现在的“脸”，古人称之为“面”。再比如“开发”，原指以荒地、矿山、森林、水力等自然资源为对象进行劳动，以达到利用的目的；现在也指发现或发掘人才、技术、产品等供利用，如开发人才资源、开发先进技术、开发新产品等。

2. 词义的缩小

与词义扩大情况正好相反，有些词的应用范围原来比较宽泛，后来被比较狭窄的意义所代替。例如“宫”，上古泛指房屋；到汉朝以后，民房不再称宫，帝王的居室如“未央宫”、“雍和宫”称宫；现在，只指文化娱乐场所，如“少年宫”、“文化宫”，词义日益缩小。还有“结婚”，古代指“结亲、通婚”，并不仅仅指男女双方结为夫妻；现在只能指男女双方当事人本人的行为、关系。“丈夫”，原来泛指“成年男子、大丈夫”；现在指女方的配偶。

3. 词义的转移

有些词原来的意义转移，出现了新的意义。有的是理性意义的转移，例如“去”，本来指离开某人某地；现在若说“我去上海”，意思就转移了，本来指出发地，现在指要到的目的地。词义的重心转移了。还有的是词的感情色彩的转移。例如“爪牙”，本来指鸟兽的用于攻击的爪子和牙齿，引申为武臣，本来没有贬义；现在指坏人的党羽和走狗，贬义色彩较浓。

二、词的多义性

前面说过，词的声音和意义既是矛盾的，又是统一的。这种矛盾性就使得语音和意义之间构成了各种复杂的关系；同时在语言中造成了各种复杂的现象。用相同的语音形式表示不同的意义内容，就造成了词的多义现象或同音现象。而多义词的存在是一般的语言现象，在语言的历史发展过程中，往往会不断变化、发展。为了便于认识、说明和掌握词义，有必要对由一个词的理性意义（即词义中同概念有关的意义部分）分解出的若干项加以说明、解释。例如词典中的“生产”一词，就有两种理性意义：一是指“人们使用工具来创造各种生产资料和生活资料”，另一种解释就是指“生孩子”。所以“生产”这个词就是个多义词，分析它的时候要注意它是运用在什么语境中。

（一）单义词和多义词

一个词的意义可以只概括反映某一类客观事物、现象，也可以概括反映相互有联系的几类事物、现象。这样根据词所包含的意义的多寡不同，可以把词分为单义词和多义词。

一般来说，常见的事物名称如人名、地名等都是单义的。例如：

专有名词：北京　合肥　香港　黄河　泰山　张衡　苏轼　茅盾

事物名称：鸟　煤　菠萝　桌子　眼镜　皮鞋　木偶　茉莉

科学术语：电子　光缆　针灸　血压　元素　函数　元音　转基因

称谓名称：父亲　母亲　哥哥　姐姐　舅舅　姑姑

汉语中有一定数量的单义词，其中单纯的单义词（如“鸟”、“蜻蜓”等）少，合成的单义词（如“面粉”、“期刊”、“钢笔”等）较多，占有一定的比率。交际时，单义词不受语境的限制，也不会产生歧义。有相当一些新词语，刚刚进入交际领域，所以一般都是单义的。例如：“特区”、“软盘”、“扶贫”、“手机”等。但是，由于语言中的词同客观事物比较起来，数量总是有限的，随着客观事物的发展和人们对客观事物认识的深化，如果都选新的词，那使用这种语言的人负担未免太重了，所以就不可避免地要用原有的一些词来表示有关的其他一些事物，于是产生了词的多义现象，也正因为如此，语言词汇中一些新选的词，其意义则常常是单一的。

多义词就是由单义词发展而来的，它是指有两种或两种以上意义，而这些意义之间又具有内在联系的词。例如：“打”这个词，主要有以下几种意义：

1. 用手或器具撞击物体，如“打门”、“打鼓”；

2. 器皿、蛋类等因撞击而破碎，如“鸡飞蛋打”；

3. 殴打或攻打，如“打架”；

4. 发生与人交涉的行为，如“打官司”、“打交道”；

5. 建造或修筑，如“打墙”；

6. 捆，如“打包裹”；

7. 编织，如“打毛衣”；

8. 涂抹，画，如“打蜡”；

9. 揭，凿开，如“打开盖子”、“打井”；

10. 放射，发出，如“打雷”、“打炮”、“打信号”；

11. 付给或领取（证件），如“打介绍信”；

12. 舀取，如“打水”；

13. 用割、砍等动作来收集，如“打柴”；

14. 做某种游戏，如“打球”、“打扑克”；

15. 定（某种罪名），如“他曾被打成右派”；

16. 介词，“从”的意思，如“打今儿起，每晚他学习一小时”。

现代汉语中的单音节词大都是多义的，如上述两例。而双音节词的意义往往比单音节词窄一些，固定一些，但一词多义的现象仍然存在。例如：①“同胞”，原来表示同父母所生的。如“同胞兄弟”、“同胞姐妹”，后来也表示同一个国家或民族的人，如“台湾同胞”、“港澳同胞”。②“问题”，原来表示要求回答或解释的题目，后来又不断增加新义：需要研究讨论并加以解决的矛盾、疑难，如“这些问题需要认真处理”；关键、重要之点，如“问题在于措施是否得力”；事故或麻烦，如“工作中问题不少”；不妥当之处，如“这种说法有问题”等。③“操纵”，一指控制或开动机械、仪器等，如“远距离操纵”；二指用不正当的手段支配、控制市场，如“资本主义国家的选举一直为资本家所操纵”。

多义词对语境有很强的依赖性，如果在同一语境中可以适用两个或更多的意义，这个词就会产生歧义了。例如“担子”这个词在“他的担子不轻”这句话中，孤立地看是有歧义的，不知道指的是他挑的东西不轻，还是他的工作责任不轻。但多义词的存在，一般并不影响对意思的准确表达和理解。例如“问题”这个多义词，在“我有两个问题要问你”、“你学习英语有没有问题”、“工作中存在很多问题”以及“时间有问题”等具体的句子中，意义都很明确，并不会产生误解。在某些情况下，也可以在同一个地方应用一个词的数种意义，以达到一定的表达效果，这就是修辞上的双关。

（二）基本义和转义

从应用上看，多义词的几个意义并不是完全相等的。有的是基本的，有的是派生的，有的经常使用，有的偶尔使用。其中有一个意义是最常用的、基本的，这就叫基本义；其他意义则是由这个基本义直接或间接地转化、发展出来的，这些是转义。

1. 基本义

指多义词的几个意义中最常见、最主要的意义。基本义是对转义而言的，虽然往往就是它的最初的意义（本义），但并不一定都是词源学上所说的词的原始义，两者也有不一致的情况。例如“兵”这个词，它最初的意义是“兵器”，而其基本意义是“兵士”。“走”的本义是“奔跑”，其基本意义是“步行”。“天”的本义是“头顶”，基本意义是“天空”。当然基本义和本义也可以重合，例如“山”和“水”的本义就是它们的基本义。

2. 转义

指多义词的几个意义中，由基本义发展转化而来的意义，主要通过引申和比喻两种方法产生。

（1）引申义

在基本义的基础上经过推演发展而产生的意义叫引申义。例如：

“深”的基本义是“从表到底的距离大（这口井很深）”，引申出四个意义：“深奥（这本书很深）”，“深厚（我们的友谊很深）”，“时间长（夜已经很深了）”，“浓重（这种布的颜色很深）”。

又如“先生”这个词的引申义有“老师”、“丈夫”、“医生”及对一般知识分子的称呼等，这些引申义都是由这个词的基本义“尊称”通过词义缩小的途径，直接引申出来的。

（2）比喻义

借用一个词的基本义来比喻另一种事物，这时所产生的新的意义叫比喻义。比喻义和一般的引申义不同，它不是直接从基本义转化而来，而是通过基本义借喻形成的。

例如“帽子”的基本义是“戴在头上保暖、防雨、遮日光或做装饰的用品”，后来用它比喻“罪名和坏的名义（对同志乱扣帽子是不对的）”，这里的“帽子”就是用它的比喻义。

再如“铁”的比喻义“坚硬（铁拳）”、“确定不移（铁的意志）”是由其基本义"一种坚硬的金属"借喻转化而成的。"香"的比喻义"舒服（睡得香）"、"受欢迎（这货物在农村很香）"，也是由基本义"气味好闻"借喻而来。

如：

近视 { 灯光太暗，眼睛容易近视。（基本义：视力缺陷）
他看不见前途，眼光太近视了。（比喻义：眼光短浅）

锻炼 { 这一炉能锻炼出好几吨钢材。（基本义：锻造和冶炼）
加强体育锻炼，提高民众素质。（比喻义：通过体育运动使身体强壮）

在这里，应该把词的比喻义和词在修辞上的比喻用法区别开来。比喻义虽然大多是通过修辞上的比喻用法逐渐形成的，但它已是词的一种已经固定下来的意义，已经成为词义中的一部分，我们在应用时几乎感觉不到它是一种比喻。而修辞上的比喻用法则不确定，它只是临时打比方，在特定的上下文中间才应用。例如"北京是中国的心脏"里的"心脏"，就是修辞上的比喻，"心脏"并没有转化出固定的"首都"的新义。当然，比喻义和修辞上的比喻，二者之间也有联系，但要看到区别之处，不能混淆。

思考题

1. 举例说明什么是词义？
2. 词义演变的原因有哪些？
3. 词义演变有哪几种方式？举例说明。
4. 什么叫多义词？为什么现代汉语的词许多都是多义？
5. 指出下面哪些是单义词，哪些是多义词？

清凉 堡垒 酝酿 盆子 大凡
风波 红火 搁浅 匍匐 傀儡

6. 什么叫做词的基本义、引申义和比喻义？分别举例说明。
7. 分析下列词语所包含的不同意义，并用它们的基本义和转义各造一个句子。

强 上 浓 长短 队伍 材料 怀疑
气象 局促 里程 灵活 秘密 昏沉 躲避

第四节　同音词、同义词、反义词

一、同音词

（一）什么是同音词

从词的语音形式上看，现代汉语中的许多词语音（包括声、韵、调等各方面）完全相同，而意义却完全不同，这样的词就叫做同音词。　例如“别”有四项意义：

（1）别离。如：“别了，司徒雷登。”

（2）另外。如：“别有一番风味。”

（3）绷住或卡住。如：“请别上你的校徽。”

（4）不要，不用。如：“别去那儿。”

这几项意义之间没有内在联系，例句中的“别”就是四个同音词，只是用一个字书写罢了。

由于汉语是语素汉字，与拼音文字相比，汉语里的同音词比率较高。对于同音词，可以从词形和词义的两个角度加以考察。从词的书写形式看，同音词可以分为异形同音词和同形同音词。

1. 异形同音词

语音相同，书写形式不同的词就是异形同音词。例如：

班——斑　　剁——跺　　娇气——骄气　　仙人——先人

煤气——霉气　私仇——丝绸　正视——正式　计议——技艺

人事——人氏——人世——人士

比较而言，单音节异形同音词更多，例如：xiàn 这个读音就有“献”、“县”、“现”、“腺”、“馅”、“线”等多个。异形同音词由于形体不同，写出来就可以区分，一般不会引起理解上的歧义，需要注意的是同形同音词。

2. 同形同音词

语音相同，书写形式也相同，而意义又无联系的词叫做同形同音词。例如：

táng：“搪”——（抵挡）：搪上块板子就揭不下来了。

táng：“搪”——（涂抹）：快去搪炉子！

táng：“搪”——（用搪床对机器零件的钻孔进行加工切削）

（中空的圆柱体）：这钢管真重！
guǎn："管"——（管理）：这个县管着十几个乡镇。
（介词，"把"）：大家都管他叫小胖子。

（自以为了不起）：这个人很自负。
zìfù："自负"
（自己负责）：公司实行自负盈亏制。

（今生，这一辈子）：你做了坏事，会有现世报应的。
xiànshì："现世"
（出丑，丢脸）：你真是活现世。

同音同形词在一定的上下文中大都能区分开来，不会影响交际。例如：

他获得了新生——学校又招来了一批新生。

母亲抱着孩子——冬天母鸡不抱窝。

无论同形同音，还是异形同音都必须声母、韵母、声调完全相同，否则不是同音词。例如部分多音词：

quān：看完后请画个圈做记号。
"圈"——juān：别把孩子圈在家里。
juàn：他家过去有猪圈。

zhōng：北京是中国的首都。
"中"
zhòng：他中大奖了！

它们都不是同音词。

（二）同音词与多义词的区别

同音词和多义词，都是用同一语音形式来表示不同意义、内容的语言现象，它们在性质上有一定的共同点，但相互之间有很大的区别。这就是：同音词指的是几个词具有相同的语音形式，而多义词是一个词具有不同的意义。因此，多义词的几个意义之间有明显的、必然的联系，它们都是从一个基本意义派生出来的，有共同的基础。同音词则不然，它们之间虽然语音形式相同，但意义上缺乏联系，缺乏共同的基础，各自独立存在。

例如“花”，表示可供观赏的植物（花很美），形状像花朵的东西（灯花、火花），烟火的一种（礼花），花纹（白底蓝花），用花或花纹装饰的（花篮、花灯），颜色或种类错杂的（花花绿绿），等等。这些意义之间有相通的地方，是多义词。可是另外还有一个“花”表示“用、耗费（花钱、花费）”，它与前面那个“花”无任何联系。所以这两个不同的“花”就是同音词。

再比如“打”，在“打人”、“打水”、“打井”、“打草鞋”这些语言结构中，虽然也表示不同的意义，但这些意义之间有联系，它们都是从“打击”这一基本意义派生出来的，因此是一个多义词。而在“打今儿起”这样的结构中，和上面的“打”虽然语音相同，意义上却无联系，它们就不是一个词，而是两个同音词了。所以一定要注意把同形的同音词与多义词区别开来。

当然，这两种语言现象也不是完全没有联系的。由于它们都是以同样的语音来表示不同的意义的，在语言的历史发展过程中，它们相互之间有时可以转化，多义词的进一步发展，往往可以构成同音词。因此，必须用历史的观点来看待这两种现象。

（三）同音词的表达作用

就同音词的作用而言，一般来说，一种语言中同音词一多，或多或少会产生一些消极作用，尤其是容易引起误解和歧义。例如在谈到“邮船”和“油船”时，这两个同音词的存在就使人感到为难，教学上谈到“期中考试”和“期终考试”时，往往也要费一番唇舌来加以说明。一般说来，这种情况终究还是少见的，因为绝大部分同音词在具体的语境中，其意义都可以靠上下文确定下来。例如：在“这学期已临近尾声，同学们该准备迎战 qīzhōng 考试了”这个句子中，“qīzhōng”指的必然是“期终”，而不会是“期中”，这都不会造成表达的困难。

同时，从另一方面说，若碰到可能引起混淆的现象，可采取以下方法补救：汉语有丰富的意义相同的语素，可以在适当的情况下相互替代，这就可以帮助避开消极的同音现象。例如可以把“期终”改为“期末”以区别于“期中”；把“遇见”改为“碰到”以区别于“预见”等等。汉语有丰富的同义词可以互相替代，这也可以避免同音词混淆。例如可以用“食用油”代替“食油”以区别于“石油”，用“出口处”代替“出口”以区别于“对外出口”中的“出口”等等。

虽然同音词或多或少会产生一些消极作用，但如果有意识地利用同音词，有时也能收到一些积极的修辞效果：

1. 别具新意，发人深思。在文章中，常常将原有的某个词改换成另一个同音词语，或者二者组合使用，使词语别具新意，发人深思。这在文章题目或新闻标题中更为常见。例如：

(1) 胳膊肘朝理（里）拐

(2) 九月天，哈尔滨草木皆冰（兵）

(3) 举国谢君（军）——热烈欢迎谢军载誉归来

2. 语言活泼风趣。这里很大程度上是由谐音双关所带来的表达效果。例如：

(1) 窗口吹喇叭——鸣（名）声在外

(2) 旗杆上绑鸡毛——好大的掸（胆）子

(3) 东边日出西边雨，道是无晴却有晴（情）

二、同义词

语言中用不同的语音形式来表示相同或相近的意义，就产生了词的同义现象。

(一) 什么是同义词

凡是意义相同或相近的词，就叫同义词。关于同义词的性质，要注意：

1. 同义词之间的关系是词义与词义的关系。词义和语素义不能构成同义词。例如：

老——迈　　活——生　　走——行

“迈”、“生”、“行”虽然分别有“老”、“活”、“走”的意思，但都不是词义，而是语素义。我们只说“年迈”、“生龙活虎”、“步行”，不能说“年纪很迈”、“一条生狗”。

2. 从音节看，有些是单音词同义，如“缺”和“少”、“封”和“闭”，有些是单音词和双音词同义，如“学”和“学习”，“信”和“相信”，“飞”和“飞翔”。不过最多的还是双音节同义词，例如：

立即——马上　　凌晨——黎明　　帮助——赞助

发愤——发奋　　合适——适合　　情感——感情

3. 同义词之间的关系是词义和词义的关系，单义词之间当然是一对一的；多义词就可以一对多。例如：

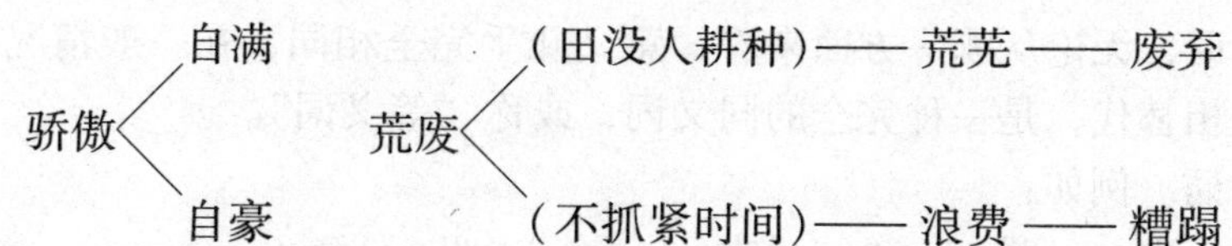

但一个多义词的同义词，实际上二者之间是局部的同义。例如“痛快”一词，在“你这个人办事很痛快”这个句子里，“痛快”与“爽快”、“直爽”同义；在“今天玩得真痛快”这个句子里，“痛快”与“开心”、“尽兴”同义。又如“平常”一词，在“他相貌平常，可是精明能干”这个句子中，“平常”和“普通”、“一般”同义；在“平常他这会儿早来了”这个句子中，“平常”和“平时”、“通常”同义。

4. 同一个词不同形式之间是同一关系，不是同义关系。例如：

癫狂——颠狂　梗直——耿直　罗嗦——罗唆——罗索——啰唆

这些词来源可能不相同，古代音义也可能有所不同，但现在音义没有区别，是具有同一关系的异形词。对词源增减一个语素，只要意义不变，就是该词的另一种构词形式。例如：手指——手指头，树墩——树墩子，这些是加了后缀；数目字——数字，手提包——提包，这些是省略了一个语素。它们本来就是同一个词，不算同义词。

5. 词与词的语法变化形式之间不是同义关系。例如：

糊涂——糊里糊涂　考虑——考虑考虑　家——家家高——高高

6. 所指相同不一定构成同义词。在一定的语言环境里为了修辞上的需要，常常使用与所表达的事物有关的词语来替代所要表达的事物，两者所指相同，但却不是同义词。例如：

阿Q……从腰间伸出手来，满把是银的和铜的，在柜上一扔说，“现钱！打酒来！”

“银的”和“铜的”所指确实是下文的“现钱”，但“银的”、“铜的”都是“的”字词组，不是词。同时它们同“现钱”之间也没有对等关系。

所以，一般来说，是不是同义词主要从词义上看，只要有一个重要意义相同即可。

同义词主要分为等义词和近义词。

等义词。例如：

演讲——讲演　　妒忌——嫉妒　　离别——别离　　灵魂——魂灵

无线电——收音机　　玉米——苞米——苞谷——棒子

山芋——红薯——白薯——甘薯——红苕——番薯

这些词，无论从哪一方面来看，意义几乎完全相同，在一般情况下可以任意互相替代，是一种完全的同义词，或称“等义词”。

近义词。例如：

拿——取　　赠——送　　吃——食　　叫——喊

坚决——坚定　　人际——人间　　企图——打算

监狱——牢房——囹圄　　愤怒——愤慨——愤懑——愤恨

这几组词虽然意义相同，但并不完全相等，有种种细微差别，应用上也不能任意替换，是一种不完全的同义词，或称“近义词”。如例中所举“坚决——坚定”：“坚决”侧重态度果断，跟“犹豫”相反；“坚定”侧重立场稳定，跟“动摇”相反。因此，“坚决”常用来表示行动、态度；“坚定”常用来表示立场、意志。还有“庆祝——庆贺——祝贺”，都有以一定方式对喜庆的事情表示美好心愿的意思，但“庆祝”着重表示喜庆或纪念，多用于隆重的事情，方式常常是群众性活动；“庆贺”着重表示贺喜，适用范围较小，不限于集体，也适用于个人，方式多种多样；“祝贺”着重表示美好的祝愿，对象也较广，方式或是文字的，或是口头的。

在上述的两种同义词中，等义词在词汇里为数是很少的。这种同义词有的是语言的累赘，是语言规范化工作的对象，应该限制它们的存在和发展。语言中更多的是近义词，它们的存在有其积极的意义和作用，因此需要认真辨析，以防止误用这类同义词。

（二）同义词的辨析

各同义词之间的基本意义都是一致的，至少在某一主要意义上相同，但另一方面，它们之间必然会有一些或大或小、或隐或显的差别。例如“愉快——高兴”主要意义都是“喜欢”，但在程度上有区别。恰当地使用同义词可以准确地反映事物之间的细微差别，表达人们对客观事物的感情、态度，适应各种语体风格的需要；使用得不恰当，便会词不达意，出现种种错误。所以学习研究同义词的重点应该放在辨析同义词之间的差异上，这样才能真正发挥同义词的积极作用。一般说来，同义词的差别主要表现在意义、语法功能和色彩三个方面上。

1. 从意义差别上辨析

同义词在意义方面，首先表现为范围大小不同。例如：

粮食＞食粮　心情＞心境　家族＞亲属＞家属＞家眷

“粮食”指一切谷物，“食粮”只指人吃的粮食。“心情”和“心境”都指内心的思想感情。“心情”泛指思想感情所处的状态，意义范围较广，书面、口头都常常使用，如“心情激动”、“愉快的心情”；“心境”主要指思想感情的境况，意义范围较窄，多用于书面，如“他家出了点事，近来心境不好”。“家族”包括同一血统的几辈人，是一个群体；“亲属”指有血缘关系和婚姻关系的人；“家属”指家庭户主以外的所有人员；“家眷”只指妻子儿女，有时还可以专指妻子。

表现范围大小差异的词，多是名词。

其次是语意轻重不同。有些同义词所表示的事物概念虽然相同，但在表现其某种特征或程度方面，则有轻重的差别。例如：“轻视”和“蔑视”都有“看不起”的意思，但“蔑视”的程度显然比“轻视”重，如“蔑视霸权主义”里的“蔑视”不能改成“轻视”；“改革”和“改良”，前者是全面、深入的，后者是局部表面的；“嗜好”和“爱好”，前者是指特别的喜爱，后者只指一般的喜爱，等等。

表现语意轻重差异的词，多是动词、形容词和副词。

再次是适应对象不同。有些同义词虽然所代表的概念相同，但其适应的对象却有上、下、内、外之分，也就是说它们往往同说话者所处的地位有关。例如：“爱戴——爱护”，前者只适用于对上，后者则适用于对下；“表达——传达”，前者往往适用于对自己，如“表达自己的思想感情”，后者则适用于对他人，如“传达上级的指示”；“交换——交流”都指双方把自己的东西给对方，前者可以和“礼物、意见、资料、产品”搭配，搭配对象大都是意义较具体或所指范围较小的词，后者则与“思想、文化、经验、物资”等搭配，搭配对象大都是意义较抽象或所指范围较大的词。

适应对象差异的词，多是动词和形容词。

最后是具体与概括，也就是个体与集体这一方面。例如：“树木”和“树”指的是同一种事物，但“树木”所指的是概括的、一切的树，如“这地方树木真多”，“树”指的则往往是具体的、个别的树，如“苹果树、这棵树”；“信——信件”，前者指具体的、个别的信，后者指集体的、很多的信。类似具体与概括的例子也不少，如：人——人类，山——山脉，布——布匹，河——河流，船——船只，湖——湖泊，马——马匹，纸——纸张，枪——枪支，书——书籍，花儿——花朵等。

表现具体与概括的词，多是名词。

2. 从语法功能上辨析

同义词在语法功能上的差异主要与词性和句法功能有关。一般地说，词性或句法功能不同的词，不能形成同义词。但是当一个词具有几种不同的意义，并且分别属于不同词类的时候，则可以在意义相同或相近而词性不同的条件下，分别同别的词组成同义词。例如："深刻"和"深入"都有"深"的意思，但"深刻"是形容词，既有接触到问题的本质的意思，如"他分析得很深刻"，又有内心感受极深的意思，如"他给我留下了深刻的印象"；而"深入"是动词，有通过外表达到事物的内部的意思，如"党的政策深入人心"。所以它们不是同义词，不能混同使用。另外，"深入"还表示"深刻、透彻"的意思，属形容词性质，因此"深入"的这一意义和"深刻"又能形成同义词。"深入"和"深刻"作为一组同义词，在搭配对象上也有所不同。"深入"多与表示动作行为的词搭配，如"必须进行一场深入的批判"，"深入地开展调查研究"等；"深刻"则多与表示抽象事物的词搭配，如"深刻的印象"、"深刻的内容"等。再如"突然"和"猛然"都有动作变化快、出人意料的意思，都可以作状语，如"他突然/猛然转过身来"。但"突然"还可以作谓语、定语、宾语，如"情况很突然"、"突然事变"、"感到突然"；"猛然"则只能作状语，如"猛然站起"。因此，一般认为"突然"是形容词，"猛然"是副词。还有些同义词虽然词性完全相同，但语法功能不同。例如"艰苦——艰难"都是形容词，前者常常作定语，如"艰苦的生活"；后者常用作谓语，如"生活艰难"，等等。

3. 从色彩差别上辨析

同义词在色彩上的差别主要包括感情色彩和语体色彩两方面。

（1）感情色彩　有些同义词意义差不多，但是反映出来的人们对客观事物、现象的态度却不同，即感情色彩不同。有的词表达了说话者对该事物的肯定、赞许的感情，含有褒义；有的词表达了说话者对同一事物的否定、贬斥的感情，含有贬义；有的则不表示说话者对该事物的褒贬，那就是中性词。例如"结果——成果——后果"都指所达到的最后状态，其中，"结果"是中性词，可以用于好的事物，如"他们商谈的结果是签订了合作协议书"，也能用于坏的事物，如"他们商谈的结果是崩了"；"成果"是褒义词，意思是工作或事业上的收获，是一种好的结果，如"祝贺你们在学习中所取得的丰硕成果"；"后果"是贬义词，意思是后来的结果、结局，多用于坏的方面，如"滥伐森林的行为再不制止，后果将不堪设想"。又如"巨大——宏大——庞大"都有很大的意思，"巨大"，中性词，可用于好的事物，如"对这么巨大的工程，一定要精心施工"，也能用于坏的事物，如"防止造成巨大的经济损失"；"宏大"，褒义词，有雄伟、壮阔之义，如“这是个宏大的规划，十分鼓舞人心”；“庞大”，贬义词，常含过大或大而不当之义，如“机构庞大、人浮于事的状况应该改变”。再如“坚定”、“顽固”、“固执”和“坚持”，这组词都含有“坚持不懈”这一概念，而“坚定”则含褒义，指对正确的信念或对事业的坚持不变的态度；“顽固”和“固执”含有贬义，表示坚持的是不正确、错误的东西；“坚持”是中性词，无明显的感情意味。

除了上面所说的词义褒贬，同义词还有其他感情色彩上的差别。因为人们的感情是多种多样的，这种差别也就有各种不同的情况，例如“诚实”和“老实”都是指一个人言行跟内心一致，不虚假。但隐含的含蓄义不同：前者含有思想行为良好、品德高尚的含义；而后者还隐含着不聪明、不灵活、胆子小，甚至懦弱无能的意思。又如“死”和“逝世”是一般的感情色彩和庄重的感情色彩之分；“人”和“家伙”、“漂亮”和“时髦”是一般的感情色彩和轻蔑色彩之分；“肥”用来指人时，有讽刺、诙谐的意味，“胖”则没有这种意味。

（2）语体色彩　包括口语和书面语。有些词多适用于口语，同时带有通俗的语体色彩，另一些词则适用于书面语，一般经过文学加工，有的还受古代文学的影响较大，所以跟平时口头说的话有些不同。口语和书面语各有自己的色彩特点，适用的语境、场合也不同。例如在严肃、庄重的场合用“夫人”、“诞辰”就比用“妻子”、“生日”适宜。同样，“儿童”和“小孩儿”也都指比较幼小的未成年人，但前者较庄重，用在“儿童是祖国的花朵”里较合适，而“小孩儿”较亲切，用在“瞧，那老爷爷在逗小孩儿呢”里就有特殊情味，都不能互换。

当然，这两者的界限并不是绝对的，口语中的词也可用于书面语，但有些词往往只适用于某一种语体，别的语体中不用，这就构成了普通用语和特殊用语的区别。例如：

普通语体——文艺语体：

好意——美意　半夜——子夜　光亮——晶莹　安静——寂静

普通语体——科技语体：

脑袋——颅　胸膛——胸腔　月亮——月球　冲淡——稀释

普通语体——公文语体：

光临——莅临　提拔——擢升　私下——擅自　安排——部署

普通语体——军事语体：

扔——投掷　站队——列队　趴下——俯伏　爬行——匍匐

普通语体——文言词：

蛤蟆——蟾蜍　后代——苗裔　依附——附丽　监狱——囹圄

普通语体——方言词：

知道——晓得　无能——窝囊　睡觉——睏觉　肮脏——龌龊

（三）同义词的表达作用

汉语是世界上同义词最丰富的语言之一，同一种事物，同一个动作，同一个现象往往有许多同义词可以选用。例如：

表示“看”这一动作的，就有十几个同义词。其中有表示一般的看的，如“看、瞅、瞧”；表示已经看到的，如“见、看到、见到”；表示向远处看的，如“望、眺、瞭望、瞩”；表示向上看的，如“瞻仰、仰视、仰望”；表示向下看的，如“鸟瞰、俯视”；表示回头看和向四方看的，如“顾、张望”；表示偷偷地看的，如“窥”；表示集中视线注意地看的，如“盯、瞄、注视”；表示略略一看的，如“瞟、瞥、浏览”，等等。

所以写文章时，若能恰到好处地选用同义词，则对于增强语言的表达效果具有多方面的积极意义。其作用大致有五个方面：

1. 可以使语言的表达细致入微，精确严密。例如：

（1）我们不是反对生活水平的提高，共产党人奋斗的目的就是要使人民过上更加美好的生活。我们反对的是脱离当前经济发展水平的过高的消费，反对的是假公济私，损公肥私和损人利己。

加点的词都有牟取私利的意思，但又有所不同。“假公济私”指当权者假借公家的名义牟取私利；“损公肥私”指损害国家集体利益，中饱私囊；“损人利己”指损害别人使自己获利。三者互相补充，使语意表达全面周详。

（2）蚕的灰白色身体完全露出来了，连成一个平面，在那里波动，它从木架上往下爬，恨不得赶紧离开，脚的移动就加快……它觉得尾巴一阵疼痛，身体不由自主地扭动了一下。

这里加点的同义词用得各得其所，恰到好处，说明作者观察事物非常仔细，非常精确。

（3）我从东长安街向天安门广场走去，刚进入广场就望见纪念碑，像顶天立地的巨人一样矗立在广场南部，和天安门遥遥相对，在远处就可以看到毛主席亲笔题的“人民英雄永垂不朽”八个金色大字。我越过广场，踏着刚铺成的橘黄色花岗石石道，徐徐走到纪念碑台阶前，从近处来仔细瞻仰纪念碑。

在这段文字里，加点词都有“使视线接触”的意思，表示“看”这一动作。未进广场，离纪念碑还很远，当然用表示“远看”的“望见”；为了强调纪念碑上的八个金色大字清晰耀眼，为了避免重复、呆滞，换用了“看”；为了表示走到近处怀着崇敬心情的观看，就用了“瞻仰”。

2. 可以使文句避免重复，富于变化。例如：

（1）为您开襟解怀，拉车挽绳……

（2）根深不怕风摇动，树正何愁月影斜。

（3）按倒葫芦起来瓢。

（4）听话听声，锣鼓听音。

（5）若要人不知，除非己莫为。

以上例中加点的一组组同义词都表示相同的意思，但都没有使用相同的词语，避免了单调乏味的缺点，使语言显得生动活泼，富于变化。

3. 同义词连用，可以增强语势，表义充分。例如：

（1）坚决、彻底、干净、全部地歼灭一切敢于来犯之敌。

一连四个状语，后三个是语境同义词。这四个词从态度、状态、结果、范围四个方面限定了“歼灭”这个动作，极大地加重了语气，突出了情态，增强了公告感染力。

（2）可是谁都没有想到事到临头，出了这么个岔子！武英英气得快哭了。团支书周铁娃气呼呼地叫道：“这个王铁牛，简直是故意捣乱，专门拆台！非好好整一整、熬一熬这股歪风邪气不可！”

借助于同义词“捣乱”、“拆台”构成两个并列的词组，充分地表现了人物内心的气恼，如只用一个，力度就差多了。下文的“歪风邪气”为两个双音同义词，有同样效果。

有的同义词拆散连用，交叉搭配，可以构成成语来加重语气，突出形象，增强表现力。例如：

家喻户晓　东奔西走　谨小慎微　轻描淡写　门当户对

心满意足　改头换面　粗枝大叶　风平浪静　咬文嚼字

4. 可以满足修辞上的讳饰、婉曲的需要，构成“委婉词”或“禁忌语”。例如：

“落后”和“后进”，“受伤”和“挂彩”，“死”和“去世”、“升天”，“箸”和“筷”等等都是同义词，在为了避免伤害对方的自尊心，或避免犯忌触讳的情况下，就可以用后面的一个词构成“委婉语”或“禁忌语”，这对意思圆满的表达，也有很大帮助。

5. 可以适应不同的语体风格。例如：

本军三大纪律八项注意，实行多年，其内容各地各军略有出入。现在统一规定，重新颁布。望即以此为准，深入教育，严格执行（《中国人民解放军总部关于重新颁布三大纪律八项注意的训令》）。

加点字的意思就是“希望就拿这个做标准”，但原文因是个“训令”，要求措辞郑重、严肃，所以使用的是书面语词语，“训令”特有的风格特点就显示出来了。

三、反义词

（一）什么是反义词

语言中意义相反或相对的词叫反义词。例如：

大——小　长——短　高——低　好——坏

浪费——节约　拥护——反对　谦虚——骄傲　朋友——敌人

关于反义词的性质，要注意：

1. 反义词的存在是以客观事物的矛盾对立为前提的。例如：正——反，对——错，痛苦——快乐。但有的反义词反映的客观事物本身并不是互相矛盾的。例如：山——水，天——地，日——月，春——秋。它们所反映的事物、现象本身，只是人们在运用时经常对比并举，成为社会的语言习惯，也被视为反义词。

2. 两个反义词必须是属于同一意义范畴的词。例如：“大——小”都属于体积，“正——反”都属于方向，“古——今”都属于时间，“胜利—失败”都是（在战争或竞赛中）打败对方/被对方打败。所以，都是反义词。而“美观——粗糙”就不能够成反义词，因为不属于同一意义范畴：美观是指（物体的样式）好看、漂亮；而粗糙是指（物体的表面）不精细、不光滑。“美观”的反义词应该是“难看”，“粗糙”的反义词应当是“光滑”。

3. 反义词是词义与词义、词与词的关系，词和词组不能构成反义词。所以，贞洁——不贞，良好——不良，忠诚——不忠，都不是反义词；同一个词的前面加上前缀“非”、“不”也不能构成反义词，如：党员——非党员，金属——非金属，送气——不送气，规则——不规则，都不是反义词。当然，有理数——无理数，有机化学——无机化学，可以构成反义词。

4. 一个词通常只有一个反义词，但也存在复杂的情况。一个多义词同时有几个意义，因此它的每一个意义，都可能分别同意义相反或相对的词构成反义配对关系，即形成一个词和几个反义词对应的情况。例如：

正　（垂直或符合标准方向）：歪

（位置在中间）：侧，偏

（正面）：反

（正确）：误

（合乎法度、端正）：邪

（职务是第一把手）：副

（大于零的数）：负

这些是从多义词这个角度讲的，倒过来说也一样，即几个词可以和一个多义词的几个不同意义分别构成反义配对关系，形成几个反义词和一个词对应的情况。

反义词主要分为绝对反义词和相对反义词两种。

绝对反义词。例如：

生——死　动——静　有——无　曲——直　正——反

正确——错误　出席——缺席　吝啬——慷慨

这些反义词，肯定A必否定B，肯定B必否定A，同时，否定A必肯定B，否定B必肯定A。两者中间不容许出现第三种情况。如：不是"生"就是"死"，不是"死"就是"生"，排除了"既不是'生'也不是'死'"的中间状态。不是"动"就是"静"，不是"静"就是"动"，排除了"既不是'动'也不是'静'"的中间状态，其余可以类推。像这种反义词就叫绝对反义词。

相对反义词。例如：

东——西　白——黑　大——小　高——低　粗——细美——丑

清明——腐败　轻易——艰难　切实——浮夸　谦虚——骄傲

这些反义词，肯定A就否定B，肯定B就否定A。但是不能逆推，否定A不一定就肯定B，否定B不一定就肯定A。两者之间可以有中间状态和其他情况。如：是"东"就肯定不是"西"，是"西"就不是"东"，但"不东"却不一定是"西"，"不西"也不一定就是"东"，可以有中间状态存在，例如"南"、"北"。是"白"就不是"黑"，是"黑"也就不是"白"，但"不白"却不一定是"黑"，"不黑"也不一定就是"白"，可以有中间状态"灰"存在，其余可以类推。这些反义词就叫相对反义词。

（二）反义词的表达作用

由于反义词意义的对立通常是客观事物矛盾对立的反映，因此通过反义词来揭示事物的对立面，可以更清楚地暴露矛盾事物的对立性，使人们在鲜明对比下认清事物的是非、善恶、轻重、缓急，收到良好的表达效果。

1. 可以揭示事物的矛盾，形成意思的鲜明对照和映衬，从而把事物的特点深刻地表示出来。例如：

(1) 我曾经远离祖国几年。那些日子，我对祖国真的说不出有多么的怀念。这怀念是痛苦又是幸福。痛苦，是远离了祖国的同志，祖国的山川风物；幸福，是有这样伟大的祖国供我怀念。

用"痛苦——幸福"这对反义词，概括了作者远离祖国时的复杂心情，揭示出作者对祖国深沉真挚的感情。

(2) 但是这些名家的可贵，是在失败面前，并不失望，而是从失败中吸取教训，"吃一堑，长一智"，使失败转化为成功。

"失败——成功"这对反义词表面看是矛盾的，但实际上是辩证统一的。它说明要成功，就要经得住失败，才能取得成功。俗话说"失败是成功之母"，正是这个意思。这种句子，蕴涵着深刻的辩证思想，富于哲理性。

2. 可以构成对偶映衬的句子，使语言更加深刻有力。例如：

(1) 万恶皆由"私"字起，千好都从"公"字来。

(2) 懒惰的结果是痛苦，勤劳的结果是幸福。

(3) 虚心使人进步，骄傲使人落后。

这些都是利用反义词构成对比，从而使所论述的真理更加清楚、明朗，更加有说服力。

我国过去的一些谚语或格言，常常用反义词或反义语素构成一些言简意赅、富有哲理的警策之类的语句。如："勤则难，惰则易"、"居安思危，戒奢以俭"、"明枪易躲，暗箭难防"、"远水不解近渴"、"满招损，谦受易"、"学如逆水行舟，不进则退"、"人无远虑，必有近忧"等等。

3. 多组反义词连用，可以起到加强语气，强调语气的作用。例如：

(1) 我相信到那时，到处是活跃的创造，到处是日新月异的进步，欢歌将代替悲歌，笑脸将代替哭脸，富裕将代替贫穷，康健将代替疾苦，智慧将代替愚昧，友爱将代替仇杀，生之快乐将代替死之悲哀，明媚的花园将代替凄凉的荒地。

作者连用十对反义词热情地讴歌了美好的未来，文章酣畅淋漓，气势磅礴。

（2）一个人坚强还是懦弱？诚实还是虚伪？文明还是粗野？文雅还是粗俗？慷慨还是自私？温柔还是粗暴？好学还是懒惰？审美观点对不对？生活趣味高不高？这一切……是别的职能部门不好管，也不便管的。

这里用了七组反义词，强调指出：文艺要管的是净化人的灵魂，塑造人的灵魂，改造人的灵魂。

（3）我们大家辛辛苦苦为的是什么？就为的一个心愿：要把死的变成活的，把臭的成香的，把丑的变成美的，把痛苦变成欢乐，把生活变成座大花园。

用四组反义词着重说明决心把破旧肮脏的北京城，建设成一个美好欢乐的北京城。

4. 相对反义词往往可以统指整个范围的全部，使文章形象生动。例如：

（1）在他赁人家的车的时候，他从早到晚，由东到西，由南到北，像被人家抽着的陀螺；他没有自己。

“早晚”、“东西”、“南北”，实际上是指祥子无论什么时候，无论什么地方都在为生活奔波忙碌。

（2）东边道上有一大块阴影，挤满了人：老幼男女，丑俊胖瘦，有的打扮得漂亮入时，有的只穿小褂短衫。

同样，“老幼”、“男女”、“丑俊”、“胖瘦”四对反义词，实际上概括了各种年龄、性别、长相、体态的人。其实，不老不幼，不丑不俊，不胖不瘦的人占大多数，这些人当然也包括在内了。

5. 由于反义词具有鲜明的对比作用，人们有时为了使语言新颖而又简练，按原有的词语临时创造一个反义词。例如：

（1）咱们都是大老粗，好好学习文化科学知识，变它个老细。

（2）读者也许会觉得这是一条“新闻”吧，其实，只是一条“旧闻”而已。

（3）有些天天喊大众化的人，连三句老百姓的话都讲不出来，可见他就没下过决心学老百姓，实在他的意思是小众化。

“老细”、“旧闻”、“小众化”就是分别按照原有的词“老粗”、“新闻”和“大众化”，利用反义关系临时创造出来的。

反义词还可以作为语素，用来构成合成词，例如：

动静　迟早　横竖　得失　高低　开关

左右　呼吸　买卖　多少　方圆　甘苦

这种合成词的意义并不是原来两个词的意义的总和，而是从矛盾对立中概括出来的新义。如："横竖"是指"反正"的意思，"动静"指"动作或说话的声音"或"情况"。

反义词还可以用来构成成语，例如：

破私立公　　深入浅出　　喜新厌旧

出生入死　　弃暗投明　　无独有偶

另一些成语，由反义词和同义词拆散交叉构成，表意十分丰富、生动。例如：

生离死别　　欢天喜地　　东摇西摆

横冲直撞　　瞻前顾后　　博古通今

思考题

1. 什么叫做同音词？以下各组词是不是同音词？为什么？

　贺——河　门——焖　　调（戏）——（音）调

　好（人）——好（客）　　中（间）——（打）中

　重（量）——重（复）　　打（球）——（一）打

　石（头）——干（石）

2. 举例说明同音词产生的原因？

3. 同音词与多义词有何区别？试举例说明。

4. 什么是同义词？试说明下列各组同义词的同异。

　符合——适合　接受——接收　鼓励——怂恿　纠正——改正

　夸大——夸张　摧毁——摧残　商量——商榷　兴趣——兴味

　广阔——宽阔——辽阔　敬佩——敬仰——敬重

　厌恶——讨厌——厌烦　铲除——拔除——根除

　帮助——赞助——援助

5. 什么是反义词？试指出下列各词的反义词。

　顺利　薄弱　明亮　隐匿　腐朽

　稳重　同情　热烈　淡薄　减免

6. 下列句中哪些词语用得不妥当？指出并加以说明、改正。

（1）他带着繁重的思想包袱来出席小组的讨论。

（2）今天天气很开朗，大家的心情也都很舒服。

（3）大家决心继续发挥艰苦朴素的作风，努力攻克困难，争夺更大的成就。

（4）运动员踏着强健的脚步，举着五彩缤纷的旗子，穿过检阅台。

第五节　词汇的构成

词汇顾名思义是词的总汇，是语言的建筑材料，是一种语言里所有词语的总和。这里所说的词语不但包括各种词，还包括固定词组，简称略语等等。如汉语词汇、日语词汇、英语词汇或基本词汇、一般词汇、方言词汇、专业词汇等。当然，词汇也可以指某一个人所掌握的或者某一部著作里所使用的词语的总和。如“莎士比亚的词汇”、“《红楼梦》的词汇”等等。词汇是词的集合体，词汇和词的关系是集体和个体的关系。语言里个别的词，不能叫做词汇。词汇反映着语言的发展状况，也标志着人们对客观世界认识的广度和深度。就一种语言来讲，它的词汇越丰富发达，语言本身也就越丰富发达，表现力也就越强。就一个人来讲，他掌握的词越多，他的词汇就越丰富，也就越能确切地表达思想。因此，我们应该努力掌握更多的词语，不断提高自己的语言表达能力。

一、基本词汇和一般词汇

普通话词汇的构成部分，依据不同的性质和作用，可以分为基本词汇和一般词汇。

（一）基本词汇

普通话词汇里，有些词是全民族使用得最多的，一般的生活当中最必需的，意义最明确的，几乎用不着什么解释的，这样的词是词汇当中最主要的成分，叫做基本词。基本词的集合体叫做基本词汇，是词汇的基础，反映了语言的基本面貌。基本词使用率高，生命力强，适用面广。例如：

有关自然界事物的：天、地、风、云、水、火、雷、电、山、星、牛、羊、太阳、树木；

有关生活和生产资料的：米、灯、菜、布、刀、笔、车、船、饭、锄头、房屋、窗子；

有关人体各个部分的：心、头、手、脚、血、嘴、眼、腿、脑、牙齿、躯干；

有关亲属关系的：父、母、兄、妹、爸爸、妈妈、哥哥、姐姐、弟弟、爷爷、奶奶；

有关人或事物行为、变化的：走、说、吃、喝、打、来、去、想、写、跑、出、入、立、射、起来、变化、喜欢、学习、发展；

有关人或事物性质、状态的：大、小、好、坏、多、少、高、低、甜、苦、新、旧、黄、白、黑、老、红、轻、快乐、美丽、勇敢、辛苦；

有关指称和代替的：你、我、他、这、那、谁、什么、怎样、哪儿；

有关数量的：十、百、千、万、个、斤、两、尺、寸、元、角、分、一、三、次；

有关方位、处所和时间的：上、下、左、内、外、东、西、今天、去年、上午、秋天；

有关程度、范围、关联、语气及情感作用的：最、狠、都、太、和、跟、就、全、把、但、虽、吗、呢、了、呀、啊、因为、所以。

这些基本词，大都是实词，也有部分虚词，都是一般人所共同理解，实际生活中所必不可缺的，在普通话里使用最频繁，占着常用词汇的主要部分。基本词汇比语言的词汇窄小得多，可是它的生命却长久得多，它长期生存着，并且为构成新词提供基础。

从整体看，基本词汇有下列特点：

1．稳定性

基本词在千百年中为不同时代的人们服务，反映了人类思维中的一些最基本的概念。例如：一、二、牛、马、家、门、天、地、山、水、左、右、上、下、大、小、高、低等许多基本词，从甲骨文时代起就一直为人们提供服务，直到今天我们每天还在使用，今后也还会继续使用下去。

基本词汇之所以具有这么强的稳固性，是由于它所标志的事物和概念都是极为稳定的。但说它有稳固性，并不是说基本词汇是一成不变的，事实上基本词汇也在发展变化。例如有些古代的单音节基本词发展到现在成了多音节合成词，这是汉语词汇的一条内部发展规律。如：眉——眉毛、眼眉，石——石头，耳——耳朵，舌——舌头，发——头发，鼻——鼻子。还有单音节基本词被后起的合成词所代替，如：目——眼睛，颔——下巴，秫——高粱，日——太阳。

2．能产性

普通话词汇里，由于反映社会的发展和需要，不断地产生许多新词，新词的构造，常常用这些原有的基本词来做构词成分。基本词最便于人们理解和接受，最便于流传，所以基本词便构成新词的基础，它们一般都有很强的构词能力，都可以构成十几个甚至几百个词。

例如“火”这个词在甲骨文中就有了，在这3000多年中，以此为基础构成了许许多多的词："火×"的词有90多个，如"火把、火海、火光、火坑、火山、火苗、火势、火速、火气"等等；"×火"的词有80多个，如"军火、战火、炮火、走火、炭火、开火、萤火、救火、灭火"等等；其他如"火辣辣、火箭炮、导火线、萤火虫"等三音节的有10来个；带"火"的成语包括"火×××"、"×火××"、"××火×"、"×××火"四种共36个，如"火冒三丈、火中取栗、火树银花、火上加油、火烧眉毛、烽火连天、趁火打劫、炉火纯青、刀山火海、水深火热、心急火燎、隔岸观火、灯蛾扑火、抱薪救火、急如星火"等等。

又如"水"，构成的词有"水笔、水表、水兵、水草、水车、水产、水汪汪、水成岩、水电站、水玻璃、口水、苦水、开水、茶水、风水、海水、墨水瓶、泔水桶、水落石出、水深火热、水乳交融、滴水穿石、一衣带水"等等。

再如"大"，构成的词有"大刀、大胆、大局、大型、大势、强大、巨大、博大、浩大、大团结、大革命、大自然、大刀阔斧、大快人心、大庭广众、地大物博、好大喜功、长篇大论、洋洋大观、发扬光大、自高自大、大手大脚、大慈大悲"等等。

当然，基本词的能产性也不是绝对的，有亲属关系称谓的和一些表示程度、范围、关联、语气的基本词构词能力弱或几乎无任何构词能力，如"你、我、谁"等。这同这些词所表示的意义和使用的领域有关，虽然常用，但很少构成复合词。

3. 全民性

这一特点是说这些基本词的流行地域很广，使用频率很高。凡是要用汉民族共同语来进行交际的人，都必须掌握普通话里的基本词，不论是哪个阶层，哪种行业，几乎人人要用，天天要讲，人们可以因受文化程度的限制而不用某些古语词，也可以因是"外行"而不用某些行业语，更可以因受地域限制而不用某些有方言色彩的词，但是却不能不使用基本词。即基本词是不受阶级、阶层、行业、地域、文化、性别、年龄等条件限制的。

上述三个特点是相互联系的。正因为经常使用，不轻易变动，所以就稳固。也正因为它稳固而经常被使用，人们才自觉地将它们作为构词的材料，作为构成新词的基础，从而促进它的能产性。反过来讲，由于能产，产生了一大批以此构成的词，人们必然会经常不断地使用它们，从而促进了它们的全民性，又进一步加强了它们的稳固性。

（二）一般词汇

基本词汇是词汇的核心，基本词汇以外的词语，除少数罕用词外，都是一般词汇。人们交际频繁，要说明复杂的事物，要表达细致的思想感情，单用基本词汇是不够的，还需要用大量的非基本词汇——一般词汇。例如在学校里要经常使用“课堂、自习、辅导、讲授、作业、考试、提问、备课”等词，这些词尽管不是基本词，但都是反映学校生活不可缺少的词，离开它们，在教学领域里进行交际、交流思想就会发生困难。一般词汇的特点是没有基本词汇那样强的稳固性，但却有很大的灵活性，是经常变动的。随着社会的发展，大量的新词在产生，如“手机、电脑、能源、激光、污染、航天”等等，这些新词总是先进入一般词汇，然后有少量进入基本词汇。同样随着社会的变动，一些旧词在消亡，如文革词语“武斗、串联、黑五类、工宣队、赤脚医生”等等。

基本词汇和一般词汇互相依存互相渗透。基本词汇是构成新词的基础，不断地给语言创造新词，充实、扩大一般词汇，使词汇日益丰富。从前的基本词可以随着社会的变革而转向一般词。例如“君”，在古代，尤其是整个封建社会是很常用的词，也较能产，所以是基本词，如“君王、君主、国君、暴君、君子、清君侧、请君入瓮”等；也可以指对人的尊称，如“孟尝君”。但随着时代的变迁，上述用法已很少用，而且像“郎君、伪君子、正人君子、梁上君子”等说法口语里说的也不多，称某人为“××君”的用法，在现代汉语中也不太普遍，“君”发展到现在已转入了一般词。同时，一般词汇中有些词，随着社会生活的发展，它们所表示的事物和概念在长时期中同人们的生活关系非常密切，具有全民性、稳固性、能产性的三个特点，就进入了基本词汇。例如“党”，本来带有贬义，是一般词，有“余党、死党、党阀 党棍、党同伐异、结党营私、狐朋狗党”等说法；现在特指政党，多含有褒义，如“中国共产党”，是基本词。如“党报、党员、党籍、党委、党课、党校、党章、党费、党风、党纲、党总支、党支部、政党、入党、叛党”等等。再比如“原子”，是物理学上的专业词，随着现代科技的发展，科学知识的普及，原子对人们的生活产生了巨大的影响，成为一般词，已经有了“原子能、原子弹、原子核、原子价、原子反应堆”等以“原子”为基础构成的词语，“原子”这个词很有可能进入基本词汇。

基本词汇是词汇的基础，一般词汇又可以充实和丰富基本词汇。由于语言是不断发展变化的，因此，基本词汇和一般词汇的界限不是一成不变的。它们是词汇系统里很重要的分类。词汇的系统性就表现在基本词汇和一般词汇的内在联系上，二者既有构词上的联系，又有词义上的联系。

一般词汇包括：古语词、方言词、外来词、专业词、固定词语等等。

二、古语词

古语词是指古代、近代汉语的词汇，即现代汉语中少用而多见于古代文献的词。古语词中的很大一部分作为传承词为现代汉语所吸收，这里所谈的是其他通常不再使用的词。这些古语词情况不一样，大致可分为两类：

（一）历史词

古语词大多数是代表历史上的事物的，到了现代只是在一些叙述历史事实的作品里偶然用到，叫做历史词。历史词所表示的事物或现象在本民族的现实生活中已经消失，只是在涉及到历史事件、现象、人物或涉及到外民族的特定情况，或者为了达到一定的修辞效果才会使用。例如：

有关器物名称的：釜、鼎、鬲、鬴、斞、戟、笏、殿、西、缶、尊、甑、钵、祭坛；

有关典章制度的：世袭、禅让、门阀、册封、科举、进士、九品、礼部、举人、大礼；

有关官职名称的：丞相、宰相、刺史、廷尉、郡守、县令、三老、亭长、里正、司马御 吏、巡抚、知县；

有关农业生产的：耒、耦、犁、铚、漕粮、夏正、进田、屯田、代田；

有关服饰的：衮、玦、补服、襦衣、亵衣、环佩、顶珠、花翎；

有关人名地名的：轩辕、精卫、共工、长安、大都、东京。

历史词的作用大致有四方面：

1. 用于学术专著尤其是历史专著。

2. 用于历史小说、戏剧、电影、电视剧等。如姚雪垠的长篇巨制《李自成》、凌力的反映捻军起义的《星星草》里面都使用了大量的历史词。再如电影《林则徐》、《甲午风云》、《知音》，电视剧《李世民》、《唐明皇》、《杨贵妃》、《努尔哈赤》、《雍正王朝》、《康熙王朝》等也都使用了大量的历史词。

3. 用于特定的外交场合和反映外族的情况。有相当一部分历史词虽然在本民族的现实生活中已消失，但是在外民族的现实生活中还是存在的。如“英国王诸查尔斯与黛安娜王妃正式分手”、“安妮公主的浪漫史”、“荷兰女王陛下”、“尼泊尔王太子殿下”。

4. 为了达到一定的修辞目的。如“中国的小皇帝们是充满希望的下一代，又是十分危险的一代”，“皇帝的女儿——不愁嫁”，“‘钦差大臣’满天飞”。

(二) 文言词

除了历史词语，还有一些在古代汉语中使用，它们所代表或指称的事物、现象、关系等在现实生活中仍然存在，但是绝大多数已被通俗易懂的现代汉语词语所替换。这些词语叫文言词，一般很少在口头中使用，大多用于特定的书面语。例如：

文言实词：兹（现在），忤（违背），纵（放走），目（眼），履（鞋），食（吃），甘（甜），遣（打发），驰（放松），敛（收缩），苗裔（后代），孳乳（繁殖），囹圄（监狱），壁立（高峻），玷污（弄脏），亵渎（轻慢），聆（听），败北（失败），拜谒（拜访），邂逅（遇到）；

文言虚词：毋（别），俱（都），尚（还），之（的），啻（只），与（和），甚（很），亦（也），矣（了），乎（吗/呢），而已（罢了）。

文言词的作用大致有四方面：

1. 可以使语言言简意赅，凝练匀称。例如：

苟活者在淡红色的血色中，会依稀看见微茫的希望，真的猛士，将奋然而前行。呜呼，我说不出话，但以此纪念刘和珍君！

加点词都是文言词，能更好地表现出内心积郁的悲痛和愤怒。

2. 可以表示庄重的感情色彩和典雅的文体色彩。文言词总的来说，已经陈旧过时，现代不再使用，尤其是口语。但其中一些有生命的东西，在书面语中，有时仍用来表达某种特殊的意义，或感情色彩、语体色彩。如：“耄耋、矍铄、伉俪、隽永、遐迩、迤逦、觊觎、囹圄、吾、孰、苟、也、矣”等。例如：

惊悉埃德加·斯诺先生不幸病逝，我谨向你表示沉痛的哀悼。

3. 可以突出某种幽默、讽刺的修辞效果。

（1）这些朋友们的心是好的，他们也是爱国志士。但是“先生之志则大矣”，先生的看法则不对，照了去做，一定碰壁。

（2）半年前，他被落实了政策，名画家的桂冠重新戴在头上。家里的客人渐渐多起来。……他整天迎进送出，开门关门，忙得不亦乐乎。

文言词虽然有这些特点，但文章里绝不能随便使用。用得太多，或用得不贴切，文章就会成为半文半白，不伦不类的东西，影响表达的效果。

无论历史词、文言词，使用古语词都得注意一定要适应交际的需要，必须用得贴切，应该充分考虑所写文章的评价义、语体义。另外，有相当一些古语词词义艰涩、冷僻，在现代汉语中已基本淘汰。除非为了特殊的需要，一般不宜使用。

三、方言词

（一）方言词的性质

方言词指流行在方言地区而没有在普通话里普遍通行的词。普通话不断从各方言中吸取有用的成分来丰富自己，如“名堂、打烊、棒冰、把戏、垃圾、瘪三、二流子、搞、垮、拆烂污、别扭、尴尬、陌生、蹩脚”等。这些方言词都表示了某种特殊的意义，普通话里没有相当的词来表示，所以被吸收了进来。有些词是表示方言地区的特有事物的，如“橄榄、椰子、靰鞡、青稞、槟榔”等，则不应看作方言词。

方言的区域有大有小，在很狭小的地区里使用的方言词叫土语词。例如上海话的“白相”（玩），福州话的“目晭”（眼睛），广州话的“靓”（漂亮）等。不同的方言地区在使用词方面，常常有分歧现象。例如：

“太阳”：北京土话叫“老爷儿”，湖北方言叫“日亮”，河北话中可以称为“日头”，还有的地方称之为“日头爷”、“太爷”、“阳婆”的；

“月亮”：广州话、客家话都叫“月光”，福州话叫“月”；

“下雨”：上海话、广州话、厦门话都说成“落雨”，福州话叫“坠雨”，客家话说成“落水”；

“厨房”：福州话叫“灶前”，吴方言称“灶间”或“灶头间”；

“煤油”：上海话叫“火油”，福州话叫“洋油”，广州话叫“火水”；

“肥皂”：福州话叫“胰皂”，广州话叫“番枧”，客家话里有些地方叫“洋碱”；

“妻子”：陕西话叫“婆姨”，湖南话称“堂客”；

“他”：广州话说成“佢”，上海话、福州话、厦门话都说成“伊”，客家话说成“其”；

“什么”：上海话说成“啥”，广州话说成“乜（mie）野”，客家话说成“乜介”。

除了上述的异词同义现象，还存在很多同词异义现象，例如：

馒头：吴方言中既可指有馅的“包子”，又可指无馅的“馍”，北方方言中一般指无馅的。

蚊子：四川话中既指蚊子，也指苍蝇，华北、东北方言中只指吸人血液的毒虫；

汤水：浙江话中既可指“菜肴的汁水”，又可以指“热水”；北方方言中只指“菜肴的汁水”。

（二）方言词的吸收

普通话词汇从北方话里吸收了许多主要成分，因而扩大了它自己的共同性，可是同时又从其他方言土语当中吸收了许多适用的和需要的成分来充实和丰富自己。例如“尴尬、垃圾、懊恼、货色、龌龊、面孔、把戏、煞有介事”等就是从吴方言中吸收的。

随着大陆和港台的接触日益频繁，一些港台词语特别是反映新事物的词语，也进入到全民族共同语的词汇中来。例如“小巴、融货、物业、杀手、作秀、饮茶、接轨、入围、纯情、寻呼机、娱乐圈、自助餐、美食城、购物中心”等等。有些方言词香港用粤方音，台湾用闽方音，引入后也一律读为普通话。从港台引入的方言词，有相当一些在普通话中没有完全对应的词，如“创意、心态、楼花、按揭”等；有些词大陆本来就有，只是语义或色彩不同，如“瓶颈、管道、联手、拍拖、策划、投入”（大陆原指投到某种场合中去，港台指卖力、专注）等。吸收港台方言词的深层心理基础是崇尚心态和超新意识，例如港台以广场和花园来指称大厦、公寓、别墅。账台叫收银台，结账叫买单，推出新商品叫新登场等等，目前已经被大陆人士广泛接受。此外，港台和内地还存在着一些同形异义的词，例如下面的词在香港和大陆都有，但意义很不相同。

在香港：班房＝教室　脱稿＝交稿脱期　地牢＝地下室　返工＝重新上班

在内地：班房＝监狱　脱稿＝写完稿件　地牢＝地下牢房　返工＝质量不合格重做

这是阅读港台书报杂志时应当引起特别注意的。

这里要指出的是，有些过于土俗，没有特殊表现力的词语应该舍弃。例如北京的“洋取灯儿（火柴）、半空儿（瘪花生）”，四川的“撑花儿（伞）、河心儿（藕）”，东北的“笆篱子（监狱）、电道（公路）、这疙瘩（这里）、唠嗑（聊天）”，陕北的“婆姨（妻子）、大（爸爸）”等等，都没有必要吸收到普通话里来。

（三）方言词的作用

人们的口语里往往混杂着各种各样的方言词，愈接近口语的文章，方言词就愈容易出现。尤其是一些文学作品，由于描写风土人物的需要，方言词往往用得较多。不少方言词正是通过文学作品的媒介而扩大了使用的范围，逐渐进入普通话词汇里的。它所起到的作用主要有两方面：

1. 有些方言词能表达丰富的思想内容，普通话里无相应的词可以替代。例如吴方言中的“噱头（引人发笑的话、举动）、龌龊（不仅用于肮脏，还带有卑劣之义）、转念头、吃不消、拆烂污”；粤方言中的“鱼腩、生猛、×仔、×妹”等等，都具有特定的含义；北京土话中的“窝囊”，山西话中的“编算（作弄）”，河南话中的“磨蹭”都是由于能表示特定之义而被吸收。

2. 有些方言词可以表示特定的感情色彩和地域色彩，在文艺作品中使用可以增强生动性和真实感。如“瘪三、亭子间、弄堂、货色、里手、带劲、门道、别扭”等词若用得恰当，自然能增强文学作品的表现力。例如：

“我们很多人没有学好语言，所以我们在写文章做演说时没有几句生动活泼切实有力的话，只有死板的几条筋，像瘪三一样，瘦得难看，不像一个健康的人。”

“瘪三”，上海旧时称城市中无正经的职业而以乞讨或者偷窃为生的游民，用这个词，可以表现出特定人物的形象和人们的憎恶之情。

但是文学作品如果不恰当地使用方言词，读者不懂，就会降低作品的表达作用。总之，方言词是共同语词汇的一个重要的来源，吸收方言词可以满足交际的需要，增加语言的活力。但在吸收使用时，应该遵循普遍性、需要性和明确性三项原则，防止滥用方言土语，以免缩小作品的影响范围。

四、外来词

（一）外来词的性质

外来词也叫借词，指本民族语言从外国或其他民族语言里吸收过来的词。例如“法兰西、巴尔干、镑、加仑、摩托、马达、幽默、景气、取缔”等等。由于不同的民族互相交际，本民族语言往往要从别的民族语言的词汇里借用过来一些需要的成分。所以外来词的吸收也叫做词语的借用。

外来词和意译词不同，意译词是把外语里某个词的意义移植进来，但用本民族的构词材料，按照本民族的构词方式构成的词。例如英语中的

"telephone"：音译为"德律风"，意译为"电话"；"bank"：音译为"版克"，意译为"银行"。从中可以看出外来词和意译词的区别，意译词已经民族化了，不应看作外来词。

古代汉语中就有一些外来词，现代汉语就更多了。现代汉语外来词的吸收方式，主要有五种：

1．音译外来词

借用外国或不同民族语言的词，按照它们的声音形式翻译过来，叫做音译。在进行音译的时候，由于语音系统的不同，不可能翻译得同原来词语的声音一模一样，常常只用一些近似的形式来代替。例如：

镑、雷达、逻辑、柠檬、普特、加仑、卢布、模特儿、托拉斯

萨琪玛、比基尼、尤里卡、歇斯底里、奥林匹克、英特纳雄耐尔。

2．音译加意译外来词

整个词音译后，外加一个表示义类的汉语语素。例如"卡车"的"卡"是car（英语"货车"）的音译，"车"是后加上去的。又如：

beer 啤酒　　car 卡车　　bar 酒吧

shampagne 香槟酒　　sardine 沙丁鱼　　tractor 拖拉机

cannon 加家炮　　rife 来复枪　　jeep 吉普车

3．音译兼意译外来词

把一个外来词分成两半，一半音译，一半意译。例如：

tenant 佃农　　engine 引擎　　humour 幽默　　shampoo 香波

sonar 声呐　　mango 芒果　　vitamin 维他命　　motorcycle 摩托车

4．字母外来词

直接用外文字母（简称）或与汉字组合而成的词。例如：

MTV　CT　CD　KTV　IBM　SOS　CPU

WTO　UFO　GDP　BBC　X光　B超　BP机

α射线　卡拉OK　AA制　三C革命　T恤衫　pH值

5．从日文中吸收过来的借词

近代日文里，有很多用汉字书写的新造或意译的词，汉语就按照汉字的形式把这样的词借来应用，这是一种从日本来的借词。例如：

场合　服务　克服　集团　积极　消极　目的　手段　具体　抽象

景气　金融　引渡　体操　取缔　主观　客观　能动　内在　物质

（二）外来词的吸收

现代汉语吸收外来词，一般不是简单地照搬，而是要从语音、词汇、

语法甚至字形上进行一番改进，使它适应现代汉语结构系统，成为普通话词汇的成员。从前面汉语吸收外来词的方式可看出，最为显著的一个特点就是汉化，这显然是由汉语自身的特点决定的，正因为汉语是一种没有严格意义上形态变化的分析性语言，所以在吸收外来词的时候，总是想方设法使之符合汉语的语言特点，适应汉民族的民族心态、思维方式和习惯。因此，在吸收外来词的过程中，进行各种各样的变化不仅是不可避免的，而且是完全必要的。

1. 在语音上，把外来的音节结构改造成汉语的音节结构。不管是音译，还是音译加意译，兼意译，甚至是日语转借，一旦借入汉语后就必须按照汉语的方式来读音，分成一个个首尾不相连续的音节，并带上抑扬顿挫的四声。例如：

tank（英）→坦克 tǎn kè　　brandy（英）→白兰地 bái lán dì

dozen（英）→打 dá（十二个）golf（英）→高尔夫 gāo ěr fū

minpo（日）→民法 mín fǎ　　nodo（日）→能动 néng dòng

2. 在语法上，外来词进入汉语词汇后，原有的形态标志就一律取消。不管以何种方式引入汉语的外来词，必须同汉语的特点相一致，必须舍弃一切与该词有关的性、数、格、体、时的形态变化，而必要时必须带上汉语特有的量词和助词。例如：

a jeep 一辆吉普　　three jeeps 三辆吉普

shock→is shocked——have been shocked 震惊→感到震惊（了）

无论是“jeep”还是“jeeps”，在汉语中都是“吉普”；而第三人称现在时同第一人称现在完成时，在汉语中的区别仅仅是多了一个“了”而已。

3. 在语义上，相当一部分外来词的概念进入汉语后会发生变化或分化。例如“copy”，本来有副本、摹本、复制品、电影拷贝等多种意思，进入汉语后，只表示最后一种意义。之所以如此，是因为汉语里其他概念，已有词语表示，只有那一个新概念才需要借英语的形。再如“cool”（酷），近年来十分流行，本义是凉爽的，引申为令人满意的，绝妙的。如：

He looked cool in is his new clothes .（他穿的那件新衣服帅极了）

That is cool with me.（这对我再好不过了）

在汉语中除了表示令人满意的，绝妙的，主要指一种被青少年所崇尚、追求的美好的前卫形象和气质。进入汉语后，“酷”已经渗透到了我们社会的方方面面，甚至出现了“玩酷、扮酷、比酷”这样的合成词。又如“romantic”本来既可以表示风流的，在爱情方面热烈奔放，行为放荡，不拘小节；也可以表示荒诞的、夸大的、充满幻想和激情的；进入汉语后分别由两个词来承担："罗曼蒂克"和"浪漫"。

吸收外来词一定要注意，不管是音译还是意译，尽量选择通俗易懂，流行普遍、言简意赅的一个。如选用"冰淇淋、巧克力、迪斯科、歇斯底里、色拉、桑巴"，而不用"冰激凌、朱古力、的士高、歇私德理、沙拉、姗巴"。人名也是如此，选用"斯大林、普希金、恩格斯"，而不用"史太林、普式庚、安格尔斯"。其实选用哪一种译法，最重要的是要得体。另外，对港台吸收的外来词要择善而从。如"laser、space shuttle、computer、show"，港台分别译为"镭射、太空梭、电脑、秀"。其中"电脑"及"太空梭"就比"电子计算机"和"航天飞机"更加形象；而"秀"和"镭射"则不如"表演"及"激光"，"秀"给人以做戏的感觉，"镭射"则让人感到像一种放射元素。

外来词是由于汉语同别的民族语言相互接触而产生的，它使得普通话词汇更加充实和丰富起来。毛泽东曾经说过："要从外国语言中吸收我们所需要的成分。我们不是硬搬或滥用外国语言，是要吸收外国语言中的好东西，于我们适用的东西。"如果某些事物在我们语言里已经有适当的词语来代表，就不必搬用别的民族语言的成分了。硬搬或滥用外国语言，是会损害我们祖国语言而造成混乱的。所以吸收外来词，一方面要求词语形式的调和，另一方面又必须根据语言规范化的原则。

五、专业词

专业词是各种行业和学科中使用的专门用词。广义的专业词可以细分为两种：

（一）专门术语

指科学技术上应用的术语。作为科学研究和讨论的重要工具，各门科学都有一些特别应用的术语，这类词语对于发展科学文化事业具有十分重要的意义。例如：

物理学：电子、质子、短波、共鸣、射线、原子能、反应堆、电磁波、反物质；

化学：元素、分子、电解、氧化、催化、化合、分明、溶解、干馏、分解、饱和、硬脂酸、热塑性；

医学：血型、理疗、脱水、休克、气胸、网膜、肠梗阻、心肌炎、抗生素；

数学：正数、负数、函数、代数、微分、通分、约分、系数、小数、微积分、二次方程；

生物学：细胞、遗传、进化、宿主、温床、变种、年轮、胚胎、胚层、胚叶、胚盘、无性繁殖、基因工程；

哲学：矛盾、实践、精神、物质、唯物、唯心、思辩、理论、感性、同一、对立、归纳、演绎、反映、能动、二律背反、世界观、一元论；

天文学：行星、光年、回归线；

教育学：教养、教案、教具、教材、课时、课程、电教、德育、启发式、素质教育；

金融学：信贷、贷款、利息、结账、核算、销售、货币、利率、流通、消费、期货、贸易、劳动日；

语言学：辅音、元音、主语、谓语、动词、虚词、复句、把字句、连动句、存现句；

文艺学：形象、典型、塑造、情节、细节、喜剧、悲剧。

（二）行业词语

指各种行业上应用的词语，是各种职业和某些特殊生活的专门用语，由于社会分工不同而造成，往往同人们所从事的职业有关。行业词语受社会专业范围的限制，但不受地域的限制，同一行业的词语，不管山南海北，意义都是统一的。例如：

工业：切削、模具、冷焊、钻床、车刀、刨刀、车床、成品、废品、加工、热处理；

商业：盘点、脱销、畅销、促销、清仓、抢手、商场、营业、采购、打假、售后服务；

军事：点射、射程、反潜、续航、防化、登陆；

外交：照会、国书、豁免、最惠国；

体育：中锋、后卫、点球、弧圈球、二传手、短平快；

交通：车皮、正点、误点、列车、地铁、海轮、客机、航线、集装箱；

农业：嫁接、点灌、良种、轮作、疏株、营养基；

戏曲：小生、花旦、扮相、行当、脸谱、水袖、龙套。

行业词语也是丰富普通话词汇的特殊重要来源之一。有相当一些行业词都可以随着科学知识的普及和某一行业的发展而渐渐被推广，为广大人民所了解、掌握。例如“战略、突破”原来是军事用语，“背景、角色、亮相”原来是戏曲用语，“曝光”原来是摄影用语，这些已经广泛的引用到社会生活在中来，成为全民族共同语词汇中的一部分了。还如“市场、提炼、腐蚀、后台、道具、闭幕、反应”也都是由行业词的意义扩大而进入基本词的。再如“二传手、短平快”等，也都产生了引申义，进入了一般老百姓的生活之中。当然，在一般情况下，使用人们不很熟悉的行业词的时候，必须先有一个交代，以免引起误解。

六、熟语

词汇当中，除了许多独立运用的词以外，还有一些固定的词组为一般人所经常使用的，也作为语言的建筑材料和词汇的组成部分，这些总称为熟语。熟语在结构上相当于一个词组，使用时却相当于一个词。它的内部基本上都是凝固的，使用时同词一样，直接进入词汇系统。所以熟语是人们常用的定型化了的固定词组，是一种特殊的词汇单位。

熟语具有丰富的内容与精炼的形式，概括了人们的认识成果，充实了词汇的宝库。它包括成语、谚语、歇后语和惯用语。

（一）成语

1. 成语的来源

汉语的成语绝大多数都是有出处的，其来源都可以考证，不外乎六个方面：

（1）神话寓言

例如“夸父追日”，语出《山海经·海外北经》：“夸父与日逐走，入日；渴，欲得饮，饮于河、渭，河、渭不足，北饮大泽。未至，道渴而死。弃其杖，化为邓林。”大意是说：夸父（神话中的英雄）和太阳赛跑，追赶上了太阳。他渴极了，想喝水，喝了黄河、渭河的水还不够，又到北边去喝大湖的水，人还没到，就在半路上渴死了。他的木杖也丢弃了，后来变成了一片树林，叫做邓林。这个成语比喻决心大或喻自不量力。其他的还有许多，诸如：

精卫填海（《山海经》）　叶公好龙（《新序·杂事》）
天马行空（《史记》）　守株待兔（《韩非子》）
刻舟求剑（《吕氏春秋》）　封豨长蛇（《左传》）

神话大都描写人与自然的斗争，富有想象力和浪漫色彩，而寓言大都借题发挥，具有教育意义，富有说服力，充满了哲理性和智慧。

（2）历史故事

指历史上确有其人其事的情况，后人对此加以概括，形成了成语。

例如“图穷匕见”，语出《战国策·燕策》。故事说战国时燕太子丹派荆轲去刺秦王，荆轲以献燕国督亢（地名）的地图为名，预先把匕首卷在图里。到了秦王座前，慢慢地把地图展开，展到最后，露出了匕首。后以此比喻事情发展到最终，真相或本意显露了出来。

(3) 诗文语句

我国古代有着丰富的典籍，经史子集各部中都有许多脍炙人口的语句，这是提取成语的重要来源。

例如“水落石出”，语出欧阳修的《醉翁亭记》：“野花发而幽香，佳木秀而繁阴，风霜高洁，水落石出者，山间之四时也。”这类例子很多，如：

未雨绸缪（《诗经》）　　发号施令（《论语》）

短兵相接（《楚辞》）　　物换星移（王勃《滕王阁序》）

(4) 口头俗语

这些成语一开始可能产生于口头，但后来被人们广泛引用，也通过书面流传下来。不管它们以何种方式进入书面语，但有一点肯定：一开始都是由老百姓创造的。例如：

“扑朔迷离”源自《木兰诗》中“雄兔脚扑朔，雌兔眼迷离，两兔傍地走，安能辨我是雄雌”，“狼子野心、众志成城、亡羊补牢、投鼠忌器”都是古时的俗语俚词。而“一干二净、改头换面、拐弯抹角、平心静气”都是后世流传于民间的口语。

(5) 借自外语

由于成语具有很强的民族性，所以从外族借用的成语比外来词少得多，外来成语的借入大多同翻译佛经有关。例如：

五体投地　现身说法　想入非非　昙花一现　六根清静

这些成语原来多与宗教教义有关，现在获得了新的含义。

从西方语言中吸收的成语有不少。例如：

三位一体　　象牙之塔　　连锁反应　　天方夜谭

(6) 现代新创

词汇中有相当数量的新造词，但这些新造词成为成语的极为稀少。20世纪后50年中出现的固定词语，勉强算得上成语的只有十几条。例如：

糖衣炮弹　一往无前　快马加鞭　饮水思源　力争上游

新创成语之所以较少，这是由成语的特点决定的，因为成语本身具有较强的历史性。

成语作为一种特殊的固定词组，具有稳定性，但也不是一成不变的。

有的意义改变了，例如“明目张胆”，古代用它来形容不畏权势，敢说敢为，有胆略、有气概，含褒义。到了现代，它的感情色彩变为贬义，指公开地大胆地干坏事。“明哲保身”亦是如此。也有的更换了构成成分，如“揠苗助长”现多改为“拔苗助长”；“每况愈下”，现多改为“每况愈下”，等等。可见成语也是有变化的。

2. 成语的特点

（1）意义的整体性

首先，成语的意义是整体表示的，不是像一般的词组那样是各个词的意义的简单相加。

例如：“鸡毛蒜皮”不等于“鸡毛和蒜皮”，而是比喻无关紧要的琐事；“井底之蛙”不是“井底的青蛙”，而是比喻目光短浅的人。所以成语的实际含义具有整体性，是隐含于表面意义之后的，而表面意义则只是实际含义所借以表现的手段。

其次，大多数成语有来历和出处，讲的是一个完整的故事和事件。例如“尺短寸长”源自于《楚辞·卜居》的“尺有所短，寸有所长”，比喻各有长处和短处，要看不同的场合；“风声鹤唳”指淝水一战，苻坚的败军将风声和鹤声也当作了追兵的声音，闻风丧胆。这些成语都有一个完整的故事。

最后，许多成语言在此而意在彼，含义深刻，耐人寻味。例如：“满城风雨”同城里刮风下雨无关，主要指消息一经传出，就众口喧腾，到处议论；“神工鬼斧”主要指的是工艺美术、文艺作品的技艺精巧，令人叹为观止，同真正的鬼、神并没有多少联系。

总之，成语在表义时是整体的、完整的，其中的词和语素不能单独表达意义。

（2）结构的凝固性

成语的结构形式是定型的、凝固的。首先词序固定，一般不能随意变动。例如：“谈笑风生”≠笑谈风生；“见仁见智”≠见智见仁。只有少数并列关系的成语，前后可以互换，例如：“光明正大”=正大光明；“海角天涯”=天涯海角。其次语素定型，不能随意调换，例如：“浑水摸鱼”≠浑水摸虾；“惊涛骇浪”≠狂涛骇浪。再次字数固定，一般不能随意增减，例如：“不痛不痒”≠既不痛也不痒；“侃侃而谈”≠侃侃谈。

（3）历史的习用性

成语是历史的产物，绝大多数是历史上沿用流传下来的。在意义内容上，绝大多数成语所反映的内容都是古代的事件、人物、传说、寓言等，新创的很少；在形成时间上，大多数成语都已具有1000到2000年的历史，有的甚至更早；在语言形式上，成语中保留了不少古代汉语的语音、词义和语法现象。例如“否（pǐ）极泰来”、“图穷匕见（xiàn）”、“感激涕（眼泪）零”。这些读音、词义、句法形式都是历史上习用的。

3. 成语在语言表达中的作用

（1）言简意赅

成语言简意赅，表达的概念和语义，内涵十分丰富，若使用得当，四个字就可以表达出相当复杂的思想内容，可以使语言简练，增强修辞效果。如人们欢度春节，喜欢用“万象更新”这个成语，就是因为这个成语有异常丰富的含义：一指自然界万物生机萌发的气象；一指世间除旧布新，一派兴旺的情景。再如：

①沈雁冰同志把个人的荣誉、地位、实惠等等都看得很淡薄，犹如过眼云烟，而把对党的忠心耿耿，对共产主义事业的坚强信念看得高于一切。

“过眼云烟”简洁而形象地描述了沈雁冰同志对待个人荣誉、地位等等的“淡薄”态度，它与“忠心耿耿”一起表现了沈雁冰同志的高尚品德。

②新闻标题：未雨绸缪　防患未然　我国灾害性天气预报水平居世界前列

加点成语都是大家所熟悉的，将二者连用，既符合标题文字简短的要求，又十分精当。

（2）生动形象

许多成语本身就是借助于修辞手法构成的，恰当地使用这些成语就可以达到各种修辞效果。如：比喻、夸张、对照、讽刺等等，从而使语言更加生动形象，含蓄活泼，富有感染力，读后令人回味无穷。例如：

①真正的铜墙铁壁是什么？是群众，是千百万真心实意拥护革命的群众。（明喻）

②或作讲演则甲乙丙丁，一二三四的一大串；或做文章，则夸夸其谈一大篇，无实事求是之意，有哗众取宠之心。华而不实，脆而不坚，自以为老子是天下第一，“钦差大臣”满天飞。（对照、讽刺）

（3）整齐匀称

成语作为一种四字格的语言形式，非常整齐匀称，可以用来协调句式。恰当地使用成语，不仅可以增加文章的整齐感，而且读起来铿锵有力，节奏感强，非常符合汉民族喜欢和谐对称的语言心理。例如：

“国字从玉，古已有之，顺应了炎黄子孙对祖国的一片深情。在我们民族的文化中，玉是美好的象征。”“玉洁冰清”、“璞玉浑金”、“宁为玉碎，不为瓦全”等词语，就含有高贵、纯洁、坚定之意。

这些由四字构成的成语本身就很匀称，连用后读起来朗朗上口，和谐悦耳。

4. 成语的运用

运用成语时，必须注意：

(1) 理解成语，弄清成语的实际意义。

对于成语，决不能望文生义想当然，也不能不求甚解，似懂非懂，一定要了解其出处。

例如：

“当年鉴真和尚冒着生命危险，前往一衣带水的邻邦日本，这一壮举千百年来广为人们传颂。”

加点成语意为一水相隔，如同一条衣带那样窄，是强调距离近，这和“生命危险”、“壮举”不能搭配。

(2) 注意相近成语之间的各种差异，了解它们的用法。

有些成语字面上差不多，可是在意义上和感情色彩上却有很大的区别。例如“无微不至”和“无所不至”、“无孔不入”，意义和感情色彩是截然相反的。“无微不至”指爱护照顾得周到；“无所不至”同“无所不为”相近，表示什么都干的出来；“无孔不入”表示什么空子都要钻。

(3) 必须采用成语的一般通行的形式。

在运用成语时，必须要注意它的定型性，采用合于规范的形式，不能任意地加以拆散和变动。例如“弄假成真”不能说成“弄伪成真”；“眼明手快”不能说成“眼精手快”；“螳臂当车”不能说成“螳螂当车”等等。

(4) 注意成语的写法，不能写错读错。

要规范地运用成语，还必须把其中的每个字写得正确、读得准确，以避免引起误会或闹笑话。例如：

下列成语的字形，括号内为错字：

按部（步）就班　变本加厉（利）　不假（加）思索　高屋建瓴（领）

如下面的一些成语，括号内是正确的读音：

安然无恙（yàng）　稗（bài）官野史　别出机杼（zhù）

瞠（chēng）目结舌　咄（duō）咄逼人　万马齐喑（yīn）
未雨绸缪（móu）　为虎作伥（chàng）　一暴（pù）十寒
好逸恶（wù）劳　面面相觑（qù）　济（jǐ）济一堂

（二）谚语

谚语是在群众中口头流传的通俗而深刻的语句。它是人民群众长期生活实践的经验总结，是对自然界、人类社会客观规律的认识，凝结着集体的智慧，充满着生活气息。

1．谚语涉及的范围很广，内容十分丰富。

其中有富含哲理的。例如：

独弦不成音　立木顶千斤　满架葡萄一条根　不嚼碎，不知味

有讲工作方法的。例如：

横吹笛子竖吹箫　锯快不怕树粗　急走冰，慢走泥
骆驼脖子再长，也吃不了隔山草

有勉励人勤奋的。例如：

笔勤能使手快，多练能使手巧　没有一番寒彻骨，哪得梅花香满园
枯木逢春犹再发，人无两度再少年　活到老，学到老，还有三分没学好

有讲生态环境的。例如：

山上多栽树，等于修水库　要想风沙住，人人来栽树
搞好四旁绿化，风沙旱涝不怕　栽树在河畔，防洪保堤岸

有讲自然气象的。例如：

早上浓雾一天晴　冬天麦盖三层被，来年枕着馒头睡
寒水枯，春水铺　游丝天外飞，久晴便可期

谚语中也有一些应该剔除的糟粕，如“龙生龙，凤生凤，老鼠生的儿子会打洞”，反映了反动的血统论；“枪打出头鸟”宣扬了“中庸”思想，“人不为己，天诛地灭”，表现了剥削阶级腐朽的人生观，等等。

2．谚语的运用

谚语语意深刻，简明通俗，活泼生动，无论是口语还是书面语，都经常运用。例如：

（1）糖弹战的基本战术，不外是伺机查隙，择薄弱者而攻，各投所好，因势取不同手段。如俚语所说：“苍蝇专叮有缝的蛋”，“见缝下蛆”。

加点句为经验性民谚，这里以此作喻，带有揭示规律作用。

（2）“磨刀不误砍柴工”，保养身体为的是更好地工作。中年人，请爱护自己的健康！

这是流传于广大群众口头的谚语，以此提醒人群中最为忙碌的中年人，通俗而有说服力。

(三) 歇后语

歇后语是由近似于谜面、谜底的两部分组成的带有隐语性质的口头用语。前一部分是比喻或说出一个事物，像谜语里的“谜面”；后一部分像“谜底”，是真意所在。平时说话，常常只说前一部分而将后一部分藏着不说，让听话人去猜测体会它的含义，所以显得风趣幽默，歇后语的名称也正由此得来。

1. 歇后语的分类

可分为两类：

(1) 喻意歇后语。前部分往往是个比喻，后一部分则是对前一部分的解释，实际是言在此而意在彼，另有含义。例如：

大海里捞针——无处寻　　小和尚念经——有口无心

八仙过海——各显神通　　飞蛾扑火——自取灭亡

狗拿耗子——多管闲事　　泥菩萨过江——自身难保

老牛追兔子——有劲使不上　　洗脸盆里扎猛子——不知深浅

老鼠过街——人人喊打　　懒婆娘的裹脚——又臭又长

(2) 谐音歇后语。前一部分说出一件具体的事情，后一部分借助音同或音近现象表达意思，加以解说，这是运用谐音双关的手法，表达出深层的意思。例如：

老虎拉车—没人赶（敢）　　僧人到了家——庙（妙）

冰糖拌黄瓜——甘（干）脆　　旗杆顶上绑鸡毛——好大的掸（胆）子

腊月里的萝卜——冻（动）了心　　韭菜拌豆腐——一青（清）二白

下雨出太阳——假晴（情）　　上鞋不用锥子——针（真）好

孔夫子搬家——尽是书（输）　　膝盖上钉掌——离蹄（题）太远

2. 歇后语的运用

运用歇后语往往可以使语言生动活泼、饶有趣味，给读者留下鲜明深刻的印象，收到较好的表达效果。例如：

(1) 看你，隔着门缝儿瞧人，我可是河边生河边长的。(把人看扁了)

(2) 他是个抱着元宝跳井的老财阀。(舍命不舍财)

运用歇后语要选取内容健康的，抛弃内容庸俗落后的。对于那些低级趣味、思想不健康的歇后语更不能乱用，如“光屁股坐板凳——有板有眼”，“拉屎攥拳头——暗中使劲”。对于内容健康的歇后语，也要根据作品所要表达的意思和语言环境恰当地使用，不能滥用，有的也不宜在庄严场合里使用，尤其在正规的公文、政论文、科学论文中不宜使用歇后语。

（四）惯用语

惯用语是指一种意义整体化了的、人们口语中短小定型的习惯用语。它常常作为完整的意义单位来运用，意义大都由比喻而来。例如“吹鼓手”，原指旧时办喜事、丧事时吹奏乐器的人，现表示吹捧某人的人。又如“当耳边风”，其中“耳边风”原指从耳边吹过的风，“当耳边风”现表示对别人的劝告、嘱咐根本听不进去。“蜻蜓点水”，比喻人们做事不深入、不踏实。“眉毛胡子一把抓”，比喻做事不分轻重缓急。“快刀斩乱麻”，比喻做事迅速果断，速战速决。

惯用语在结构上，多数为三音节的词组。例如：

动宾式：要花招、走过场、打游击、敲边鼓、放空炮、打头阵、打棍子、吹牛皮、挖墙脚、磨洋工、穿小鞋、开绿灯、扣帽子、拉后腿、炒鱿鱼、挤牙膏、踢皮球、赶浪头、翘尾巴、和稀泥、夹尾巴、嚼舌头、开夜车；

偏正式：关系网、两面光、老大难、下马威、马后炮、半瓶醋、铁饭碗、墙头草；

主谓式：天晓得。

也有非三音节的词组，例如：

卡壳、抹黑、吃定心丸、捅马蜂窝、唱对台戏、吃大锅饭、婆婆妈妈、勒紧裤带、打马虎眼、好戏在后头、蚂蚁啃骨头、井水不犯河水、生米煮成熟饭、花岗岩脑袋、死马当活马医、不蒸包子争口气、捡到篮子里都是菜、半路杀出个程咬金。

惯用语在结构上具有定型性，但使用时可有一定的灵活性，有些可以拆散开来，插进一些别的词语，例如“碰钉子”可说成“碰了一个大钉子”或“碰了个软钉子”；“打光棍”可以说成“打了半辈子光棍儿”；“钻空子”可说成“钻我们的空子”；“拉后腿”可说成“拉自己老婆的后腿”；“打交道”可说成“打了几次交道”。而有的惯用语既不能改变它的构成成分，也不能加进别的成分，这种惯用语更像一个词，例如“巴不得”、“三七二十一”。总之，对于惯用语的使用，也必须根据语言规范化的原则，方言性过强的或有庸俗意味的，应该少用或不用。

思考题

1. 试找出一篇短文里的基本词。
2. 什么叫古语词？它包括哪些？举例说明。
3. 举例说明外来词同专门术语的相互关系。
4. 吸收外来词的方式主要有哪些？举例说明。
5. 解释下列成语的意义：

   叱咤风云　　精雕细刻　　居高临下　　危如累卵

   老马识途　　落拓不羁　　披沙拣金　　不刊之论
6. 搜集喻意、谐音两类歇后语各十条，并加以解释。
7. 什么是惯用语？选五个带有惯用语的句子。

第四章　语法

第一节　语法概说

一、语法与语法学

我们每天说话写文章，都要按照一定的规律来进行。我们理解一个句子，不但要懂得该句子每一个词所表示的意义，还要了解语言单位之间的结构关系、组合层次、分布位置以及词类的功能，也就是语法意义。词汇意义反映的是客观事物及其相互之间的联系，它以一定的客观事物和现象作为概括的对象，而语法意义反映的是语言单位——词、词组、句子的功能和性质特征及其相互之间的关系。我们说的每一句话都可以分解为若干个词和词组。这些词或词组并不是任意地拼凑在一起的，而是按照一定的规则组织起来的。每一个词又可以分解为若干个语素。语法就是词、词组、句子等语言单位的结构规律。语素如何组织成词，词如何组织成词组，词组或词如何组织成句子，这其中都有一定的规律。这规律就是语法。例如我们说"我吃饭"，而不说"饭吃我"；"二十岁才结婚"指结婚晚了，"结婚才二十岁"指结婚早了——这些都是语法规律在起作用的结果。

语法意义同词汇意义具有本质的区别。词汇意义具体实在，要想扩大词汇量，就必须一个一个地去学习、记忆。而语法意义抽象概括，一条语法规律往往可以概括一大批同类语言现象。词汇是语言的建筑材料，没有词汇，就谈不上语言，正像没有建筑材料就不会有建筑物一样。虽然每一个词都有一定的意义和声音，但是孤立的词，是很难交流思想的。只有把一个一个孤立的词按照语言的结构规则组织成句子，才能构成语言，交流思想。例如："我们"、"喜欢"、"看"、"电视"四个词，若孤立地说出其中任一个，只能表达一个孤立的概念，不能表达完整的思想。如果把它们任意堆在一起，说成"我们看电视喜欢"或"电视喜欢我们看"等等，虽然不是孤立的概念，也同样不为别人所理解，因为它们不符合汉语的结构规律。只有按照汉语的结构规律把它们组织成“我们喜欢看电视”或“电视我们喜欢看”，才能为别人所理解，达到语言交际的目的。

（一）语法的性质

语法同语音、词汇、修辞等相比，具有四个基本性质，即抽象性、稳固性、民族性和系统性。

抽象性（又叫概括性）是语法最基本的特征。语言表达的内容是无限的，人们所使用的句子千差万别、数不胜数。但是，无限多的个别具体的语句中，词的结构方式、短语和句子的结构规则等却是有限的。这些结构规则、语法形式、语法手段、语法范畴和语法意义都是从个别的具体的语言材料中抽象概括出来的。语法研究的是抽象出来的公式，而舍弃了个别的、具体的内容。语法就是对一种语言中各种语法单位的组合关系、聚合关系、功能类型等等的抽象概括。

例如：买饭　作画　挖坑　蒸馒头　盖房子　说英语

修理家用电器　　穿蓝色西服　　提出苛刻条件

这些词组所表达的意义各不相同，但却可以从中概括出“述语 + 宾语”的结构特点，表示支配与被支配的关系。其中述语由动词充当，宾语由体词性词语充当。

稳固性　语言是处在不断的发展演变过程之中的，语法也在不断地变化。但是，语法的变化比语音、词汇要缓慢得多，而且语法很难受到外来因素的影响而改变。语法的稳固性与语法的抽象性密切相关。语法是一个由各种抽象规则构成的有机系统，许多语法手段和语法范畴历经千百年而很少发生变化。例如，语序和虚词在古代汉语和现代汉语中都是重要的语法手段；古代汉语中主语在谓语之前，修饰语在中心语之前，现代汉语也是如此。语言的语法体系是在漫长的岁月中逐步形成的，旧的语法规则的消除，新的语法规则的出现，都需要一个过程。因此，语法具有稳固性。

民族性　汉语语法的民族性特点是在同其他语言的比较中得出的。印欧语常用词尾的形态变化来表示句法功能的变化，英语用词形变化表示词的语法功能，汉语的词没有显著的形态变化，词在句子中充当句子成分的能力，主要靠语序和虚词来表示。如汉语陈述句的一般顺序是：主语 + 动词 + 宾语，日语陈述句的一般顺序是：主语 + 宾语 + 动词。

因此，各民族语言都有自己的语法规律，我们在研究和说明汉语的语法规则时，要警惕拿别的民族语言的语法来硬套汉语的语法。

系统性　语言的各种规则并不是孤立的、互不相干的，而是紧密相联、相互制约形成的一个复杂的系统。语法系统由语素系统、词类系统、词组系统、句子系统和句组系统等若干子系统构成。语素、词、短语、句子和句组等语法单位之间互相联系，处于一定的关系之中。语法是由组合关系和聚合关系构成的严整有序的规则系统。组合关系和聚合关系是语法结构规律中最基本的两种关系。

组合关系是指语法成分之间在应用中前后发生的结构关系，体现了语言的线性特点和相互间组合的规则性。它决定了句法结构的方式和类型，例如主谓关系、述宾关系、偏正关系等。

例如：我想明天出发

他弟弟打算暑假去北京

其中：

“我——想”、“他弟弟——打算”之间都是主谓关系，

“想——明天出发”“打算——暑假去北京”都是述宾关系。

聚合关系是指能够在相同的功能位置上出现的语言单位。同一个聚合关系中的语言单位具有共同的语法特点，体现了语法成分的可代替性和可选择性，决定了语法单位的功能类型，例如：

A	B	C
我	想	明天出发
他弟弟	打算	暑假去北京

上述 A、B、C 三类就是不同的聚合关系构成的“聚类”。例如 B 类的“想”、“打算”都是动词，C 类的“明天出发”、“暑假去北京”等都是谓词性短语。

语法的系统性，要求我们在学习研究语法的过程中，要注意各语法规则之间的相关性，能做到举一反三，触类旁通。

（二）语法的单位

语法单位指的是语法构造的组成部分，可以分为四级：语素、词、词组、句子。

1. 语素：语素是语言中最小的音义结合体，是最小的语法单位，也是是构词的备用单位。语素可以和别的语素组合成词，也可以单独成词。如“人、我、一、是、了”等，都有一定的语音形式，都表示一定的意义，且不能再分解成更小的单位，它们是语素，但它们同时又能独立运用，可以单独成词。“语”和“言”是两个语素，它们不能独立运用，只能与别

的语素组合成词，如“语气、谚语、言论、名言”。

2. 词：词是最小的能独立运用的语法单位，是构成词组和句子的备用单位。“能独立运用”，使词区别于语素；“最小的”，使词区别于词组。词由语素构成，如“亲切”一词就由“亲”和“切”两个语素构成的。词又是词组和句子的重要的组成部分，还有一部分词加上句调就可以单独成句，如“谁?”“好!”“看!”。

3. 词组：词组是词和词按照一定的语法规则组合而成的语法单位。词组由词构成，是比词高一级的语法单位。词组既可充当句子成分，也可独立成句。大多数词组加上句调就成为句子。

4. 句子：句子是由词或词组带上一定的语调、能够表达一个相对完整的意思的语法单位。它是语言的基本运用单位。每一个句子，都必须结构独立，表意完整。结构独立，是指不被包含在别的语法结构之中；表意完整，指的是句子在语义上是自足的。

（三）现代汉语语法的特点

1. 语序和虚词是主要的语法手段

汉语语法没有严格意义上的形态变化，主要借助于虚词和语序的变化来表示语法关系和语法意义。

改变语序可以形成不同的结构关系和语法意义。例如：

发展迅速（主谓关系）⟶迅速发展（偏正关系）

转播中断（主谓关系）⟶中断转播（述宾关系）

紧握（偏正关系）⟶握紧（述补关系）

虚词的有无和不同虚词的运用可以形成不同的结构关系。例如：

小王这个孩子（复指关系）⟶小王的这个孩子（偏正关系）

蒸馒头（述宾关系）⟶蒸的馒头（偏正关系）

老师的学生（偏正关系）⟶老师和学生（联合关系）

某些短语加入虚词后，结构关系虽未改变，但语义却发生变化。例如：

北京饭店⟶北京的饭店　　孩子脾气⟶孩子的脾气

阿Q性格⟶阿Q的性格　　十斤鲤鱼⟶十斤的鲤鱼

“北京饭店”是专有名词，而“北京的饭店”则指地点设在北京的所有饭店。

2. 词类与句法成分没有对应关系

印欧语中词类的功能比较单纯，词类与句法成分之间存在简单的一一对应关系。名词只能作主语和宾语，动词只能作谓语，形容词只能作定语和表语，副词只能作状语。但汉语里词类与句法成分之间的关系比较复杂，除了副词主要作状语（少数副词可以作补语）外，其他词类都可以充当多种句法成分。例如名词主要作主语、宾语和定语，还可以作谓语和状语；动词主要作谓语，还可以作定语、主语、宾语和状语。

例（1）：五月一日‖劳动节。（名词作谓语）

例（2）：游泳‖是一项非常有益的体育活动。（动词作主语）

应该注意的是，汉语中名词作谓语、状语，动词作主语、宾语时，本身的词性并没有改变，名词还是名词，动词还是动词。

3. 词、短语、句子的构造基本一致

词、短语、句子是三级不同的语法单位，但它们之间的构造关系基本一致。例如：

结构关系	合成词	词组	句子
主谓关系	气喘	气息微弱	他身体健康。
偏正关系	小学	小型设备	多么美妙的音乐啊！
述宾关系	美容	美化校园	禁止吸烟！
述补关系	说明	说得明白	跑快点儿！

“语法”这一术语，除了指“语言单位的结构规律”外，还指“语法学”。语法是语言的结构规律，是存在于语言深层的客观规律和变化规则。这种规律是不以人的主观意志为转移的，它随着语言的产生而产生，语言的发展而发展。语法学则是研究语言单位的结构规律和探索描写语法结构规律的科学，是人们对客观的语法规律的主观认识和说明。可以这么说明二者的关系：语法只有一个，是客观存在的；语法学不止一个（如历史语法学、比较语法学、描写语法学等），是人们从不同角度对语法的主观认识。当然主观认识必须以客观事实为依据，客观事实必须通过主观认识而得到提炼、归纳和整理。

二、语法研究的内容

1. 词法

词法主要是指词的结构方式、词形变化和功能分类的规律。例如汉语里一些双音节性质形容词的重叠形式是AABB式，表示程度加深，如“教室里干干净净”，“高高兴兴上班去”，“这张纸上密密麻麻地写满了字”。部分双音节重叠式形容词还可以以ABAB方式重叠，如“高高兴兴”可以说成“高兴高兴”，“轻轻松松”可以说成“轻松轻松”，“舒舒服服”可以说成"舒服舒服"。这些都是词法研究的内容。

2. 句法

句法主要指词组和句子等语法单位的构成、组合搭配的规律及其表达功用等。

句法主要包括：词组结构规则、句型、句式、句类、复句、句组等内容。例如"空气新鲜"是主谓词组，"新鲜空气"是偏正词组。

词法与句法既各自独立，又相互联系。

三、语法的作用

语法是语言的重要组成部分，它与语音、词汇共同构成语言的三大要素。世界上任何一种语言都有自己的语法，学习一种语言，无论是本民族语言还是外民族语言，掌握它的语法规律是非常重要的，也是学好它的重要前提。我们从小就学会了说话，对本民族语言有很深的感性认识，但在平常的语言实践中，我们也会发现自己常常说一些不合习惯的话来。特别是写文章时，出错的可能性更大。这时，如果我们有一定的语法知识，分析一下句子的结构，就会帮助我们找出错误的原因所在。我们学习语法，就是从理性上认识语言的结构规律，利用它来指导、调节我们的语言实践。

思考题

1. 什么是语法？什么是语法学？
2. 举例说明语法的性质。
3. 语法的四级单位之间的关系是怎样的？
4. 结合自己的语言实际，谈谈语法的作用。

第二节　词　类

一、词的分类

词类，是词的语法分类，是为了弄清词的语法功能，讲述词的用法，说明语言的组织规律而对词进行的分类。

（一）划分词类的标准

划分词类的标准，就汉语来说，主要是词的语法功能。汉语中的词没有严格意义的形态变化，词形变化不能作为划分词类的依据，表复数的"们"，名词后缀"子"、"儿"、"头"，动态助词"着"、"了"、"过"以及名词、动词、形容词的重叠等近似于形态的语言成分，只能作为划分相关词类的辅助性依据。同类的词大体有相同的功能，所以，汉语划分词类的依据应该是词的语法功能。

词的语法功能，包括词与词的组合能力和词充当句法成分的能力。首先，词的语法功能表现在词的组合能力上，即词与词的相互结合的能力，包括哪些词可以同哪能些词组合，怎样组合，组合起来表示什么关系；哪些词不能同哪些词组合，为什么不能组合。例如："写文章、写了、写着、不写、写的文章"，"读文章、读了、读着、不读、读的文章"，"看文章、看了、看着、不看、看的文章"，很明显，"写、读、看"具有相同的语法功能，它们属于同一个类。

其次，词的语法功能表现在词的句法功能，指词充当句法成分的能力，即能否充当句法成分，充当什么句法成分。比如："书"、"英雄"、"问题"都能跟表示数量的词语结合，却不能跟表示否定的"不"组合；都能充当主语、宾语，却很难充当谓语、补语。它们的组合能力和句法功能相同，可归为一类。而"买"、"学"、"商量"都能跟表示否定的"不"组合，都能充当谓语，都可带宾语，可归为另一类。

词类是根据词的语法功能分出来的类，但是从意义上看，每一类词也都有共同之处。语法功能相同或相近的词，往往可以概括出共同的意义；反过来说，能概括出共同意义的一些词，大都具有相同或相近的语法功能。比如，有一类词是表示人或事物的，这"表示人或事物"就是这类词的共同意义，具有这种共同意义的词，一般也具有相同或相近的语法功能，如它们都可跟表示数量的词语组合，都不能跟"不"组合，都可以充当主语、宾语。从理论上说，我们不能把意义作为划分词类的标准，但在给具体的词归类时，意义有时有"速记"的作用，例如，一看到"太阳、学校、孩子"，不必考虑它的语法功能，就可以断定是名词。所以，概括的意义可以作为划分词类的参考。

（二）汉语的词类体系

词类是一个有层次的系统。根据句法功能的不同，汉语里的词首先可分为实词和虚词两大类。能够单独充当句法成分的词叫实词；不能单独充当句法成分、只表示一定的语法意义的词叫虚词。实词大多表示实在的意义，能够作词组或句子的成分，能够独立成句。如"大"、"土"、"祖国"、"来"、"看"、"根"、"温柔"、"四"、"只"、"你"、"都"等实词。虚词一般不表示实在的意义，不作词组或句子的成分，它们的基本用途是表示语法关系。如“凭”、“和”、“了”、“的”、“吗”等虚词。实词与实词之间能相互组合，如“三个人、伟大祖国、快走”；但虚词只能跟实词组合，不能跟其他虚词组合。实词和虚词是汉语词的基本类别，虚词的数量很少，实词则占了绝大部分。

根据组合能力的不同，实词可再分为十类：名词、动词、形容词、区别词、数词、量词、副词、代词、叹词、拟声词。虚词包括介词、连词、助词、语气词四小类。

有了实词，便可造简单的句子；有了虚词，句子的含义更丰富。但虚词一般是不能独立造句的，虚词必须依附于实词才能进入语言结构。如“我认识他”、“我不了解他”是只用实词造的两个句子，其中不含虚词。加上虚词以后变成“我认识他了”、“我不了解他呀”，句子的含义更丰富了，但“了”却不能单独成为句子。虚词还可将这两句连在一起，使它们发生特定的关系，如“我虽然认识他，但是我不了解他”。

二、实词及其语法功能

（一）名词

名词是表示人或事物等名称的词。

1. 名词的分类

（1）一般名词：A. 普通名词：学生、河流、鸟、花朵

B. 专有名词：长江、鲁迅、北京、黄山

C. 集合名词：人民、群众、物品、马匹

D. 抽象名词：文化、战争、思想、权利

（2）时间名词：今天、清晨、清明、春季

（3）处所名词：北京、郊区、附近、前方

（4）方位名词：有单纯的与合成的两种。单纯的：上、中、下、前、后、左、右、东、西、南、北、里、外、内、间、旁；合成方位名词由两单纯方位词或一个单纯方位词加“以”、“之”、“边”、“头”、“面”等构成，例如：上下、前后、左右、以上、以前、以内、之前、之南、后边、西边、旁边、东头、外头、上面、左面等。方位名词表示方向、位置，其中有少数还可表时间，如“以上、之后、之前、之内、前后、左右”等。

2. 名词的主要语法特点

（1）能同数量词组、指量词组结合。如：“一阵风、那些孩子、三本书”。

（2）不受副词“不”等修饰。如不说：“不鱼”、“又时间”、“都桌

子”。但在特定条件下名词也可以受副词的修饰。如在对举时，“人不人，鬼不鬼”，“小王就小王，多一个人总比少一个人强”，“又星期五啦，我以为才星期三呢”。一些顺序名词加上语气词“了”成句后可以直接受副词修饰，如“已经清明了，河水还没有解冻”，“都老太婆了，还这么爱打扮”。

(3) 与介词组成介词词组，充当状语、定语或补语。如“在纽约学习、关于和平的问题、生于北京”。

(4) 名词大都不能重叠，如不能说“马马”、“书书”、“太太阳阳”。亲属称谓词以及其他少数名词可以重叠，如“妈妈、哥哥”和“星星”等。名词量化时可以重叠，如“天天、人人、年年、家家户户”，表示“每一”或“众多”的意思。部分名词对举时也可以重叠，如“山山水水、花花草草、瓶瓶罐罐、条条框框”，表示“全面而纷繁”的意思。表人的名词后面能加助词“们”，表示群体的意义（详见后面助词“们”），如“老师们、孩子们”。

(5) 常作主语、宾语，也常作定语。作主语如“风景优美、货源充足”；作宾语如“热爱祖国、参加考试”；作定语如“汉语方言、中国特色”。名词一般不充当谓语、状语和补语。少数名词可作谓语（详见后面“名词谓语句”），如“今天星期五、鲁迅浙江人”。

3. 时间名词、方位名词

这两类名词比较特殊。时间名词除了能作主语、宾语、定语以外，还常作状语，表示事情发生的时间，如“他刚才来过”、“我下午休息”、“昨天我买了三本书”。

方位名词主要放在其他词或词组后面，组成方位词组，表示处所或时间，如“长江以南、上课之前、天亮之后”。有的也可表示数量界限，如“五十五岁以上、一百左右”。方位名词可以单用，表示方向或位置，也可合用。“上、中、下”等方位词等还有表条件、范围等引申用法。

(二) 动词

动词是表示动作、行为、心理活动或存在、变化、消失等的词。

1. 动词的分类

(1) 表示动作行为的：听、打、走、说、学习、宣传、停止等。

(2) 表示心理活动的：爱、怕、想、希望、喜欢、羡慕等。

(3) 表示存在、变化、消失的：在、有、存在、发生、死亡、消失等。

(4) 表示判断的判断动词：是。

(5) 表示某种关系的关系动词：像、姓、属于等。

(6) 表示可能、意愿、必要的能愿动词：能、能够、愿意、肯、敢、要、想、应该等。

(7) 表示使令的使令动词：使、叫、请、让、要求等。

(8) 表示动作趋向的趋向动词：来、去、上、下、上来、出去、回来等。

2. 动词的主要语法特点

(1) 能受副词修饰，但多数不受程度副词修饰。如能说“不走”、“再来”、“必须解决”，但不能说“很走”、“十分来”、“极其解决”。只有表示心理活动的动词和一些能愿动词，既受一般副词修饰，也受程度副词修饰。如“不喜欢、很喜欢、非常喜欢”；“不愿意，很愿意、非常愿意”。有些一般动词带上宾语可以受程度副词修饰，如“很有纪律、相当有礼貌、非常守时、十分讲道理”。

(2) 常作谓语或谓语中心，例如“我来、你别哭”；多数可带宾语，例如“拍电影、填表格”。

(3) 一般可后带动态助词“着”、“了”、“过”，表示动态。如“拿着书”、“吃了饭”、“去过上海”。

(4) 限于表示可持续动作的动词可重叠，重叠时表示一种尝试态，含有时间短、程度轻的意味。单音节动词重叠形式是AA，第二音节读轻声，如“坐坐、谈谈、笑笑”。双音节动词重叠形式是ABAB，如“商量商量、交流交流、研究研究”。

3. 特殊的动词

动词是一个非常复杂的类别，有些需要单独加以说明。

(1) 能愿动词　又叫助动词，主要表示三种意义：

表可能的：能、能够、可能、可以、会等。

表意愿的：愿、情愿、愿意、肯、敢等。

表必要的：要、须、应该、得（děi）等。

能愿动词与一般动词的区别在于：能愿动词不能重叠，不能带动态助助词“着、了、过”。可以用肯定否定连用表示疑问，如“会不会、敢不敢”。经常作状语，修饰动词、形容词，例如“能买、肯来、应该明白”。能愿动词也能单独充当谓语，如“我愿意”。

(2) 趋向动词　分单纯的趋向动词和合成的趋向动词两种，如：

	上	下	进	出	回	开	过
来	上来	下来	进来	出来	回来	开来	过来
去	上去	下去	进去	出去	回去	开去	过去

趋向动词经常置于动词或形容词后作补语，表示动作的趋向，如“送出去、暖和起来”。趋向动词也能单独作谓语，如：“你上!”“月亮下去了，太阳还没有出来。”多数趋向动词能带宾语，如“上楼、出门、回家去”。

“来”、“去”等用在动词后面表示趋向，有两种位置：“寄来十块钱——寄十块钱来”；“请来一个人——请一个人来”。这二者区别在于，前者是陈述，表示已然行为，后者是祈使，表示未然行为。因此，凡是自主动词都可以有两种表达形式，而非自主动词，只能有前式，不能有后式。例如“飞来了一只白鸽 、迎来了新的一年、传来了一阵脚步声、飘来了一股香味”。

（3）判断动词　典型的判断动词只有一个“是”。此外“为”、“即”、“系”等也可以表示判断。“是”的基本作用是放在主语和宾语之间，和宾语组成述宾词组共同充当谓语，对主语作出说明判断。如：“《祝福》的作者是鲁迅”，“他是一个推销员”。由“是”构成的句子语法上叫“是字句”，这在后面章节“句式”中详讲。

（三）形容词

形容词是表示人或事物的性质、状态，或者动作、行为、发展变化的状态等的词。

1. 形容词的分类

（1）表示性质的：好、坏、近、远、伟大、勇敢、漂亮、聪明

（2）表示状态的：雪白、绿油油、血淋淋、黑不溜秋

（3）表示数量的：多、少、全、许多、好些

2. 形容词的主要语法特点

（1）性质形容词大多能受程度副词修饰。如“很好、非常清楚、最高、太大”。但是，本身带有程度意义的状态形容词如“雪白”、“笔直”，加叠音词缀的形容词如“酸溜溜”、“红彤彤”以及其他一些复杂形式的形容词如“黑咕隆咚”、“黑不溜秋”等，都不受程度副词修饰。如不能说“很雪白、太笔直、有点红彤彤”。状态形容词也不能带补语，如能说“红得很”，不能说“通红得很”。状态形容词也不能用于比较，如能说“今天

比昨天冷”，不能说“今天比昨天冷飕飕”。

（2）经常作定语、谓语或谓语中心，不带宾语，也可作状语、补语。例如：

作定语：红太阳、痛苦的神情、伟大的祖国。

作谓语：太阳好、心情舒畅、态度冷淡。

作谓语中心：心地非常善良、他潇洒得很。

作状语：快走、老实说、恭敬地站着。

作补语：吃得好、说清楚、走快了。

形容词不能带宾语。但是有些性质形容词兼属动词，能带宾语，如“端正态度”、“纯洁队伍”、“红着脸”、“直着身子”，其中“端正、纯洁、红、直”是能带宾语的兼属动词的形容词。

（3）性质形容词大都可以重叠。单音节形容词的重叠形式是AA，重叠后第二个音节读阴平，口语中后加儿化音，如：大—大大儿（的）、好—好好儿（的）。双音节形容词的重叠形式一般是AABB，重叠后第二个音节读轻声，例如：明白—明明白白、干净—干干净净。少数双音节贬义词，其重叠形式是A里AB，例如：糊涂—糊里糊涂、小气—小里小气、啰嗦—啰里啰嗦。

“雪白、冰凉”等状态形容词的重叠式是ABAB，一般表示程度加深。如：“雪白—雪白雪白、漆黑—漆黑漆黑”，“小河里的水冰凉冰凉的、她的嘴唇通红通红的”。

单音节形容词重叠作定语时，表示程度适中并常带有喜爱的感情色彩，如“圆圆的脸、大大的眼睛、长长的头发”。性质形容词重叠以后，前面不能再加程度副词或用“不”加以否定，而且做定语、补语都要加“的”，如不能说“很矮矮的个子、非常轻轻的脚步声”，只能说“明明白白的事情、站得高高的、装得满满的”。

还有用两个单音节形容词联合重叠的形式，如“高高低低、大大小小、红红绿绿”等，表示繁多的意思。这是句法结构中的一种固定格式。

（四）区别词

1. 区别词的定义：

区别词是表示事物属性的词，它有分类的作用。如“共同、慢性、新式、高速、天然、正式、大型、大号、人造、彩色”等。

2. 区别词的主要语法特点：

（1）能直接修饰名词作定语（中间不用“的”）；大多能带“的”形

成"的"字词组。如"彩色电视、慢性肺炎、高速公路、大号的、人造的、初级的"。

(2) 不能作谓语、主语、宾语，组成"的"字词组后可以作主语、宾语。如"大号的不合适"、"我要买微型的"。

(3) 不受副词"不"、"很"修饰，如不说"不高速"、"不人造"、"很天然"。否定时前面加"非"，如"非正式的"。

(4) 大多成对或成组出现，如"男、女，金、银，单、双，大型、中型、小型、微型，阴性、阳性"。

在一定的语言环境中，被区别词直接修饰的名词可以不出现，结果就形成了区别词直接充当主语、宾语的情况。如："寄挂号、拍加急"，"这种病急性好治，慢性难治"，"原来判的是无期，后来改为有期"，"其实是男是女都一样"。

现代汉语中，有一小部分区别词既可以充当定语，也可以充当状语。例如：

廉价商品　正式文件　直接关系　共同纲领　高速公路（作定语）
廉价出售　正式通知　直接联系　共同前进　高速发展（作状语）

要注意区别词与形容词的区别：形容词能充当定语，还可以充当谓语、补语和状语，能前加副词"不"，而区别词只能充当定语，不能充当谓语、补语等，否定时前面不能加"不"。

(五) 数词

数词是表示数目和次序的词。

1. 数词的分类

(1) 基数词：表示数目的多少，如零、一、二、三、十、千、亿、半、万、百等。"二"和"两"的逻辑意义都是一加一，但用法不同。"两"只能用在位数词"百、千、万"的前面，"二"可以用在"十、百、千、万"的前面，也可以用在"十"的后面。如"两百、两千，二百、二万、二十二"。成对的东西，用"两"不用"二"。如"两袖清风、两腿发软、两耳不闻窗外事"，其中"两"不可换成"二"。"俩"是"两个"的合音，读音为"liǎ"，所以"我俩"不能说成"我们俩"，"老两口"不能说成"老俩口"。"仨"是"三个"的合音，读音为"sā"，如"咱哥仨从小一起长大"、"仨瓜俩枣"。

基数词可以组成表示倍数、分数、概数的词组。

①倍数：由基数加"倍"组成，如："一倍、三倍、二十多倍、两千

一百多倍”。

②分数：用“几成”或者在分母和分子之间用“分之”表示，如：“十分之一、千分之三、只有三分的把握、产量增加了一成”。

③概数：表示大概数目的。概数表示法有三种：第一，在基数词或数量词组后分别加上“多、把、来、上下、左右、以上、以下”等，如：“百把（人）、十来（个）、一千左右、五斤上下”。第二，相邻两个整数连用，如：“五六（个）、七八百（斤）”。第三，在“十、百、千”等前用“约”、“成”、“上”等，如：“约五千（人）、成百上千只蝴蝶”。

（2）序数词：表示次序先后的，一般在基数前加助词“第”或“初”。如：“第一、第二、初一、初五”。有时序数可以不用“第”，如“合肥二中”、“我住三楼”。有时也可用“甲、乙、丙、丁”或“子、丑、寅、卯”等表示序数。

2. 数词的主要语法特点

（1）一般不直接同名词组合，只有文言格式和成语中可直接修饰名词，如：“一草一木、三心二意、千山万水”。书面语里数词也可以直接修饰动词做状语，如“四上庐山、一泻千里”。

（2）常与量词结合组成数量词组，充当定语、状语或补语，如“三个人、一把拉住、去了两趟”。

（3）数词也可以直接做主语、宾语。如“一加二等于三、九除以三等于三”。

（六）量词

量词是表示计量单位的词。同古代汉语相比，现代汉语的量词特别丰富。

1. 量词的分类

（1）表示人和事物单位的物量词。包括：

个体量词：个、件、本、条、张、只等。

集体量词：对、双、副、堆、批、伙、套、串、群、帮、打（da）等。

度量衡量词：升、公斤、元、米等。

不定量词：些、点儿等。

借用量词：即临时由名词或动词借用而来的量词。如：身、手、脸、碗、车、挑、捆等。

（2）表示动作行为单位的动量词。包括：

专用动量词：次、回、趟、下、番、顿、阵、遍等。

借用动量词：即借用表示动作行为的肢体、器官或动作行为所用工具的名称作量词。如：眼（看一眼）、脚（踢一脚）、刀（切三刀）、枪（开两枪）等。

（3）表示时间的时量词。包括：秒、小时、天、日、周、旬、年等。

（4）由两三个量词复合而成的复合量词：人次、架次、吨公里、立方米每秒等。例如“人次”表示活动的人数和次数的总量；“吨海里”表示运输量中的重量和里程的总量。复合量词用在名词后面作谓语，一般不用在名词前面。例如：“阿富汗战争期间，英美两国平均每天出动轰炸机 300 架次以上”、“支援车船 150 辆艘次”。

2. 量词的主要语法特点

（1）一般不独立运用，常放在数词后与数词组成数量词组充当定语、状语、补语。名量词组常作定语，如“一只青蛙四条腿”；也可充当主语、谓语和宾语，如“一块一公斤”、“喝两杯”。动量词组常作状语和补语，如“一次完成”、“来一趟”。

（2）部分单音节量词可重叠。如：“个——个个、件——件件、层——层层、阵——阵阵”。量词重叠后作主语、定语，一般表示“每一”或“许多”的意思，如“天天都是 3 · 15”、“顿顿都吃炸酱面”、“条条大道通罗马”。重叠后作状语，表示“逐一”，如“代代相传”、“层层叠加”、“步步高升”。重叠后作谓语表示“众多”或“连绵不断”，如“歌声阵阵”、“繁星点点”。数词“一”和量词组成的数量词组也能重叠，重叠形式为“一 A 一 A”，也可简缩为“一 AA”，可充当定语、状语、主语，充当这些句法成分时所表示的意义跟单音节量词重叠表示的意义基本相同，如“一届一届的学生”、“一座座青山”、“一口一口地吃”、“一句一句地说”、“一个个都是好样的”。

量词的使用，既有习惯性，又有选择性。例如“一头牛、一匹马、一条鱼”，这些是习惯性的搭配。量词的使用有时又可以有一定的选择性，如点状物可以选“点、粒、颗、滴”；线状物可以选“线、丝、条、支”；面状物可以选“片、面、幅、方”等。具体到每一个词，如“笔”可以选“杆、支、管”；“花”可以选“朵、束、簇”；“书”可以选“部、册、卷、本”等。

数词、量词与名词的语法功能比较接近，三者合起来成为与谓词相对的“体词”。

（七）副词

限制、修饰动词、形容词，表示程度、范围、时间等意义的词叫副词。与印欧语系诸语言相比，汉语的副词是一类比较特殊的词类：既具有实词的某些语法特点，可以充当句法成分，如“他又来了”；又在句中作状语，有的甚至可以单独成句，如“你下午回去吗?”、“也许。”但从另外的角度看，副词又具有虚词的某些个性特征，如“粘着、定位、虚化”，大多词汇意义空灵，语法意义突出。现代汉语中副词的用法和功能纷繁多样，相当复杂，而且使用范围广，频率高；尤其是汉语本身缺乏严格意义的形态变化，许多在印欧语中由别的词承担的语法任务，在汉语中往往要靠副词来完成，所以副词在汉语词类系统中具有重要而特殊的地位。

1. 词的类别

从语义的角度看，副词大致可分六个小类：

（1）表示程度的：很、最、非常、格外、极、更、稍、有点儿。

（2）表示范围的：都、总、共、统统、只、仅仅、就、一律、光、一齐。

（3）表示时间、频率的：已经、曾经、刚、才、在、正、将、就、立刻、常、渐、一向、总是、还、再、也、又。

（4）表示肯定、否定的：必、准、的确、不、没、没有、未、别、是否。

（5）表示情态、方式的：特意、亲自、忽然、赶紧、暗暗、连忙、大肆。

（6）表示语气的：难道、岂、究竟、偏、可、难怪、也许、竟然、甚至、恰恰、未免、幸亏、居然、只好、不妨。

同类副词，在用法上往往很有差别，如程度副词有绝对程度和相对程度之分，“他的成绩很好”与“他的成绩最好”表示的意义不一样。“都、只”都表示范围，但是“都”表示总括全部，一般是总括它前面的词语，而“只”表示限制，限制它后面的词语的范围。如“孩子们都只喜欢看电视”，“都”总括“孩子”，指的是所有的孩子，“只”限制的范围是“看电视”。同样是否定“去”，“不去”是说话人就自己的意愿说的，表明说话人不愿意或不能去；“没去”是说这种行为尚未成为现实，否定“去”这一动作行为的发生。“别去”的“别”表示禁止或劝阻，表明说话人不希望对方有某种行为。“他果然迟到了”和“他居然迟到了”是预设不同，前句的预设是“他会迟到”，后句的预设是“他不会迟到”。

同一个副词，也可表示多种不同的意思，如“就”，既可表时间，如“马上就来”，也可表范围，如“就一间房子”，还可表语气，如“我就不回去”。一个副词究竟表示什么意思，往往必须结合全句语境仔细体会。

2. 副词的主要语法特点

（1）常修饰动词或形容词，作状语。如：“赶紧起床”、“格外高兴”。也可修饰全句作句首状语，如：“幸亏你回来了”、“难道你不相信我?”、“也许她已经走到半路上了”。

（2）不能修饰名词作定语，除“很”、“极”等少数副词外，一般也不能作补语。如：可以说“漂亮得很”、“好极了”、“坏透了”，但不能说“忽然思想”、“马上教室”或“来得悄悄”。

（3）副词不能用肯定否定并列的方式表示疑问，除“不”、“没有”、“也许”、“有点儿”、“马上”、“刚刚”、“的确”等少数副词以外，一般不能单独回答问题。如不能说：“果然不果然?”但像“你什么时候回来的?刚刚。”“什么时候出发？马上。”“你去吗？不，我不去。”句中的副词都是单独回答问题的了。

（4）有些副词能起关联作用。有单用，也有成对使用，或与连词相配合。如“看了又看、越说越快、不打不相识、又说又笑、来得了就来、既聋又哑”。

3. 副词和其他词类的区别

（1）时间副词和时间名词。例如“曾经”和“过去”，都表时间，都可作状语，但分属两类。分辨的办法是看能否作定语，能作定语的是名词，不能作定语的是副词。可以说“过去的事情”，但不能说“曾经的事情”，所以“曾经”是副词，“过去”是名词。类似的如“即将”和“将来”、“一向”和“平时”、“刚刚”和“刚才”等，每组中前者为副词，后者为名词。

（2）副词和形容词。副词和形容词都能作状语，容易混淆，但也容易分辨。办法是：看能否受“很”修饰，能否作定语或谓语，能否用肯定否定并列表疑问。能，是形容词；不能，是副词。如：“忽然——突然”、“偶尔——偶然”、“特地——特殊”、“永远——永久”，各组中前者为副词，后者为形容词。例如“偶尔也去看一场电影”和“偶然也去看一场电影”看似一样，其实不然，可说“很偶然去看一场电影”，不能说“很偶尔去看一场电影”，所以“偶然”是形容词，“偶尔”是副词。再如：“白衬衣——白跑一趟”、“怪脾气——怪神气”、“老毛病——老生病”、“光玻璃——光动嘴”，各组中同音同形的词，实际上都属于两个不同的词类：前者修饰名词作定语，是形容词；后者修饰动词、形容词作状语，是副词。它们是意义完全不同的同形同音词。

（八）代词

代词是具有代替或指示作用的词。

1. 代词的性质和类别

代词不是根据句法功能划分的词类，它是根据表达功能，即是否具有替代或指称功能划分出来的一种特殊的词类。从功能上看，代词主要替代体词，有些则可以替代谓词。代词的语法功能跟它所代替的词语大致相当，即所代的词语能充当什么成分，那个代词就能充当什么成分。

代词分成三类：代替人或事物名称的叫人称代词；指代或区别人、事物、情况的叫指示代词；表示疑问的叫疑问代词。详见下表。

代　词　表

<table>
<tr><td colspan="2">按功能分的类</td><td colspan="6">按作用分的类</td></tr>
<tr><td>代替哪些词</td><td>相当于哪些词</td><td colspan="3">人称代词</td><td>疑问代词</td><td colspan="2">指示代词</td></tr>
<tr><td rowspan="8">代名词</td><td rowspan="5">一般名词</td><td></td><td>个体</td><td>群体</td><td rowspan="5">谁
什么
哪</td><td>近指</td><td>远指</td></tr>
<tr><td>第一人称</td><td>我</td><td>我们　咱们</td><td rowspan="4">这</td><td rowspan="4">那</td></tr>
<tr><td>第二人称</td><td>你　您</td><td>你们</td></tr>
<tr><td>第三人称</td><td>他　她　它</td><td>他（她它）们</td></tr>
<tr><td>其他</td><td colspan="2">自己　自个儿
别人　人家
大家　大伙　彼此</td></tr>
<tr><td>处所名词</td><td colspan="3"></td><td>哪儿
哪里</td><td>这儿
这里</td><td>那儿
那里</td></tr>
<tr><td>时间名词</td><td colspan="3"></td><td>多会儿</td><td>这会儿</td><td>那会儿</td></tr>
<tr><td>数词
量词</td><td colspan="3"></td><td>几　多少</td><td></td><td></td></tr>
<tr><td rowspan="2">代谓词</td><td>动词</td><td colspan="3"></td><td>怎样　怎么</td><td>这样</td><td>那样</td></tr>
<tr><td>形容词</td><td colspan="3"></td><td>怎么样</td><td>这么样</td><td>那么样</td></tr>
<tr><td>代副词</td><td>副词</td><td colspan="3"></td><td>多</td><td>这么</td><td>那么</td></tr>
</table>

说明：“每、各、某、另、别、凡、其他、其余”也都是指示代词。

2. 各类代词的语法特征

（1）人称代词。有三种：第一人称，指说话一方，单数用“我”，复数用“我们”。第二人称，指听话一方，单数用“你”，敬称“您”，复数用“你们”。第三人称，指说话、听话以外的一方。单数、男性用“他”，女性用“她”，非人用“它”，“它”既可以指有生命的，也可以指无生命的。复数、指人时，男性用“他们”，女性用“她们”，非人用“它们”。

“我们”和“咱们”有区别。“咱们”包括说听双方，是“包括式”；“我们”也可包括听方，但当它跟“咱们”或“你们”同时出现时，则排除听方，所以称作“排除式”。例如：

“你是中国人，我也是中国人，咱们都是中国人”；

“你们是日本人，我们是中国人”。

“您”在口语中不用于复数，口语中若表示复数，可用“您二位”、“您几位”、“您诸位”等。近年来书面语中出现了“您”的复数形式“您们”。男女兼有写作“他们”，不必写成“他们和她们”或“他（她）们”。

人称代词有虚指用法。例如：“大家你看看我，我看看你，一言不发”，“班委会上，大家你一言，我一语，发言十分踊跃。”其中“你”、“我”不确指某人，用于虚指。

（2）指示代词。分为远指和近指两种。

“这”类为近指，指代离说话人较近的对象，如：“这、这儿、这里、这边、这么、这会儿、这样、这些、这么些”。

“那”类为远指，指代离说话人较远的对象。如：“那、那儿、那里、那边、那么、那会儿、那样、那些、那么些”。

用于回忆过去时，常用“那”不用“这”，如“那时候我还是个小孩子”，不可说成“这时候我还是个小孩子”。

“每、各、某、另、其他、一切”等也是指示代词。“每”和“各”是分指，指全体中的任何一个，但“每”侧重指全体中个体之间的相同面，而“各”侧重于不同点，如“每个人都有一双手”、“各人有各人的想法”。“某”是不定指。“其他、另”是旁指，指所说范围之外的。“某、另”还可指不确定的人或事物，如“三个人回来了两个，另一个不知去向”。“一切”是统指。

（3）疑问代词。疑问代词的主要用途是表疑惑并提出问题，尤其是构成各种类别的特指问句。如“谁、什么、哪、哪儿、哪里、多会儿、几、多少、怎么、怎么样、怎样”。

疑问代词有时可以重叠，表示“不止一个”，带有列举的意思。例如：

“他告诉我谁谁来过了”。

“他说他来了没几天，哪儿哪儿都去了，花了多少多少钱，买了什么什么东西”。

3. 代词的活用

代词活用常见的有两种用法：第一，表任指，疑问代词不表疑问，表示在所代范围内无例外，如“他消息灵通，什么都知道”、“谁有事都找他帮忙”、“我哪儿也不想去”。第二，表虚指，代替说不出或无需说出的人或事物，如“这个人，我好像在哪儿见过”、“这个一句，那个一句，让我无所适从”、“喝他个痛快”、“打他个落花流水”。

（九）叹词

叹词是表示感叹以及呼唤、应答的词，它是一种独立于句法结构之外，以模拟人类自己的声音、表示人类自身情感为主的特殊的词类。如“啊、哟、唉、哼、哎呀、哎哟、喂、嗯”。

叹词独立性很强，一般不参加句子结构，常用作感叹语（独立成分），或单用为句子（感叹句）。在句中位置灵活，可用于句首、句中或句后。如：“哦，我知道了。”“咱这儿，哈，就数你脾气好。”“又到了星期日了，唉！”叹词的基本用法是作独立语或独词句。例如：“唉哟，可把你盼来啦！”句中的“唉哟”就是独立语。

叹词也可独立而成为一个非主谓句，如：“呸！谁要你的臭钱！”“鸡叫了吗？”“嗯。”有时，叹词可充当一定的句法成分，例如：“屋子里有人哎哎哟哟地喊着”，作状语；“他哼了一声”，作谓语中心；“电话里发出喂喂的声音”，作定语。.

叹词的写法不十分固定，同一种声音，往往可以用不同的汉字表示。在写作时，要尽量采用通行的写法。

（十）拟声词

拟声词是模拟自然界各类事物声音的词，又叫象声词。如“啪、哗啦、轰隆、丁当、叽里咕噜”等。拟声词可使语言表达具体、形象，给人以如闻其声、如临其境之感，增强语言的生动性。它的句法功能主要是作状语。如“闹钟滴答滴答地响着”。复音拟声词可作定语，如“哗哗的流水声”。复音拟声词也可作谓语、补语，如“炮声隆隆”、“船两旁的水，哗，哗，哗”、“笑得咯咯咯”。单音节和双音节的拟声词都可以重叠，如“呼呼、滴滴答答、滴答滴答”。双音节拟声词还有一种重叠变式，如：“叽里咕噜、稀里哗啦、乒零乓郎”。

拟声词的另一句法功能是和叹词一样充当独立语或独立成句。例如：“咚、咚、咚，有人在敲门”，“啪！他重重地挨了一耳光”。

三、虚词及其语法功能

汉语的虚词是一个封闭类，每小类数目有限，使用频率却很高，且每个虚词都有很强的个性。汉语是一种非形态语言，因此虚词和语序成了主要的语法手段。虚词没有词汇意义，因此虚词的功用主要是附着或连接词或词组表达各种语义关系，表示各种语法意义；虚词不能单独成句，不能单独作句法成分；虚词也不能重叠。虚词的不同语法功能表现在它同实词或词组等的关系上面，能同哪些实词或词组发生关系，发生什么样的关系，由此可再区分出四类虚词：介词、连词、助词、语气词。

（一）介词

介词用在词或词组前面，共同组成介宾词组，表示时间、处所、对象、方式、目的等。

1. 介词的类别

介引时间的：从、自从、到、在、当、于、随着。

介引处所、方向的：从、自、往、朝、由、在、沿着、顺着。

介引方式、依据、工具的：按照、依、本着、根据、以、凭、拿、通过。

介引原因、目的的：因、由于、为着、为、为了。

介引对象的：对、对于、关于、同、给、叫、被、把、比、跟。

2. 介词的主要语法特点

不单独充当句法成分，只附在名词性词语前面与之组成介词词组。介词词组的主要语法功能是作状语，如：“在食堂吃饭、从我做起、把大门关上”；有的作补语，如：“工作到深夜、记在心里”；有时后加“的”可以作定语，如：“对这个问题的看法、关于真理标准问题的讨论、和老朋友的关系”。

“走向胜利、献给人民、来自全国各地、忠于人民、落在你身上、生于上海”等结构形式，既可以认为“向胜利”是一个介词词组，充当“走”的补语，也可以认为“走向”是一个动词，“胜利”直接充当宾语，整个“走向胜利”是一个述宾词组。

介词大都由及物动词虚化而来。有的介词与动词同形。例如：

他住在家里吗？（介词）　　他在家吗？（动词）

你的成绩比我好。（介词）　　你和我比手劲。（动词）

我给他洗衣服。（介词）　　我给他三本书。（动词）

这样的词还有很多，如“让、向、朝、用、通过、拿、到、跟、由”

等，要注意它们的词性的不同。

介词和动词的区分大致有四个方面：

（1）介词不能单独作谓语中心，动词可以；

（2）介词不能重叠，动词可以；

（3）介词不能带时态助词，动词可以；

（4）介词不能带补语，动词可以。

3. 部分介词用法分析

“在”介词“在”经常跟由方位名词“上、中、下”等组成的方位词组构成介词词组，表示时间或空间关系，如“在院子里、在计划中”。“在……上”、“在……下”也可以表示条件和范围，如“在同学们的帮助下、在导师的悉心指导下”。

“在……上”、“在……下”中间应插入名词或名词性词组，谓词性词语不能进入。如：

（1）在如何安置下岗职工的问题上，大家意见不一致。

（2）在全校师生的共同努力下，学校面貌有了大的改观。

“对”和“对于”这两个介词都可介引动作对象或与动作有关的人或事物，二者在很多场合可通用，一般能用“对于”的地方也能用“对”。例如：

把余钱存入银行，对（对于）国家和个人都有好处。

但“对”的使用范围更广，能用“对”的地方，不一定都能用“对于”。当“对”表示“向”、“对待”这两种意思时，只能用“对”，不能用“对于”。如“你没对我说实话”、“他对老师很有礼貌”这两句中“对”不可换成“对于”。

运用“对”和“对于”常见错误有两种：一是该用“对”而用“对于”，如：“我对于英语很有兴趣”、“他对于老师很尊敬”两句中的“对于”都应改为“对”；二是主体、客体位置颠倒，如：“书法对于我简直一窍不通”，应该是“我对于书法简直一窍不通”。

“关于”“关于”引进关联、涉及的事物，表示范围或提示。如：“关于青少年犯罪问题，国外有许多专门的研究。”“关于”和“对于”用法相近，有时可互换，如：“关于（对于）这个问题，大家还有什么看法？”但也有区别。由“关于”组成的介词词组作状语，只能放在主语前，作句首状语，如：“关于电脑，我所知甚少”，但不能说“我关于电脑所知甚少”。由“对于”组成的介词词组作状语，置于主语前、后均可，“对于电脑我很感兴趣”也可说成“我对于电脑很感兴趣”。另外，由“对于”组成的介词词组不能直接做标题，如“对于课堂教学改革”，但由“关于”组成的介词词组能直接作文章的标题，如“关于课堂教学改革”、“关于健全党委制度的若干方法”。

（二）连词

连词是连接词、词组、分句和句子的词。根据连接单位的不同，连词可分为：

主要用于连接词和词组：和、跟、同、与、而、及、以及、或、或者；

主要用于连接分句：虽然、但是、不但、而且、如果、即使、那么、因为、所以；

主要用于连接句子：因此、但是、然而、所以。

连词在起连接作用的同时，也标示出连接对象之间的关系。如在“爸爸和妈妈”中，“和”表示的是并列关系；“为真理而献身”中，“而”表示的是偏正关系。

（1）和　“和”作连词，原本只可连接名词性词语，如：“我和你”、“北京、天津和上海”。其用法经扩展，现在也可用以连接双音节的动词和形容词。用“和”连接的动词、形容词，常作主语、宾语；作谓语中心须有条件，除必须是双音节外，前后还必须有其他成分，如前有共同的状语，或后有共同的宾语，例如：

①聪明和勤奋是他成功的两大因素。

②我为他感到幸福和自豪。

③他的话十分明确和有力。

④他们继承和发扬了革命的优良传统。

由“和”连接的两个形容词，在例①中作主语，在例②中作宾语，在例③例④中作谓语中心。例③前面有状语“十分”，例④后面有宾语“革命的优良传统”。

用连词“和”应注意两个问题：一要注意所连接的各项之间应该是平等的联合关系，不能有包含关系，“地里种的是高粱、玉米和各种农作物”不通，因为“各种农作物”是大概念，包括“高粱”、“玉米”，应将“和各种”改为“等”。二要注意跟介词“和”的区别。“和”兼属连词、介词，使用不慎会造成歧义，如：“下场球由刘国梁和孔令辉打”。这句话可作两种解释：一指单打，“和”是介词；一指双打，“和”是连词。有人主张对“和”、“同”作明确分工，让“和”专作连词用，让“同”专作介词用，这是个很好的办法。请看下例：

⑤我国根据平等、互利、互相尊重主权和领土完整的原则同其他国家建立和发展外交关系。

其中的“和”专作连词用，“同”专作介词用，分工明确，表意清楚。

(2) 或（或者）“或（或者）”跟“和”用法不同。“或”表选择，或甲或乙，任选其一； “和”表联合，甲乙兼有。在实际运用中常犯“或”、“和”混用的毛病。例如：

①据说这种病要半年和更长的时间才能痊愈。

②各级党组织要花大力气去发现、选拔、培养或任用年青干部。

例①“和”应改为“或”，例②“或”应改为“和”。

跟“或者”一样表示选择关系的连词还有“还是”，但“还是”与“或者”用法有别：疑问句中一般只用“还是”，例如不能把“你买还是不买？”说成“你买或者不买？”下面的用例有误：

③你打算去经商，或者去上大学？

句中“或者”应改为“还是”。

（三）助词

助词是附着在实词、词组或句子上面表示一定语法意义的词。助词，独立性很差，附着性很强，凡是后附的（如的、了、过、着等）都念轻声，前附的（如所、连、给等）不读轻声。

1. 助词的分类：

(1) 结构助词：“的”、“地”、“得”；

(2) 动态助词：“着”、“了”、“过”；

(3) 比况助词：“似的”、“一样”；

(4) 其他助词：“所”、“给”、“连”、“们”等。此外，表列举未尽的“数学物理等学科”中的“等”、在重叠动词后强化尝试意义的“试试看”中的“看”、参与构成概数的“十来个”、“百把公斤”中的“来”、“把”等，也都是助词。

助词的个性特征很强，各个小类之间在附着对象、表义方式、虚化程度、使用频率等各个方面都相差甚远。

2. 几类助词的语法特征：

(1) 结构助词：主要表示附加成分和中心语之间的结构关系。“的、地、得”分别用在定语、状语之后和补语之前，作定语、状语、补语的标志。“的”还可附着在一些动词或动词性词组后组成作用相当于名词的“的”字词组，如：“吃的”、“骑马的”、“卖菜的”。“的”字词组中的“的”必不可少，其后可添加出一个名词，如：“吃的（东西）”、“骑马的（战士）”、“卖菜的（农民）”。

“的”还有三种特殊的用法。如：“今天我的东，我请客。”“他的团支部书记，我当班长。”这种“的”表身份、职务等；“别生我的气”、“开他的玩笑”、“告老师的状”、“他的篮球打得好”，这类“的”构成定语，表相关范围、对象、主体；“我昨天上午八点进的城”、“回来坐的飞机”、“你在哪儿念的中学”、“是你引诱的我”，这里“的”与时间有关，用在述宾词组之间，离合动词的内部，常表示过去发生的事情。

（2）动态助词：表示动态。动态是动作、行为、发展变化在某一过程所处的情况，它反映的是一种动态，不一定与特定时间相联系。动态助词主要用在动词、形容词后面。

“着”表示动作在进行或状态在持续。即有时表示动作开始后、结束前的进行情况，有时表示动作完成后的存在形态。如“我手里拿着一本书”，“拿”的动作正在进行；“教室的灯亮着”，“亮”的状态在持续；“他正穿着新衣服呢!”表示动作在进行；“他穿着一身新衣服”，表示动作完成后状态的持续。再如“山上架着炮”，既可表示“山上正在架炮”，也可表示“炮架在山上”。

“了”表示动作或性状的实现，即已经成为事实。动作或性状的发生跟时间没有必然联系，所以“了”的应用跟“着”一样也不受时间限制。如“他吃了饭就睡觉”，“了”表示动作过去实现；“听了我的话、她的脸红了一阵子”，“了”表示“红”的性状已经实现。

“过”表示曾经发生某种动作或具有某种性状，如：“小李坐过飞机”，“他俩好过”，“北京我去过”。

“我们游览了长城，”表已实现；“我们游览过长城”，表有某种经历。

“过”也可以用在形容词之后，表示过去有过某种状态。例如：

生孩子后，她胖过一阵子。

她年轻时也曾漂亮过，风流过。

（3）比况助词：附着在词或词组后面，构成比况词组表示比喻。如：“花园似的城市”、“花儿一样的少年”。比况词组常和动词“像”配合使用，如：“像落汤鸡似的”、“像小鸟一样快乐”。这种动词词组常作谓语、状语、补语、定语。如：“他飞也似的跑了”、“他高兴得像个孩子似的”、

"同学们一个个落汤鸡似的"。

（4）其他助词：

"所"是书面语沿用下来的助词，常跟"被"、"为"配合，构成"被……所……"、"为……所……"格式表示被动，如："他丝毫不为金钱所动"、"已被时间所证明"。"所"还用在单音节及物动词前，一起构成名词性的"所"字词组，如："所见所闻"、"夺人所爱"、"强人所难"、"所学非所用"。"所"还同"的"配合，将主谓词组转化为偏正词组，如："敌人所犯下的滔天罪行"、"我所喜欢的那件衣服"。

"给"用于口语，用在动词前，表示加强语气。如："房间都给收拾好了"、"自行车被妹妹给骑走了"、"我把房间都给收拾好了"。这种"给"既用于主动句，也用于被动句。去掉"给"，句意基本不变。

"连"用在名词性、动词性、形容词性词语前面表示强调，说明事实和情理的矛盾，与后面的"都"、"也"相呼应，组成"连……都（也）……"格式。如"连三岁的孩子也懂得这个道理"，"连我你都不认识了"，"连问也不问就走了"。去掉"连"，句意基本不变，但语气变弱了。

"们"用在指人的普通名词后面，表示群体的意义。如："同学们"、"战士们"。"们"只表示群体而不表示计量，所以数量确定的词语后面不再加"们"，如不能说"三个孩子们"、"一千个观众们"。表示抽象的一类人时，尽管是多数，是群体，也不能加"们"。如不说"儿童们是祖国的未来、妇女们能顶半边天"。在一些童话、寓言或卡通片里，指物的名词后面也可加"们"，如"星星们、兔子们、蟋蟀们"，这是修辞上的拟人用法。

"看"用于加强尝试态，大多用在重叠动词后面，必须读轻声。如"尝尝看、想想看、试试看、写篇文章看、先服几味药看"。

（四）语气词

语气词是常位于句末或句中停顿处，表示种种语气的词。大多读轻声。我们平时说话，每一句都会带有一定的语气，如果没有语气，就不成为句子。汉语语气的表达主要借助于语调、语气词及叹词等，而且这些手段还可以配合使用。

1. 语气词的分类：

表示陈述语气的如：的、了、吧、嘛、啊、啦、喽、罢了；

表示疑问语气的如：吧、吗、呢、啊；

表示祈使语气的如：吧、了、啊；

表示感叹语气的如：啊。

有些语气词是由连读合音而产生的，如："啦"由"了"、"啊"合音而成，"喽"由"了"、"哟"合音而成。

2. 语气词的语法特征：

（1）语气词只能附着在别的词语后面，起一定的语法作用。

（2）语气词常常跟语调一起共同表达语气，所以有的语气词可以表达多种语气。

普通话中最基本的语气词只有六个：的、了、吗、呢、吧、啊。

的：用于陈述句句末，主要用以加强对事实的确定和未来的推断，表示本来确实如此，如："我相信他会来的"、"我曾经调查过的，不会错的。"

"的"常和副词"是"配合使用，如："问题是明摆着的。""我是绝对不会和他们一般见识的。"

"的"有时也用于疑问句和感叹句句末，以加强对疑问点和感叹事实的确定。如："你是怎么搞的？这样重要的事情也会忘记的？""就是你亲口说的！"

了：用于陈述句句末，也可表示对已然事实的确定和推断，但与"的"不同的是："了"表示情况发生了变化，如"这道题我会做了"，表示我以前不会做这道题，现在会做了；"这道题我会做的"，表示我本来就会做这道题。

"了"有时也用于疑问句和感叹句句末，以加强对新情况的疑问和感叹。如："你来了多久了？""今天谁去值班了？""这个消息太诱人了！""你也太不像话了！"

吗：是一个典型的疑问语气词，主要用于是疑问句，如："你是学生吗？"

"吗"也可用于疑多于问、甚至完全肯定的假性疑问句，如："你也是新来的吗？""这一切难道是我的过错吗？""你以为少了你就不行了吗？"

呢：主要用于特指问句和选择问句，表示疑问，如："谁是你最崇拜的人呢？""你还要什么呢？""呢"还可用于陈述语气，如"我没什么，你才辛苦呢"。

"呢"也可以用在没有任何疑问信息的反问句，如："谁不知道她难伺候呢？""我怎么可能不知道呢？""这样的人谁还会同意和她合作呢？"

吧：用于疑问语气，表示估计、推测、半信半疑，如“要下雨了吧？”也可用于祈使语气，带有一种商量或请求的口气，如：“走吧。”“大家行行好吧。”

“吧”还可在表示列举、选择、让步时强化延宕的语气，如：“就说小张吧，他从小开始练的。”“去吧，又没有时间，不去吧，又有点不甘心。”“丢了就丢了吧，以后注意一点就是了。”“譬如喝茶吧，里面也有许多讲究。”

啊：常用在感叹句后，表示感叹语气，如：“多好哇！”“真好看哪！”“多了不起呀！”“这可是咱们部队的老传统啊！”“哇”、“哪”、“呀”是“啊”与前一音节连读发生语流音变后的写法。

“啊”用在疑问句末，有舒缓语气的作用，如：“这么晚了，你还要出去啊？”“明天你也去上海呀？”“啊”用在感叹句和祈使句句末也有舒缓句子语气的作用，如：“等等我啊！我马上就好。”“这几个孩子多可爱呀！”

语气词也可以两三个连用，连用时，后一语气词决定全句语气意义。例如：“他是什么时候走的呢？”表疑问语气的“呢”位于表陈述语气的“的”后，与“的”连用，决定了整个句子的疑问语气类型。“唉！这一家人真够痛苦的了。”“的”加强语气，表示确实痛苦，“了”表示痛苦已经变成了事实。

四、词的兼类与活用

（一）兼类词

1. 兼类现象和兼类词

根据语法功能划分词类，分出的词每类都有自己的特点，类和类之间，区别十分明显。然而词的语法功能往往是相互交错、参差不齐的。汉语中大部分词都能划归某一个词类，但有些词经常具有两个或两个以上词类的主要语法功能，这是词的兼类现象，这类词叫兼类词。说一个词是兼类词，不是说这个词在具体语言环境中既是甲类词又是乙类词，而是说这个词在不同语言环境中表现出不同的语法特征，在甲处是甲类词，在乙处是乙类词。如“翻译”一词，在“我翻译了一篇文章”中，作谓语中心，后附动态助词“了”，并带有宾语，表现出动词的主要语法特征，属动词；“我是一个翻译”中，作宾语，前面受数量词组的修饰，具备名词的主要语法特征，是名词。

判断兼类词要坚持两个原则：一是兼类在同类词里只占少数，否则就是分类不清；二是兼类词一定要是声音相同，词义有联系，否则不是兼类词，是同音词。如“净”：一盆净水，“净”是形容词；地上净是水，“净”是副词，二者意义毫不相干，不是兼类词，是同音词。如“凉”：水凉了，“凉”读“liáng”，是形容词；凉了一杯水，“凉”读“liàng”，是动词，二者读音不同，也不是兼类词。

2. 常见兼类现象

（1）兼属动词、形容词

“端正、明白、深入、明确、丰富、巩固、纯洁、密切、破、忙”等。

例如“端正”一词，在“我们要端正学习态度”中，是动词，带宾语，具有动词的语法特征；在“端正的学习态度”中，是形容词，修饰名词性词组作定语。

（2）兼属名词、动词

“代表、领导、工作、通知、指示、决定、建议 、报告、编辑”等。

例如“这些代表没有资格代表我们”，前一个“代表”做主语中心，表示人，是名词；后一个“代表”做谓语中心，带宾语，是动词。

（3）兼属名词、形容词

“科学、错误、精神、卫生、困难、经济、道德、麻烦、矛盾”等。

例如，“这件事很麻烦”中，“麻烦”做谓语中心，是形容词；“你真是我的一个大麻烦”中，“麻烦”做宾语，是名词；“那就麻烦你了”中，“麻烦”带宾语，是动词。

（二）词类活用

词类活用是一种特殊的用法，出于修辞的需要，临时将某一个甲类词用作乙类词，该词只是暂时具备了乙类词的属性，一旦离开特定的语言环境，乙类词的属性就会立即消失而还原为甲类词。如：“你怎么比阿 Q 还阿 Q?”这句中，后一“阿 Q”就是名词临时活用作形容词。“老栓，就是运气了你！你运气，要不是我信息灵——”这句中，两个“运气”都是名词临时活用为动词。

思考题

1. 简答题

（1）什么是词类？划分汉语词类的依据是什么？

（2）什么是词的兼类？什么是兼类词？举例说明兼类词与同音词及词类活用有何不同。

2. 词类辨析

把下面的实词找出来加以分类，并将序号填在下面的横线上（兼类词需划入不同的类）：

（1）精神 （2）障碍 （3）始终 （4）便宜 （5）妨碍 （6）战争
（7）偶然 （8）勇气 （9）勇敢 （10）高兴 （11）矛盾 （12）故意
（13）人家 （14）居然 （15）刚 （16）刚才 （17）无限 （18）愿望
（19）愿意 （20）甜头 （21）即使 （22）罢了 （23）呸 （24）咱
（25）跟 （26）在

属于名词的有：

属于动词的有：

属于形容词的有：

属于代词的有：

属于副词的有：

3. 下面两组结构相似的句子意思是否相同？

甲 （1）我在合肥住了三年
（2）我在合肥住三年了

乙 （1）我只同他说过这个问题
（2）我同他只说过这个问题

4. 下列词是否是兼类词，如果是，指出兼属什么词类。

在 清楚 热情 建筑 丰富 忙 打 和

5. 指出以下每组词中的两个虚词在用法上的区别。

从——自从 向——朝 哪怕——不管 或者——还是
只有——除非 分外——格外 马上——眼看 略微——稍微

第三节 词 组

一、词组的性质和分类

词和词按照一定的语法规则组合起来就成了词组，词组也叫做短语。词组是比词高一级的语法单位，它由词组成，可以是句子的组成部分，也可以加上语调独立成句。根据词组内部词和词之间不同的结构关系，可以把词组分为基本词组和特殊词组两大类型。

二、基本词组

包括偏正词组、述宾词组、述补词组、主谓词组、联合词组这五种最基本最常见的词组。

（一）偏正词组

由修饰语和中心语两部分组成，前一部分（偏）限制或修饰后一部分（正）。按照修饰语性质的不同，又可以分为两个小类：

1. 定中词组

后一部分一般是由名词充当的，叫中心语。前一部分是对中心语起限制作用的，叫定语。如“红太阳”，“太阳”是中心语；“红”是定语，说明“太阳”的性质。又如：

安徽北方　　木头房子　　电话号码

伟大的祖国　　漂亮的书包　　奔驰的列车

定中词组有的靠词序直接组合，有的通过结构助词“的”进行组合。

2. 状中词组

后一部分一般由动词、形容词充当，叫中心语。前一部分限制修饰后面的中心语，叫状语。如“非常高”，“高”是中心语；“非常”是状语，表明“高”的程度。又如：

赶快走　　马上回来　　十分舒服

努力地工作　　勤奋地学习　　极端负责

状中词组有的靠词序直接组合，有的通过结构助词“地”进行组合。

（二）述宾词组

前一部分是述语，后部分是宾语。述语表示动作行为，宾语是受这种动作行为影响、支配的对象，两部分是支配和被支配的关系。如“洗衣服”，“洗”是述语，表示动作；“衣服”是宾语，是“洗”这一动作所支配的对象。又如：

写小说　　爱干净　　想办法

讲故事　　思考问题　　禁止吸烟

（三）述补词组

前一部分是述语，后一部分是补语。述语表示动作或性状，主要由动词和形容词充当，补语补充说明前一部分。如“洗干净”，“洗”是述语，表示动作；“干净”是补语，说明“洗”的结果。又如：

说明白　　走过去　　听得清楚

读两遍　　学得好　　累得说不出话来

述补词组有的靠词序直接组合，有的通过结构助词“得”进行组合。

（四）主谓词组

前一部分是主语，后一部分是谓语。主语是谓语陈述的对象，表示谁或什么；谓语是对主语的陈述，说明主语干什么、怎么样或是什么。主谓之间用语序直接组合。如“阳光灿烂”，“阳光”是主语；“灿烂”是谓语，说明“阳光”怎么样。又如：

身体健康　　雨水充足　　粮食丰收

他是学生　　今天晴天　　我看电视

（五）联合词组

由语法地位平等的两个或两个以上部分组成，各部分之间有并列、顺承或选择关系。例如：

并列：南京、无锡和苏州　　伟大而质朴

顺承：讨论通过　　研究决定

选择：升学或就业　　一个或两个

联合词组各部分之间有的靠词序直接组合，有的用关联词，有的用顿号或逗号隔开，有的标点和关联词并用。

三、特殊词组

（一）连动词组

两个或两个以上的动词或动词性词组连用，表示连续的几个动作。它们之间没有主谓、述宾、述补、偏正、联合等关系，也没有语音停顿和关联词语。如“坐下来看书”是“坐下来”和“看书”两个动作连用，这两个动作之间没有上述各种关系，也没有语音停顿和关联词语，所以它们是一个连动词组。又如：

拉开门走了出去　　游泳去　　倒杯茶喝

有信心克服困难　　拉着手不放　　坐汽车上山

（二）兼语词组

由一个述宾词组和一个主谓词组套叠而成，述宾词组的宾语兼作主谓词组的主语。如“喊他回来”，“喊他”是述宾词组，“他回来”是主谓词组，“他”既是“喊”的宾语，又是“回来”的主语，所以称作“兼语”。又如：

禁止闲人进入　　请你吃顿饭　　找我帮忙

派他去西安　　使祖国富强　　有人喊你

构成兼语词组的动词往往带有使动性，如“请、让、劝、叫、称、留、喊、命令、组织、发动、领导、鼓励、阻止、通知、号召”等。

（三）同位词组

由两个部分组成，这两个部分有同一关系，表示同一个事物。如“中国的首都北京”，“中国的首都”就是“北京”，指的是同一事物。又如：

清明那天　　春夏两季　　他自己

你们几位　　“勇敢”这个词　　山城重庆

（四）介词词组

介词词组由介词和其他词语组成，如：“在教室里”、“对于这个问题”、“由于工作关系”、“为了前途”等。介词词组都可作状语，如：“用碗盛汤”、“把作业做完”；有的也可作补语，如：“生于1918年”、“躺在床上”；有的介词词组加上“的”也可作定语，如：“关于牛郎织女的传说”、“对老师的意见”。介词词组可以用来表示动作的工具、方式、因果、施事、受事、时间、对象等。

（五）的字词组

的字词组由助词“的”附着在其他实词或词组后面组成，指称人或事物，在句中主要作主语、宾语。例如：“木头的容易坏”、“来的都是客”、“满把都是银的和铜的”、“他是一个卖菜的”、“我们反对的是说空话的人”。

四、复杂词组及其层次分析

（一）复杂词组

词组是由词组成的，根据组成词组的词的数量及组合层次的多少，我们把词组分成简单词组和复杂词组。简单词组和复杂词组的根本区别不在于组成词组的词的数量的多少，而在于组合层次的多少。简单词组是指词与词在一个层次上的组合；复杂词组，是指三个或三个以上的单词在两个或两个以上的层次上组合而成的词组。词在组合时往往不是按照线性次序进行排列的，而是根据发生结构关系的先后，一层一层组合起来的，这就是句法结构的层次性。例如，“木头房子”这个词组只有两个词，只能有一个结构层次，就是一个简单词组；“语文、数学、外语、政治”这个词组虽然有四个词，但这四个词之间是联合关系，它们处在同一结构层次上，所以这个词组也只有一个结构层次，也是一个简单词组；又如“我喜欢流行歌曲”这个词组共有四个词，就其组合情况来看，首先是“流行”跟“歌曲”发生结构关系，然后是“喜欢”跟“流行歌曲”发生结构关系，最后是“我”跟“喜欢流行歌曲”发生结构关系，这样就表现出一定的层次性，是个复杂词组。

（二）层次分析

分析复杂词组结构层次的方法就叫做层次分析法，也叫做直接成分分析法。在句法结构的每一层中，直接发生结构关系的语言成分叫做直接成分。

例如“我喜欢流行歌曲”的直接成分是“我”和“喜欢流行歌曲”，“喜欢流行歌曲”的直接成分是“喜欢”和“流行歌曲”，“流行歌曲”的直接成分是“流行”和“歌曲”。在分析复杂词组时，我们可以顺次找出每一层次上的直接成分，并确定它们之间的结构关系。层次分析法的目的是揭示一个句法结构内部的固有的层次结构关系。这种分析方法就是按照一定的程序对句法结构的直接成分不断切分，并进一步说明各直接成分之间的结构关系，层层剖析，一直分析到词为止。

层次切分的原则，主要有三条：结构、功能和意义。所谓结构原则，是指切分后的语言片段各自能成为一个结构；所谓功能原则，是指切分后的语言片段可以按照汉语的语法规律搭配；所谓意义原则，是指切分后的语言片段不能违背词组原来的意思。例如：

要求符合结构原则：一朵红花　一朵/红花　一/朵红花（×）　一朵红/花（×）

要求符合功能原则：一家研究单位的工程师　一家研究单位的/工程师　一家/研究单位的工程师（×）

要求符合意义原则：毒害儿童的黄色读物　毒害儿童的/黄色读物　毒害/儿童的黄色读物（×）

层次分析法有从小到大和从大到小两种基本类型。两种分析方法的结果一致，只是在分析步骤上有区别。所谓“从小到大”，就是把词组切分成一个个单词，然后从小到大，依次逐层组合起来。如：

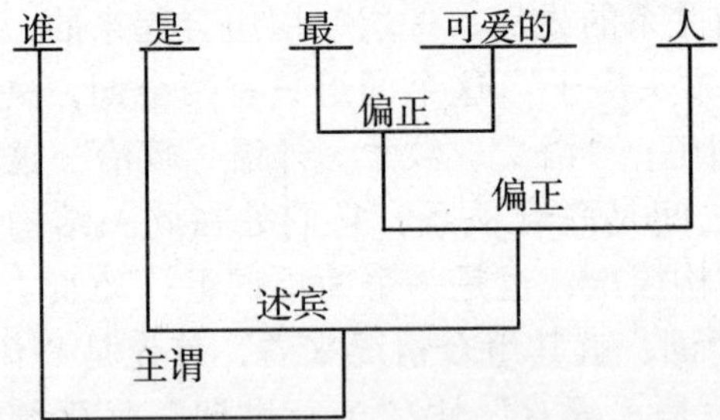

所谓“从大到小”，就是把要分析的词组作为一个整体，然后从大到小，依次逐层切分，直到词为止。如：

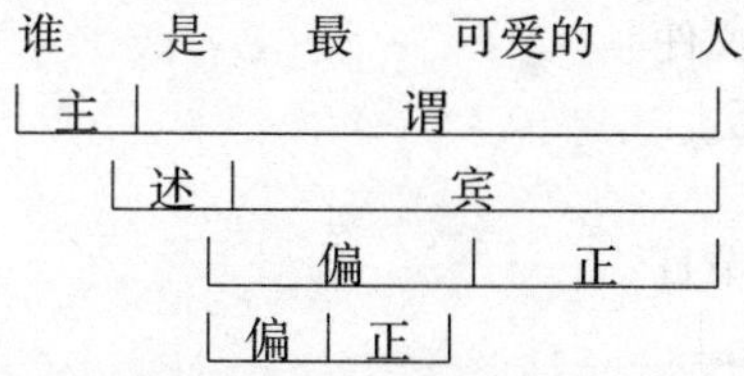

这两种方法，都能有效地揭示句法结构的层次性。比较起来，从小到大的方法更适宜于说明人们说话时言语的生成过程，而从大到小的方法更利于分析理解人们已经说出来的现成的话。所以我们分析一个复杂词组时，常常采用从大到小的方法。

下面我们分析两个复杂词组作为示例。

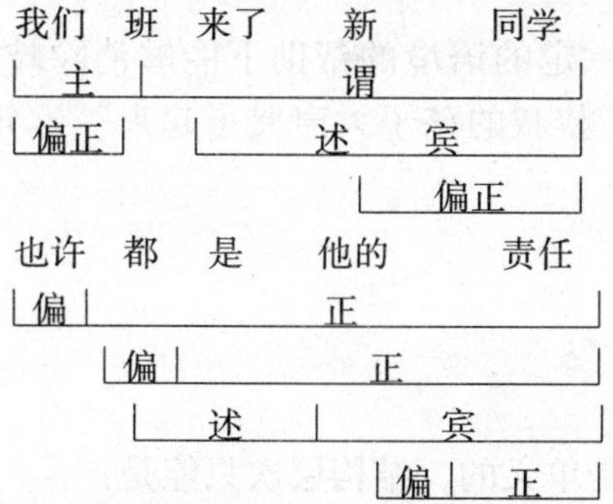

（三）词组的多义性和歧义性

一个词组同时有两种或两种以上的意义理解就是多义词组，也叫歧义词组。形成多义词组的原因是语言结构有限，语义无穷，用有限的结构表达无穷的意思，就有可能产生同一结构表达多种语义内容的现象，即形成词组的多义性。使用层次分析法有助于分析多义词组的歧义性。

多义词组的歧义性主要表现在以下三个方面：

1. 结构关系不同因而层次切分也不同

发现 敌人 的 哨兵

A. 述 宾

偏 正

B. 偏 正

述 宾

2. 结构关系不同但层次切分相同

如“出租汽车”有两个意思：在“本公司出租汽车”中，它是述宾词组；在“他开着一辆出租汽车”里，是偏正词组。这两个层次切分都相同，但结构关系不同。又如：

学习　文件
述　宾

学习　文件
偏　正

表演　节目
述　宾

表演　节目
偏　正

3. 结构关系相同而层次切分不同

中东　石油　价格

A. 偏 | 正
　　　偏 | 正

B. 偏 | 正
偏 | 正

多义现象虽然比较普遍，但是在一定的语境的帮助下能够消除歧义。如“找到了叔叔的孩子”，在“找到了叔叔的孩子大声哭了起来”这句话中，是单义的，结构层次只能是：

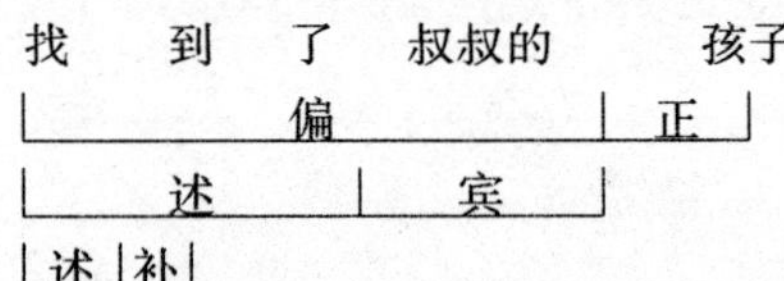

在“我找到了叔叔的孩子”中也是单义的，结构层次只能是：

找　到　了　叔叔的　孩子

述 | 宾

述 | 补　　偏 | 正

多义词组大多可以改写成意义单一的词组。消除歧义，常见的方法是：(1) 适当增删或更换个别词语。如“厂长的问题”可以改写为：A“关于厂长的问题”，B“厂长提出的问题”。又如“一个学生的建议”可以改写为：A“一位学生的建议”，B“一条学生的建议”。(2) 变换格式。如“告别师大的学生”可以改写为：A“学生告别师大”，B“向师大的学生告别”。

思考题

1. 指出下列词组的结构类型和功能类型。

(1) 吃一个　(2) 青岛啤酒　(3) 看不够
(4) 长江上游　(5) 大操场上　(6) 能够完成
(7) 出门看电影　(8) 听说读写　(9) 今天星期六
(10) 让他唱一首　(11) 跑过去　(12) 没有人说话

（13）五块钱一斤（14）去武汉　　　（15）景色迷人

（16）“山”字　（17）亮得刺眼　　（18）有件事告诉你

2. 对下列复杂词组进行层次分析（其中如有歧义词组，要作两次分析）。

隧道凿好了	科学技术发达的国家
我们应该好好学习	三个孩子的母亲
他学会了射击	我读的书多起来
没有穿破的衣服	他乒乓球打得很好
高速发展的国民经济	急得涨红了脸

第四节　句子（一）——单句

一、句子

（一）什么是句子

人们用语言交换意见，交流思想，使用的基本单位是句子。句子是语言的基本运用单位。在交际和交流的过程中，词和词组只能表示一个简单或复杂的概念，句子才可以表达一个完整的意思。正因为有了句子，人类的思维活动的结果、认识活动的成果才能记载下来，并加以巩固，使人类社会生活中的思想交流成为可能。

从语音上说，每个句子都带有一定的完整的语调。我们说话的时候，每个句子都带有特定的语调，表示某种语气，句与句之间有较大的停顿，在书面上用一定的标点（句号、问号、感叹号）表示出来。这些都由交流思想的需要来决定的。

从内容来说，一个句子表示一个相对完整的意思，能够完成一次简单的交际任务。例如，“昨天他”和“从北京回来了”都不能表达一个完整的意思，所以都不是句子；而“昨天他从北京回来了”却能表达一个完整的意思，就是一个句子。这里说的“完整”，指的是相对完整，或者说是语义上自给自足的完整。“一个语言片段，虽然只说了一种复杂的思想感情中的一点点，只要它本身站得住，听的人并不要求在这部分里补充什么，它还得算是完整”（张中行《词组和句子》）。

从内部结构来看，句子是由词和词组组成的。句子和词、词组是三级不同的语法单位，分属于不同的平面。句子是在实际交际中使用的单位，可以叫做语言的“使用单位”或“动态单位”，而词和词组只是造句的材料，不能直接用来交际，可以叫做语言的“备用单位”或“静态单位”。

一个会说汉语的人，他脑子里储存有许许多多汉语的词。当他进行交际时，根据表达需要，从中选出适当的词，按照语法规则组成了句子。或者先把词组成词组，再组成句子。因此词、词组同句子的区别不在"量"上，而在于它们的性质不同。

人们使用句子进行交际，总要有特定的语言环境、特定的交际背景。这就是说交际总是在特定的时间、地点，在特定的对象之间进行的。因为有了语调，组成句子的词或词组所叙述的内容才同现实发生特定的联系。外边有人敲门，里边问："谁?"外边回答说："我。"这个"我"是个句子，带有语调，具体指代敲门的人。而词典中的"我"只是个词，不带语调，不限定某一具体的人。所以说，句子的最大特点在于它是人们用来交流思想的语言的基本运用单位。

（二）单句与复句的联系与区别

单句与复句是汉语句子的两种基本句型。单句是只有一套句法结构关系的句子，复句是由两个或两个以上、意义上有密切关系、结构上互不包容的分句组合而成的句子。一个句子到底是单句还是复句，要看其结构，而不能看长短，因为有些单句比复句还要长。区分单句与复句，主要从以下三个方面入手：

1. 看句法结构。单句只有一套句法结构，而复句则具有两套或两套以上、独立的句法结构。

2. 看关联词语。关联词语是复句的重要的语法标志。

3. 看句中的停顿。停顿是复句中各分句之间重要的形式标志。

二、句子成分及结构分析

句子成分是句子结构的组成成分。句子是由词或词组按照一定的句法规则组织起来的。组成句子的词或词组在句中处于不同的位置、不同的层次，并组成不同的结构关系。这不同的结构关系就定出不同的句子成分。

句子成分包括句子的一般结构成分和特殊成分两种。句子的一般结构成分有主语、谓语、宾语、定语、状语、补语等，句子的特殊成分指提示成分和独立成分。

（一）主语和谓语

汉语句子多数由主语和谓语两个部分组成。主语和谓语是相互依存的两个成分，两者之间具有被陈述和陈述的关系，主语是陈述的对象，谓语是对主语的陈述。通常主语在前，谓语在后。

从结构上说，主语和谓语之间的联系比较松散。这主要表现在以下两点上：

第一，主语和谓语之间可以有停顿，主语后边还可以有语气助词“啊、吧、么、呢”。例如：

·这条狗呢，把它弄死好了。

第二，只要不引起误解，主语就可以省去不说。例如：

·朦胧中听见广播说，到了奉节。［开头省了“我”，“到”前省了“船”］

主语常由名词性成分充当，包括名词、数词和名词性词组，多表示人或事物。作为被陈述的对象，在句首能回答“谁”或者“什么”等问题。例如：

·油蛉在这里低唱，蟋蟀们在这里弹琴。［名词］

·嫩生生的荠菜，在微风中挥动它们绿色的手掌，招呼我，欢迎我。［名词性词组］

·什么是比较完全的知识呢？［代词］

的字词组也可以作主语。例如：

·但是把人的心灵带到一种崇高的境界的，却是那些“吸翠霞而夭矫”的松树。

主语也可以由谓词性词语和主谓词组来充当。谓词性词语和主谓词组充当主语时，作谓语的往往是“是”、“有”、“使”、“能”等不表示动作的动词和形容词。例如：

·笑是具有多重意义的语言。（动词）

·虚心使人进步。（形容词）

·老年人上大学已经不是个新鲜事了。（主谓词组）

作主语的词语和作谓语的词语之间有一定的语义关系，常见的有以下三种：

1. 施事主语　主语表示发出动作、行为的主体，是动作的发出者。主谓关系指的是一种结构关系，施受关系则是主语所指的事物跟动词所表示的动作之间的语义关系。如：

（1）猫捉老鼠。

（2）小王去北京了。

2. 受事主语　主语表示承受动作、行为的客体，也就是动作、行为所涉及的对象。例如：

（1）这本书看完了。

（2）衣服洗干净了。

这里的受事是广义的，只要从意义上看可以认为是动作、行为所针对的对象，包括动作的承受者、结果和对象，都是受事。

3. 当事主语　表示非施事、受事的人或事物。例如：

（1）我跑丢了一只鞋。

（2）他是我的美国朋友。

谓语通常由谓词性词语充当，它的主要作用是对主语的陈述、描写或判断，能回答主语“是什么”或“怎么样”等问题。

动词性词语经常作谓语。动词单独作谓语有一定的条件限制：用在对话里，如“你看!”“我来。”用在复句的分句里，如“你来，我就走!”或者在句末加上一定的语气词或动态助词，如：“他来了。”“你去吧。”

形容词和形容性词语也经常作谓语，如：“他的个子高，我的个子矮”、“他的声音清脆洪亮”；但它们都不能带宾语。

代替动词或形容词的代词也可以直接作谓语，如“那边情况怎么样?”“你怎么啦?”

（二）宾语

宾语是相对于动词而言的，它在动词的后面，表示人、物或事情，是动作所支配、关涉的对象。宾语跟主语相似，也分名词性宾语和谓词性宾语两种。例如：

1. 他在修改论文。（名词）

2. 这间客厅有二十平方米。（数量词组）

3. 我买了吃的，玩的，用的。（的字词组）

4. 教育成功的秘密在于尊重学生。（述宾词组）

5. 最有效的防御手段是攻击。（动词）

6. 谁说女子不如男?（主谓词组）

从广义上说，宾语一般是动作支配的对象，但宾语和动词之间的语义关系，大致又有以下几类：

动作的结果：写诗　打毛衣　盖房子　叠飞机

动作的工具：跳绳　照X光　写毛笔　吃大碗

动作的方式：寄快件　存定期　游蛙泳　唱C调

动作的受事：审书稿　吃面条　看电视　打篮球

动作的处所：吃食堂　写黑板　过大桥　逛公园

动作的原因：躲雨　避乱　救火　养病

谓词性词语作宾语，只能出现在能带谓词性宾语的动词后面，这类动词叫做谓宾动词，如“觉得、认为、希望、企图、建议、提议、允许、加以、给以”等。只能带体词性宾语的动词叫做体宾动词，如“买、驾驶、修理、学习、洗、写”等。

宾语和主语不在一个层次上，宾语是对述语（动词）而言的，主语是对谓语而言的。述语和宾语之间是述宾关系，主语和谓语之间是主谓关系。在动词谓语句中，主语和宾语的分别是看它们在句子中的位置，动词前边的是主语，动词后边的是宾语。如“我看他”中，从表面上看，动词“看”前面有主语，后面有宾语，前后都好像处在同一层次上。其实，主语“我”是和谓语“看他”发生主谓关系，宾语“他”则是和述语“看”发生述宾关系。由此可见，主语和宾语并不处在同一层次上。

除了动词能带宾语外，有的动词加上补语构成的动词性词组也能带宾语。例如：

这一年秋季，她们学会了射击。

它冲出人群，一溜烟似的跑了。

坐着，躺着，打两个滚，踢几脚球，赛几趟跑，捉几回迷藏。

（三）定语

名词或名词性词组的修饰语是定语，定语和中心词的关系是偏正关系。例如：

1. 入院以后，（他）的病情不断恶化。

2. 总理仔细地听取了（李四光）的理论要点。

例 2 中，“要点”是名词，它的修饰语“理论”是定语。“理论要点”是名词性词组，它的修饰语“李四光”是定语。

大多数实词和词组都可以作定语，如区别词、形容词、名词、代词、量词词组、主谓词组等。动词、形容词前边的修饰语，如果是由名词、人称代词或名词性词组充当的，这样的修饰语也是定语。例如：

3. （这个人）的逝世，对于欧美战斗着的无产阶级，对于历史科学，都是不可估量的损失。

4. （街上）的冷清使她的声音显着特别的清亮，使祥子特别的难堪。

有时候，定语还能满足结构的需要，甚至有成句的作用。有些词，特别是表抽象事物的词，需要带上一定的定语，才可作主语或宾语。例如在“尽最大努力、已经作了种种努力、争取更大光荣”里，若不用定语，就不能构成述宾词组。有一些作主语、宾语的词需要加上定语，以表示确指，句子才能成立。例如：

5. 你放得下（这儿）（这样好）的地方吗？

6. 她有（一双）（大）眼睛。

结构助词“的”是定语的标志。“的”的作用主要表现在两个方面，一是区别偏正关系与其他关系，一是强调前面词语的修饰性、领属性和描写性。定语和中心语的结合，有一定的灵活性：有的加“的”，有的不加“的”，有的可加可不加，有的加了之后语法关系和语义上会有不同。加不加“的”主要在于定语的词类。单音节形容词作定语，通常不加“的”，如“红花、好主意”，双音节形容词及形容词重叠式作定语，常常加上“的”，如“优良的传统、高高的个子、漂漂亮亮的书包”。名词作定语，有的不加“的”，有的要加“的”，如“电话号码、语文老师、昨天的报纸、校园的景色”。表人称代词、动词、词组作定语时，一般都要加“的”，如“你的书、喝的水、质量好的产品”。

有时候加不加“的”影响定语的性质和意思。如“中国朋友”与“中国的朋友”，加“的”表领属关系，不加“的”表性质、属性。“中国历史”与“中国的历史”，加“的”增加了前面词语的修饰性。“三斤鲤鱼”与“三斤的鲤鱼”，前者表计量，鲤鱼共有三斤；后者表描写，指一条重三斤的鲤鱼。当一个中心语前有几个定语时，就形成了多层定语。多层定语的一般次序是：（A）领属性定语，（B）时间或处所词，（C）数量词组，（D）形容词，（E）名词。例如：

7. （他）（那件）（新买）的（羊皮）大衣

8. （我校）的（两位）（有三十多年教龄）的（优秀）的（语文）教师。

但有时也有灵活性，如数量词组和指量词组的位置就比较灵活：

9. （一个）（最大）的苹果　（最大）的（一个）苹果

10. （那位）（穿运动鞋）的男生　（穿运动鞋）的（那位）男生

语序是汉语的一种重要的表达手段。如果不注意多层定语的排列顺序，就有可能造成表达不清甚至表达有误。

（四）状语

动词、形容词或动词性词组、形容词性词组前面的修饰语是状语，状语和中心语之间是偏正关系，表示动作的时间、处所、方式、条件、对象、数量、范围等。例如：

1. 妈妈［高兴］地点点头。（表性状）

2. 石拱桥［在世界桥梁史上］出现得比较早。（表范围）

3. ［任何景物中］，她都能发现美。（表条件）

4. ［在回家的路上］，我看见了一个外地人。（表处所）

副词、形容词以及表示时间、处所的名词经常作状语。例如：

［非常］快乐、［明天］回来、［快］走、［老地方］见。

能愿动词、部分指示代词、疑问代词也可作状语。

例如：［可以］休息、［这么］办、［怎样］回答。

介词词组、数量词组及其他各类词组都经常作状语。例如：

［从自习室］来、［一个一个］地进去、［十分激动］地表示、［满怀信心］地说、［眼神呆滞］地望着。

状中词组的中心语主要由谓词及谓词性词组充当。少数名词性词组也可作状中词组的中心语，前面受副词的修饰限制。例如：

［才］十八岁、［就］十块钱、［光］我们俩、［已经］星期六。

结构助词“地”是状语的标志，有的状语后不能加“地”，有的必须加“地”，有的可加可不加，情况也很复杂：

代词，表时间、处所的名词和介词词组充当的状语不加“地”；

副词，特别是单音节副词也不加“地”。在特别强调时，双音节副词后才能带“地”，如“非常地及时、格外地高兴”；

谓词性词组、名词性词组作状语，大都要加“地”，如“不住地说、有计划地提高、形式主义地看问题”；

形容词作状语，有的要加，如“慢腾腾地走”；单音节形容词作状语，则不能加“地”，如“快跑、大干、轻放、重敲”；有的可加可不加，如“慢慢地说”、“慢慢说”。加上“地”有偏重描写动作情态的意味，因此在强调时，常常加“地”。

状语同定语一样，也有层次问题。当一个中心语前有几个状语时，就形成了多层状语。例如：

许多代表［昨天］［在休息室里］［都］［热情］地［同他］交谈。

多层状语的结构层次是：

```
昨天  在休息室里  都  热情地  同他  交谈
|偏 |              正                  |
     |  偏   |          正             |
              |偏 |        正          |
                   |  偏  |    正      |
                           |  偏 | 正  |
```

多层状语中各项状语的排列次序，大体上是：（A）表时间的，（B）

表处所的，（C）副词，（D）形容词或动词，（E）表对象的。上边的例句正好说明这种情况。

（五）补语

补语是用在动词、形容词的后边对动词、形容词进行补充说明的成分。补语常由谓词性词语、数量词组和介词词组充当。如：洗＜干净＞，跑＜累＞了，写＜完＞，叫＜醒＞，睡＜在床上＞，看＜三遍＞。部分副词也可作补语，如：好＜极＞了，舒服得＜很＞。补语可以用来说明动作、行为的结果、状态、趋向、数量、时间、处所、可能性或者说明性状的程度、状态等。

从意义上看，补语有下面几种类型：

1. 结果补语

表示动作本身所达到的状态或产生的结果，如“写完”中的“完”是补语，是说“写”这个动作已经处于“完”的状态。它和表示结果的宾语不同，表示结果的宾语是动作产生出来的具体产品，如“写文章”中的“文章”。

充当结果补语的是动词或形容词，常用的动词有“倒、翻、病、死、见、懂、成、完、透、会、给”等，一般常用形容词都可以作结果补语。例如：

（1）这个字写〈错〉了。

（2）他很伤心，哭〈肿〉了眼睛，心也哭＜硬＞了。

（3）一到时间，你可得叫〈醒〉我。

结果补语在结构上同中心语结合得很紧，中间不能加入别的成分，动态助词“了、过”等只能放在补语后面。

2. 趋向补语

用在动词的后边，表示动作的方向或事物随动作而活动的方向，由趋向动词充当，例如“跑〈来〉、拿〈出去〉、换〈回去〉”。“起来、下去”也可以用在形容词后边作补语，表示引申意义。“好起来”表示开始变好，“坏下去”表示继续变坏。

“坐了下来”和“坐下来了”不一样。“坐了下来”的“了”是动态助词，表示“坐”的动作已经完成；“坐下来了”的“了”是语气词，表示发生了变化，由“没坐下来”变到“坐下来”。

带趋向补语的动词词组还可以带宾语。例如：

（1）我背〈上〉背包，跟通讯员走了。

（2）一切都像刚睡醒的样子，欣欣然张<开>了眼。

上两例的补语都是由单纯趋向动词充当的，宾语在补语的后边。如果补语是由合成趋向动词充当的，宾语的位置有三种：

第一种　动词 + 趋1趋2 + 宾语

例如：拿〈出来〉一本书

第二种　动词 + 宾语 + 趋1趋2

例如：拿一本书〈出来〉

第三种　动词 + 趋1 + 宾语 + 趋2

例如：拿〈出〉一本书〈来〉

3. 可能补语

表示可能或不可能。这种补语的中心语主要是动词，也有少数是形容词。肯定式中带有“得”，表示可能，否定式中带有“不”，表示不可能。例如“看得见”的意思是能看见，“看不见”的意思是不能看见。

可能补语可以看成是由结果补语、趋向补语加上“得”、“不”变换来的。因此带“得”的格式有可能表示两种意思。以“写得好”为例，可以是：第一，表示可能，能够写好；第二，表示结果，写的结果是好的。我们可以从提问形式和答话的否定形式看出两种结构的不同。见下表：

写得好	结果补语	可能补语
否定式	写得不好	写不好
扩展式	写得很好	写得不好？
疑问式	写得好不好	写得好写不好？
意义上	能够写好	写的结果是好

可能补语还有另一种格式，就是在动词、形容词后面加上“得”表示可能，加上“不得”表示不可能。例如：

（1）一片吃〈得〉，整个的自然也吃〈得〉。

（2）这人你可小看〈不得〉！

（3）和尚动〈得〉，我动〈不得〉？

4. 情态补语

补语表示由于动作、性状而呈现出来的情态，中心语和补语之间一定要有结构助词“得”。补语可以是单个的谓词，也可以是各种谓词性的短语。例如：

（1）后来全镇的人们几乎都能背诵她的话，一听到就厌烦得〈头痛〉。

（2）可是在中国，那时是确无写处的，禁锢得〈比罐头还严密〉。

（3）一阵凉风吹得〈他连打了几个寒战〉。

有时，补语前不用“得”而用“个、得个”，如“雨下个不停、他说个没完、闹得个满城风雨”。用“得”字的补语在一定的语境中可以省略，例如：

（1）瞧你急得！

（2）看他那头发乱得！

5. 程度补语

补语表示程度，它用在形容词或表示心理活动的动词后面。充当程度补语的主要是两个程度副词，一个是“极”，后边一定有语气助词“了”，另一个是“很”，前边一定有结构助词“得”。例如：

（1）陈然高兴〈极〉了。

（2）院子里凉爽得〈很〉，干净得〈很〉。

6. 数量补语

数量补语表示数量，包括下面两种：

第一种是由包含有动量词的数量词组来充当，表示动作的次数。例如：

（1）彼此又推让〈一回〉，田家到底也不要郭全海的马。

（2）为了她自己的孩子，她嫁过〈两次〉。

第二种是由表示时量的数量词组来充当，用来表示动作持续的时间。例如：

（1）我在北京住了〈三年〉了。

（2）他看了〈一上午〉的电视。

第三种用在形容词后表示轻微的程度，由“些、一些、点、一点”来充当。例如：

（3）两壶热茶喝下去，他心里安静了〈些〉。

（4）雕像者说：“还要贵〈一点〉。”

7. 时间、处所补语

多用介词词组来表示动作发生的时间和处所。

由介词“于、在”组成的介宾词组来充当。例如：

（1）这座桥修建〈于公元六〇五年左右〉，到现在已经一千三百多年了，还保持着原来的雄姿。

（2）老王站〈在桥上〉看风景。

由介词“到”加表时间的词语组成的介宾词组，表示动作持续到什么时间。例如：

（3）盼〈到十一点半钟〉，天色转白，我不由喊了句：“走吧！”

（六）提示成分和独立成分

句子的特殊成分，主要指提示成分和独立成分。提示成分和独立成分都附于句子，不能离开句子而独立，但又不是组成句子的直接成分，所以称之为句子的特殊成分。

1. 提示成分。提示成分有两种：称代式提示成分和总分式提示成分。它们各有各的特点和作用。称代式提示成分出现在句前或句后，并不参加句子的结构组合，而句中则有一个指代词跟它在语义上所指同一，构成复指关系。指代词可以在句中作主语、宾语或定语。例如：

（1）青岛，这是一座美丽的海滨城市。（主语）

（2）最了解我的人是你，我的好朋友。（宾语）

（3）那位远方来的客人，他的到来给我们带来了欢乐。（定语）

总分式提示成分跟句中的某个成分有总说和分说的意义关系。总说为提示成分，例如：

（4）他们夫妻俩，一个是司机，一个是售票员。

（5）孩子们，有的在唱歌，有的在跳舞，有的在做游戏。

分说为提示成分，例如：

（6）参加比赛的有三个队：中国队、美国队、日本队。

（7）修车的、卖菜的、补鞋的——一下子来了许多个体户。

2. 独立成分又叫独立语。句子里的某个实词或词组，与它前后别的词语没有结构关系，不互为句子成分，但又是语意上所必需的成分，这就是独立语。独立语在句中的位置比较灵活，可以添加在句首、句中或句末，以适应表达的需要。从表意上看，独立语主要有以下四种：

（1）插入语

插入语的作用是使句子严密化，补足句意，或引起听话者的注意。

有的插入语用来加强语气，通常用“毫无疑问、不可否认、不用说、十分明显、主要是、特别是”等。例如：

①毫无疑问，周恩来同志必将作为伟大的无产阶级革命家而载入史册。

②“吹面不寒杨柳风”，不错的，像母亲的手抚摸着你。

有的表示对情况的推测和估计，口气比较委婉，通常用“看来、算起来、我想、充其量、少说一点”等。例如：

③山里的人看来谁都懂得打猎的道理。

④其间耳闻目睹的所谓国家大事，算起来也很不少。

有时说话者为了引起听话人的注意，或希望听话人接受自己的观点，通常用“请看、你看、你瞧、你说、你听着”等。例如：

⑤一个女子，你记着，不能受两代人的欺侮。

⑥事情明摆着，你看，我们能不管吗？

有些是表注释、补充或总括意义的，通常用“也就是、包括、便是、正如、总之”等。例如：

⑦我那时并不知道这所谓的猹是什么东西——便是现在也没有知道——只是觉得状如小狗而很凶猛。

⑧总而言之：我将不能常到百草园了。

(2) 称呼语

用来称呼对方，引起对方的注意。例如：

①“你放着吧，祥林嫂！”四婶慌忙大声说。

②王亮，你等等我呀！

(3) 感叹语

表示惊讶、感慨、喜怒哀乐等感情和应答等。例如：

①哎呀呀，是你呀，快进来。

②嗯，我这就走。

③唉，你也太沉不住气了。

这些感叹词如果加上了感叹号，就成了非主谓句，是一个独立的句子，而不是独立语了。

(4) 拟声语

用拟声词模拟事物的声音进行生动形象的描写，以加强表达效果。例如：

①砰，砰，砰，外面有人在敲门。

②呼——呼——狂风夹着沙石扑来了。

三、句型

句型指句子的基本结构模式，它是按句子的结构特点划分出来的类别。在言语交际中，句子的数量无限，表意千差万别，但句型的数量却是有限的。掌握了一定的句型，并且根据有关的规则，填入某些功能相同的词语，就能够产生出新的句子来。

句型既然是句子的结构类型，那么一切与句子的句法结构无关的因素都不应该影响句型的确定。这些因素包括：

·句子的语气、语调、口气以及语气词不影响句型的确定。例如："小王走了。""小王走了?""小王走了啊!""小王走!"这几个句子都是主谓句。

·句子中的特殊成分不影响句型。例如："说真的，我很生他的气。""我认识小王，你的那个好朋友。"这两个句子都是主谓句。

·句子的倒装不影响句型。例如："你回来了?"→"回来了，你?"都是主谓句。

·句子的扩展不影响句型。例如："玫瑰花开了。"→"张三家的院子里的玫瑰花开了。"也都是主谓句。

句型系统是有层次的。句子首先分为单句和复句两大类。单句分主谓句、非主谓句两种下位句型。主谓句又可分为四类：名词谓语句、动词谓语句、形容词谓语句和主谓谓语句。非主谓句也可分为四类：名词非主谓句、动词非主谓句、形容词非谓句和叹词、象声词非主谓句。确定某个具体的句子的句型时，必须逐层进行，从第一层开始，一直到最小的基本句型。例如"班长带领我们学文件。"这个句子的句型是单句、主谓句、动词性谓语句、述宾谓语句。

(一) 主谓句

由主语和谓语两个成分构成的单句叫主谓句。谓语是句子结构的核心，因此对主谓句下位句型的划分，主要的依据是谓语的功能。根据谓语的不同，主谓句可以分成以下四个小类：

1. 名词谓语句

由名词和名词性词组充当谓语的句子是名词谓语句。现代汉语中，名词充当谓语是有条件的。名词谓语表示对主语的判断和说明，一般限于口语里的肯定句，用来说明时间、天气、籍贯、年龄、数量、容貌等。例如：

今天三月五日。(日期)

明天冬至。(节令)

昨天阴天。(天气)

鲁迅浙江人。(籍贯)

老人七十三岁了。(年龄)

两本，一块钱。(价钱)

二五一十。（数量）

她大眼睛，长头发。（容貌）

名词和名词词组前边加上“是”，就变为动词谓语句。否定时一定要加“是”，如“昨天晴天”——“昨天不是晴天。”名词和名词性词组前边还可以用副词“刚、才、又、都”等作状语。例如：

他刚十八岁。

现在才七点。

昨天又阴天。

今天都星期五啦。

2. 动词谓语句

由动词和动词性词组充当谓语的句子是动词谓语句，动词谓语对主语起叙述作用，叙述动作、发展、变化等。动词谓语句的常见形式是动词后面还有宾语、补语或动态助词。例如：

（1）检查将近结束时，屋内的电话铃响了。

（2）我国的石拱桥几乎到处都有。

以能愿动词为中心词的动词词组作谓语表示评价。例如：

（4）他不敢再动了。

以动词“是”为中心词的动词词组作谓语表示判断，宾语可以是体词性的，也可以是谓词性的。例如：

（5）这少年便是闰土。

（6）母亲最大的特点是一生不曾脱离过劳动。

以动词“有”为中心词的动词词组作谓语主要表示领有和存在。例如：

（7）苏州园林里到处都有假山和池沼。

此外，动词谓语句还包括述宾谓语句、连动谓语句、兼语谓语句等。例如：

（8）我买了一辆自行车。（述宾谓语句）

（9）他放下行李走过来跟我说了几句话。（连动谓语句）

（10）老李找了几个帮手挺能干。（兼语谓语句）

动词谓语句在日常交际中占有很大的比重，是汉语的常见句型。

3. 形容词谓语句

由形容词和形容词性词组充当谓语的句子是形容词谓语句，形容词谓语是说明主语的性质或状态的。如“天晴了。”“这孩子老实憨厚。”

单个形容词作谓语表示事物恒久的属性，是静态的，常用作比较或对照。例如："这间屋子大，那间屋子小。"

形容词作谓语常用复杂形式。状态形容词作谓语时加"的"，如"风轻悄悄的"、"小手胖乎乎的"。性质形容词作谓语时，则要常常加上程度副词、某些语气副词等作状语、补语。例如：

（1）她很能干。

（2）听了这句话，我高兴极了。

4. 主谓谓语句。

由主谓词组作谓语的句子是主谓谓语句，主谓谓语是用来说明或描述主语的。这是汉语特有的一种句式。为了说明的方便，我们把全句的主语叫大主语，主谓词组的主语叫小主语。

主谓谓语句有下列几种类型：

（1）大主语是受事，小主语是施事。这种句型突出受事。例如：

①这个好机会‖你可别错过了。

②这件事‖阿Q后来才知道。

③面包‖我们连夜送去。

（2）大主语是施事，小主语是受事。例如：

①我们什么也不要。（"什么"表任指，后边一定是否定的）

②我一点办法也没有。（"一点办法"的意思是"任何办法"）

③他这也不吃，那也不吃。（"这、那"对举）

④他谁都不认识。（"谁"表任指）

（3）大主语和小主语之间具有领属关系或整体与部分的关系。小主语是大主语特性的某一侧面，通过这一侧面对大主语进行说明或描述。例如：

①沙漠地区‖空气干燥。

②他‖身材很高大，两眼炯炯有神。

③国庆节那天，‖天气特别好。

（4）大主语是关涉的对象，前面暗含一个介词"对、对于、关于"等。大主语前若加上介词，就变成句首状语。谓语中有时用代词指代大主语。例如：

①这部影片，大家有不同的看法。

②拉丁语，我知道的很少。

③我们的部队，我们的战士，我感到他们是最可爱的人。

（二）非主谓句

分不出主语和谓语的单句叫非主谓句。它由主谓词组以外的单词或词组形成。这类句子有些要在一定的语境中才能独立成句。可以分为以下几类：

1. 名词非主谓句

由一个名词或名词性词组形成。例如：

（1）1949 年春天。上海外滩。（说明时间、地点）

（2）多么美丽的画面啊！（表示赞叹）

（3）蛇！（表示突然发现的事物）

（4）小王！（表示呼唤、称呼）

（5）杏花，春雨，江南。（用于景物描写）

2. 动词非主谓句

由一个动词或动词性词组形成。这种句子通常用来说明自然现象、生活情况等，有的是口号。例如：“上课了。”“已经下班了。”“禁止停车！”“打倒霸权主义！”“来人！”有些兼语句也是非主谓句，例如：“有人在外面喊你。”“使祖国富强！”

3. 形容词非主谓句

由一个形容词或形容词性词组形成。这种句子通常用来说明对事物的简单判断或评价，用来表达说话人的态度和感情。例如：“行！”“糟糕！”“太棒了！”“好漂亮哟！”“安静点吧！”

4. 叹词句和象声词非主谓句

由一个叹词或象声词形成。叹词非主谓句有表示呼唤、应答、问答的“喂！”“哎呀！”“哦！”等；有表示愤怒、鄙视、斥责的“哼！”“呸！”等；有表示感叹、喜悦、高兴的“啊！”“哈哈！”“哇噻！”等。象声词非主谓句主要是模拟声音，如：“哗啦！”“轰隆隆！”“辟里啪啦！”“稀里哗啦！”

四、句式

句式是根据句子的局部特点或标志划分出来的句子类型，它比较集中地体现了现代汉语句子的结构特点以及语义表达上的特色。句式不同于句型。句式在句法、语义、语用上都有一定的特殊性。现代汉语常见的特殊句式主要有以下几类：

（一）连动句

由连动词组充当谓语或独立成句的句子叫连动句。连动句内部的几个谓语都是陈述同一个主语的，一般都遵循时间顺序排列，它们之间的语义关系主要有以下几种。例如：

· 我拉开门走了出去。（表先后发生的动作）

· 我举双手赞成。（前后表方式和目的关系）

· 他俩拉着手不放。（从正反两方面说明一件事）

· 大家听了很高兴。（后一性状表前一动作的结果）

· 他看书看累了。（前后表因果关系）

连动句的特点表现在以下几个方面：

1. 几个动词共用同一个主语，或者说每一个动词结构都可以和同一个主语分别构成主谓关系。如：

你马上乘车来见我。（你马上乘车 + 你来 + 你见我）

2. 连用的动词或动词性词组之间不能有语音停顿，书面上不能有逗号隔开。如“我走过去，拉开门，走了出去。”就不是连动句，而是一个承接复句。

3. 连用的动词或动词性词组之间没有关联词，也没有分句间的逻辑关系，否则就是紧缩复句。如：“他一来就开始干活。”“你有意见就说出来。”这两个句子都不是连动句。

连动句在谓语部分连用两个或两个以上的动词或动词性词组，共一个主语，删除了一些成分，且没有停顿，因而跟其他句式相比，连动句显得简洁、精炼、经济、连贯。

（二）兼语句

由兼语词组充当谓语或独立成句的句子叫兼语句。根据兼语词组前一动词的语义，兼语句大致可以分为以下三种：

1. 前一动词有使令意义，能引起一定的结果，常见动词有“让、叫、派、催、命令、促使、发动、组织、鼓励、禁止”等。例如：

你叫他回来。

我喊她参加会议。

2. 前一动词是表示赞许或责怪的及物动词，它是由兼语后面的动作或性状引起的，前后谓语有因果关系。常见动词有“喜欢、担心、称赞、感谢、爱、恨、嫌、骂、夸”等。例如：

我们夸他是个好孩子。

我感谢你告诉我这个消息。

3. 前一动词用“有”表示领有或存在。例如：

我有个妹妹在国外。

外面有人找你。

兼语句跟主谓词组作宾语的句子形式上相似，因此要注意分清。例如：

A. 我们派小吴去北京。

B. 我们知道小吴去北京。

A 句是兼语句，B 句是主谓词组作宾语的句子。两者的区别是：①停顿处和加状语处不同。在第一个动词后，A 句不能有停顿，不可加状语；主谓词组作宾语的 B 句可以。如“我们知道∨小吴去北京”，“我们知道小吴明天去北京”。②第一个动词的性质不同，支配的对象不同。兼语句的动词多有使令意义，如 A 句中的“派”，支配的是人，不是一件事；主谓词组作宾语的句子的动词一般是认知、感知意义的动词，无使令意义，支配的是一件事，而不是一个人，如 B 句中的“知道”。

（三）双宾语句

双宾语句是一个述宾词组再带一个宾语的句子。我们一般把紧靠动词的宾语叫近宾语，不紧靠动词的宾语叫远宾语。双宾语句的双宾结构，由以下三块线性词语组成两个层次，如下图所示：

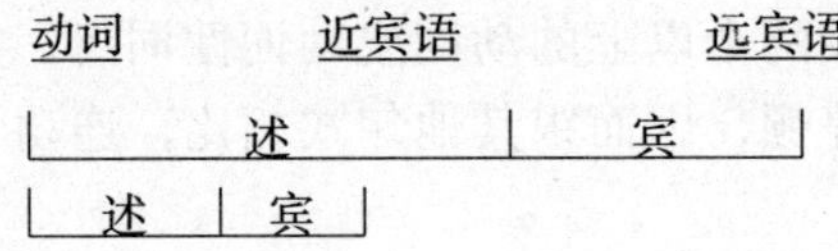

例如：

（1）他给我两本书。

（2）母亲教给我许多生产知识和革命道理。

（3）我问你一个问题。

双宾句有如下特点：

1. 构成双宾句的动词大体上有三类，一类有给予义，一类有取得义，一类有认定义。

具有给予意义的动词，表示事物由甲传递给乙。如“送、给、赠、卖、告诉、奖、递、输、还、赔、付、通知、指示”等。这些动词后面大多可以加“给”。例如：

① 奖他一万元。→ 奖给他一万元。

② 这个时期母亲教给我许多生产知识。

③ 将走的前几天，他叫我到他家里去，交给我一张照片……

具有取得意义的动词，表示事物由乙传递给甲。如“收、取、买、偷、拿、调、抢、骗、赢、赚、扣、收、要”等。这些动词后面大多不可以加“给”。例如：

④ 收他十块钱。→　（×）收给他十块钱。

具有认定意义的动词，表示抽象信息的传递，或是某种称呼的认定、给予。如“骂、夸、教、教导、问、询问、告诉、责怪、嘱咐、当、叫”等。例如：

⑤ 告诉你一个好消息。

⑥ 我们叫她老班长。

⑦ 方老师教我们《应用汉语》。

2. 宾语的性质：近宾语一般指人，回答“谁”的问题；远宾语一般指物，回答“什么”的问题。

例如：他捐给希望工程一百万元钱。

问：他捐给谁一百万元钱？

问：他捐给希望工程什么？

（四）存现句

存现句是表示什么地方存在、出现或消失了什么人或物的句子。句子的主语是表存在的处所名词，宾语是存现的主体。

存现句可以分为存在句和隐现句两类。

1. 存在句：表示什么地方存在什么人或物。动词后一般加助词“着”或“了”。宾语一般是带有数量词组的名词性偏正词组。例如：

（1）门口站着一个人。

（2）桌子上有三本书。

（3）村子东面是一片麦田。

（4）屋顶上飘着一面红旗。

（5）外头下着雨。

（6）嘴里嚼着口香糖。

其中，例（1）、（2）、（3）表示动作的完成或状态的持续，是静态存在句；例（4）、（5）、（6）表示动作的进行，是动态存在句。

静态存在句和动态存在句的区别在于三点：

第一，动词本身有无动作性。如“是”、“有”这两个动词没有动作性，只能构成静态存在句。

第二，动词是否可以从动作转化为状态。如静态存在句里的“着”能够被“了”替换。

例如：

门口站着一个人。→门口站了一个人。

黑板上写着字。→黑板上写了字。

第三，两者的变换式不同。如：

门口站着一个人。→一个人站在门口。→（×）门口正在站着一个人。

外头下着雨。→（×）雨下在外头。→外头正在下着雨。

2. 隐现句：表示什么地方出现或消失了什么人或事物。动词后一般加助词“了”或趋向补语。例如：

（1）西天抹去了最后一缕红霞。

（2）放假那天，班里走了许多同学。

（3）河对岸飘来阵阵歌声。

（4）他的脸上露出了幸福的微笑。

（五）是字句

由判断动词“是”构成的句子叫是字句。“是”放在主语、谓语之间，有多种作用：

1. 表示事物等于什么或属于什么。例如：

我们的目的是发展生产。

我是安徽人。

巴金是作家。

2. 表示事物的特征、质料、情况。例如：

中国人是黑头发。

这一年，人家是丰年，我是歉年。

3. 表示物的存在。例如：

到处是庄稼，遍地是牛羊。

教室前面是操场。

这类句子的主语一般是表示处所的名词。

4. 表示事物之间的关系、联系。例如：

一份盒饭是二十五元钱。

他仍然是一身农民打扮。

那时我们是小米加步枪。

5. 表示比喻。例如：

长征是宣言书，长征是宣传队，长征是播种机。

母亲啊，你是荷叶，我是红莲。

（六）把字句

指用在谓语动词前用介词“把”引出动作行为的受事，并对受事加以处置的一种主动句式。把字句的主语是动作行为的施事。例如：

· 你把房间收拾一下吧！

· 武松把老虎打死了。

· 他一直把头低着，不说话。

把字句又叫处置式，因为这种句式中的谓语动词对“把”所引进的动作受事具有某种处置作用。所谓处置，是指谓语动词对“把”字所介绍的对象施加某种积极影响，使它产生某种结果，发生某种变化，或处于某种状态。如“我把嗓子喊哑了”一句中，“喊”的结果是“哑”，这就是处置；“了”字表示事态发生了变化。因此，与一般的动词谓语句比较，把字句的作用主要是突出、强调“把”引出的词语及其产生的结果或状态。

把字句的结构特点：

1. 谓语动词是及物动词，大多表示强烈的动作行为，对受事有明显的处置作用。因此，能愿动词、判断动词、趋向动词等不能用在把字句中作谓语动词。

2. 谓语动词不能是光杆动词，前后还应有其他成分。例如：“把情况谈谈、把作业做完、把毛衣往包里塞、把茶喝了、把碗端着”。可以说“我把书放在桌子上”，不能说“我把书放”。但一些动补式合成词除外，如可以说“把直线延长、把约会取消、把荒地绿化”。

3. “把”的宾语一般在意念上是确定的、已知的人或物。前面常常会带上“这、那”之类的修饰语，或者有别的修饰语、专有名词等。如可以说“我把那件衣服买来了”，不可说“我把一件衣服买来了”。

4. 否定词、能愿动词等作状语时，要放在“把”前。如“你应该把作业做完”、“我没把衣服弄坏”，不可说成“你把作业应该做完”、“我把衣服没弄坏”。

把字句“把”后的宾语多数可以看作动词的受事，但也有不少把字句“把”后的宾语不是谓语动词的受事，如“他的话把我的心凉了半截”、“这件事把他怕成那样了”，这两句中的“我的心”、“他”不好说是受事。

跟“把”意思相同的介词还有“将”字，多用于书面语。如“将革命进行到底”，“他们将这个可怜的孩子卖给了人贩子”。

（七）被字句

指用在谓语动词前用介词“被”引出动作行为的施事，或将“被”直接附于动词前以表示被动的句子。被字句是一种特殊的被动句。被字句的主语是动作行为的受事。例如：

·自行车被他骑走了。

·老虎被武松打死了。

口语中，常用“叫”、“让”、“给”等代替“被”表被动，但“叫、让、给”后的动作施事不可省，如：“书给他拿走了”，“杯子叫我给打碎了”，“他让坏人给骗了”。介词“被”后的动作施事可以省，如“大楼被炸倒了”，“晚会被取消了”。

书面语中，表被动的有“为……所……”、“被……所……”的固定格式，这是古汉语的遗留形式，一般只在书面语中使用。如“为情所惑”、“不被人所理解”、“新的软件系统为广大用户所关注”。

被字句是以受事为陈述对象，表示被动，用以强调、突出动作行为及其对受事产生的结果。如“小偷被大家抓住了”，句意强调的是“抓住了”这个结果意味。因为是被动，所以过去它一般表示不如意、不希望发生的事情，但现在它的使用范围扩大，表如意的事也可用被动，如“被表扬”、“被选为班长”。

被字句的结构特点：

1. 谓语动词是及物的动作动词。如上几例中的“骑、打、录取”都是动作性极强的及物动词。并且动词后面也大多有补语、宾语或别的成分。被字句的动词要求比把字句宽泛些，部分心理动词、认知动词也可进入被字句的谓语部分。如：“小李被小王喜欢上了”，“他的行踪被特务知道了”，“他的意图被我感觉到了”。

2. 主语所表示的受事也必须是确定的，如可以说“那本书被他拿走了”，不能说“一本书被他拿走了”。

3. 能愿动词和表否定、时间等的词只能放在“被”字前。如：“他没有被困难吓倒”，“这件事已经被人传出去了”，“山上的小树都被砍光了”。

（八）倒装句

一般说来，汉语句法结构中，各句子成分的位置比较固定，它们是按一定的顺序排列在一起的，如主语在前，谓语在后；定语或状语在前，中心语在后等。各句子成分处于通常位置上的句子是常式句。在语言表达中，有时为了强调、突出某一句子成分或者为了变换句法而颠倒原有语序的句子叫倒装句。倒装句也叫变式句。颠倒了的成分可以恢复到原来位置，而且句意不变。倒装往往是说话人情绪激动时，要强调的部分先脱口而出，然后再追补原来应该先说的部分，因此表达重心在前置的部分，而后置的部分则带有申述或追补的意味。常见的倒装句主要有以下几种：

1. 主谓倒置

主语在前，谓语在后，这是汉语最基本的语序。有时为了强调、突出谓语，或者是由于说话急促，先把重点说出，然后追加主语，就把谓语放置在主语的前面，构成倒装。这种现象常见于疑问句、祈使句和感叹句。例如：

（1）多威风啊，仪仗队！

（2）怎么了，你？

（3）起来，不愿做奴隶的人们！

2. 定语、状语后置

定语、状语在中心语前，这是正常的语序。有时为了强调、突出定语或状语，也会把定语、状语移到中心语之后，构成倒装。这种现象常在一些写景抒情的散文中出现。例如：

（1）我们曾经和党内机会主义倾向作斗争，左的和右的。

（2）如果我能够，我要写下我的悔恨和悲哀，为子君，为自己。

（3）他走上了领奖台，慢慢地，羞怯地。

（九）省略句

在一定的语言环境中，为了语言的简练，常常会省去一些不言自明的成分，这种现象叫句子成分的省略，有省略现象的句子叫省略句。如口语中，有人问“你吃饭了吗?”答：“吃了。”这句答话就是省略句。省略句对语言环境的依赖性很大，离开了特定的语言环境，省略就不清楚，会影响句意的表达。常见的省略主要有两种：

1. 对话中省略　作为交际双方面对面的言语活动，一问一答，最容易省略。

例如：甲：你从哪儿来?

乙：（我从）街上（来）。

甲：（你）买了什么东西?

乙：（我买了）一袋饼干、三包方便面和一本杂志。

2. 上下文中省略　在一定的篇章话语中，依靠上文或下文提供的信息而省略某个成分。依靠上文省略的叫承前省略。例如：

（1）老王只有一个儿子，（ ）在外地工作，（ ）不常回来。

（2）李丽在北京读书，杨洋也在（ ）。

（3）上海的夏天比烟台（ ）热多了。

依靠下文省略的叫蒙后省略。例如：

（4）（ ）展望未来，我们对前途充满信心。

（5）（ ）话还没说完，他就匆匆忙忙地走了。

要注意省略句与非主谓句的区别。省略句中，省略的成分都可以确定地补出来，具有还原性，而且只有一种可能性。非主谓句在结构上是独立的，完整的，不必补上什么，也无法确定地补上什么句法成分，没有可还原性。

五、句类

句类是按照句子的语气划分出来的类别。每一个句子都有贯穿全句的语调，不同的语调表示不同的语气。句类不同于句型，语气是决定句类的因素。根据句子表达语气的不同，可以分为以下四种：

（一）陈述句

陈述句是用来陈述事情，表示陈述语气的句子。一般用降调，书面上句末用句号表示，并且句末常用表陈述语气的语气词“的”、“了”、“呢”、“罢了”等加强语气。例如：

（1）北京是中国的首都。

（2）昨天我在步行街买了一件衣服。

（3）我不愿意去的。

（4）它的翅膀还在动呢。

（5）没什么，只是心情不好罢了。

有肯定的陈述，例如：“他是共青团员”。有否定的陈述，例如：“你这样做不对”。有强调的陈述，例如：“是我搞错了”，“这本书是好看。”有委婉的陈述，例如：“这样做恐怕不太好”，“这件事没有谁不知道。”

（二）疑问句

疑问句是用来提出问题，表示疑问语气的句子。语调多数是上升的，句末用问号。从表达意思上看，疑问句包括有疑而问和无疑而问两大类。

按照结构特点，疑问句可以分为特指问句、是非问句、选择问句和正反问句。

1. 特指问句：发问的人用疑问代词“谁、什么、怎么、哪、哪儿”等提出疑问点，要求对方针对这些疑问点做出回答，这种问句叫特指问句。

语调可升可降，句末常用语气助词“呢”，也可用“啊”，但不能用语气词“吗”。例如：

刚才，鲁四老爷和谁生气呢？

女人抬头笑着问：“今天怎么回来得这么晚？”

有的疑问句中疑点隐含，不出现疑问代词，如：“我的手机呢？”“后来呢？”“你说呢？”“我不要钱呢？”这类句子也是特指问句。

从构成上看，这类特指问句可以分为两种：

第一，“NP（名词性成分）＋呢”。这种问句，如果是首发句，一般是询问处所，相当于问“NP 在哪儿”。在一定的语境中，当“NP 呢”处在后续句的情况下，也可以询问处所以外的其他情况，相当于问“NP 怎么样”。例如：

我的帽子呢？（＝我的帽子在哪儿呢？）

他俩分手了，后来呢？（＝后来怎么样呢？）

第二，“VP（谓词性成分）＋呢”。句中的 VP，可以是动词，可以是形容词，也可以是主谓词组。它一般询问假设性的后果，句中可以出现假设连词。在一定条件下，这类问句也可以不含假设义。例如：

我不要钱呢？（＝如果我不要钱，那么会怎么样呢？）

那么他对孩子呢？（＝他对孩子怎么样呢？）

你认为呢？（＝你认为该怎么办呢？）

2. 是非问句：发问的人说明一种情况，或提出一种看法，要求对方做出肯定或否定的回答，这种问句叫是非问句。这种句子基本与陈述句相同，只是语调变为升调，或者在句末带上疑问语气词“吗、吧、么、啊”等。如：“他来了。”→“他来了？”→“他来了吗？”常用“是”或“不”、“没有”作肯定或否定的回答。例如：

小队长回头对水生说：“都是你村的？”

雷锋同志，春节还出差吗？

用语气词的是非问句还可以有一些变化形式，即前句用陈述句形式，再用“是吗”、“对吗”、“行吗”、“可以吗”，这些是非问句有商量、推测的口气，如：

我们一起吃晚饭，好吗？

我明天去拜访您，可以吗？

是非问句不能用语气词“呢”。需要注意的是是非问句本身是否定句时，回答方式要加以变通，例如：

问：老师还没有来吗？

肯定回答：是的，还没有来。

否定回答：不，已经来了。

3. 选择问句：发问的人提出几个并列的项目（几种可能、几种看法），希望对方从中加以选择做出回答，这种问句叫选择问句。有的采用复句形式，中间常常用"还是"连接。可以在句中和句末都用"呢"，也可以只在句中用"呢"，也可以都不用，不能用语气词"吗"。例如：

通宝，你是卖茧子呢，还是自家做丝？

简单地说，还是详细地说？

小姐来点什么？可乐？雪碧？橙汁？

4. 正反问句：用肯定否定相叠的方式来提出问题，希望对方从中选择一项回答。这种问句叫正反问句。肯定否定相叠的可以是动词，也可以是形容词。语调可升也可降，若用语气词"呢"，有"深究"的意味。例如：

你养花不养花？

你看像不像燕子？

屋里有没有人呢？

正反问句有多种省略的变化形式。如：

养花不养花？（你养不养花？你养花不养？你养花不？）

有人没有人？（有没有人？有人没有？有人不？）

无疑而问是疑问句的特殊用法，包括反问句和设问句。

反问句：用疑问句的形式表达自己对事情的看法，只问不答，在语气上有不满、反驳的意味。通常用肯定形式表示否定的意思，用否定形式表示肯定的意思。例如：

好听的话谁不会说？

难道你不知道今天下午开会吗？

既当爹，又当妈，你说他辛苦不辛苦？

设问句：又叫自问自答句，发问人心中实际上已有了明确的意见，但并不直接把自己的看法说出来，而是先用一个问句引起对方的注意，然后再顺势引出自己的看法。例如：

是谁创造了人类世界？是我们劳动群众。

人民币的信誉靠什么？靠稳定。

有的文章直接用设问句作标题能吸引读者，启发读者思考。

（三）祈使句

祈使句是表示请求、命令、劝告、催促、祝愿或者禁止等意义的句子。语调一般用降调，书面上，语气强烈时用感叹号，语气较缓时用句号。句末有时用“吧”、“了”等语气词。

祈使句的谓语只能是表示动作或行为的动词或动词性词组，主语是第二人称代词“你”或“你们”，因为是当面讲话，主语常常省去。例如：

（1）祥林嫂，你放着罢！（表命令）

（2）别着急，慢慢来。（表劝告）

（3）请勿吸烟！（表禁止）

（4）生日快乐！（表祝愿）

“咱们”和“我们”（只限包括式）也可以作祈使句的主语。例如：

（5）咱们去干吧！

（6）大海，走吧，我们走吧！

（四）感叹句

感叹句是用来表示某种强烈感情的句子。语调是下降的，句末用感叹号。句中常用“好、多、多么、真”一类词。例如：

（1）啊，好一幅北国寒冬瑞雪丰年的画图！

（2）太瞧不起人了！

（3）皇帝的新装真是漂亮！

思考题

1. 简答题

（1）什么是句子成分？句子一般结构成分有哪些？

（2）什么是独立语？它有哪些表达作用？举例说明。

（3）什么是“把”字句？使用“把”字句有哪些条件？举例说明。

（4）举例说明什么是“被”字句？“被”字句在结构上有哪些特点？

2. 指出下列单句的结构类型。

（1）好聪明的孩子！

（2）门口蹲着一只狗。

（3）孩子把碗打碎了。

（4）鲁迅的作品被翻译成许多国家的文字。

（5）请勿吸烟。

(6) 姑娘流着泪述说着她内心的痛苦。
(7) 李老师教留学生汉语课。
(8) 起来，不愿做奴隶的人们!
(9) 桂林山水美得叫人陶醉。
(10) 9月10日教师节。

3. 指出下列各句的语气类型，是疑问句需进一步指出它所属的小类。
(1) 你不是本地人吧?
(2) 谁能回答这个问题?
(3) 真可恶!
(4) 你吃了没有?
(5) 难道是我错了吗?

4. 指出下列主谓谓语句的小类型。
(1) 针灸技术，我们医院已经提供了一整套资料。
(2) 在这里，我们谁都不认识。
(3) 这部电影艺术水平不高。
(4) 这种小说我认为不太健康。
(5) 所有利润他们都上缴国家了。

5. 把下列句子变换为别的格式的句子。
(1) 大伙儿嗓子喊哑了。
(2) 谁都能估价出诚实和忠厚的分量。
(3) 你认识刚才进去的那个人?
(4) 我的耳边响起了一个洪亮的声音。
(5) 战火把这个村庄的树木烧尽了。

6. 指出下列句子的句型，并分析其句子成分。
(1) 生长在南方的同志们看到这些水墨画高兴得直鼓掌。
(2) 我所遇到的毕竟还是好人多于坏人。
(3) 旧社会逼得他无路可走。
(4) 他被亲人送到医院把伤治好了。
(5) 康藏公路和青藏公路的通车把幸福和繁荣带给了住在青藏高原上的人们。

第五节 句子（二）——复句

由两个或两个以上意义密切相关的单句组成的语言单位叫复句。包含在复句里的单句叫分句。每个分句都不作其他分句的任何成分。分句与分句之间，在语音上有较小的停顿，在书面上用逗号（，）或分号（；）隔开。分句之间意义上的联系有深有浅，可是无论怎么浅，总得有联系。这种联系是通过语序或者关联词语表示的。所谓关联词语，主要是连词和某些有关联作用的副词。比方说，“他经常读报，很了解国家大事”是一个复句，两个分句之间的因果联系很清楚。“经常读报”是原因，在前，“很了解国家大事”是后果，在后。如果把这两个分句的次序颠倒过来，听起来就不大明白了。必须加上适当的关联词语才能把他们的因果关系表示出来，如：“他很了解国家大事，因为他经常读报。”像“下雨了”和“他很了解国家大事”这样两件事在意义上毫无联系，就不能组成一个复句。

复句中使用关联词语，有时用一个，有时用一对。成对的关联词语，可以是连词和连词互相配合（如“虽然……但是”），也可以是连词和副词互相配合（如“只要……就”）。在复句中，使用不同的关联词可以表达不同的关系，试比较下边几个句子：

甲：学英语呢，还是学法语呢？

乙：不但学英语，而且学法语。

丙：或者学英语，或者学法语。

丁：与其学英语，不如学法语。

甲、乙、丙、丁说的都是学英语和法语的事，但是表达的意思不一样，这个“不一样”是靠不同的关联词表示出来的。甲的意思是要在英语和法语中选学一种，所以用了“还是”来表示“学英语”和“学法语”之间的选择关系。乙的意思是光学英语不够，还要学法语，所以用“不但……而且”来表示这一层的意思。丙认为英语和法语只能选学一种，到底是学英语还是学法语，他没有定见，所以用了“或者……或者”来表示选择的意思。丁作了一番比较，认为学法语比学英语更适合些，所以用了“与其……不如”来表示取舍。

再比较下边几个句子：

甲：因为天气冷，所以树秧长不出来。

乙：如果天气转暖，树秧就会长出来。

丙：既然天气转暖了，树秧就会长出来。

丁：不管天气转不转暖，树秧总会长出来的。

甲、乙、丙、丁都是议论天气冷暖跟树秧生长的关系。甲认为天气冷是树秧长不出来的原因，一定的原因造成了一定的结果，“因为…… 所以”就表示了前后两部分的因果关系。乙推测树秧以后还能长出来，可是得有一定的条件，就是要指出来，“天气转暖”只不过是假设的一种情况罢了。前后两个分句之间的假设和结论的关系，由“如果……就”表示出来。丙拿了天气已经转暖这一既成事实为理由，推断树秧会很快长出来的，用了“既然……就”来表示理由和推断的关系。丁认为树秧的生长跟天气冷暖无关，因此用“不管……总”来表示天气转暖也好，不转暖也好，都不成为树秧生长的条件，树秧终究会长出来的。

上边只是举例说明复句是怎样组织成的，在实际的语言运用中，复句的情形还要复杂些。我们分析复句的时候，首先要找出复句的起讫点，确定分句的数目；其次再找出分句之间关联词语，根据关联词语去确定复句类型；分句之间如果没有关联词语，可以根据上下文来确定它们意念上的具体联系，或者看各分句之间能加上什么样的关联词语。

一、一般复句的类型

按照分句之间的结构关系，复句可以分成两大类十小类：

联合复句分为：并列、承接、递进、选择、解说；

偏正复句分为：因果、条件、转折、假设、目的。

（一）联合复句

联合复句是指分句间没有主次之分，两个或两个以上的分句平等地联合在一起，联合复句的联合项（分句）无论多少都是同一层次的。

1. 并列复句

并列复句中各分句的内容是并列的。几个分句往往分别述说相关的几件事或者是一件事的几个方面，撇开用语安排或表述重心，前后分句的顺序往往可以调换，如：

① 风也停了，雨也住了，云也散了。

② 我们既要有现代化的农业、工业，又要有现代化的国防。

③ 赵七爷是邻村茂源酒店的主人，又是这三十里方圆以内的唯一出色人物兼学问家。

并列复句可以有关联词语，单用的“也”、“又”、“还”、“同时”、“同样”等一般用于后续句中，成套的有“既……也（又）”、“不是……

而是”、“是……不是”、“一边……一边”、“有时……有时”、“又……又”、“一方面……（另）一方面”、“一会儿……一会儿”。并列复句也可以不使用关联词语，如：

① 小张爱唱歌，小关爱跳舞，小陈爱曲艺。

② 小瀑布不见了，大瀑布变小了。

③ 山朗润起来了，水涨起来了，太阳的脸红起来了。

从前后分句的语义关系上看，并列复句可以分为并列式和对比式两种。几个分句并列地叙述几件事或一件事的几个方面是并列式。如：

① 小王一面擦汗，一面反驳。

② 它既不需要谁来施肥，也不需要谁来灌溉。

③ 他一边走，一边对我招手。

前后分句有对照关系的是对比式，如：

① 我是来工作的，不是来吃饭的。

② 她喜欢诗歌，不喜欢小说。

③ 这不是表扬你，而是在讽刺你呀！

对比式并列复句跟转折复句不同，转折复句前偏后正，主次分明，同时关联词语也不同。

2. 承接复句

几个分句一个顺着一个叙述连续发生的动作或发生的几件事。

承接复句中的分句次序一般不能随意改动，分句间可以不用关联词语。如果用，大都是表示时间的词语。常用的有：“就”、“于是”、“才”、“然后”、“接着”、“首先……然后”、“起先……后来”。

叙述连续发生的动作，如：

① 他回到家里，用一个瓦盆装了土，把棉籽埋进去，放在炕头上。

② 我悄悄地披上大衫，带上门出去。

叙述连续发生的几件事，如：

① 湖水滋润着湖边的青草，青草喂胖了羊群，羊奶哺育着少女的后代子孙。

② 她高高兴兴拆开信封，抽出一张请柬，上面印着这些字……

承接复句与并列复句结构的不同之处在于：并列复句分句关系比较松缓，如果调换次序，基本意思不变，而承接复句前后分句表示的动作有一定时间先后关系，因此不能调换分句的次序。如：

① 她一边走，一边思考，还一边瞅着马路上的行人。

② 他披衣坐起，摸出香烟，点着火，怔怔地发呆。

例①是并列复句，三个句子的语序调换一下，复句的基本意义不变；例②是承接复句，分句间有时间先后之分，语序不能调换，如果调换了次序，就打乱了句子的原意。

承接复句按顺序的内在联系，可以分为三类。一是时间上的顺承，分句是按时间的先后排列的。如：

① 他一下飞机，看见一名潇洒男士陪着妻子来接，就开始吃惊，接着又觉得尴尬，最后又想通了，开始显得落落大方起来。

② 我轻轻地起身，穿上大衣，带上门，蹑手蹑脚地走了出去，消失在茫茫夜色中。

二是空间上的顺序，分句按空间位置的顺序排列，这一般是按人的视点顺序排列的，有由远而近，有由大到小，也有由小到大。

① 遥远的天空，有一个弯弯的月亮，弯弯的月亮下面是那弯弯的小桥，小桥的旁边是一条弯弯的小船。

② 眼前是一片小树林，树林过去是一大片农田，农田尽处是那座不高的山。

三是事理上的顺序，分句是按照一定的事理逻辑来安排的。如：

① 张家庄有个张木匠，张木匠有个女儿叫张婉，张婉找个女婿叫木匠小张。

② 正确的认识来源于合理的判断，合理的判断产生于细致周到的分析，细致周到的分析出于对客观事物的了解和熟悉。

修辞上的顶真就是典型的按事理顺序首尾衔接的。

3. 递进复句

指几个分句所表示的意思一层推进一层，后一分句在前面分句所述说的意义的基础上更进一层。递进关系的表达，通常要用一定的关联词语。可以前后呼应着用启下与承上的关联词语，也可单用承上的关联词语，但一般不能只用启下的关联词语。单用的有“而且”、“况且”、“何况”、“尤其”、“甚至”、“更”等。成套使用的关联词语有“不但/不仅……而且/还”、“不但……反而”、“尚且……反而”、“尚且……何况”等等。如：

① 松树的干是用途极广泛的木材，并且是很好的造纸原料。

② 小李失去了生活的信心，甚至也想到了自杀。

③ 科研所不仅为家乡培育了良种，还承担了国家重点科研项目。

④ 他不但不记恨我，反而热情地帮助我。

递进复句按递进的方向，可以分为顺进式和逆进式两种。顺进式指的是后一句顺着前一分句的意思，把前一分句的意思推进一步。如“记者参加了这个会，并且听了著名演员马兰演出的黄梅戏”即是。逆进式指的是这类复句前一个分句一般有否定的意思，用否定副词关联，后一分句顺着前一分句的意思从相反方向又把意思推进一层，例④即是。

递进复句常常隐含某种预设，如“她不但会唱歌，而且会作词、作曲”，预设会唱歌的不一定会作词、作曲。因而递进复句的使用要注意预设的正确和合理，否则句子会不正确。如“他不但有儿子，而且有妻子”，隐含的预设是没有妻子可以有儿子，这一预设是不合理的，所以复句本身也有问题。

4. 选择复句

指几个分句分别叙述两种以上的情况，以供人选择和取舍。选择关系的几个分句，或者提出“或此或彼”的几种情况，表达数者选其一的意思；或者分别述说选取与舍弃的情况，表明所选和所弃。选择关系的表达常用一定关联词语。如：

① 宁可自己受苦，也要让孩子过得舒服。

② 她不是在系里开会，就是去图书馆查资料。

③ 要么被困难吓倒，要么拿出勇气来战胜困难。

④ 或者你去，或者让小王去，或者你们一起去。

不同类型的选择，有不同的关联词语，按选择的类型或关联词语的不同，可以把选择复句分为两个小类。

一是取舍未定的选择复句，分句提供两个以上的选择项，至于选择哪一项，说话者没有确定，即选择未定。常用的关联词语有两类，用在陈述句中，有“不是……就是”，“要么……要么”，“或者……或者”，“或者”等。如：

① 反正呀，这项工作不是你做，就是我做。

② 要么你下岗，要么你去服务公司，要么你去进修。

③ 你或者继续升造，或者去找份工作。

④ 我明天去北京，或者去天津。

“不是……就是”含有非此即彼的意思，二者必居其一，没有第三种可能，所以也称“限选复句”；“要么……要么”、“或者……或者”容许第三种情况，也可以构成三个分句以上的选择复句，所以又叫“商选复句”。

取舍未定的另一类关联词语是用在疑问句中，“是……还是”或“还是”构成选择问句，选择问句从复句看就是选择复句，这类选择复句也属于“商选复句”。如：

① 你是继续深造读书呢，还是找份工作上班挣钱呢？

② 你是参加拔河呢，还是参加投掷呢，还是参加长跑呢？

二是取舍已定的选择复句，分句提出的选择项，说话者已经予以选择，即选择已定。一种是先取后舍，说话者选择了前项，而舍弃了后项，即肯定前项否定后项，常用的关联词语有“宁可、宁肯、宁愿……也不”，如：

① 我们宁可站着死，也不跪着生。

② 他宁愿住在偏僻的城郊，也不愿住闹市区。

取舍已定的选择复句的另一种是先舍后取，说话者舍弃了前项，选择了后项，即否定了前项，肯定了后项，常用的关联词语是“与其……不如、毋宁”，后项中还可以跟“倒”、“还”连用。如：

① 与其这样半死不活，不如死而后生。

② 与其匆匆忙忙就开始工作，毋宁事先慎重考虑。

③ 与其说她有过人的才能，倒不如说她以美貌胜人。

表示取舍已定的选择复句是舍此而取彼或取此而舍彼，主观态度十分明显，抉择语气十分坚决。不过，相对来说，先取后舍的复句要比先舍后取的复句态度更加坚决些，后者语气委婉一些。比较：

① 宁可站着死，也不愿跪着生。

② 与其跪下生，还不如站着死。

取舍已定的选择复句由于选择已经确定，实际上不存在选择，所以也可以把它们独立为一类，叫取舍复句。

“宁可、宁肯、宁愿……也”是前一分句表示说话者做出的选择，后一分句表示进行这一选择的目的，以表示决心和态度。如：

① 我们宁可回家晚一点，也要将任务完成。

② 他宁愿挨一顿批评，也要把老王拉来评评理。

5. 解说复句

后面分句对前面分句述说的事件、情况或提到的人、事物作某种解释、说明。前一分句总提，后边的分句分开来述说，或者前边的分句分说，后面的分句加以总括，都属于解说关系。解说关系通常靠分句的排列顺序和意义来表达，不用关联词语，可分为解说式和总分式两种类型。

解说式是后面的分句对前面的分句加以解释、说明。如：

① 小李有一个明显的特点，那就是特别爱笑。

② 许多红色的星星很大很大，有的可以装得下八十万个太阳。

总分式有的先总说，后分说，分说部分有的前有冒号，有的有数量词，有的有“有的……有的”。如：

① 集市上非常热闹，有卖菜的，有卖早点的，还有卖服装的。

② 迎面走来了两个人，一个不认识，一个就是我的同学。

③ 当前我们要做好三件大事：一是扩大内需求，二是扩大对外贸易，三是寻求新的经济增长点。

有的先分说，后总说，总说分句往往有总括性词语“都”或总括性语句。如：

① 你是台湾人，我是安徽人，我们都是中国人。

② 她一手提着竹篮，内中一个破碗，空的；一手拄着一支比她更长的竹竿，下端开了裂；她分明已经纯乎是一个乞丐了。

也有可能先总说，后分说，再总说。如：

他口袋里装着两封信，一封是小芳写的，一封是秀凤写的，两封信都让他心跳。

解说复句、分说复句、总说复句，总是主谓短语或者省略主语的谓词性短语，不能是体词性短语，否则就成了特殊成分了。如下几句是含特殊成分的单句：

① 他有一辆小汽车：奥迪 2000 型。

② 老王只有一个孩子，小王。

③ 一个儿子，一个女儿，他们是老王的希望。

④ 他买了几件家具：沙发、席梦思床、餐桌、餐椅。

（二）偏正复句

偏正复句一般由两个部分构成，两部分在语意上是一偏一正，或一主一从，所以偏正复句也叫“主从复句”，正句或主句是句子主要意思所在，偏句或从句是修改限制正句或主句的，是次要的、从属的。一般来说，偏正复句是偏句在前，正句在后，有时为了语用的需要也可以正句在前，偏句在后。

1. 因果复句

分句间存在原因跟结果关系的复句是因果复句。因果关系的复句，包括两种情况：一种是说明因果，前后分句叙述说明由于什么原因产生了什么结果，或产生的某种结果是由于什么原因；一种是推论因果，就某种根据来推断出结论，可以是由因推果，也可以由果推因。因果关系的表达也常用一定的关联词语，或单用或成对的前后呼应着用，使用情况与条件关系、假设关系复句基本一样。常用的关联词语有"因为/由于……所以/因此/因而"，也可以单用"由于"、"因为"在前一分句，或单用"所以"、"因而"、"以致"在后一分句。如：

① 我不久就要离开学校了，因为我毕业了。

② 歌声拖得很长很长，因此能听得很远很远。

③ 我每天都买那份报纸，以致报童每天下午按时等我下楼。

④ 由于各拱相连，所以这种桥叫联拱石桥。

说明因果复句是对两种情况的因果关系作说明的，偏句说明原因，正句说明结果。这种复句可以偏句单用"因为，由于"等关联词句，可以在正句单用"因此，因而，所以，从而，以致，致使"等关联词句，也可以合用"因为……所以"，"由于……因此（因而，所以，就，便，于是）"，"之所以（其所以）……是因为"等关联词语。如：

① 因为她身材高大结实，还能挑水挑粪。

② 由于一两个零件没完成，耽误了一台复杂机器的出厂时间。

③ 因为马克思有了广泛的知识作基础，所以他能建筑起他的学术大厦。

④ 散文之所以比较容易写，是因为它更接近我们口中的语言。

说明因果的复句也可以没有关联词语，靠意合法显示因果关系，如：

① 天下这么大的雨，我们都迟到了。

② 我应该感激母亲，她教给我与困难作斗争的经验。

说明因果复句有时也可以表示未实现的因果关系。如：

因天可能下雨，我带了一把伞。

推论因果复句是对两种情况内在因果联系作主观推断的，这种复句有的是由一定的原因推出由此产生的结果，有的是由一定的客观情况推出产生这种情况的原因。关联词语常用："既然……那么（就、可见）"，也可以单用"可见"。

由因推果：

① 姑娘，既然天上没有什么好，你就不用回去了。

② 党和国家既然给了青年这样优越的条件，青年就应该为社会主义做出更多的贡献。

由果推因：

① 现在大家纪念他，可见他的精神感人之深。

② 既然党组织叫他联系，一定没有问题。

推论因果复句也有不用关联词语的，如：

① 你不同意这个方案，为什么还要投赞成票呢？

② 那么下午不营业，咱们就不必去了。

2. 条件复句

条件关系复句的偏句提出一种条件，正句说出在这个条件下产生的结果。条件关系的复句，分句间具有条件与结果的关系，最常见的是表示条件（充分条件、必要条件或无论什么条件）的分句在前，后面的分句表示在具备某种条件时产生的结果。条件关系复句常用一定关联词语，或前后呼应着用，或单用。单用时一般用承上的关联词语，当表示条件的分句后置，或正句表示的结果明确时，也可单用启下的关联词语。

充分条件复句的偏句提出一个充分条件，正句说明具备这个条件就能产生相应的结果。所用关联词语为“如果……就”、“只要……就”、“一……就”，也可以单用“就”、“才”等。例如：

①如果内容正确了，就具备了说服读者的基本条件。

②人民广场一开群众大会，公安局就要宣布断绝交通。

③要是你不早点儿回来，那就没有你的位置了。

这类充分条件的假设条件复句实际上是以假定为依据来推断某种结果，一般称为假设复句。这类由假设而产生的结果有的可以实现；有的是对过去的假设，结果是不会出现的；有的是对不可能成立的一种假设，是对客观事实的反面的假设，是虚假的，也是根本不可能实现的。

必要条件复句的偏句提出一个非具备不可的必要条件，正句说出相应的结果。所用关联词语为“只有（唯有）……才”“除非……才”，也可以单用“才”。如：

①只有勤奋刻苦，才可能顺利通过考试。

②除非有特效药，才有可能救活他。

③必须消灭恶霸，农民才能过上好日子。

一般来说，必要条件给人的感觉是唯一条件，有的也确实是这样，但实际并不完全是这样。如果某个结果需要几个必要条件，必要条件就不是唯一的了，如阳光、空气、水、土壤都是植物生长不可缺少的必要条件，这样，下列句子都是合理的：

只有照射到阳光，植物才能生长。

只有有空气，植物才能生长。

只有吸收到水分，植物才能生长。

只有合适的土壤，植物才能生长。

无条件复句的偏句先排除所有条件，正句说明在任何条件下都会产生的结果。所用关联词语为“无论（不论、不管、任凭、任）……都（总、也、还）”，也可以单用其中一个。如：

① 国家无论大小，都应该互相尊重领土和主权。

② 怎么忍，也忍不住喉咙的哽咽。

③ 反正我不会跟你们走的，无论你怎么说。

④ 老王总是有办法的，不管遇到多大困难。

3. 转折复句

转折关系的前后分句，不是顺着一个意思往下说，通常放在前面的分句陈述某一个事实，表示对某一事实的确认，或借以表示一种让步，不是说话人想要表达的重要意思，后面的分句才转入说话人所要着重表明的意思。关联词可以成对地前后呼应着用，也可单用。根据前后分句意思相反、相对的程度以及关联词语的不同，转折关系分“重转”、“轻转”、“弱转”三类。

（1）重转复句

正句跟偏句明显对立，语意明显相反或相对，常用关联词语有“虽然……但是”、“尽管……但是”，“虽然”也可以说成“虽”、“虽说”，跟“但是”同义的还有“可是”、“但”、“可”、“而”、“然而”、“却”、“虽然”一类的关联词语有预示转折的作用。如：

①他虽然对一些问题有自己独到的见解，但是还没有形成一套完整的理论。

②虽到了农历五月，山里却依然有些寒气。

③虽说钱有的是，但是不能乱用。

④尽管已经八十多了，可他每天还是按时到研究所来。

（2）轻转复句

偏句没有预示转折的关联词语，正句用“但是”一类的词语突然转折，也叫“突转句”，跟“但是”意思一样的还有“但”、“可”、“可是”、“却”、“而”、“然而”等，这类转折复句语意上比有预示转折词语的重转折轻一些。如：

①这样做哪怕再合理，可真正理论起来却不怎么地道。

②他内心很是悲哀，但忍住没有让眼泪流下来。

③她曾经是个柔弱的女孩子，可是岁月的风霜使她的性格变得刚毅。

④现在早就不再自己织布穿了，然而他还保留下了跟他几乎一辈子的手工织布机。

无论重转转折复句还是轻转转折复句，其中"但是"类词都可以跟"却"连用表示转折。如：

①自己田里生出来的东西一天一天不值钱，而陵上的东西却一天一天贵起来。

②她嘴上虽然没说出来，但是心里却不能不想。

（3）弱转复句

正句跟偏句没有明显语意的对立，转折的意思较为轻微，常在正句前用"只是"、"只不过"、"倒"连接。如：

①小陈平时不爱说话，辩论时倒是妙语连珠。

②我是应该来的，只是没时间。

③你可以随便看看，不过不要到里面去。

转折复句一般要用关联词语，但有时偏句和正句对比很明显时也可以不用关联词语，靠意思来显示转折。如：

①我嘴上没说出来，心里很高兴。

②这孩子平时成绩很好，这次考试的成绩并不理想。

4. 假设复句

假设关系的复句，最常见的是前面的分句提出某种假设（一般性假设、让步假设），后面的分句说明在假设的前提下产生的结果或引出的结论。假设关系也常用一定的关联词语表示，可前后呼应着用，也可单用。单用、双用的情况与条件关系复句使用关联词语情况基本相同。

常用关联词语有"如果"、"假使"、"假若"、"若是"、"倘若"、"要是"等，它们常和副词"就"、"便"等配对使用。如：

（1）如果生活失去了令人向往的前景和理想，那么就不会呼唤人们紧张地全力以赴地去工作。

（2）游览者即使就极小范围的局部看，也能得到美的享受。

假设句的假设分句可以放在结论句之后，这样用的句子有补充和突出假设分句的作用。如：

（1）你可以先走，要是我 7 点钟还不回来的话。

（2）我们完全可以炒你的鱿鱼，如果你三次不按时上班。

转折式假设复句和转折复句这两种复句有同有异，后一分句都不是顺着第一分句的意思连贯着说，而是有了转折。不同的是：转折式假设复句前后分句说的事情都是假设的，而转折复句前后所说的事情都是现实的。如：

（1）即使盖间库房，也装不下这些稻谷。

（2）虽然盖间库房，但装不下这些稻谷。

例（1）“盖间库房”和“装不下这些稻谷”都是假设，而在例（2）中就都是事实。所以例（1）是转折式假设复句，而例（2）是转折复句。

5. 目的复句

目的关系复句，前面的分句表示一种行为，后面的分句表示该行为的目的。或者从积极方面说明要达到的目的，或者从消极方面说明要避免发生某种不希望发生的情况。

（1）积极性目的的复句，偏句表示采取某种动作行为，正句表示想要实现或达到的某种目的，正句前常用“以便”、“以”、“用以”、“借以”、“以求”、“为的”、“为的是”、“是为了”等。如：

① 今天她起得很早，为的是赶头班车。

② 小李采取了第一方案，借以节省时间。

③我们早就来到了市府广场，好占据有利地势。

（2）消极性目的的复句，偏句表示采取某种动作行为，正句表示避免发生某种不希望出现的结果，正句前常用的关联词语有“以免”、“以防”、“免得”、“省得”等。如：

① 放学以后要及时回家，免得家长担心。

② 麻烦你顺便把衣服带来，省得我再跑一趟。

③ 必须坚持写仿宋字，以免被敌人发现笔迹。

“为了”也表示目的，“为了”目的句是表示目的的在前，表示动作行为的在后，即表目的的是偏句，表动作行为的是正句。这跟上述目的复句不同，“以免”、“以便”类目的复句，目的是表述重点；“为了”类目的复句，动作行为是表述重点。如：

（1）为了赶上头班车，他起得很早。

（2）为了防止被人偷去，我把保险柜的钥匙藏起来了。

“为了”类复句既可以表示积极目的，也可以表示消极目的。

目的复句跟因果复句有一定的联系。目的复句的前后分句可以互为因果，前一分句即表示动作行为的分句，也就是某种目的得以实现的原因，可以把表示目的的关联词语换成“因为这样可以”。如：

他起得很早，以便赶上头班车。——他起得很早，因为这样可以赶上头班车。

换个角度看，表示目的的分句所要达到的目的，也正是要采取某种动作行为的原因，这样可以把目的复句变成“因为要……（所以）”格式。如：

他起得很早，以便赶上头班车。——因为要赶上头班车，所以他起得很早。

我把保险柜的钥匙收藏起来了，免得被人偷去。——因为要免得被人偷去，我把保险柜的钥匙收藏起来了。

不过，目的复句的关联词语跟因果复句完全不同，用上“以便”、“以免”、“为了”目的性很强。

二、多重复句及其层次分析

（一）什么是多重复句

一般的复句只有两个分句、一个层次，如果把其中一个分句扩展成为复句，就有了两个层次；如果分句再扩展下去，一个复句就会有更多层次。这种具有三个或三个以上的分句，在结构上有两个或两个以上层次的复句叫做多重复句，如：

1. 他的父亲是开锡箔店的，｜听说现在已经做了店主，‖而且快要升到绅士的地位了。

2. 车夫急着上鱼布，｜铺户忙着收幌子，｜小贩们慌手忙脚地收拾摊子，｜行路的加紧往前奔。

例1是三个分句，两个层次，是多重复句；例2虽然由四个分句组成，也只有一个层次，它是一重复句。

多重复句要有两个以上分句构成，但由两个以上分句构成的复句未必都是多重复句，决定是否是多重复句，除了要看分句数目外，更要看分句间有无层次差别，关键是看各分句是否处在同一层次上，有不止一个层次的复句才是多重复句。这跟确定句法结构的层次关系是一样的，联合短语、连动短语即使句法成分很多也只是一个层次的句法结构，只有当不同句法成分在不同层次上，才是多层次句法结构。多重复句按层次的数目被分为二重复句、三重复句、四重复句、五重复句。从理论上讲，还可能有更多层次复句，但从表达和接受、理解来看，实际语言运用中，五重以上复句就比较少见了。

（二）分析多重复句的方法

多重复句因为分句数目多，分句间层次和逻辑关系复杂，因而不便于理解、接受和运用。要正确理解、接受和运用多重复句，首先要对多重复句的层次和关系进行正确的分析。为了保证多重复句分析的正确，应该掌握一定的分析多重复句的方法。

1. 通览总体结构，划定分句数目

复句中分句之间的语言停顿与词或短语后较短的语言停顿大多用逗号表示。只要注意到复句中每一分句不能充当另一分句的任何成分这一特点时，就不会把词或短语当成句子。

①有一年的冬初，四叔家里要换女工，②做中人的卫老婆子带她进来了。③头上扎着白头绳；④乌裙，⑤蓝夹袄，⑥月白背心，⑦年纪大约二十六七岁，⑧脸色青黄，⑨但两颊却还是红的。

这个复句共有九个分句，其中①②③⑦⑧⑨是主谓结构的分句，④⑤⑥是非主谓结构的名词性短语作分句。

①一篇好的文章或一篇演说，如果是重要的带指导性质的，②总得要提出一个什么问题，③接着加以分析，④然后综合起来，⑤指明问题的性质，⑥给以解决的方法，⑦这样，就不是形式主义的方法所能济事。

这个复句有 7 个分句构成，其中①② 是主谓结构分句，其他都是非主谓结构分句。

同时，也不能把不是分句的误认为分句，单句中的句首状语，特殊成分，倒装成分都不是分句，尤其要辨别单句内偶然具有的某些一般充当关联词语的成分带来的误导。如单句内用“无论”、“不论”、“不管”、“为了”、“因为”等引导的成分。如下列复句中的划线部分都不能误认为分句：

①<u>无论谁</u>，都不能践踏法律，因为在法律面前人人平等，法律是神圣的。

②<u>铃声响后</u>，同学们飞快地跑回教室，<u>从操场上</u>，<u>从阅览室</u>，<u>从乒乓球室</u>。

2. 把握全句，确定层次

多重复句语意重点和最主要的逻辑关系，全在第一层次显示出来，所以确立第一层次至关重要。确定了第一层次之后就可以在第一层次的前后两方再确立第二层次，确立了第二层次之后就可以在第三层次的前后两方再确立第三层次，依次类推。在分句间标明意义关系，用竖线表明层次，第一层为“｜”，第二层为“‖”，第三层为“‖｜”，依次类推。如：

虽然我把主要精力用于数学，｜但我并没有放弃古诗文的学习，时常写点诗，既丰富业余生活，又练了自己的文笔，对写作论文也有很大帮助。

该句从全句看，是想说明研究数学跟古诗文学习这两个看似没有关系的学科的关系，说明说话者并没有重理轻文，第一分句说的是有关数学的，后面的分句都转向叙述有关诗文的，所以从全句看，该句是转折关系，又有转折关系的关联词“虽然……但”，第一层在“但”前。又如：

① 在自然科学发展的历史中，有不少科学家认识了真理，‖②并且坚持真理，｜③结果被愚昧的统治者杀死、烧死，④他们的学说、著作也被禁止、焚毁。

这是一个表示因果关系的复句，①②两个分句合起来说明原因，③④两个分句合起来表示结果，两个分句之间用关联词语“结果”来连接，这是第一个层次。再向下分析①②两个分句组成了递进分句，两个分句之间用关联词语“并且”来连接；③④两个分句组成了并列复句，两个分句之间用关联词语“也”来连接，这是第二层次。

3. 抓住关联词语，辨析统领内容。

在确定分句数目之后就找出关联词语，辨析其搭配和统辖的内容。如果有省略关联词语的情况，可以在省略关联词语的地方加相应的关联词语，来确认其逻辑关系，如：

①我赞美白杨树，｜②就因为它不但象征了北方的农民，‖③尤其象征了今天我们民族解放斗争中所不可缺少的朴质、坚强以及力求上进的精神。

先确立为三个句子，然后标出关联词语，①②分句关联词语不配套，根据句意可在第一分句里试加“所以”，使第一分句变为“我所以赞美白杨树”与第二分句联系起来成为有配套关联词语的因果关系。统观全句，分析确定“（所以）……因为”显示整个复句为因果关系（倒装），据此可以划出全句的第一层次。这个句子的第二关联词语是“尤其”统领二三分句，因此可以确定第一层次后二、三分句为递进复句，这样全句就是一个二重复句，因为标志全句语义重点的第一层次为因果关系，也可以称为因果关系的二重复句。

①今日虽然是五月初一，② 但高山中的夜晚仍有点轻寒侵人，③ 所

以这一堆火也使周围的人们感到温暖和舒服。

这个复句有“虽然”、“但”、“所以”三个关联词语，其中“虽然……但……”是成套的，这时涉及“但”的管辖范围，也涉及“所以”分句的原因分句的范围，本句“但”管辖②③两个分句，所以第一层在①②之间，是转折关系，②③之间是因果关系。

多重复句分析示例：

1. 二重复句

手术室里虽有十多个人， ‖ 可是谁也没有讲话， | 只有明亮的灯
转折 并列
在嘶嘶响着。

2. 三重复句

广聚见他的话头又不对了， ‖ 虽不敢强叫， | 可是又想听见他们
因果 转折
谈些什么， ‖ 因此也不愿走开，| ‖就站在圈外。
因果 承接

3. 四重复句

我们不管读什么书， ‖ 都必须认真去读，| ‖不仅了解书的内容，
条件 并列
‖ ‖而且要通过书的内容去了解其反映的时代和社会， | 否则就不能算
递进 假设
读懂读透。

4. 五重复句

一篇好的文章或一篇演说，如果是重要的带指导性质的， ‖ 总得要
假设
提出一个什么问题，接着加以分析，| ‖然后综合起来， ‖ ‖指明问题的
承接 承接
性质， ‖ | ‖给以解决的办法， | 这样，就不是形式主义的方法所能济
并列 因果
事。

5. 六重复句

我的父亲允许了； | 我也很高兴， ‖ 因为我听到闰土这名字，
并列 因果
| ‖而且知道他和我仿佛年纪， ‖ ‖闰月生的， ‖ ‖ ‖五行缺土， | ‖ ‖
递进 并列 并列 因果
所以他的父亲叫他闰土。

三、紧缩复句

复句中的分句在结构上是相对独立的，分句与分句之间有语音停顿。在书面上用点号隔开。主语相同的两个分句的谓语连在一起，中间没有语音停顿，在书面上不用标点隔开，形式上像一个单句，这就成为紧缩复句。如：

① 你即使不说，我也知道。（复句，假设关系）

② 你不说我也知道。（紧缩句）

③ 不见真佛不烧香。

④ 他一回来我就告诉你。

紧缩句的类型，可以从不同角度去归纳。比如，根据紧缩句常用的关联词语，可以概括紧缩句常见的种种格式，也可以根据紧缩句在一起的前后部分主语的异同，分为主语不同的紧缩复句和主语相同的紧缩复句。

（一）主语不同的紧缩复句

这类紧缩复句一般只使用单个的关联词语。前后主语不同又分为：

1. 前现、后省。如：你不讲也能看懂。

2. 前省、后现。如：不说我也知道。

3. 前后全省。如：不问不开口。

4. 前后均现。如：你一说我就懂。

（二）主语相同的紧缩复句

1. 前后均现。如：你走你就走。

2. 前省后现。如：不去医院他是不会好的。

3. 前现后省。如：他一不高兴就发脾气。

4. 前后全省。如：多做练习才能提高成绩。

当主语相同并且只出现前一主语时，紧缩复句很像单句中的连动句，但又与连动句不同：紧缩复句几个部分之间有假设、条件、让步、转折等关系，并且常用关联词语，而连动句几个谓词性成分之间没有这些关系，也没有关联词语。

思考题

1. 下面两个例句有争议，你认为是单句还是复句，为什么？

（1）他用牙刷刷刷这边牙齿，刷刷那边牙齿。

（2）我们希望你们马上过来，一起参加讨论。

(3) 只有人民才是创造历史的动力。

(4) 无论谁也不能干涉自主的婚姻。

2. 下列句子都用了"固然"，该归入哪类复句？为什么？

(1) 自卑固然不好，自负也不好。

(2) 困难固然很多，可是我们有信心克服它。

3. 分析下列多重复句：

(1) 成绩能够鼓舞人，同时会使人骄傲；错误使人倒霉，同时也是很好的老师。

(2) 如果把人类的饮食男女这些机能同其他社会活动割裂开来，并使它们成为唯一的终极目的，那么，它们的性质就和一般动物所具有的没有什么差别了。

(3) 掌柜是一副凶脸孔，主顾也没有好声气，教人活泼不得；只有孔乙己到店，才可以笑几声，所以至今还记得。

4. 下面句子哪些是紧缩句，哪些是单句？为什么？

(1) 他不去不要进。

(2) 他们一家五口就住两间房子。

(3) 你要来明天就来。

(4) 没有找到凭据就下判断叫武断。

第六节　句　组

一、句组及其特点

句组也叫句群或语段，它是由几个句子组成的，有明晰的中心意思的语言使用单位。例如：

1. 日出后的草原千里通明，这时最便于发现蘑菇。天山蘑菇又大又肥厚，鲜嫩无比。

2. 我听了，觉得那蜜蜂可怜，原谅它了，可是从此以后，每逢看到蜜蜂，感情上就疙疙瘩瘩的，总不怎么舒服。

例 1、2 都是由两个句子组成的句组。

句组是由句子组成的语言单位，但不能把句组和由句子组成的段落混为一谈。句组是语法单位，段落是文章的书写形式单位。它们之间没有对应关系。如下面三个例子就是三个自然段。

1. 我们决定爬一座三十里高的瑶山，地图上叫越城岭，土名叫老山界。

2. 老山界是我们长征中所过的第一座难走的山。但是我们走过了金沙江、大渡河、雪山、草地以后，才觉得老山界的困难，比起这些地方来，还是小得很。

3. 开饭了，就餐的人们，蹲着的、坐着的、站着的都有。草地真是一个又大又好的露天餐厅。/我盛了一碗野菜坐下来，一眼就看见总司令也端着一碗野菜，还津津有味地吃着哩。他边吃边向身边的战士们称赞饭菜的味道。战士们见首长和自己在一块吃野菜，又那么平易近人，一点也不感到拘束，都争着与总司令拉话。

例1只是一个句子，这表明有的段落比句组小。例2一个自然段是一个句组，这个段落刚好和句组相等。例3有两个句组（句组中间用斜线隔开），前一个句组是说“草地是又大又好的餐厅”，后一个是说“总司令平易近人，和战士们一起吃野菜”。显然，这个段落比句组大。

句组结构上的特点：

1. 句组的构成单位是句子。各个句子在句法上有各自的独立性且在意义上又有一定的联系。如：

春天来了。它来到教室里，静静地听小学生读书、唱歌。它来到操场上，欢乐地和小学生一起游戏。

例句由三个句子组成的句组，它们之间既独立又关系十分密切，都讲“春天来了”。

从语法意义上说，句组是由两个以上单句或复句组成。复句大于单句，句组大于复句。复句构成单位是分句，分句与分句的结构关系是句子内部的关系。彼此依赖性较强，各分句缺乏独立性。如：

我悄悄地披上大衣衫，带上门出去。（承接复句）

两个分句叙述连续发生的动作。

2. 组成句组的句子间不能使用成对关联词语，一般只在有逻辑关系的后续句里使用成对关联词语中的后一个。如：

四叔皱了皱眉，四婶已经知道了他的意思，是在讨厌她是一个寡妇。但看她模样还周正，手脚也壮大，又是顺着眼，不开一句口，很像一个安分耐劳的人，便不管四叔的皱眉，将她留下了。

此例句子间是转折关系，用关联词语“但”。

复句只要有必要，分句间可以成套地使用关联词语。如：

因为你努力学习，所以取得了进步。

3. 每个句组都有一个明晰的中心意思，意思相连的句子依照一定的组合规则组成句组，各个句子都围绕着一个中心进行表述，为一个中心意思服务。如：

①我小时候有一次，杨梅吃得太多，发觉牙齿又酸又软，连豆腐也咬不动了。②我这才知道，杨梅虽然熟透了，酸味还是有的，因为它太甜，吃起来就不觉得酸了。③吃饱了杨梅再吃别的东西，才感觉到牙齿被它酸倒了。

例句是由三个句子组成的句组。①句写“我”吃杨梅吃得太多，发觉牙齿又酸又软。②③句主要意思是：杨梅虽然熟透了，酸味还是有的。②句中的“这”指代①句的内容，使之成为后两句的必要条件，并把这三个句子组合成句组。从这三个句子中可以看出一个中心意思：熟透了的杨梅虽然很甜，可还是有酸味的。

4. 句组常常小于自然段，也有和自然段重合的，句组大于自然段的情况少见。如：

春天像落地的娃娃，从头到脚都是新的，它生长着。

春天像小姑娘，花枝招展的，笑着，走着。

春天像健壮的青年，有铁一般的胳膊和腰脚，领着我们向前去。

例句是由三个自然段组成一个句组，三者意思联系得非常紧，从三个方面说明春天有朝气、很可爱的意思，三者前后衔接，一气呵成。之所以分成三个自然段，是为了抒发强烈的感情，出于表达的需要。

二、句组的类型

句组可以根据不同的标准进行分类。根据句与句之间的结构关系，可以把句组分为并列、承接、选择、递进、转折、因果、假设、条件、总分、解正等。

（一）并列句组

句组中的几个分句分别说明相关的几件事情，几种情况，或同一事物的几个方面。各个句子间的关系是并列的、平行的，没有主次之分，句组的中心意思由各句联合表示。如：

1. 五香瓜子，要吗？盐炒葵花子，要吗？油炸花生米，要吗？

2. 月亮从树林边上升起来了，放射出冷冷的光辉。田野上的积雪分外白，越发使人感到寒冷。星星仿佛怕冷似的，不安地眨着眼睛。

（二）顺承句组

组成句组的各句子是按顺序承接的，是一种纵的连接。有按事物发生、发展顺序，有按时间先后顺序，有按空间顺序承接，各句子可以直接组合；也可以在后续句中单用关联词“便”、“于是”、“然后”等。如：

1. 他回过头去说：“水生，给老爷磕头。”便拖出躲在背后的孩子来，这正是一个廿年前的闰土，只是黄瘦些，颈子上没有银圈罢了。

2. 听说在很远很远的地方有一座云梯山。山上住着个种树的老爹，白发白眉白胡子。他的胡子很长，从下巴一直拖到地上。

（三）选择句组

句群中各个句子分别提出几种情况，要求从中选择一种。常用的关联词语“或者”、“要么”、“还是”等。如：

1. 我又模糊地撞去了吗？或者我在嘻嘻地笑你的愚蠢吗？或者我在怜悯你的困苦吗？

2. 一句话，不了解矛盾各方面的特点，这就叫做片面地看问题。或者叫做只看见局部，不看见全体，只看见树木，不看见森林。

（四）递进句组

句群的几个句子所表达的意思一个比一个进一层，这类句群常用“而且、并且”等关联词语。如：

1. 我这时突然感到一种异样的感觉，觉得他满身灰尘的后影，霎时高大了。而且愈走愈大，须仰视才见。

2. 便是七斤嫂，那时不也说，没有辫子倒也没有什么丑么？况且衙门里的大老爷也还没有告示。

（五）转折句组

前面的句子说一个意思，后续句子不是顺着前面依据的意思说下去，而是做了一个转折，朝着另一方面的意思说下去。常用关联词语“可”、“可是”、“但”、“但是”、“却”、“而”、“然而”等。如：

1. 焦大的骂，并非要打倒贾府，倒是要贾府好，不过说主奴如此，贾府就要弄不下去了。然而，得到的报酬是马粪。

2. 他有点傻气，有点呆气。姜豆芽就说他是书呆子。可是，这书呆子会念诗，而且念得那么好！

（六）因果句组

句群的句子间存在着原因和结果的关系。常用“所以”、“因此”等关联词语。如：

1. 作品的句子有长有短，短的句子可以一口气读完，而长的句子有时候则需要分成几段来读。因此，停顿是有声语言表情达意必不可少的手段。

2. 湿沙层的水分足够供应固定沙丘的植物的需要。所以在流动沙丘上植林种草，是可以成活的。

（七）假设句组

句子间表示假设的情况和假设的情况实现以后会出现的结果。常用“那样”、“否则”、“不然”等关联词语。如：

1. 你对于那个问题不能解决吗？那么，你就调查那个问题的现状和历史吧！

2. 倘使后来对此用了“侵略”一词呢？那就会变成“干了坏事了，尊重他们”了。

（八）条件句组

句群的句子间有条件关系。常用“才”、“就”等关联词语。如：

1. 真正的好文章，一定要鲜明有力的拥护那应该拥护的东西，同时也一定要鲜明而有力的反对那应该反对的东西。这才会是生气勃勃的好文章。

2. 你爱喝的咖啡多得很！我不定期有一瓶哩！只要你能喝。

（九）总分句组

句群的句子间有总说与分说的关系。如：

珠宝项链分为长短两种。一种是紧贴脖颈的短项链，另一种是垂挂式的长项链。

（十）解正句组

分为注释式、特解式、例解式、问答式等。

1. 电流和抵抗成反比例嘛。就是说，抵抗越大，电流越小；抵抗越小电流越大。（注释式）

2. 他把我那件破得可怜的衬衫洗干净了，并且缝好了。这件衬衫是我第一次受审时的牺牲品。（特解式）

3. 还有，以为诗人或文学家高于一切的人，他的工作比一切工作都高贵，也是不正确的观念。举例说，从前海涅以为诗人最高贵，而上帝最公平，诗人在死后，便到上帝那里去，围着上帝坐着，上帝请他吃糖果。（例解式）

4. 我们这么大的一个国家，怎么才能团结起来，组织起来呢？一靠理想，二靠纪律。（问答式）

三、句组与复句的区别

句组与复句既有联系，也有区别。句组和复句的联系主要表现在句组的句子之间的关系类型和复句间的关系类型基本上是相同的。因而在一定语境中有些句组可以变换成复句，有些复句可以变换成句组。不过，采用句组的形式，还是采用复句的形式，都要根据语境和表达的需要而定。句组与复句的区别主要表现在：

（一）材料构成不同

句组的构成单位是句子，复句的构成单位是分句。句组中的各个句子在句法上有各自的独立性，且在意义上有一定的联系。而复句分句与分句的结构关系是句子内容的关系，彼此依赖性较强各分句缺乏独立性。如：

1. 历史是过去的事实。但我更认为历史是过去与现在的无终止的对话。（句组）

2. 天气虽然这么冷，但是我身上还在出汗呢。（复句）

（二）句调不同

句组的句子与句子间有较大的语言停顿，这种停顿是隔离性的停顿，书面上用句号、叹号、问号表示。

复句中，分句与分句间只有较短的语言停顿，书面上用逗号、分号表示，复句不管有多少分句，也不管它结构怎么复杂，一个复句内部分句与分句间不可能出现句号、叹号、问号。如：

1. 天那么高，那么蓝。蓝蓝的天上飘着几朵白云。（句组）

2. 今天清早，天气骤然变冷，天空中布满了铅色的阴云；中午，凛冽的寒风刮起来了，呼呼地刮了整整一个下午；黄昏时分，风停了，就下起了鹅毛般的大雪来。（复句）

（三）组合手段不同

复句中的单句成为复句的组成部分以后，失去了独立性，称为分句，如："今天天气好，我一定要去。"这是两个各自独立的单句，意义上有一定的联系，放在一起就成为一个整体，也就构成了复句。由于两句合在一起表达一个意思，已失去了原来各自为阵的独立的意思，所以这样的单句进入复句结构以后，就仅仅成为复句中的一个分句。

而句组以特定的语言形式组合，句组中各个句子前后连贯、互相衔接时，以使用一些关联词语为标志，并且在使用时只用成对的关联词语中的后一个关联词语。如：

1. 喜鹊的羽毛大部分黑而带绿，只是肩和腹部有白色的羽毛，显得朴素洁净。喜鹊的体态轻盈优美，鸣声清脆响亮，有使人喜悦的感觉。不论是在萧瑟秋风的树下，还是在冬天野外的路旁，喜鹊迎面飞来，生机勃

勃，欢欣活泼，令人感到振奋。因而，喜鹊受到人们的喜爱。（句组）

2. 今晚却很好，虽然月光还是淡淡的。（复句）

另外，组成句组的句子之间在意义上有一定的逻辑联系，而不是将几个毫不相干的句子任意放在一起就能够成句组。如：

弟弟很爱学习，也很有礼貌。他每次来到黄伯伯的牢房门前，总是先轻轻地敲几下门，得到黄伯伯的许可，才走进门去，敬个礼说："黄伯伯好!"黄伯伯上午教他语文和算术，下午教他俄语和图画。他每门功课都学得很好。特务在旁边监视的时候，他就用俄语跟黄伯伯说话。特务不懂俄语，干着急也没办法。

（四）运用关联词语不同

组成句组的句子间不能使用成对的关联词语，在复句中经常成对运用的关联词语有些在句组中不能出现。如："又……也"、"也……也"、"尚且……何况"、"不是……就是"、"与其……不如"、"宁可……也不"、"之所以……是因为"、"既然……那么"、"即使……也"、"只有……才"、"无论……却"等。这是因为它们互相呼应，联系紧密，不容易分开成为几个句子。一般只在有逻辑关系的后续句里使用成对关联词语中的后一个。复句只要有必要，分句间可以成对地使用关联词语。如：因为你努力学习，所以取得了进步。

另外，有些句式如问答句式、连问句式、连叹句式等，在句组中有，在复句中却没有。这是因为复句只是一个句子，内部的分句不能用句子充当。因此，句组和复句有些是不能互相变换的。如：

（1）谁是我们最可爱的人呢？我们的部队，我们的战士，我感到他们是最可爱的人。

（2）人们常说："东虹轰隆西虹雨。"意思是说，虹在东方，就有雷无雨；虹在西方，将会有大雨。

例（1）是问答句式，例（2）后句中间用了分号，内部结构复杂，这两例都不能换成复句。

四、句组分析

（一）层次分析

句群的构造和复句一样，组成成分之间不仅有一定的关系，而且有一定的层次。如果一个句组是由三个及以上的句子组成，那么，它往往有一定的层次。如：

①飞机场上人越来越多，一会儿就聚集了上千人。｜②但是却沉默

着，‖③整个机场上空十分严肃，就像在前线战斗将要打响之前的一刹那。

例句有三个句子，这三个句子是按一定的层次组合起来的。前一个句子和后两个句子之间是句组的第一层次，第二句和第三句之间是第二层次。句组和复句一样，有一个层次的句组是单纯句组，有两个或几个层次的句组是多重句组。例句有两个层次，是一个二重句组。

三重句组，例如：

1. ①这是闰土的父亲所传授的方法，我却不大能用。‖｜②明明见它们进去了，拉了绳，跑去一看，却什么都没有，费了半天力，捉住的不过三四只。‖③闰土的父亲是小半天便能捕获几十只，装在叉袋里叫着撞着的。｜④我曾经问他得失的缘由，他只静静地笑道："你太性急，来不及等它走到中间去。"（鲁迅《从百草园到三味书屋》）

这个句组由四个句子组成，前三句和最后一句之间是第一个层次，第一、二两句和第三句之间是第二个层次，第一句和第二句之间是第三个层次。这个句组有三个层次，是个三重句组。

句组的分析基本和复句相同，即要指出句组是由几个句子组成的，各个句子之间的关系怎样，整个结构层次如何。在方法上同样可用加线法和图示法。加线法分析如下：

2. ①我的母亲对于我几次被捕，在拘留所里度过的几次"二十九天"，也已经习惯了。‖ ②尤其在前年，我在监狱里住了八个月，母亲还常给

递进

我送东西去。｜ ③因此对我的工作已经能够理解了。‖ ④只是她还不

因果　　　　　　　　　　　　　　　　转折

明白为什么我再不像过去那样坦率地任警察捉去，‖ ⑤认为我在逃跑以

并列

后再捉去反而不好。

分析句组，首先是用序号①②③标明句子。第二步是用竖线标出层次（和多重复句一样，用一根竖线标示第一层，用两根竖线标示第二层，用三根竖线标示第三层等等）。第三步是在每一处竖线下面注明该层次的组成部分之间的结构关系。句组分析和复句分析有一个重要的不同，即每个分析下面要用括号注出中心意思。例 2 可用图示分析法分析，请看图示。

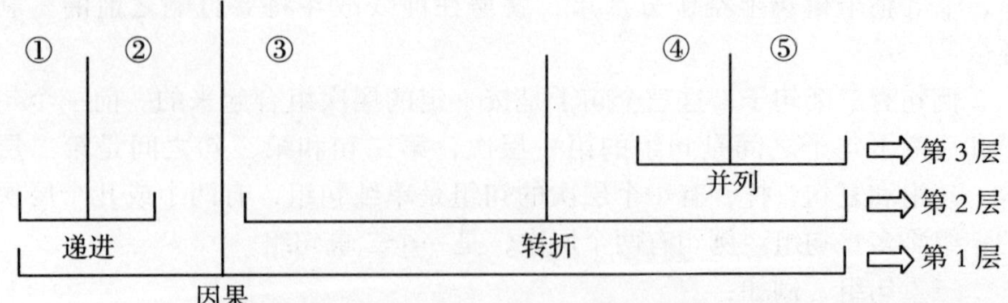

这种分析也同多重复句的图示相同。不同的是图中①②③④⑤分别代表五个句子，不是代表分句。我们如果掌握了多重复句的图示法，那么句组的图示分析也就清楚了。

（二）思路分析

掌握句群分析在我们学习、理解和使用语言中具有十分重要的作用。如：

①我不喝水，支撑着仍然看，也说不出见了些什么，只觉得戏子的脸都渐渐地有些稀奇了，那五官渐不明显，似乎融成一片的再没有什么高低。‖（并列）②年纪小的几个打呵欠了，大的也各管自己谈话。｜（转折）③然而一个红衫的小丑被绑在台柱子上，给一个花白胡子的用马鞭打起来了，大家才又振作精神地笑着。‖（因果）④在这一夜里，我以为这实在要算是最好的一折。

这个句组由四个句子组成，以关系词“然而”为标志，句组分为两部分，也就是说，①②两句和③④两句之间是句组第一层，“然而”是标志第一个层次两部分之间结构关系的关系词语，第①②两句和第③④两句之间是转折关系。这段话是写文章中“我”和小朋友在“红衫小丑”出场前后的两种不同情绪。作为句组，这段话有两个层次，①②句之间，是第二个层次，结构是并列关系，分别写“我”和小朋友在“红衫小丑”出场前的情绪，③④句之间也是第二层次，在结构上是因果关系，因为“红衫小丑”使大家振作了精神，所以“我”认为这一折戏最好。

思考题

1. 什么是句组？句组有哪些基本特征？试举例说明。
2. 分析下列句组的结构类型。

(1) 清早，我到公园去玩，一进门就闻到一阵清香。我赶紧往荷花池边跑去。

(2) 有机灰尘来自生物的家乡。有的来自植物之家，如皮屑、生发、粪便、鸟羽、翼等。

(3) 我多么想自己也养几条小金鱼啊，可是买金鱼要到店里去，爸爸妈妈都没有空闲。

(4) 有一次火车开动的时候猛地一震，把一瓶白磷震倒了。白磷遇到空气马上燃烧起来。许多人过来，和爱迪生一起把火扑灭了。车长气极了，把爱迪生做实验的东西全扔了出去，还狠狠地打了他一个耳光，把他的一只耳朵打聋了。

第七节　标点符号

标点符号是文章不可缺少的组成部分。我们说话时，在句子与句子之间，或者一个句子中间，有种种停顿。文字本身没有能力把这些停顿表示出来，这就要靠标点符号了。另外，说话时的语气和某些词语的性质或作用也要靠标点符号来表示。正确运用标点符号，可以使文章的意义更加明确，语言的结构更加清楚，文字更加简练。

一、标点符号的性质、作用和种类

标点符号是书面语中用来表示停顿、语气以及词语性质的标记，是书面语言的有机组成部分，是书面语言不可缺少的辅助工具，它可以帮助人们更加确切地表达自己的思想感情和理解别人的语言。

标点符号包括标号和点号两大类。标号包括引号、括号、破折号、省略号、书名号、着重号、间隔号和专名号，是用来表示词语的性质或作用的；点号包括句号、逗号、顿号、分号、冒号、问号、叹号，是用来表示语气中的停顿和说话时的语气的。

二、点号的用法

（一）句号（。）

句号表示一句话完了之后的停顿。主要用于陈述句，有时也用于语气缓和的祈使句。如：

1. 我们是主张自力更生的。

2. 请你再唱一遍。

祈使句句末常用叹号，但如果语气舒缓，不读急降调，而接着读平调，也可以用句号。如例2。

文章中该用句号而不用，或者不该用而用了，都会使句子结构层次不清，表述不明。如：

“花生秧子是生猪的好饲料，种花生为发展养猪事业提供了有利条件，这几年由于花生种得多，全村养猪数量达到1400多头，猪多肥多，又促进了粮食产量的提高。”例句中六个分句应改为三个句子。开头两个分句是一个意思：种花生为养猪提供了条件；三、四两个分句是另一个意思：种花生促进了养猪；五、六两个分句又是一个意思：养猪促进了粮食生产。因此，第二、第四两个逗号应改为句号。

（二）逗号（，）

逗号表示一句话中间的停顿，也可以是单句内部的停顿，也可以是复句里分句之间的停顿。如：

1. 梦，就是理想。

2. 一切进步的战争都是正义的，一切阻碍进步的战争都是非正义的。

例1的逗号表示单句内部的停顿。例2的逗号表示复句分句之间的停顿。

运用标点符号应该基本上和语言的语法结构相一致，单句内部在语言上有停顿的地方不一定都能用逗号点断。一个地方该不该用逗号，除了要看说话的时候有没有停顿之外，还要看结构上能不能切断。如：

它是站在海岸遥望海中已经看得见桅杆尖头的一只航船，它是立于高山之巅远看东方已见光芒四射喷薄欲出的一轮朝日，它是躁动于母腹中的快要成熟了的一个婴儿。

例句是一个复句，包含了三个分句。每个分句都比较长，内部并没有用逗号点断。可是实际念起来的时候，可能在好几处要停顿一下，换换气。如果完全以念起来的停顿为根据使用逗号的话，就有可能破坏了结构的完整，使得它支离破碎，影响到意思的表达。

主语和谓语之间用不用逗号，跟这两部分的长短有关。如：

人民解放军永远是一个战斗队。

例句中主语部分和谓语部分都比较短，说的时候当中没有停顿，不能用逗号隔开。

动词和宾语结合得很紧，当中没有停顿，一般不能用逗号隔开。只有当宾语是一个比较长的主谓词组时（前边的动词往往是“认为”、“相信”、“知道”、“证明”、“指出”之类），说话的时候有停顿，当中才能用逗号。如：

大家知道，战争与和平是互相转化的。

状语跟后边的中心词关系密切，一般不能用逗号隔开。但由“对”、“对于”、“关于”、“在”、“当”等介词组成的介词结构，有时可以用逗号点断。如：

对于这块阵地，我们不去占领，别人就会去占领。

某些关联词语后边，如果有停顿，可以用逗号。如：

但是，普及工作和提高工作是不能截然分开的。

（三）顿号（、）

表示句中较短的并列词语之间的停顿。如：

1. 必须抓紧粮食、棉花、油料、化肥、煤炭的生产。

2. 亚马逊河、尼罗河、密西西比河和长江是世界四大河流。

并非所有的并列词语之间都需要用顿号，如并列成分之间用了连词“和”、“跟”、“与”、“同”等就不能再用顿号。例如“北京、上海和合肥”不能写成“北京、上海、和合肥”。也并不是所有并列成分都必须用顿号隔开，有停顿的时候才用得着顿号。像“青少年”、“工农业”、“调查研究所”、“七八十年”等等。说话的时候当中没有停顿，也就无须用顿号隔开。

顿号还经常用在次序语之后。如“一、……二、……”“甲……乙……”。次序号用了括号，就不用顿号，那种“（1）、……（2）、……”的用法是不对的。

（四）分号（；）

分号所表示的停顿比逗号大，比句号小，一般用在复句中的并列分句和较长的并列词组之间。如：

1. 到日本去的人，未到之时，首先会想起樱花；到了之后首先要谈到樱花。

2. 启明星把黑暗送走，却从不与朝霞争辉；红梅花把寒冬送去，却从不与百花争春。

有时复句里的分句，论结构、论意义都不是并列的，但分句内部已经用了逗号，如果分句之间也用逗号，层次就不够清楚，看不出句子内部的段落；用句号，又会把意思密切关联的分句变成独立的句子，碰到这种情形，还是用分号比较合适。如：

文章是客观事物的反映，而事物是曲折复杂的，必须反复研究，才能反映恰当；在这里粗心大意，就是不懂得做文章的起码知识。

应用汉语

（五）冒号（:）

冒号也是用来表示句子内部比较大的停顿的，但它的主要作用是用来提起下文，常用在“说”、“证明”、“指出”、“表示”、“承认”等一类词语之后，如：

唐朝人魏徵说过：“兼听则明，偏听则暗”。也懂得片面性不对。

我们的实践证明：感觉到了的东西，我们不能立刻理解它，只有理解了的东西才更深刻地感觉它。

冒号主要用在以下几个方面：

1. 用在书信、发言稿开头的称呼语后面，提示下面要讲话。用在“某某说”后面，提示下面是某某的话。

2. 用在总提语之后，让读者注意下文将要分项来说。例如：

任弼时同志一生有三怕：一怕工作少，二怕麻烦人，三怕用钱多。

3. 用在总括语之前。例如：

行动，要靠思想来指导；思想，要靠行动来证明：思想和行动是紧密相联的。

4. 用在较复杂的宾语之前。例如：

在螳螂世界里，有一种奇特的现象是：“结婚”就意味着雄螳螂走向自己的坟墓。

上例动宾之间也可用逗号。

5. 在需要解释的词语或分句之后。例如：

（1）三七：中药名，即田七。

（2）原来鲁镇是僻静地方，还有些古风：不上一更，大家便都关门睡觉。

冒号还可以用来隔开作者和书名（或篇名）。如“鲁迅：《一件小事》”，当然也可不用冒号，如“巴金《家》”。

使用冒号要注意：①没有比较大的停顿不要用冒号。②冒号一般管到句末。

（六）问号（?）

问号表示一句话问完了之后的停顿。问号有的是有疑而问，有的是半信半疑，有的是无疑而问。不管是哪一种，都是疑问语气，都应该用问号。

1. 什么？她就在这儿？此地？

2. 为什么语言要学，并且要用很大气力去学呢？因为语言这东西，不是随便可以学好的，非下苦工夫不可。

选择问句中间的停顿用逗号，句末用问号。如：

小刘，你是喝茶呢，还是喝咖啡？

用“好不好”，“行不行”等提问格式表示的较委婉祈使语气，也可用问号。如：

你听听群众的意见好不好？

句末用不用问号，并不是以句子当中有没有疑问代词或句子末尾有没有“呢、么”之类作为依据的。疑问代词不一定表示疑问，语气词“呢、么”等也可以表示疑问以外的语气。反问句虽是无疑而问，虽然不期望对方回答，但它是用强烈的疑问语气来表现的，所以一般还得用问号。

（七）叹号（！）

感叹号表示强烈的感情，用于感叹句或感情比较强烈的祈使句、反问句，也表示说话时的停顿。如：

1. 我多么想看看她老人家呀！

2. 起立！

主语、状语等成分倒置的感叹句，以及称呼语在感叹句句末，叹号不能在句中，必须放在句末。如：

3. 多美啊，天柱山的风景！（主谓倒装）

4. 再见，妈妈！

也有人为了表示特别强烈的感情用“！！”或“！！！”，但是比较少见。其实感情的强烈程度主要靠句子里的词语来表示，不是靠叹号的叠用来表示的。滥用叹号，就会失去它的表达强烈感情的作用。

三、标号的用法

（一）引号（“”‘’）

引号表示文章中引用的部分，直接引用别人的话才用引号，用自己的话转述别人的意思不用引号。如：

1. 古语道：“江海不拒细流，泰山不拒土石。”

2. 列宁常称这个法规为辩证法的本质，又称之为辩证法的核心。

引用分为直接引用和间接引用，例（1）引的是原话，用引号，例（2）是转述，不用引号。

引号一般用双引号，引文之内又有引文，就用单引号。如：张老师教导他的学生说：“一定要采取实事求是的态度，‘知之为知之，不知为不知’，不要强不知以为知。”倘若单引号之内又有引文，那又要再用双引号。

（二）括号（（））

括号表示注释前面的话，跟句子的结构没有关系，如：

1. 白帝城（原名紫阳城）是新莽时公孙述割据四川时建筑的。

2. 落红不是无情物，化作春泥更护花。（语出清代龚自珍《己亥杂诗》）

括号还用在次序语的外面，如（一）（二）（三），（甲）（乙）（丙）。这时它和顿号的作用相同，后头不能再用顿号。

括号有圆括号和方括号两种，常用圆括号。如果有两类不同性质的夹注，可分别采用方括号和圆括号，以示区别。

（三）破折号（——）

破折号常用来表示文章中的注释部分，通常比较重要的注释部分用破折号；比较不重要的注释，没有它也不影响意义完整的用括号。如：

1. 我国古代的三大发明——火药、印刷术、指南针对世界历史的发展有伟大贡献。

2. 不料这秃儿却拿着一枝黄漆的棍子——就是阿Q所谓哭丧棒——大踏步走了进来。

破折号还可以表示语义的转换、递进、跃进或语音的中断、延长。如：

3. 我看你性情好像没有大变——鲁贵像是一个很不老实的人。

4. "嘟——"火车进了站。

例3破折号表示意思的转换，例4的破折号表示声音的延长。

破折号还可以表示并列项目，用来代替"一、二、三、四、甲、乙、丙、丁"之类。有时又用来表示相关的人或事物的联系以及时间、地点和数目的起讫。如抗日战争时期（1937——1945）、合肥——北京，

另外，文章的副标题之前有时也用破折号。

（四）省略号（……）

省略号表示文中的省略部分。一共六个圆点，占两个字位置。

1. 远处田野稻浪翻腾，棉海如银……一片丰收景象。

2. 孔乙己低声说道"跌断，跌，跌……"他的眼色，很像恳求掌柜，不要再提。

省略号还表示表示沉默，语气中断，欲言又止等。如：

穿长袍的问："这一位是……"

"我的兄弟"。戴礼帽的回答。

破折号也可以表示语言的中断，区别是：破折号表示语言戛然而止，省略号则表示余声未尽。

如果省略号前面是完整的句子，省略号放在句子之后，表示省略的是另一句，不是这一句的一部分。如果前面不是完整的句子，则直接用省略号。省略号后边一般不再用其他标点。

（五）着重号（.）

着重号表示文中特别重要或值得读者注意的字句，加在这些句子的下边。如：

1. 我夏秋两季看守庄稼。

2. 这个定律是两千多年前希腊学者阿基米德发现的，所以叫做阿基米德定律。

着重号表示要求读者特别注意的词句。

（六）书名号（《》〈〉）

表示书籍、篇章、报刊、剧作、歌曲等名称。如：

《林海雪原》（书名）　　《读者》（刊物名）　《风波》（篇章名）
《雷雨》（剧作名）《乡恋》（歌曲名）

书名号有《》、〈〉两种，一般习惯先用《》，《》号内如果需要再加书名号，就用〈〉。

如果书名后还有篇名，就在一个书名号的书名与篇名之间加一间隔号。如：《史记·项羽本纪》、《左传·宣公十二章》、《诗·郑风·风雨》。

（七）间隔号（·）

间隔号是一个圆点。表示间隔或分界。用在月份和日期、英译的名和姓、书名和篇名、词牌（曲牌）和词题的中间。如：

"四·一二"事变　　弗·伊·列宁　　《朝花夕拾·藤野先生》

（八）连接号（—）

表示把意义密切相关的词语连成一个整体。时间、地点、数目的起讫，人或事物的某种联系，都可以用连接号连接起来。连接号比破折号短，占一个字的位置。如：

1. 郭沫若（1892－1978），原名郭开贞，号尚武。

2. "合肥－武汉"特快列车就要开了。

（九）专名号（——、……）

表示人名、地名、国名、山名、河流名、机关团体名等，标在字的下边，一般只用在古籍或某些文史著作里面。为了和专名配合，这类著作里的书名号可以用波浪线。如：

屈原放逐，乃赋离骚，左丘失明，厥有国语。

最后再简单地说一说标点符号在书写时应当注意的几点：

1. 破折号和省略号可以放在一行的开头。

2. 引号、括号和书名号的前一半不出现在一行之末，后一半不出现在一行之首。

3. 其他符号一律不能放在一行的开头。

着重号是放在字的下面的，不受转行的限制。

思考题

1. 引号除了引用说话之外，还有什么作用？请举例说明。

2. 破折号和括号都解释说明行文中的语句，它们用法有什么区别？

3. 解释下列各段文字中每个标点符号的作用、理由。

（1）我们的孩子不会了解 19 世纪俄罗斯小说家的沉痛的话："我小时候就没有童年。"

（2）《母与子》的作者——法国著名作家罗曼·罗兰。

（3）屈原、司马迁、李白、杜甫等光辉的名字，像一颗颗美丽的宝石，嵌在中华民族的史册上。

（4）她一手提着竹篮，内中一个破碗，空的；一手拄着一支比她更长的竹竿，下端开了裂：她分明已经纯属是一个乞丐了。

4. 标点下列几段文字：

（1）焦裕禄同志调到兰考后　经过调查研究　找张副书记交换意见　他问　改变兰考面貌的关键在哪儿　张说　在于人的思想的改变　对　焦裕禄说　但是应该在　思想　的前面加两个字　领导　关键在于县委领导核心的思想转变　没有抗灾的干部　就没有抗灾的群众关键在这里　焦裕禄仅用了短短几句话　就把如此重大而复杂的问题说得一清二楚　内涵深刻　这才是简洁朴素的语言。

（2）1859 年达尔文出版了物种起源一书他以极其丰富的事实无可辩驳的证据指出现在的生物界不是上帝或神创造的而是由共同的最原始的祖先经过极其漫长的时间发展进化来的各种生物之间不是彼此孤立的而是有着或远或近的亲缘关系。

第八节　常见的语法错误

一、单句中常见的语法错误

语法错误是由于违反语法规则而产生的语言毛病。有语法错误的句子是不符合大多数语言使用者的语感的，也是不通顺的。

（一）用词不当

1. 实词运用不当

（1）名词、动词、形容词的误用。

名词、动词、形容词，常因不解词性和用法而误用。如：

名词误作形容词

①科学人才选拔赛深受重视，一直被人认为是此类科学奖中最荣誉的一种。

②祖国山河分外锦绣。

例①“荣誉”为名词，不能用程度副词“最”修饰。

例②也是名词误用为形容词，“锦绣”指精美鲜艳的丝制品。虽然有时作“山河”和“前程”等的定语，仍为名词，这里用程度副词“分外”修饰，像形容词那样作谓语是不妥当的。应改为“美丽”或“妖娆”。

名词误作动词

①一提到中医学，有些人就不免会疑问：“它是符合科学的吗？”

②他理想得到一份称心的工作。

例①“疑问”是名词，应改为“产生疑问”。

例② 将名词“理想”误用为动词，做谓语，应改为“幻想”或“希望”，也可以改成“他的理想是……”

（2）数词、量词使用不当

数词“二”和“两”表示数目相同，但用法不同。如：

①上学期他有二门功课考得不很好。

②全年任务的两分之一已经完成。

例①的“二”应该改为“两”，例②的“两”应该改为“二”。“二”和“两”的分布规律大致是这样的，单独用作度量衡量词时，除“二两”不能说成“两两”外，用“二”、“两”都可以。如果度量衡量词连用，前面一般用“二”、“两”都可以，后一个必须用“二”。如：“两块两角二分”。表示分数和序数用“二”不用“两”。

“俩”、“仨”是“两个”、“三个”的意思，下面句中的“俩”应该改为“两”。

他们俩个人说好来看我。

数目的减少不能用倍数，下面例句中的“两倍”应该改为“百分之五十”或“一半”。

这个月的生产成本比上月降低了两倍。

(3) 代词使用不当

使用代词要注意避免指代不明，人称不对，用错代词等语法错误，如：

①小吴和小陈是好朋友，在工作上她一直是支持她的。

②我站在窗前向广场看去，人们正在这里做工间操。

例①出现两个“她”，到底哪个指小吴，哪个指小陈不清楚。例②是近指远指代词错用，应把近指的“这里”改为远指的“那里”。

(4) 副词的误用

一种情况是不明词义，该用甲副词而用乙副词。如：

①她看完了演出再走的。

②今天下这么大雨，你果然还来了。

例①的“再”应为“才”，表示时间晚，例②的“果然”应为“居然”，表示出乎意料。

第二种情况是当用形容词而误用了副词。如：

①这种意外事故的发生是很偶尔的。

②他这种艰苦奋斗的作风是一向的。

例①的“偶尔”应改为形容词“偶然”，例②的“一向”应改为形容词“一贯”。

第三种情况是误用双重否定。如：

①难道谁能否认地球不是绕太阳转的吗？

②谁也不能不相信，语言不是交际工具。

双重否定表示肯定，三重否定仍是否定，使用多重否定的目的在于加强句子的语气。例①用了“否认、不”两重否定，又用“难道……吗”表示反问语气，也是一重否定，全句共有三重否定，表达意思不符合事理，应去掉否定副词“不”。例②有三重否定，意为否定，与要表达的原意不符，应去掉“不相信”或“不是”中的一个“不”。

2．虚词运用不当

（1）虚词用错，应用甲而误用乙。如：

①我根本分不出这种蘑菇是人工培植的或是野生的。

在否定句以及疑问句中，表达选择关系的连词不用“或”而应用“还是”。

②他把全部精力，做了他们能做的一切。

介词“把”后面的名词一般是后面动作的受事，这里明显在语义上表示“工具”，所以要改用“用”或“以”。

（2）时态失宜

①“了”和“着”

时态助词“了”表示动作的完成，“着”表示动作或状态的持续。

A. 采取岗位培养的办法，造就着一大批人才。

B. 他力图采取新的工艺，在艺能方面达到或超过了规定的指标。

A中的“造就”含有“结果”义，不宜用“着”。B句当中有“力图”，意思是尚未完成，不宜用“了”。

②“当”和“在”

“当……的时候”、“在……之前”、“在……之后”都表示两件事的时间关系。

A. 当她来到我们的驻地之前，我们并不知道有新的任务。

B. 在我们一来到比赛场地之后，记者们就围了起来。

A中“当”和“之前”的时态失宜。“当”应改为“在”。B中的“在……之后”或“在……之前”已成习惯，如“在我们出国之后”、“在我们出国之前”。其实，这个“在”是多余的。“在……之后”或“在……之前”加入“一”，时态就不调和了，或者删去“一”，或者说成“我们一来到比赛场地，记者们就围了起来。”

（二）成分残缺

句子的某些成分，在一定条件下是可以省略的。如果不符合省略的条件任意省略，致使句子缺少了某些必不可少的成分，这就叫句子成分残缺。

1．主语残缺

（1）经专家们讨论研究，一致认为这种治疗方法值得推广。

（2）杂技表演十分精彩，博得了全场的热烈掌声，对演出的成功表示祝贺。

例（1）由于用上介词“经”，缺了主语，删去“经”，让“专家们”

做前后分句的主语就行了。例（2）的末一分句缺主语。谁祝贺？应在“对”的前面添上“观众”或别的什么字眼。

还有暗中更换主语，造成主语残缺。如：那一天，老师在讲完课以后，我们才离开教室。句中“老师”是主语，下边出现的”在……以后“是谓语中的修饰语。话还没有说完，又出现了主语“我们”。可以把“老师在讲完课以后”改为“在听完老师讲课以后”。

2. 谓语残缺

谓语残缺或缺谓语中心，句子没有用来陈述说明的部分，或用来陈述说明的部分不完整。如：

（1）南堡人民经过一个冬天的苦战，一道 4 米高，20 米宽，700 米长的拦河大坝，巍然屹立在天目溪边。

（2）为适应改造老专业、建设和发展新专业的要求，我校要建立新的规章制度等一系列工作。

例（1）只说出主语“南堡人民”和状语“经过一个冬天的苦战”，就另起了一个头，致使谓语不完整。可把“经过”提到句首，用“经过南堡人民一个冬天的苦战”做状语，让“一道……大坝”做句子的主语。例（2）“建立新的规章制度”是动宾短语，似乎不缺谓语动词，但其后加上“等一系列的工作”，它便成了“一系列工作”的同位短语，全句还是缺谓语动词。改法有二：一是在能愿动词“要”之后加上“做好”；一是全句改为“……我校要建立新的规章制度，开展一系列工作。”

3. 宾语残缺

缺宾语或宾语中心。有的动词后面由于缺少动作行为所涉及的表示人或事物的词语，使表意不完整、不明确。如：

（1）从中西医结合到完成新医学的过程，必须是中医、西医、中西医结合三种力量同时发展，不断使中西医结合向深度、广度发展。

例（1）“是”的宾语缺少中心语“过程”。这是因为“中医、西医……向深度、广度发展”太长而给挤丢了，应在句末加“的过程”。

（2）《丝路花语》……用生动的艺术形象阐明了“历史悬明镜，强盛不闭关”。

例（2）“阐明”为体宾动词，要求实语是名词性的，因此要在句末加上“的真理”。

（三）成分搭配不当

搭配不当主要指句子成分之间的搭配，也包括句子成分内部词组成分间的搭配。造成搭配不当的原因是违反了词语组合的选择限制。

1. 主谓搭配不当

（1）她的崇高品质经常在我脑海中浮现。

（2）内容正确是衡量文章好坏的标志。

例（1）的主语“品质”是一种抽象事物，含有“抽象”这一语义特征。而谓语“浮现”则含有“形象”这一语义特征，因此不能搭配，可以把“品质”改为“形象”。例（2）谓语中涉及“文章好坏”两个方面，而主语只讲“内容正确”一个方面，显然缺少照应，应改为“内容正确与否是衡量文章好坏的标准。”

2. 动宾搭配不当

（1）她从小养成了好逸恶劳。

（2）中国队在比赛中发扬了自己的风格和水平，取得了冠军。

例（1）动词“养成”只能带名词性宾语，而“好逸恶劳”是动词性宾语，故不能搭配，应改为“养成了好逸恶劳的坏习惯。”例（2）宾语是一个联合词组，其中“风格”可与“发扬”搭配，“发扬”含有“发展、弘扬”的意思，具有“范围”特征，而“水平”具有“尺度、高低”特征，因而不能搭配，可去掉“和水平”或把“发扬”改为“打出”。

3. 修饰语和中心语搭配不当

（1）今后我要努力生活，报效伟大的祖国。

（2）老师笑得那么慈祥，笑得那么耐心。

例（1）“努力”具有“费力”特征，“生活”涵盖较广，既包括“费力”的“工作、学习”等，又包括“不费力”的“休息、娱乐”等，因此不能搭配，可把“生活”改为“工作”。例（2）谓语“笑”具有“愉快”的特征，而“耐心”具有“忍耐、禁受”特征，相互矛盾，应把“耐心”改为“开心”。

4. 主语和宾语不搭配，如：

（1）五月的合肥，是繁花似海，气候宜人的季节。

（2）她的革命精神，受到全国人民的爱戴。

例（1）为表示等同的字句，但主语“合肥”是“地方”，宾语“季节”是“时令”，互相不搭配，应把“五月的合肥”改为“合肥的五月”。例（2）的主语“精神”属于“抽象事物”，而定语“爱戴”的对象应是“人”。违反了选择限制，不能搭配，应把“爱戴”改为“景仰”。

（四）语序不当

这种毛病是指由于词语的位置放得不当，从而影响句子意思的表达，造成语法错误。

1. 定语和中心语的位置颠倒。如：

里屋北院上房，我们老两口住。

“里屋北院上房”应改为“北院上房里屋”，因为“北院”最大，“上房”次之，“里屋”最小，定语“北院上房”与修饰限制的中心语“里屋”位置颠倒了。

2. 定语错放在状语的位置上。如：

全体同学深刻的受到一次爱国主义教育。

把该做定语成分的“深刻的”放到“受到一次”之后。

3. 状语错放在定语位置上。如：

经过学习，大家普遍的觉悟提高了。

把该作状语的成分“普遍”错放到了定语位置上，应把“普遍”放到“提高”之前作状语。

4. 多层定语语序不当。如：

教师节时，我们拜访了为祖国培养了许多栋梁之材的那位老教授。

“老教授”是宾语中心词，前后有两个定语“为祖国培养了许多栋梁之材的”和“那位”，应将“那位”放在前面。

5. 多层状语语序不当。如：

这个文学社团是校学生会和校团委联合于上月底创办的。

表示时间的介词结构“于上月底”应提到表示情势的状语“联合”前边，文理才通顺。

（五）结构混乱

1. 句式杂糅

同一种意思，可以用几种句式表达，这是正常现象。可是，说话或写作时，把两种不同的句式糅在一起，纠缠不清，这就造成句式杂糅。如：

（1）班委会根据同学们的要求下，举办了一次舞会。

（2）这种新药一问世，即深受广大群众所欢迎。

例（1）要么说“根据同学们的要求”，要么说“在同学们的要求下”，现在各取两种格式一半杂糅，显然不妥，可以换成两种格式中的任何一种。例（2）为“深受……欢迎”以及“为……所欢迎”两种格式杂糅，可任选一种格式予以修改。

2. 两个分句糅成一个单句

分句之间的停顿用逗号或分号，如果误用并列成分的顿号，就造成分句糅合的毛病。如：（1）维生素A的最好来源是各种动物的肝脏、蛋黄、奶类和一些鱼类中也含有丰富的维生素A。

（2）张佩君除跳舞外，兼任报幕、开场、结尾的节目还得由她编导。

例（1）中把“维生素A的最好来源是……肝脏”和“蛋黄……中也有……维生素A”两个分句人为地糅合在一起成一个不通的单句，改“肝脏”后顿号为逗号，语病得以消除。例（2）中“张佩君……兼任报幕”和“开场……由她编导”是两个分句，各有主语，其间误用顿号，“兼任”一词一直管到“节目”，造成杂糅和搭配不当的双重毛病。

3. 前后该用同一种句式而杂用不同句式。如：

当上级宣布我们摄制组成立并交给我们任务的时候，我们大家既光荣又愉快的感觉是颇难形容的。

例句中“既光荣又愉快的感觉”是前一句的结尾，又是后一句的开头，牵连在一起，形成语病，而后又一句两种句式杂糅在一起。修改时，可以在“感觉”后加一个逗号，再加上“这种感觉”四个字。

（六）指代不明和数量混乱

1. 指代不明

（1）对偶尔失足的青少年，应耐心教育，不要歧视他们，这不利于帮助他们改正错误。

（2）浪费给我们带来了极大的损失，如果把它集中起来开个展览会，大家就会明白浪费就是犯罪的道理。

例（1）中的“这”指代不明。从文句的意思看，“这”似乎是指“对……青少年，应耐心教育”，或者是指“不要歧视他们”。这样，似乎上述两个方面都“不利于”青少年改正错误，显然不合情理。应该把“这”改为“否则会”。例（2）中的“它”指代不明，似乎是指上文的“浪费”，可是“浪费”怎么能集中呢。应该把“它”改为“浪费的物品”。

2. 数量混乱

（1）“以上”和“以下”

“以上”和“以下”是方位词，常用在量词短语后边表示概数。同时使用会产生概念不明确的毛病。

一点二米以下的儿童不买票，一点二米以上的儿童须买票。

"……以上"和"……以下"都包括本数，同时使用时，本数算在"以上"之内，还是算在"以下"之内？可以改为："一点二米以上儿童须买票，不满一点二米的不需买票。"

（2）差数和总数

"增加了……"指增加的数量，"增加到"指达到的数量，包括本数和增加的那部分数量。"降低了"和"降低到"的区别也是如此。前者指差数，后者指总数。

①今年第一季度的产量超过去年同期的八万盒，增加到百分之五十。

②采取新工艺，成本降低了一倍，定价也就合理。

例①中的"百分之五十"即四万盒，这绝不是产量的总数，而是增加的数量。应该把"增加到"改为"增加了"。例②倍数只能说"增加"，不能说"降低"。应该把"成本降低了一倍"改为"成本降低到一半"。

（3）概数

数词和数词短语后边接上"多"、"把"等助词或"以上"、"以下"、"左右"等方位词，都表示概数。概数不能混用。

①参加这次活动的有千多人左右。

②来的人大约只有三十上下。

例①中"多"表示余数不定，"千多"即比一千稍多一些。"左右"即接近某一数目，可能多一些，也可能少一些。"千多人"与"千人左右"也不能同时出现。例②中"大约"、"上下"重复，"只有"指确数，不宜与概数同现，可以改为"大约有三十多"。

（七）"把"、"被"误用

"把"和"被"同为介词，具有介词的一般语法特点。但介词"把"引进受事，"被"引进施事。"我把他批评了"和"我被他批评了"句型相同，但施受关系不一样。

"把……"和"被……"这两个介词短语都用在动词前边，这里的动词不能是单音节的光杆动词。我们可以说"请把门关上"，不能说"请把门关"。可以说"把衣服洗了"，不能说"把衣服洗"。可以说"衣服被雨淋湿"，不能说"衣服被雨淋"。可以说"代表被我们选出来了"，不能说"代表被我们选"。当然，一些熟语不受这个限制。

二、复句中常见的语法错误

（一）先后无序

复句，特别是多重复句，含义丰富，结构繁复，关系多样，在使用语句时，要注意前后文的内在联系，保持层次清晰，先后有序。例如：

1. 在抢险防洪的战斗中，经过三个多小时惊心动魄的和洪水搏斗，战士们奋不顾身地跳进汹涌澎湃的激流，保住了大堤，战胜了洪水。

2. 武汉长江大桥真宏伟啊，我不仅去过这座大桥，而且从电影了看见到武汉长江大桥。

例 1 应该是承接复句，但是次序混乱，按照事情发展的顺序重新调整为："在抢险防洪的战斗中，战士们奋不顾身地跳进汹涌澎湃的激流，经过三个多小时的惊心动魄的搏斗，终于战胜了洪水，保住了大堤"。例 2 后边两个分句之间的递进关系颠倒了，应该把次序调整一下使意思由一般到特殊，构成递进关系，应改为："我不但在电影里看到武汉长江大桥，而且还去过这座大桥"。

（二）因果失当

分句之间缺乏因果关系。例如：

1. 因为对语文学习缺乏正确的认识，所以至今我的写作水平仍然很低。

2. 他小学毕业，就回乡参加生产，所以很能干，也吃得苦。

例 1 前后两个分句没有因果关系，可以把前句改为"因为没有认真地学习语文"。例 2 分句之间没有因果关系，在第三分句前用上"所以"就变成了"很能干，也吃得苦"是"他小学毕业，就回去参加生产"的结果，这是不确切的，应该去掉"所以"。

（三）条件不符

复句的两个或两个以上分句意义必须通达，必须有一定逻辑联系，符合一定条件，否则就不能构成复句。例如：

1. 大家如果不认真学好语文，就不会有较高的思想水平。

2. 尽管工作不那么忙，时间不那么紧，每天都坚持自学日语。

例 1 推理错误，假设和结果二者不通达，"认真学好语文"和"思想水平较高"没有必然逻辑关系。可以把后一句改为"就不会有较高的写作能力"，那么与前一分句语义就合乎条件了。例 2 前边两个分句和第三个分句前后矛盾。"工作不那么忙"、"时间不那么紧"应该是有时间，有功夫学习日语的，前后不构成转折关系的条件。这句话可以改为："不管工作多么忙，时间多么紧，他每天都坚持自学日语"。

（四）关系不明

复句的两个分句或几个分句之间必须有密切的联系，明确的关系，否则不能构成复句。例如：

1. 中国人民是勤劳的，中国人民决心发展同世界各国人民之间的友谊。

2. 在上山的路上，我欣赏着四周的美景，又是一阵阵花香。

例1两个分句的意思互不相干，关系不明，要组成复句，需要改写。例2由于句式选择不当，造成语义失联。

（五）关联词使用不当

关联词语是复句的有机组成部分。一个复句，用不用关联词语，是单用还是成对地配合着用，用在什么位置上，都有一定的规则。例如：

1. 不管天气多么冷，同学们却能坚持到校。

2. 敌人的威胁不但不能使英雄屈服，激起英雄更大的愤慨。

3. 他不但是三好学生，而且是我们班长。

例1中关联词语搭配不当，“不管”应与“都”搭配，应把“却”改为“都”。例2缺少关联词语，根据复句的特点，如果本来应该用关联词语的，可是没有用，或者该使用成对的，却只用了一个，这样少了必要的关联词语，分句之间的关系就不清楚，意思也不明确。根据句意，应该在第二分句前加上“反而”与“不但”配对，使之成为递进关系的复句。例3滥用关联词语，不必用而用关联词语就会使句子显得啰嗦生硬，难以确切的表达意思。该句前后两个分句应是并列复句，并不构成递进关系，可以改为“他是个三好学生，又是我们班的班长。”

三、句组中常见的语法错误

（一）结构混乱

（1）我们每一个人都应该去植树，不能去毁树。（2）植树和毁树是一对矛盾。（3）要做到这一点是很不容易的。（4）现代社会上还有毁树的现象。

（1）句是句组的语意中心，（3）、（4）围绕这个中心所说，（2）跟前后句脱节，结构缺乏联系，故应删去。

（二）思路不清

（1）在一次与洪水的搏斗中，班长头部负了伤，因流血过多昏过去了。（2）战士们送他回去，他坚定地说：“不要管我，保护群众财产要紧！”

班长既然“昏了过去”，就不能说出神志清醒的话。如果说：“不要管我，保护群众财产要紧”是班长清醒后说的，应交代清楚。

（三）层次不明

客观现实之间的联系有一定次序，因此句组里先说什么后说什么也不是任意的，应做到层次分明。

（1）人们一般把火山分为活火山、死火山和休眠火山三类。（2）在人类历史以前爆发过，迄今为止没有爆发过的火山叫死火山；在人类历史中爆发过，以后长期处于平静，但仍可能爆发的火山叫休眠火山；经常的周期性喷发的火山叫活火山。

这个句组包含两句。前一句总说，提到三种火山；后一句有三个分句，分说三种火山，但没有按总说中的“活火山、死火山、休眠火山”的次序说，显得条理不清、层次不明。

（四）意义多层

（1）昨天晚上我们几个人去光明影院看电影。（2）六点出发。（3）去早了也没有意思。⑷影院门前人山人海。⑸我们在大门口检票后进场了。⑹没有票的不能入场。

例句中（3）、（6）是意义重复多余的话，应删去。

四、标点符号使用中出现的错误

（一）书写位置不合要求

1. 引号和点号的连用

凡是完整地照录别人的话，末了的点号放在引号之内；凡是把引文作为作者一句话的一部分，末了的点号放在引号的外面。

（1）俗话说：“到什么山上唱什么歌”。又说：“看菜吃饭，量体裁衣”。

（2）我们有些同志喜欢写长文章，但是没有什么内容，真是“懒婆娘的裹脚，又长又臭。”

例（1）是完整地照录别人的话，应把点号写到引号之内。例（2）引用一句话的一部分，点号应写在引号之外。

2. 括号同点号连用

他又要所有的草灰（我们这里煮饭是烧稻草的，那灰，可以做沙地的肥料，）待我们启程的时候，他用船来载去。

如果是老实地用最适当的字眼把你所看到的，想到的写出来，比较容易准确；一加不恰当的修饰，反而不准确了。现在一般的毛病是爱修饰，修饰的恰当当然好，修饰的不好可就糟糕了。（说到这里，郭老笑着对在做记录的两位女同志说：“比如女同志打扮得好的很漂亮，打扮得不好就糟糕了。”引得哄堂大笑起来。)

例句中逗号位置错误，应放在括号之外，因为括号表示文章中注释部分。注释部分可能是注释全句的，也可能是注释句中某一部分的。前者叫做句外括号，后者叫做句内括号。句内括号紧贴在被注释部分之后，倘若正文在这里该用点号，点号放在括号之后，括号内部可以有逗号或分号，但不能有句号，尽管已经是一个句子。句外括号前边正文的点号用在括号之前。括号内部如果是句子，可以用句号。

3. 省略号同点号的连用

①我在这里意外的遇见朋友了——，假如他现在还许我称他为朋友。

②总而言之，我将不能常到百草园了。Ade，我的蟋蟀们！Ade，我的覆盆子们和木莲们……！

例句中标号位置不当。不论是句中或句末，如果本来应该用点号的，应该用了点号后再加破折号或省略号。

破折号和省略号在书面形式上占两格地位。省略号后边也有人用上点号的。按理说，这个点号是不必要的，因为文字既然省略了，标点符号当然也可以省略。但是有些疑问句或感叹句用上省略号之后仍旧要用问号及感叹号。如：“难道你以为……?”、“这未免太……!?”此外，为了表示省略部分自成段落，下文同省略的意思不直接相连，省略号后边也可以用上个句号。

直行书写，点号都放在文字底下的右侧，着重号放在文字的右边，书名号放在文字的上下。书名号如改用竖浪线，就放在文字的左边。专名号也放在文字的左边。引号改用“，”，括号改用“，”，破折号改用竖线，省略号改为直行。

(二) 标点符号的误用

1. 在汉语里，一段话该分成几个句子，是有一些弹性的。现在的情况是在许多文章里，有该用逗号而用句号的情况。比如文章中用上了“虽然……但是”、“因为……所以”之类，当中就不能用句号点断。

2. 文章是让人读的，使用点号，还有破折号和省略号，应该力求与口语相应。如：

(1) 她一进门说了声：“大家都在等着你们呢！”就飞也似的跑开了。

(2) 我们的企业处在两种矛盾——企业利益与国家利益，个人利益与企业利益——之中，必须摆正其中的关系。

例 (1) 中，用冒号的地方没有停顿，这个冒号应该删去。引文不是单纯的感叹，是陈述句的一部分，应该删去叹号，同时在引号后边加上逗号。例（2）的破折号用在不能停顿的地方，最好要把句子改写一下：“我们的企业处在企业利益与国家利益、个人利益与企业利益这两种矛盾之中……”

3．使用标点符号要避免产生误解。如：

（1）针灸是我国医学遗产中的一个重要部分，自古以来，我国劳动人民就广泛采用，世界医学界也给予很高的评价。

（2）上车后，请即购票或出示月票，每人可免费携带1．2米以下儿童一人；儿童单独上车，须购车票，车票必须保留到下车。

例（1）中容易使人误解为“自古以来”世界医学界也给针灸以很高评价了，宜把第三个逗号改为句号。例（2）“车票必须保留到下车”并非专指单独上车的儿童，应该把“须购车票”后边的逗号改为句号。

思考题

1. 改正下列句子用词错误，说明改正的理由。

①村里人是那样爽朗，那样豪情，使我忘记了旅途的疲劳。

②能不能把事情办好的关键在于充分发挥群众。

③惜寸阴，惜分阴，宝贵自己的时间，这是我的座右铭。

2. 下面句子有无语法错误？如有，试加以改正并说明理由。

① 张军所以这般刻苦，是因为有种坚强的思想在支配他。

② 这次在工厂最后一天的劳动，是同学们最紧张、最愉快、最有意义的一天。

③ 伟大的思想家鲁迅在《祝福》中的祥林嫂是受封建礼教迫害的千百万妇女中的一个。

④ 从他身上，我们看到了许多党的工作者的光辉形象。

3. 修改下列复句，使之成为正确复句。

① 由于她骄傲自大以致成绩一落千丈。

② 倾听孩子提出的问题，那么就与孩子展开讨论，注意他的情绪。

③ 项羽面对生的希望却举起了一把自刎的剑，秋白在将要英名流芳时又举起了一把解剖刀，他们都将行将定格的生命的价值有又拊下了一层。

4. 指出下列句组的语病，并修改。

① 现在，考试是极为普通的事，学生有考试，职工有考试，干部也有

考试。因此，人们把考试看得十分重要。

② 有文凭的人可能没有才能，有文凭的人大致可以分为两种：一种是有文凭并且有才能；另一种是有文凭可能没有才能。

③ 小东是我的邻居，有丰富的钓鱼经验。今天的天气真好。吃过早饭，我们来到村外的小河边。他昨天约我去钓鱼。

5. 修改下列句子中的标点符号。

① 这里出产丰富。农产品有水稻、小麦、薯类、玉米、茶叶……等。

② 我接到一个电话，电话告诉我：他买好飞机票就要出国了。

③ 四月，正是鲜花盛开的时候，在杭州，西湖已经浓装打扮，迎接各地的游人。

第五章　修　辞

第一节　修辞概说

一、什么是修辞

无论说话，还是写文章，都是把语言材料组织起来，表达自己的思想感情，或者告诉别人一件事，说明一个问题，或者表示一个意见。语言材料很多，在表达的时候，有很大的选择余地。根据表达需要，精心选择语言材料，或者说，运用有效的语言形式来提高语言的表达效果的一个过程，就是修辞。

修辞有三层含义：一是指一种语言中加强表达效果所运用的方法和手段，也就是我们一般所说的修辞学研究的对象；二是指人们在语言实践中对各种加强语言表达效果的方法和手段的运用，这就是人们在说话和写作活动中的修辞活动；三是指根据表达需要运用有效的语言形式来改变语言的表达效果的现象及情况，这就是所谓的修辞事实。

传统的修辞是指比喻、夸张、拟人等修辞格，而随着语言的发展和语言研究的深入，当代意义上的修辞研究已突破传统意义上的词格范畴，并将修辞现象分为“积极修辞”和“消极修辞”两类。“积极修辞”是指运用各种辞格加强语言表达效果的方法和手段，与之相对的“消极修辞”是指运用诸如语音推敲、词语锤炼、句子选择、语体确立、段落以及层次安排等方法和手段加强语言表达效果的行为，即通常所说的“遣词造句”、“谋篇布局”。“积极修辞”侧重于形象思维，追求生动性和感染力；“消极修辞”侧重于逻辑思维，强调准确性和客观性。“消极”并非指其修辞效果消沉和具有否定意味，只是与“积极”相对而言的一种说法。“消极修辞”也称“一般性修辞”，“积极修辞”也称“特殊性修辞”。

语言中表达同样一个意思，可以有许多种不同的表达方式。例如：

一个人的死，价值有高低之分。（消极修辞）

一个人的死，或重于泰山，或轻于鸿毛。（积极修辞）

又如：

一提起她来，十里八村没有一个不说她漂亮的。（使用双重否定）

她长得鼻子是鼻子，眼是眼的，越端详越好看。（使用熟语描写）

她长得好像仙女一样。（明喻）

她长得简直就是个人样子。（暗喻）

都说王飞漂亮，她比王飞还漂亮。（衬托）

她可是百里挑一的大美人。（夸张）

就是咱公司的“七仙女”。（借代）

看见她一眼，这辈子就算没白活。（夸张）

她是现代的赵飞燕、东方的维纳斯、中国的戴安娜。（排比）

我们之所以要学习、掌握并运用修辞，这是因为：

修辞的目的在于提高语言表达效果。只有表达效果得到了提高，所说所写的才能更好地为他人所理解、接受；只有掌握了有效的修辞方法和手段，也才能帮助我们正确地理解他人的所说所写。

要提高语言的表达效果，必须运用有效的语言形式。有效的语言形式包括大量运用的“消极修辞”和“积极修辞”。大量运用有效的修辞方法和手段，可以有力地帮助我们圆满地完成交流思想的任务。

一种语言形式有效与否，是由表达的需要来决定的。某一修辞方法或手段，在某种语言环境中是最有效的，而在另一语言环境中就可能不合适。因此，好的修辞总是与特定的表达需要相适应的。

二、修辞的基本原则

修辞的基本原则可以用四个词、八个字概括：准确、鲜明、生动、形象。

原则是人们说话或行事所依据的法则和标准。从词汇学和逻辑学的角度看，这四个词的概念高度浓缩、外延极大，凡是符合“准确、鲜明、生动、形象”法则和标准的言行，都可以认为是遵守了修辞的基本原则的。原则的魅力在于它既是一种归纳和总结，又是一种方法论，人们透过原则可以在杂多中见一致：一条原则，包括的事例和现象是难以穷尽的。

运用修辞，除“准确、鲜明、生动、形象”基本原则外，还有一些法则和标准应遵循。

一是修辞是语言的实际应用，应当结合言语实践学习修辞；二是修辞是多种同义形式的最佳选择，应尽量掌握多种同义形式，这样才能保证有选择的余地；三是言语应用涉及包括对象、语境、内容、语体等方面，运用修辞格式和手段必须结合具体情况；四是修辞贵在创新，不论是语音、词语的锤炼，还是句式的选择及辞格的运用，都应当有新意，防止落入俗套。

三、修辞与语音、词汇、语法、逻辑的关系

语音、词汇、语法是语言的三要素，是语言学的三个分支学科。修辞和逻辑并不是同语音、词汇、语法并列的要素，而是从表达方法、表达效果即“好不好”、“对不对”的角度去研究语音、词汇和语法的运用。

修辞是对语言各方面的综合运用的研究，是语言学科的一个分支。它与语音、词汇、语法、逻辑密切相关，缺少其中任何一个方面，修辞就不可能是完美的。

（一）修辞与语音的关系

从语音角度看，语音修辞的核心是“调音”。“调音”就必然要涉及平仄、谐音、叠韵、拟声、双声叠韵、字调、语调、儿化韵及押韵等问题。通过语言形式所表现出来的抑扬顿挫的音律美、溢于言表的感情色彩以及特色鲜明的民族风格，正是语音修辞所欲达到的表达效果。这么看来，修辞的“好不好”与语音的“畅不畅”不无关系。

（二）修辞与词汇的关系

从词汇角度看，词汇修辞的核心是“遣词”。词汇研究的是词义、词的构成以及词汇的组成、发展和规范等问题。在修辞活动中，语言建筑材料的选用当然是个不容忽视的问题，从词语的同义手段选用的角度去研究词汇，诸如词类的选用、同义词的选用、多义词语的活用等问题，是词汇修辞最为关注的内容。这么看来，修辞的“好不好”与词汇的“精不精”不无关系。

（三）修辞与语法的关系

从语法角度看，语法修辞的核心是“造句”。只有造出合乎语法的句子，修辞才有意义。说写得合乎语法，才有调整、修饰和加工的必要，否则就是失去了“修辞”的前提。从同义手段选择的角度研究句子的表达效果及其修辞效果，诸如使用什么句型、选用哪种句式，用长句还是短句等，则是语法修辞研究的对象。这么看来，修辞的“好不好”与语法的“通不通”不无关系。

（四）修辞与逻辑的关系

从逻辑角度看，逻辑修辞的核心是“保正”。只有造出合乎逻辑的句子，修辞也才有意义。逻辑是研究思维和论证有效性的规范和准则的科学，传统上包括定义、分类和正确使用词项的原则，正确命题的原则，以及推理和论证的原则。修辞只有建立在这一系列原则的基础上，或者说，只有在合乎逻辑的言辞的基础上进行修辞，语言才能完成交流思想、表情达意的任务。这么看来，修辞的“好不好”与逻辑的“对不对”不无关系。

修辞、语音、词汇、语法、逻辑都是语言学的分支学科，它们研究的对象不同，所起的作用也不同。我们在学习和研究修辞过程中，必须注意修辞与语音、词汇、语法和逻辑之间的关系，明白它们既有联系又有区别、既不能混同又不能割裂的道理。

思考题

1. 语言中表达同样一个意思，有许多种不同的表达方式可供选择。为什么说，为了表达特定情境中的特定意义，在众多的方式中只有一种是最好的？

2. 修辞与语音、词汇、语法、逻辑之间是一种什么样的关系？

第二节　语音修辞

语音是语言的声音，是语言的物质外壳。语言是声音和意义的结合体，也就是说，既定的语音是与相应的词义结合在一起的，人类所要表达的意义通常只有借助声音才能体现出来。比如，我们听到别人说“xian dai han yu xiu ci”的声音，就能理解这是“现代汉语修辞”的意思。

每一种语言的声音都有其体系，不是任意音节凑合在一起就能够表达意思的；某一既定的意思也不是只有一种语音形式才能表达。用什么样的语音形式与词语配合，表达既定的意思，这其实就有个选择、协调、锤炼的问题。

在内容与形式统一，形式为内容服务的原则下，讲求语音的音韵美，即讲求语音修辞是必要的。语言的声音美体现在三个方面：一是音节整齐匀称，二是声调平仄相配，三是韵脚和谐自然。

一、音节整齐匀称

音节的整齐匀称，主要是指结构相似、音节数目相等。

音节整齐，可以使语言具有节奏感，增强语言表达的抒情色彩和感人力量。例如：

我爱我们祖国的土地！狂风曾来扫荡过它，冰雹曾来打击过它，霜雪曾来封锁过它，大火曾来烧灼过它，大雨曾来冲刷过它，异姓奴隶主的铁骑曾来践踏过它，帝国主义的炮弹曾来袭击过它。

句中的几个分句构成了结构相似、字数基本相同、音节整齐匀称的排比句，读来感情充沛，很有气势。

现代汉语双音节词占优势，古代汉语中的许多单音节词在现代汉语中也变成了双音节词。单音节词和双音节词的同义并存现象为我们合理安排音节提供了很好的基础。在选择过程中，我们可以交错运用单音节词和双音节词，也可以让同一个词的单、双音节形式分别出现，造成音节的既交错又匀称，使语言富有音乐的节奏感。例如：

他实事求是，不尚空谈，不说大话，脚踏实地，任劳任怨，总是把荣誉归于别人，把重担加于自己。他苦在人先，乐在人后，坚持同群众同甘苦、共患难。

读这一段文字，感觉起来是琅琅上口。原因何在？再读下面的一段：

他实事求是，不喜欢空谈，不说大话，脚踏实地，任劳任怨，总是把荣誉归于别的人，把重担加于自己。他苦在人先，乐在别人的后面，坚持同群众同甘苦、一起患难。

这段文字意思不难理解，但读起来缺乏美感。

当然，不能为求整齐匀称，任意增减音节。削足适履，会使句子变得生硬、不自然。

二、声调平仄相配

汉语语音声调有四声：阴平、阳平、上声、去声。也就是我们通常所说的第一声、第二声、第三声、第四声。平声即阴平、阳平，长而平缓，是扬；仄声即上声、去声，短而曲折，是抑。

平仄相配、抑扬顿挫是汉语语音修辞常用手法。

音节安排恰当，注意声调的平仄变化，念起来就不至于像僧敲木鱼，调门一律，可以收到波澜起伏、抑扬顿挫的表达效果，使语音和谐动听，富有音律美。例如：

虎踞龙盘今胜昔，天翻地覆慨而慷。

诗句的平仄是：仄仄平平平仄仄，平平仄仄仄平平。

赠送转业干部的纪念品上刻着“剑胆琴心，金戈铁甲”八个字。

“剑胆琴心，金戈铁甲”的平仄是：仄仄平平，平平仄仄。

有时为了求得音调的和谐相配，还可以适当改变词语的结构。例如：

环境幽雅的校园，绿树成荫，花坛巧布，彩练横空，千红万紫。

习惯的说法是“万紫千红”，但为了与上句在声调上相配，该成了“千红万紫”。这么一改，足见工夫。

三、韵脚和谐自然

声音美与押韵有密切关系。所谓韵脚和谐，就是把韵母相同或相近的字放在句子的末尾，也叫押韵。如果为了押韵而生拼硬凑所谓的韵脚和谐，就不自然了。

押韵通过同韵相押使句子的末尾字音回环反复，同音相应，给人以和谐悦耳的美感。诗歌是讲求押韵的。音节整齐匀称使得言语具有节奏感，若再安排好韵脚，言语就会和谐悦耳，琅琅上口。例如：

卑鄙是卑鄙者的通行证，
高尚是高尚者的墓志铭。
看吧，在镀金的天空中，
飘满了死者弯曲的倒影。

诗中的韵脚是“证”、“铭”、“影”，押“ing”韵。声韵和谐，悦耳动听。

有些散文是当诗歌来写的，为了加强表达效果，也很讲求押韵，虽然间隔可以长一些，音节上也可以不那么整齐匀称，但仍然可以让人感到韵律的回环美，给人以艺术般的享受。例如：

……灵车队，万众心相随。哭别总理心欲碎，八亿神州泪纷飞。红旗低垂，新华门前撒满泪。日理万机的总理啊，您今晚几时归。……

……您为祖国山河添光辉，您为中华儿女震声威，您不朽的业绩永世长存，您光辉的名字青史永垂。……

这两段文字，于疏散中见整齐，在自然里透严密，读起来很有美感。平仄相配例句中改“万紫千红”为“千红万紫”，是为了解决声调问题，而此例句中改“永垂青史”为“青史永垂”则是为了韵脚和谐。

思考题

1. 运用哪种修辞手法，可以将“他实事求是，不喜欢空谈，不说大话，脚踏实地，任劳任怨，总是把荣誉归于别的人，把重担加于自己。他苦在人先，乐在别人的后面，坚持同群众同甘苦、一起患难”这句话说得更好一些？为什么？

2. 我们平时所说的“抑扬顿挫”，其实就是语音修辞中的声调平仄相配。在语言现象中寻找一些根据这一手法说写出的实例。

第三节 词语修辞

汉语的词语是丰富多彩的，但是要把道理论述得缜密清晰，故事叙述得生动活泼，人物描绘得惟妙惟肖，并不是随便使用什么词语都可以的。只有从表达的需要和特定的语境出发，选择那些最准确、最生动的词语，把它们恰当地组织到句子里，才能收到最佳的表达效果。这就是词语的修辞。在汉语的多种修辞手段中，词语修辞是使用频率最高、表达效果最直接、最明显的一种，可以说是一种最重要的修辞手段。

词语修辞主要指词语的选择和配合。我们在表达某个意思的时候，可供选择的词语很多，但是在特定的题旨情境中，也只有一个词是最准确的、最恰当的。法国十九世纪现实主义作家福楼拜曾经这样说过：“我们所要表现的东西，这里只有唯一的字眼可以表现它，说明它的动作的只有唯一的动词，限制它的性质的只有唯一的形容词。”这就要求人们在词语的选择、加工和锤炼上下功夫。在特定的语境中，选用最准确的词语，能收到独特的艺术效果。

一、选用词语的要求

词语选择的一般要求是：弄清对象、准确朴实、简洁有力、新鲜活泼、形象生动。

（一）弄清对象

弄清对象是要求准确地把握词的含义，弄清楚它是否切合所写的对象，能否正确表现所写的事物，取得表情达意的良好效果。弄清对象，是恰当选择词语的前提。例如：

月光如流水一般，静静地泻在这一片叶子和花上，薄薄的青雾浮起在荷塘里。

朱自清伫立在荷塘边上，荷塘里的叶和花在月光下闪着光华，像水洗过的那么清朗闪光，荷塘周围树木阴翳，月光照射下来，犹如水的流泻而下。这个“泻”字紧扣“月光如流水”的比喻，不仅贴切地表达了站在塘边仰望月光的视觉感受，而且也反映了月下荷叶荷花的神采。然而月光毕竟不是流水，它有流泻的水的形，却无流水倾泻的声，所以作者在“泻”前特地加上一个“静静地”这个状语。这样，既写出了月光和流水的相似，又写出了两者的区别，把月下荷塘的光彩和静穆之美描绘出来了。

（二）准确朴实

准确就是词语的意义切合人物的思想感情，切合被描述的客观实际。准确是最基本的要求，它是词语选择的基础。朴实就是词语质朴通俗，明白易懂。朴实与生动是相辅相成的，一般来说，越是准确生动的用词，越应该是朴实的。例如：

①许多工夫，还无动静。国王首先暴躁起来，接着是王后和妃子、大臣、宦官们也都有些焦急，……（鲁迅《铸剑》）

②她的脑筋里，有个“媳妇样子”，是这样：头上梳个笤帚把，下边两只粽子脚，沏茶做饭，碾米磨面，端汤捧水，扫地抹桌……从早起倒尿壶到晚上铺被子，时刻不离，唤着就到；见个生人，马上躲开。（赵树理《孟祥英翻身》）

例①写国王看玩把戏，但等了“许多工夫，还无动静”，便发起脾气来。在小说原稿中，鲁迅用的是“急躁”，定稿时改为“暴躁”，“暴躁”含有“急躁”和“凶暴”的意思，这就恰如其分地表现了暴君的性格，用词非常准确。例②刻画的是孟祥英的婆婆，这段文字，“口语化而又艺术化”，特别是一系列的动词，都是口头语，念起来顺口，听起来好懂，精练、朴实、富于表现力。

（三）简洁有力

简洁有力，指词语运用要干干净净，决不拖泥带水，要力求以较少的词语表达丰富的内容。例如：

①有一条蚕，蹲在竹器的边缘，挺起胸，抬起头，一动也不动，他独个儿不吃桑叶。（《叶圣陶选集》1951 年版）

这段话作者在 1979 年删去了“他独个儿”，把后面两句改为“不吃桑叶，并且一动也不动”。因为前面已指明“有一条蚕”，再说“他独个儿”就显得累赘，删改后语句就更加简洁通畅。

用词简洁有力，还要做到以少胜多，以一当十。例如：

②主席也举起手来，举起他那顶深灰色的盔式帽。举得很慢很慢，像在举一件十分沉重的东西，一点一点的，一点一点的，等到举到头顶，忽然用力一挥，便停在空中，一动不动了。（方纪《挥手之间》）

例②中的“挥”字极富概括力，给人以无限的想像空间：一方面它十分传神地刻画出毛泽东临上飞机向送别群众深情告别的伟岸形象，另一方面，一个“挥”字仿佛也在暗示一些什么，如“果断决定”，“立即付诸行动”等。

（四）新鲜活泼

新鲜活泼就是所选用的词语要新颖独特、富有生气，令人耳目一新。例如：

①夜是母性的，雨也是，我遂在双重的母性中拥书而眠。（张晓风《夜雨》）

②那溅着的水花，晶莹而多芒……轻风起来时，点点随风飘散，那更是杨花了。——这时偶然有几点送入我们温暖的怀里，便倏的钻了进去，再也寻不着。（朱自清《绿》）

例①中的“母性”与“夜”，词语的配置，打破了常规，造成了一种“陌生化”的奇特效果，也艺术地表现了作者对外部世界的种种独特感受，诗性的阐释。例②“钻”字是个常用字，但用在这儿新鲜活泼。一般地说，水花不用“钻”来状写，作者却越出常规，以拟人手法把无生命的水花溅落到人身上而瞬间即逝的情景说成是有情有意有态的“钻”，不仅写活了水花，而且表现了人的欣喜之情，增添了许多鲜活之气。

（五）形象生动

形象生动就是词语能够把事物的形神或作者的思想感情栩栩如生地表现出来，从而吸引人、打动人。例如：

①他不回答，对柜里说，“温两碗酒，要一碟茴香豆。”便排出九文大钱。（鲁迅《孔乙己》）

②“阿呀阿呀，真是愈有钱，便愈是一毫不肯放松，愈是一毫不肯放松，便愈有钱……”圆规一面愤愤的回转身，一面絮絮的说，慢慢向外走，顺便将我母亲的一副手套塞在裤腰里，出去了。（鲁迅《故乡》）

例①“排”字，具体地表现了孔乙己在柜台上将铜钱一个接一个地按次序摆的动作，生动地体现了他有意让别人知道他此时有现钱，不愿再被别人嘲笑的内心活动。例②中，“愤愤”，表明杨二嫂要不到她所想要的木器家具而气恼；“絮絮”，写她一张利嘴还在继续发泄怨气；“慢慢”，点出她想伺机拿点小东西；“塞”传神地写出了她唯恐别人看见的心态。“愤愤”“絮絮”“慢慢”“塞”词，把一个爱占小便宜的小市民杨二嫂写活了。

二、选用词语的方法

选用词语的方法包括精心挑选词语和注意词语的配合两种。挑选词语有着眼于语义的，有着眼于声音的，其中声音的选择问题在“语音修辞”一节中已涉及到，这里只讲一下语义的选择问题。词语的配合指的是相同语素或同义词语的配合，以及色彩的配合。

（一）精心挑选词语

各类词语都需要认真选择，但应以动词、形容词、状态词为重点，还要理解掌握词语的移用、化用和仿用。

1. 注意动词、形容词、状态词的选用

选择意义恰当的词语，动词、形容词、状态词的选择最为关键。要把人或事物表现得具体形象、生动逼真，就必须在动词、形容词、状态词的锤炼上下功夫。名家对此都十分重视，取得了很好的表达效果。例如：

①池塘里绒被一样厚厚的浮萍，凸起来了，再凸起来，猛地撩起一角，唰地揭开了一片；水一下子聚起来，长时间的凝固成一个锥形；啪地砸下来，砸出一个坑，浮萍冲上了四边塘岸，几条鱼儿在岸上的草窝里蹦跳。（贾平凹《风雨》）

②远望天山，美丽多姿，那常年积雪高插云霄的群峰，像集体起舞时的维吾尔族少女的珠冠，银光闪闪；那富于色彩的连绵不断的山峦，像孔雀开屏，艳丽迷人。就在雪的群峰的围绕中，一片奇丽的千里牧场展现在你的眼前。墨绿的原始森林和鲜艳的野花，给这辽阔的千里牧场镶上了双重富丽的花边。（碧野《天山景物记》）

例①作者选用了一些富有表现力的词语来写景状物，给人以立体感。如“猛地撩起”、“唰地揭开”、“啪地砸下”等几个摹状拟声的状态词和表现行为的动词，具体生动地写出了狂风暴雨横扫一切，席卷天地的声势和摧枯拉朽、不可一世的淫威，使人如闻其声、如临其境。不着“风雨”二字，而风雨之声、之势、之态，栩栩如生，跃然纸上。例②中，同样说“美”，却用了四个不同的形容词，“美丽”统称一切漂亮的事物，用在文章开头，概括地写天山景物的好看；“艳丽”形容色彩鲜艳的美，用来写像孔雀开屏一样富于色彩的山峦，突出了它的鲜艳；“奇丽”是罕见的、意想不到的美，用来写雪山群峰围绕中居然有一大片牧场，突出惊奇之感；“富丽”是堂皇的美，能给这千里牧场镶上一重又一重美丽的花边，当然称得上“富丽”。这几个形容词恰到好处地描写了不同对象的不同特征，非常贴切。

2. 注意词语的移用、化用和仿用

将描写甲事物的词语用于描写乙事物，这种词语锤炼的方法就叫移用。例如：

①放眼2002年的北京，大片大片的四合院消失了，连胡同、里弄都整条整条地蒸发了。(《中国青年报》2002年8月14日)

②陈水扁的“台独”讲话引爆了近年来两岸最大的政治地震和国际风暴，余波难平。(《人民日报》2002年8月12日)

③这年我十八岁，我下巴上那几根黄色的胡须迎风飘飘，那是我第一批来这里定居的胡须，所以我格外珍重他们。(余华《十八岁出门远行》)

例①“蒸发”原指物理学中“液体表面缓慢地转化成气体”的过程，这里用来形容“胡同、里弄”等固体建筑物的变化消失的过程，令人耳目一新。例②“引爆”的本义是“用发火装置使爆炸物爆炸”，能与之搭配的往往是“炸弹”、“地雷”“原子弹”“瓦斯”等自身具有爆炸性质的事物，移用到政治领域，意为“使事物迅速、猛烈地产生或显露”，生动形象。例③“定居”本指在某个地方固定地居住下来（多指时常迁移的人）。这里却用来形容几根稀疏的胡须，活泼风趣。

将静态的事物转化为动态的事物加以描写，或将动态的事物转化为静态的事物加以描写，这种动静化用的方法就叫词语的化用。例如：

⑤我们上了半山亭，朝东一望，真是一片好景，茫茫苍苍的河北大平原就摆在眼前，烟树深处，还藏着我们的北京城。(杨朔《香山红叶》)

⑥大约三个月后，初稿完成了。我把它养在电脑里，不去看，也不去想。(毕淑敏《悲悯生命》)

例⑤登山而望“好景”尽收眼底，一个“摆”字化静为动，化平淡为神奇，别具匠心地写出了大自然的鬼斧神工。例⑥作者不说“存”却精心选择了动词“养”，使境界全活，情趣盎然。

化动为静就是把一个动作或一个过程的速度放慢，把它写成像电影中的“慢镜头”，甚至“定格”，把一个稍纵即逝的动的对象固定下来，像一幅抓拍的照片一样呈现给读者，以加强印象。例如通讯《“飞天”凌空——跳水姑娘吕伟夺魁记》写吕伟跳水的一刹那：

⑦轻舒双臂，向上高举，只见吕伟轻轻一蹬，就向空中飞去。有一瞬间，她那修长美妙的身体犹如被空气拖住了，衬着蓝天白云，酷似敦煌壁画中凌空翔舞的“飞天”。

这是一幅用语言描绘出的定格的画面，让读者能充分欣赏那快得难以看清的实际情形。

在一定语境中，根据已有的词语，相对应地仿照出一个新的词语，以取得讽刺、幽默等效果。这就叫词语的仿用。例如：

⑧对嘛，文化革命就是改造人的大革命。那几年，我不就被改造成家庭妇男了吗？不信，你问文婷，我什么不干？什么不会？（谌容《人到中年》）

⑨老杨同志道："你不懂只说你不懂，什么粗人不粗人？农救会根本没有收过一个细人入会！……"（赵树理《李有才板话》）

例⑧根据生活中常用的"家庭妇女"仿出违反常情的"家庭妇男"，表达出"我"的苦闷与不满。例⑨"粗"作粗鲁解，是它固有的意义，而"细"却失去了其原来的意义。很明显，"细人"绝不是腰肢细长的人，而是指有知识有文化温文尔雅的人。这是老杨同志反唇相讥时临时赋予它的意义，表示了厌恶、气愤的感情。

（二）注意词语的配合

词语的选择不是孤立进行的，因为一个词语用得好与不好，必须通过一定的上下文，也就是通过它和其他词语的配合才能显示出来。因而，选择词语时还要注意词语的配合运用。

1. 相同语素或同义词语的配合

先看同义词语的配合运用。

同义词语中，大多数是近义词语。这类词语在表达中是最值得注意的。

同义词语配合运用得好，可以准确地表现客观事物的特征，反映事物之间的细微差别。例如：

①第一间，盛着我们的爱和恨。对父母的尊爱，对伴侣的情爱，对子女的疼爱，对朋友的关爱，对万物的慈爱，对生命的珍爱。（毕淑敏《精神的三间小屋》）

这里，"尊爱"、"情爱"、"疼爱"、"关爱"、"慈爱"、"珍爱"近义词语的选择和搭配非常恰当准确，十分有效地写出了爱的细微差别。

同义词语的配合使用，可以更好地抒发人物的思想感情，还可以使语言富于变化。例如：

②这并非为了别的，只因为两年以来，悲愤总时时来袭击我的心，至今没有停止，我很想借此算是竦身一摇，将悲哀摆脱，给自己轻松一下，照直说，就是我倒要将他们忘却了。（鲁迅《为了忘却的纪念》）

例②中的"悲愤"是说由悲痛而产生对反动派的愤怒，"悲哀"则是对革命者牺牲的悲伤和哀痛，爱憎分明，感情强烈。

同义词语连用，可以加重语势，达到强调的目的。例如：

③对同志对人民不是满腔热忱，而是冷冷清清，漠不关心，麻木不仁。(毛泽东《纪念白求恩》)

例③“冷冷清清”、“漠不关心”、“麻木不仁”这三个同义词语连用，突出了某些人对同志对人民极端冷漠的态度，加重了批评的语气。

为了准确、简练、生动的表达，有时还可以用部分语素相同的词，让它们配合运用，紧相呼应。例如《阿Q正传》第六章，鲁迅写阿Q回未庄讲述自己一段“不平常”的“经历”时，特意选用“肃然”、“赧然”、“凛然”、“悚然”、“欣然”等五个都有语素“然”的词。“肃然”是尊敬的样子，“赧然”是因羞愧而脸红的样子，“凛然”是令人敬畏的样子，“悚然”是恐惧的样子，“欣然”是高兴的样子。鲁迅选用这五个词，非常生动地反映了阿Q讲“中兴史”时的严肃气氛和听众们的情绪的变化：听众们听到阿Q竟然能到举人老爷家里帮忙时，都不免肃然起敬；听到城里连小乌龟子都会叉“麻将”而且叉得精熟时，又自愧不如，面有赧色；听到杀革命党时，难免有些惊恐；最后看到阿Q扬起手来模仿杀头的动作，直劈下去时，大家都有些神情恍惚，仿佛自己置身刑场，不免大吃一惊，但再一看，原来是劈在王胡须上，而且王胡须一“惊”一“缩”颇为滑稽，自然又哄然大笑，十分高兴了。这五个都有语素“然”的词在文章中前后呼应，配合使用，收到了很好的表达效果。

2. 色彩的配合

词除了表示词汇意义外，往往带有感情色彩和语体色彩。选择词语时，还得注意色彩的配合，也就是说在一定的语境中，应根据表达内容的需要，选用色彩相协调的词语，以收到良好的表达效果。

(1) 感情色彩要鲜明

词语的感情色彩，即词语的褒贬色彩。恰当地选用褒义词和贬义词有助于表达鲜明的立场、观点和爱憎感情。例如：

①我已经说过：我向来是不惮以最坏的恶意来推测中国人的。但这回却很有几点出于我的意外。一是当局者竟会这样地凶残，一是流言家竟至如此之下劣，一是中国的女性临难竟能如是之从容。

我目睹中国女子的办事，是始于去年的，虽然是少数，但看那干练坚决，百折不回的气概，曾经屡次为之感叹。至于这一回在弹雨中互相救助，虽殒身不恤的事实，则更足为中国女子的勇毅，虽遭阴谋秘计，压抑至数千年，而终于没有消亡的明证了。倘要寻求这一次死伤者对于将来的

意义，意义就在此罢。（鲁迅《纪念刘和珍君》）

这里对“当局者”、“流言家”用了贬义词“凶残”、“下劣”、“阴谋秘计”、“压抑”，而对刘和珍等爱国青年用了“从容”、“干练坚决”、“百折不回”、“气概”、“殒身不恤”、“勇毅”等一系列褒义词，鲜明地表达了鲁迅的爱憎。

褒贬词语选用不当，容易引起误解，甚至会使人感到爱憎颠倒，立场模糊。例如：

②她非常敬佩地看着老师在讲台上喋喋不休地讲着历史故事。

例②中“喋喋不休”含有贬义，用于她“敬佩”的老师，爱憎感情就颠倒了，可改为“滔滔不绝”。

汉语中，有很大一部分词语不带感情色彩，是中性词语，运用得恰当也能充分表达作者的感情。如副词“简直”，本身无褒贬含义。鲁迅在《中国人失掉自信力了吗》一文中说：“说中国人失掉了自信力，用以指一部分则可，倘若加于全体，那简直是诬蔑。”从鲁迅手稿中可以看到，原来没有“简直”，后来加上“简直”，突出地表达了作者气愤的感情。

（2）语体色彩要协调

语体有口语和书面语之分，书面语又有文艺语体、科技语体、政论语体和公文语体之分。语体色彩的配合，就是要求所选用的词语要和所使用的语体相适应相协调。

口语词通俗活泼，书面语词庄重典雅。一般说来，文艺作品使用带有口语语体色彩的词语多一些，理论文章、公文使用带有书面语语体色彩的词语要多一些。例如：

①满脸浑身血道道，
　皮破肉烂不忍瞧。
　（李季《王贵与李香香》）

②人民解放军百万大军，从一千余华里的战线上，冲破敌阵，横渡长江。西起九江（不含），东至江阴，均是人民解放军的渡江区域。（毛泽东《人民解放军百万大军横渡长江》）

例①是长篇叙事诗中王贵被地主崔二爷毒打的描写，用的是口语色彩的词语。例②中的“余”、“敌阵”、“含”、“至”、“均”等文言词语，以其简洁、庄重的语体色彩和电文这种公文事务语体相适应，使表意更加精确严密。

有时候，为了取得某种修辞效果，故意在口语语体作品中，插入书面语色彩很强的词语，或者在书面语语体作品中，插入口语色彩很强的词语。例如：

③热烈欢迎省卫生检查团莅临我市指导工作。

④白下区采取让青年人才小步快跑、前排就座的方法，吸引青年知识分子到经济建设和社会主义事业发展的主战场上建功立业。

例③虽为口头致辞，但“莅临”词语的使用，可以适当地表示对对方的尊重，体现表达者的郑重。例④口语词“小步快跑、前排就座”用在调查报告中，十分形象地道出了激励知识分子建功立业的方法。

如果不是表达的需要，没有特别的表达效果，不要在一种语体作品中用上另一种语体色彩的词语，不然就会产生语体不协调的毛病，显得不伦不类。例如：

⑤我一个暑假阅读了三册新小说。

例⑤的“阅读”、“册”，是书面语词，用在口语色彩相当浓的上下文中，语体色彩很不协调。把“阅读”、“册”换为“读”、“本”，语体色彩就协调了。

思考题

1. 为什么要重视词语的选择？请结合实例谈谈体会。

2. 选择词语应该从哪些方面入手？应该达到什么样的要求？

3. 比较下列例子中的“原句”和“改句”，谈谈为什么要这样改。

（1）原句：风吹雨打，从不改色；刀砍火烧，从不低头。

改句：风吹雨打，从不变色；刀砍火烧，永不低头。

（2）原句：在朝鲜的每一天，我都被一些东西感动着。

改句：在朝鲜的每一天，我都被一些事情感动着。

（3）原句：在我所认为我师的之中，它是最使我感激，给我奖励的一个。

改句：在我所认为我师的之中，它是最使我感激，给我鼓励的一个。

4. 请指出下面各句用的不妥的词语，加以修改，并作简要说明。

（1）五月的江南是美丽的季节。

（2）塞伽·夏定博士发现了人造胃管。

（3）这里也许很小，却装下了大千世界，浓缩了浩渺历史。

（4）我们要抓紧工作以外的休息时间进行个人的自学。

（5）从明天起开始下乡劳动。

（6）出版社已经决定将我的一本拙作再版一次。

第四节　句子修辞

句子是能够表达一个完整意思的言语单位。在书面上，句末一般用句号。由于表达疑问、祈使、感叹等语气的需要，也可以用问号或感叹号。

说话、写文章都是为了表达思想感情，达到交际和交流思想的目的。每一句话，都是交际和交流思想的一个基本单位。因此，一个句子，不管是告诉别人一件事，问别人一个问题，要求别人做什么，还是就某种事实抒发自己的感慨，都得体现某个意图，能够表达一个完整的意思。为了做到这一切，写好句子、用好句子，是非常重要的一个环节。它不仅涉及到语音、词汇和语法问题，还与修辞密切相关。

句子修辞主要有以下手段和方法。

一、调整语序

（一）主语谓语的倒装

常规句又叫常式句，倒装句又叫变式句。

一般情况下，常规句的主语、谓语、宾语、定语、状语、补语和中心语等句子成分在句法结构中都有相对确定的位置：主谓结构中主语在谓语之前，述宾结构中述语在宾语之前，述补结构中述语在补语之前，偏正结构中定语或状语在中心语之前。例如：

北京是中国的首都。

观众们为芭蕾舞演员的精湛技艺鼓掌喝彩。

而倒装句句子成分的位置已发生了变化。它将“主＋谓”的一般语序倒置，就是所谓的主谓倒置。主谓倒置常见于疑问句、祈使句、感叹句中。主谓倒置的目的是强调突出谓语部分表达的意思。例如：

怎么了，你？

·强调突出说话人的疑问。

再见吧，妈妈！军号已吹响，钢枪已擦亮，行装已背好，部队要出发。

·强调突出说话人的心情。

多么壮丽呀，祖国的河山！

·强调突出说话人对事物的感受。

主谓倒装，有时是由于说话者心急，就把句中最重要的谓语部分先说出，然后再补出主语。有时是为了强调谓语而有意采用这种句式。

倒装的主语和谓语之间，在口头表达上有明显的停顿，书面上常用逗号表示。它可以无条件还原为“主＋谓”结构，还原后主谓之间可以不用逗号。

（二）修饰语和中心语的倒装

定语、状语的正常位置是在中心语的前面。例如：

他击毙了五十多个敌人。

我要那个纸做的杯子。

他从大洋彼岸的美国回来了。

为那些喜结良缘的年轻人祝福吧！

如果次序相反，就是定语、状语后置。定语倒置具有补充说明、强调突出的作用；状语倒置则具有强调突出状语所表达的意思，并使所说的话富于感情。例如：

他击毙了敌人五十多个。

·定语倒置，补充说明击毙敌人的数量。

那个杯子，纸做的，我要。

·谓宾倒置，强调突出所要的物品；定语倒置，强调突出物品的材料属性。

他回来了，从大洋彼岸的美国。

·状语倒置，强调突出来自何方。

昨晚，他乘飞机从大洋彼岸的美国赶回来了。

·状语倒置，强调突出时间。

祝福吧，为那些喜结良缘的年轻人！

·状语倒置，强调突出目的。

定语、状语后置，有时是使这些后置的成分更加突出，给人留下深刻的印象。有时是为了调整句子结构，使语言简洁有力，避免臃肿。

凡是倒装的定语，都可以无条件地还原，不需添删任何字；倒装的状语，也都可以无条件还原，但它的前面一定要有停顿，书面上用逗号表示出来。

（三）偏正复句中分句的倒装

复句通常有相对稳定的语序，以偏正复句为例，它通常是“前偏后正”——如在语序上变换为“前正后偏”，则成为所谓的“偏正复句中分句的倒装”。

“偏正复句中分句的倒装”可以起到突出强调正句所要表达意思的作用。例如：

我们之所以能够取得优异的成绩，是由于平时舍得下工夫。

宽带互联网与无线互联网之所以缺乏竞争力，是因为缺乏国外风险资本的支撑。

·倒置了因果复句正常的语序。因果复句正常的语序是：

因为平时舍得下工夫，所以我们能够取得优异的成绩。

由于缺乏国外风险资本的支撑，所以宽带互联网与无线互联网缺乏竞争力。

又如：

要把事情办好，只有依靠广大人民群众。

·倒置了条件复句正常的语序。条件复句正常的语序是：

只有依靠广大人民群众，才能把事情办好。

又如：

消费者永远也改变不了被损害的地位——如果所谓集体、法人的利益总是“重如山”，个人的利益总是“轻如毛”的话。

你应该时时严格要求自己，即使没人提醒。

·倒置了假设复句正常的语序。因果复句正常的语序是：

如果所谓集体、法人的利益总是“重如山”，个人的利益总是“轻如毛”，消费者永远也改变不了被损害的地位。

即使没人提醒，你也应该时时严格要求自己。

又如：

父亲能写一手好字，虽然他的文化不高。

我依然穷其心力来守护和经营自己的心灵家园——尽管穷得叮当响。

·倒置了转折复句正常的语序。转折复句正常的语序是：

父亲的文化不高，但是能写一手好字。

尽管穷得叮当响，我依然穷其心力来守护和经营自己的心灵家园。

又如：

每逢周末，团支部都举办舞会或联欢活动，好让大家尽情领略生活的快乐。

她与同事调了班，为的是下午陪妈妈去逛街。

·倒置了目的复句正常的语序。目的复句正常的语序是：

为了让大家尽情领略生活的快乐，每逢周末，团支部都举办舞会或联欢活动。

为了下午陪妈妈去逛街，她与同事调了班。

二、短句和长句的选用

（一）使用短句

短句表意简短、生动、明快、有力，叙事简明，抒情强烈激越。短句常用于口语中，文艺作品一般也多用短句。例如：

啊，美，伟大的美，令人陶醉的美。

“美”这个名词和“伟大的美”、“令人陶醉的美”两个偏正短语构成了具有递进关系的感叹句，简洁明了，表达了作者对日出美景的赞叹。

又如：

有个农村叫张家庄。张家庄有个张木匠。张木匠有个好老婆，外号叫“小飞蛾”。小飞蛾生了个女儿叫“艾艾”，算到1950年正月十五元宵节，虚岁20，周岁19。庄上有个青年叫“小晚”，正和“艾艾”搞恋爱。故事就是出在他们两个人身上。

这段文字没有任何修饰语句，只使用短句平铺直叙，却收到了简洁、明快，清晰利落的表达效果。

（二）使用长句

长句一般多出现在政论、科技等语体中。例如：

事实表明，不触动封建根基的自强运动和改良主义，旧式的农民战争，资产阶级革命派领导的民主革命，以及照搬西方资本主义的其他种种方案，都不能完成救亡图存的民族使命和反帝反封建的历史任务。

这是一个长句。主语是“事实”，谓语中心语“表明”的宾语很长：“不触动封建根基的自强运动和改良主义，旧式的农民战争，资产阶级革命派领导的民主革命，以及照搬西方资本主义的其他种种方案，都不能完成救亡图存的民族使命和反帝反封建的历史任务”。

文学作品也有采用长句形式的。例如：

每逢看到了欣欣向荣的庄稼，看到刚犁好的涌着泥浪的肥沃的土地，我的心头就涌起像《红旗歌谣》中的民歌所描写的——“沙果笑得红了脸，西瓜笑得如蜜甜，花儿笑得分了瓣，豌豆笑得鼓鼓圆”这一类带着泥土、露水、草叶、鲜花香味的大地的情景。

这个长句子用了复杂状语：“每逢看到了欣欣向荣的庄稼，看到刚犁好的涌着泥浪的肥沃的土地”；句子中宾语“情景”的定语很长，“像《红旗歌谣》中的民歌所描写的——‘沙果笑得红了脸，西瓜笑得如蜜甜，花儿笑得分了瓣，豌豆笑得鼓鼓圆’这一类带着泥土、露水、草叶、鲜花香味的大地的”共有四个修饰限制的成分，具体、细致、明确、生动地描写了“我”心头涌起的情景，使读者如同身临其境，充分地领会作者对土地的深厚情感。

（三）长句和短句的转化以及长短句的连用

1. 长句和短句的转换

长句和短句是相对而言的，词语多、结构复杂的句子就是长句；词语较少、结构简单的句子就是短句。长句和短句各有特点，表达效果也各有不同：长句能使表达严密、精确、细致，使条理贯通、气势畅达，适宜于政论性的文章和在文学作品中描写自然景色、心理活动的内容；短句节奏短促、干脆利落、简洁明快、生动活泼，适宜于叙述性的文章，尤其适宜于表现紧张的气氛、激越的情绪、坚定的语气等。

（1）长句变短句。长句变短句，首先要认清长句的特点。长句的特点一般有三：一是修饰语（定语、状语）多，二是并列成分多，三是某一成分的结构比较复杂。根据这些特点，我们还可以用以下办法：

①先抓住句子的主干，明确句子的中心、意思，然后抽出附加成分，将它们变成按时间先后顺序排列的短句。例如：

巴尔的摩地方法院 1987 年 5 月 30 日裁决亚特兰大市一个生产据称“能使头发卷曲而发亮”的美发剂的制造商向一位使用该厂生产的美发剂而毁发毁容的妇女赔偿 45 万美元巨款。

经过分析，我们归纳出这长句的主干是“巴尔的摩地方法院裁决一制造商赔偿巨款”；然后，我们把修饰成分按时间先后排列组合，这个长句就可变为下列短句：

亚特兰大市一制造商，生产了一种据称“能使头发卷曲而发亮”的美发剂，一位妇女因使用这种美发剂而毁发毁容。1987 年 5 月 30 日，巴尔的摩地方法院裁决该制造商向这位妇女赔偿 45 万美元。

②抽出句子的主干，让并列的修饰语分别变成分句。例如：

今后一个时期，我们要抓紧进行机构改革和经济体制改革，实现干部队伍的“四化”，建设社会主义精神文明，打击经济领域和其他领域内破坏社会主义的犯罪活动，在认真学习新党章的基础上，整顿党的作风和组织这五项工作。

可改为：

今后一个时期，我们要抓紧五项工作：进行机构改革和经济体制改革；实现干部队伍的“四化”；建设社会主义精神文明；打击经济领域和其他领域内破坏社会主义的犯罪活动；在认真学习新党章的基础上，整顿党的作风和组织。

③抽出复杂的修饰成分中的一部分，改为复句里的单句，再让其他的修饰成分分别作分句。例如：

在牧场上，经常可以看到一个骑着枣红马，穿着蓝色蒙古袍，腰间系着豆绿腰带，身上背着红十字药箱的青年。

可改为：

在牧场上，经常可以看到一个骑着枣红马的青年，他穿着蓝色蒙古袍，腰间系着豆绿腰带，身上背着红十字药箱。

(2) 短句变长句。短句变长句的方法与长句变短句的方法相反，可先找出几个短句陈述的主要内容，再找出其共有的部分作为句子的主干，然后把几个短句中的其他内容变为长句里按一定顺序排列的修饰成分；或把短句中分别与中心语搭配的修饰成分合并在一起与中心词搭配。例如：

他们都是应届毕业的大学生，他们怀有远大的理想而又德才兼备，他们志愿到祖国最需要的地方去，把青春献给伟大祖国。

可改为：

他们都是怀有远大理想而又德才兼备、志愿到祖国最需要的地方去、把青春献给伟大祖国的应届毕业的大学生。

长句变短句或短句变长句时，应注意：句子内容不能省略，不能改变，可以调整语序，增删个别词语，不能有语病。

长句和短句的变换方法也适宜于单句和复句的变换。因为长句变短句就是把原来单句中的修饰成分变成一个或几个句子，这些句子与原来句子的主干部分组合在一起，也就成了一种复句的形式；反过来，短句变长句，也主要是把复句形式的几个句子组成结构复杂的单句。

三、肯定句和否定句的选用

(一) 肯定句的表达特点

肯定句是对事物做出肯定判断的句子。如：

他是大学生。

这是任何人都明白的道理。

否定句是对事物做出否定判断的句子。如：

他不是大学生。

这是任何人都不明白的道理。

肯定句和否定句语义的轻重强弱有差别。

表达同样的意义，可以使用肯定句，也可以使用否定句。肯定句语义要重一些、语气强一些；否定句语义轻一些，语气比较缓和。例如：

你要知道，孤芳自赏、不交朋友，这样的人是不会快乐的。

这是一句否定句。如果换成肯定句表达，结果就是：

你要知道，孤芳自赏、不交朋友，这样的人是会吃苦头的。

两者相比，“不会快乐”比“会吃苦头”更加委婉、含蓄，语气相对较缓和，而“会吃苦头”则更直接，语气更强，甚至还有些武断。

（二）单重否定与双重否定

单重否定句是只用一个否定词的否定句。单重否定句如果与肯定句并用，形成鲜明的对比，所表达的意思就会更加明确，语气会更强烈。例如：

他们不是喝血者，不是寄生虫，不是强盗，也不是懦夫；他们是真正的人，大写的人。

“不是喝血者，不是寄生虫，不是强盗，也不是懦夫”这四个分句是为了衬托后面肯定的分句“他们是真正的人，大写的人”，从而增强肯定的意义和语气。

双重否定属于否定句中的一种，它是含有两个否定词的句子。双重否定表示肯定的意思，比一般肯定句表达的语气更强烈。例如：

你倘若要成为一个优秀的人才，非努力学习不可。

“非……不可”是双重否定，突出强调了“必须学习”。

这样的事情并非没有先例。

“并非没有”双重否定的使用，意思是肯定了“有这样的先例”，增强了语气。

再看三个双重否定句：

这是任何人都不能不承认的真理。

这是任何人都无法否认的真理。

这是任何人都不能否认的真理。

四、主动句和被动句的选用

1. 句中主语表示动作或行为的施事，这种句子叫主动句。例如：

我们把困难克服了。

句中主语表示动作或行为的受事，这种句子叫被动句。

困难被我们克服了。

2. 如果要突出主动者，可以用主动句式；如果要突出被动者，则用被动句式。例如：

风卷着雪花，狂暴地扫荡着山野、村庄，摇撼着古树的躯干，撞开了人家的门窗，把破屋子上的茅草大把大把地撕下来向空中扬去，把冷森森的雪花撒进人家的屋子里，并且在光秃秃的树梢上怪声地怒吼着、咆哮着，仿佛世界上的一切，都是它的驯顺的奴隶，它可以任意地蹂躏他们，毁灭他们……

这段话连用一系列主动句，生动地描写风雪肆虐的情景，突出地表现了风雪的无情、冷酷，衬托出了冬日的寒冷、萧索。如果改成被动句，则会是另一种效果。例如：

雪花被风卷着，山野、村庄被风雪狂暴地扫荡着，古树的躯干被摇撼着，人家的门窗被撞开了，破屋子上的茅草被大把大把地撕下来扬向空中，人家的屋子里被撒进了冷森森的雪花，风在光秃秃的树梢上怪声地怒吼着、咆哮着，仿佛世界上的一切，都是它的驯顺的奴隶，可以被它任意地蹂躏、毁灭……

主语成了山野、村庄、古树的躯干、门窗、茅草等，整个场景显得寒冷、萧索，突出地表现了山野、村庄、古树的躯干、门窗、茅草等的孤单、无助、弱小、可怜等。

五、设问句和反问句的选用

（一）设问句

在阐明观点之前，有意先提出问题，以引起人们注意和思考，这是设问。用来设问的问句，就是设问句。比如：

最深刻的感受是什么呢？是美，是一种特别的美，充满了诗情画意的美。

设问句重要的不在于前面的提问，而在于后面的回答。先提出问题，是为了引起注意和思考，使后面的回答给人留下更深刻的印象。

文章的标题或开头用设问句，能够启发读者思考，便于读者更好地领会文章的内容和中心思想。

前者是简单的陈述，读者是被动地接受；后者的疑问引发读者主动的深深的思考，同时又能在句子中找到答案。

（二）反问句

用疑问的形式表示确定的意思，以加强语气，这是反问。用来反问的

第五章 修辞

问句就是反问句。

反问句表面看来是疑问的形式，但实际上表达的是肯定的意思，答案就在问句之中。

反问的形式比一般的陈述句语气更强，更能引起人们的思考。比较下面两个句子：

你可以说他是中国人走向现代的起点，但是，哪一个民族走向现代时的步履也不会像在上海那样匆促、慌张、自怯、杂乱无章。

你可以说他是中国人走向现代的起点，但是，哪一个民族走向现代时的步履会像在上海那样匆促、慌张、自怯、杂乱无章？

第一个句子是一个否定陈述句，第二个句子是一个反问句。前者是简单的陈述，读者是被动地接受；后者的疑问引发读者主动的深深的思考，同时又能在句子中找到答案。在语气上，后者比前者更强烈，给人留下的印象更深刻。

六、句子语气的选用

语气是说话的口气，表示陈述、疑问、祈使、感叹等类别的语法范畴。句式的变换，变的是句子的形式和语气，句子表达的意思要保持不变，选用的句式要保持陈述对象的一致性，保持感情、语气的一致性。句子语气的选用其实就是变换陈述、疑问、祈使、感叹等句子的形式。例如：

他是一个好学生。

这个陈述句变换语气后，若变换为否定句，句子表达的意思就不对了：

他不是一个好学生。

而应该变换为：

他不是一个坏学生。或：没有人不说他是一个好学生。

七、整句和散句的选用

结构相同或相似的一组句子叫整句；相反，结构不整齐、各式各样的句子交错运用的一组句子叫散句。整句主要是排比、对偶句等；散句主要是长句短句交错、非排比句、非对偶句等。整句改为散句是将整句中重复使用的提示词去掉，使相关内容变为细小成分。散句改为整句则要加上重复使用的词语，使之和相关内容构成整齐句式；或将句中不太整齐的并列部分修整，分别组合，变为排比句或对偶句。例如：

花园里开满了红、黄、白三色鲜花。风儿一吹，犹如跳动的火焰、闪

闪发光的金子和即将飘落到地上的雪花。（散句）

花园里开满了鲜花，风一吹，红的像火焰在跳动，黄的像金子在闪光，白的像雪花在飘落。（整句）

思考题

1. “下雨天留客天留我不留” 这句话，客人表示自己不愿意留下，应当如何断句？

   A. 客人问：下雨天，留客天。留我不留？

   B. 主人答：下雨，天留客。天留我不留。

   C. 主人说：下雨天留客，天留我不留。

   D. 客人说：下雨，天留客。天留，我不留。

2. “下雨天留客天留我不留” 这句话，主人表示不愿意客人住下，应当如何断句？

   A. 客人问：下雨天，留客天。留我不留？

   B. 主人答：下雨，天留客。天留我不留。

   C. 主人说：下雨天留客，天留我不留。

   D. 客人说：下雨，天留客。天留，我不留。

3. “我本来以为他不是从美国来的” 是________

   A. 否定句　B. 疑问句　C. 肯定句　D. 祈使句

4. “今天咱有什么吃什么。” 是________。

   A. 疑问句　B. 陈述句　C. 祈使句　D. 感叹句

5. “走吧！” 是________

   A. 疑问句　B. 陈述句　C. 祈使句　D. 感叹句

6. 情况的了解、任务的确定、兵力的部署、军事和政治教育的实施、给养的筹划、装备的整理、民众条件的配合等等，都要包含在……

   A. 长句　B. 短句　C. 双重否定句　D. 感叹句

7. 下列说法正确的是________

   A. 短句一般多出现在政论、科技等语体中。

   B. 整句整齐匀称、节奏和谐、气势贯通、意义鲜明，常常用于诗歌、散文等文艺性文体中。

   C. 用疑问的形式表示确定的意思，以加强语气，这是设问。

D. 散句是指结构不同，字数长短不一的句子。散句要求句式整齐匀称。

8. 下列句子中与其他三句不同的是________

A. 这是什么缘故呢？有人说，我们中国是有一种“特别国情。”

B. 主宰戏剧的是什么人？一般以为是剧作家，认定剧本为一剧之本。

C. 全然忘却，毫无怨恨，又有什么宽恕之可言呢？

D. 怎么样才能不惧呢？有了不惑不忧工夫，惧当然会减少许多了。

9. 根据要求，转换“地方法院今天推翻了那条严禁警方执行市长关于不允许在学校附近修建任何等级的剧院的指示的禁令”这个句子。

（1）将长句转换成短句

（2）由单句转换成复句

（3）由单句转换成散句

10. 按要求变换句子有误的是——

原句：老同志这种看来淡漠的反应激怒了小李。

A. 变换成被动句：小李被老同志这种看来淡漠的反应激怒了。

B. 变换成反问句：老同志这种看来淡漠的反应怎能不激怒小李？

C. 变换成否定句：老同志这种看来淡漠的反应不能激怒小李。

D. 变换成感叹句：老同志这种看来淡漠的反应激怒了小李啦！

第五节　语体风格修辞

人们在语言运用过程中，根据交际的内容、对象、范围、语境和交际目的不同所形成的言语行为的体式，叫语体。各种不同的语体在语言的运用和修辞手法上，都表现出它们各自特有的风格。尽管各种语体都使用全民共有的语言材料，但是表达方式可以不同。这就使得各种不同的语体有了明确的分界。

语体可以分为口语语体和书面语体两大类。

口语语体是适应“面谈”的交际需要而形成的，所以也叫谈话语体。口语语体的主要特点是：平易、自然，不事雕琢，有跳跃性。

书面语体是适应书面交际的需要，在口语的基础上经过加工而形成的。书面语体的主要特点是：结构完整，讲究条理性，具有规范性。

比较下面两个例子，可以清楚地看到口语语体和书面语体的不同：

王利发：——哥儿们，都是街面上的朋友，有话好说。德爷，您后边坐！

（二德子不听王利发的话，一下子把一个盆碗搂下桌去，摔碎。翻手要抓常四爷的脖颈）

常四爷：（闪过）——你要怎么着？

二德子：——怎么着？我碰不了洋人，还碰不了你吗？

马王爷：——（并未立起）二德子，你威风啊！

二德子：（四下扫视，看到马王爷）

嗬，马王爷，您在这儿哪？我可眼拙，没看见您！

老舍《茶馆》的这一段对白，是典型的口语语体。

再如：

为了全面恢复和进一步发扬党的优良传统和作风，健全党内的民主生活，维护党的集中统一，增强党的团结，巩固党的组织和纪律，提高党的战斗力，中央根据目前党的状况，向全党重申党内政治生活的下列准则。

在《关于党内政治生活的若干原则》摘录的这一段文字，就是典型的书面语体。

一、口语语体的选用

（一）口语语体

口语语体也叫谈话语体，是在日常交谈中形成的，是为社会日常生活服务的。

口语语体也可以用书面语形式表达，如写信、记日记等，但它主要是通过口语形式来表达的，其典型的形式是“面谈式”。

口语语体的特点是：

1. 酝酿语言的过程较短。
2. 用词比较自由。
3. 句法结构比较简单，多用短句和省略形式。
4. 语言平易、自然、朴素、少修饰。
5. 生动、活泼，有强烈的生活气息。
6. 借用字调、语调和变化来帮助表情达意。

（二）口语语体的种类及选用

根据语境不同，谈话的对象不同，口语语体又可分为随意谈话语体和非随意谈话语体两类。

1. 随意谈话语体

随意谈话语体，谈话非常自由，事前没有准备，不受任何约束。语言表达朴素自然，同时会有重复、停顿、拖延等不同的语速、语气，偶尔也会伴随着非语言行为即不同的面部表情、手势和身势等参与表达。

（1）随意谈话语体的语言特点：在词汇方面多使用全民所用的语汇，常用一些叠音词、拟声词、方言、俗语、俚语、谚语等，很少用关联词语和术语；在句法方面多用短句、倒装句、省略句等；在修辞方面常用比喻、夸张等修辞格来增强语言的表现力。

（2）随意谈话语体的语用特点：

第一，随意谈话语体体现了语言的简略性，使语言交际相互衔接，互为补充，在一定的语境中不需要把话说完整，双方都能领会话语的意思，所以在表达形式上省略的成分和数量都比较多。对话的结构可以十分简单，省略句式特别多，有时可以省略到在意义上无法搭配的地步，甚至会违反逻辑规律，但这些不影响交际。例如：

一位买花的问卖花者："这种花容易活吗？"

卖花的说："好活。你要是死了找我。"

句中的"你"如果单看字面意思很明显不合逻辑，但在这个特定的语境中，买花人就知道卖花者所说的是"你的花"的意思。

第二，随意谈话语体语言的多变性，一方面表现在句法结构、句式等方面的多样化，另一方面也表现在句子与句子之间的跳跃性及话题的不断转移上。如下文中水生与妻子的一段对话，就是属于随意谈话语体。例如：

她问："他们几个哩？"

水生说："还在区上。爹哩？"

女人说："睡了。"

"小华哩？"

"和他爷爷去收了半天虾篓，早就睡了。他们几个为什么还不回来？"

这一段对话中，运用了省略句，而且话题的跳跃性很大。因为说话直接结合语境，所以对话双方的意思彼此都能明白。如果用完整句式，反而显得不够简练，从而失去了口头语言的神采。

（3）随意谈话语体的优势：

第一，反馈优势。在谈话中，交际双方不只是说话，还要听声，察颜观色，看动作。整个活动是一个信息输出、输入的交相反馈过程。受话人或点头，或摇头，或面露赞同之色，或眉头紧锁，都会给发话人以信息。发话人可随时调整自己的思路和说话程序，保持交际的同一性。

第二，语境优势。交际双方处在同一的语义背景和直观环境中，使谈话成为立体的、多维的整体。言语态势贯穿于随意谈话的全过程中，动作、表情等使谈话更丰富更简练。这些优势使得随意谈话语体具有语言的简略性和多变性。

2. 非随意谈话语体

非随意谈话语体与书面语体比较接近，它往往通过思考，有一定的酝酿过程，说话有准备。这种谈话体一般用于比较严肃的社交场合，或是事务性的谈话。如讨论会上的发言、演讲会或报告会上的即兴发言、教师的课堂用语、上下级或同事之间有关公事的谈话等等，都是有目的、有准备的。

非随意谈话语体的特点是：

在用词造句上多用通用词，少用方言词，避免不文雅的词汇和粗话。句法上一般比较完整，有时也用关联词语。语句之间，语段之间的逻辑性比随意谈话语体强。谈话内容不如随意谈话语体变化多，表达的意思比较完整，阐发的观点也比较清楚。例如：

过去，有些老实人说了老实话，吃了亏，而不老实的人却占了便宜。党内的这种情况使一些干部产生了一种印象：似乎老实人总是吃亏；似乎手长一点，隐瞒一点，说点假话，总是占便宜。这种印象是不正确的，不正常的。在共产党内，在人民群众中，不允许滋长这种风气，要抵制这种风气，要对这种风气进行斗争。说老实话真的吃亏，说假话真的不吃亏吗？老实人真的吃亏，不老实的人真的不吃亏吗？（毛泽东：总有一天要吃亏的。）我看，不怕吃亏的老实人，最后是不会吃亏的。

这段引自刘少奇《在扩大的中央工作会议上的讲话》的文字，是在正式会议上面向广大听众的讲话，属于非随意谈话语体。

二、书面语体的选用

（一）书面语体

书面语体是适应书面交际的需要，在口语的基础上经过加工而形成的语体。书面语最大的优势是有时间去斟字酌句，谋篇布局，反复推敲，充分酝酿。可以调动语言多种要素，排除或避免多种非语言因素的干扰，精心策划语言的形式美。

书面语体的语言特点是：

1. 在表达形式上要清楚和合乎规范。

2. 语音方面，在某些文艺语体中对韵律的要求很严格，例如要押韵要讲究平仄等。有些演讲属于书面语体，在写演讲稿时，也要考虑语言手段，在音节配合上要谐调。

3. 词汇方面，可按不同语体的要求来加以选择，如科技语体大量运用术语，政论语体多用政治词汇，文艺语体多用修饰语。

4. 在句法上，书面语体用词造句要求规范化，句式完整，复句较多。

5. 在修辞方面，根据书面语体的不同类型，修辞格的选择运用也有所不同。

(二) 书面语体的种类

书面语体的类型主要包括以下五种：

1. 事务语体。也叫公文语体，是国家机关、社会团体以及人民群众之间相互处理行政公务所用的一种语体，也是使用频率最高、运用最为广泛的一种语体。事务语体的种类主要有命令、决议、指示、公告、通知、报告、批复、公函等。

事务语体的特点：

(1) 实用性和时间性强，具有准确性、简明性、程式化等特点。因为事务语体总是具有实用性，而且要求及时，针对性强，因此其语言必须准确，内容必须简明扼要，开门见山，行文必须严格按照一定格式。

(2) 用词力求准确浅显，经常使用一些事务公文语体中的专用词汇。在某些场合，还有一些惯用语，并保留了一些古语词。如“特此函达”、“是否妥当，请核实”、“值此……之际”、“此致”、“为荷”、“欣悉”、“欣逢”等等。

(3) 在句法上要求严格，句式周密严谨，句子结构完整。

(4) 在修辞上，一般不用比喻、夸张、拟人等修辞格。

(5) 在篇章结构上，事务语体有严格的规格要求。

公文通常要在起首一行中间写明文体名称，如“布告”、“命令”。名称下一行中间写行文字号。字号下空一行起为正文。正文末尾常写“此布”、“现予公布”，末行写发文机关名称或首长姓名、日期。

2. 政论语体。适应于阐述政治问题的一种语体，它的目的在于表明自己的立场、观点，要求以理服人，并具有强烈的鼓动性和巨大的号召力。

政论语体的特点：

(1) 在阐明一种观点时可以摆事实、讲道理，特别注重词语运用的准确严密。

(2) 政论语体所运用的语言材料要求广泛，可以适当运用形象化的词语。

（3）较少使用活泼幽默的修辞格式，多使用整齐对仗的修辞格式。

例如毛泽东在《星星之火，可以燎原》中写道：

但我所说的中国革命高潮快要到来，绝不是如有些人所谓“有到来之可能”那样完全没有行动意义的、可望而不可即的一种空的东西。它是站在海岸遥望海中已经看得见桅杆尖头了的一只航船，它是立于高山之巅远看东方已见光芒四射喷薄欲出的一轮朝日，它是躁动于母腹中的快要成熟了的一个婴儿。

这里在论述“中国革命高潮快要到来”这层意思的时候，不是从抽象到抽象的说理，而是连用三个比喻把这层意思具体化、形象化，并用排比句式来加强语势。从这段政论中，我们可以看到政论语体语言的一般特点，它把科学的论证和形象的描绘交织在一起了。

3. 科技语体。用来总结描述事物规律的一种语体，要求概念准确，判断严密，推理周密。

科技语体的特点：

（1）最明显的特点就是大量运用术语、符号、公式和图表；

（2）句式平整、变化少；

（3）一般不用修辞格式；

(4) 语言平实，多采用客观性描述方式。

从下面这个例子，可以看到科技语体的一些特点：

某些无机化合物，如 I_2、C_{12}、Br_2、AsI_3 和 S_2O_4 等，是稳定的共价化合物，它们在水溶液中主要以分子形式存在，不带电荷。利用 CC_{14}、CHC_{13}、苯等惰性溶剂，可将它们萃取出来。

4. 文艺语体。用艺术形象来反映客观现实的一种语体，包括各种类型的文艺作品。

文艺语体的特点：

（1）最重要的特征就是其语言的形象性。

（2）在用词上还追求词语的艺术化，追求人物语言的个性化，句法比较灵活、富于变化。

（3）多使用比喻、比拟、夸张等修辞格，而科技语体则很少使用。

例如朱自清在《春》中写道：

雨是最寻常的，一下就是三两天。可别恼。看，像牛毛，像花针，像细丝，密密地斜织着，人家屋顶上全笼着一层薄烟。树叶儿却绿得发亮，小草儿也青得逼你的眼。傍晚时候，上灯了，一点点黄晕的光，烘托出一片安静而和平的夜。在乡下，小路上，石桥边，有撑起伞慢慢走着的人，地里还有工作的农民，披着蓑戴着笠。他们的房屋，稀稀疏疏的，在雨里静默着。

5. 广告语体。借助媒体用来宣传自我形象或推销产品的一种语体，是一种新兴的语体。

广告语体的特点：

(1) 语言要求既新颖生动又严谨得体，因为广告既要吸引人又要受广告法的制约。

(2) 广告语体要求在真实、合法的基础上，还要注意修辞的技巧，力求语言生动、醒目、简洁。

(3) 为加强语言表达效果，广告语言中多用一些如双关、仿词、反复、比喻、排比、对偶等修辞格。

例如：

让你爱不“湿”手。(洗衣机广告)

赶走热辣辣的暑气，享受凉津津的滋味。(电风扇广告)

广告的写作十分灵活，它可以运用各种表现形式，如新闻形式、诗歌形式、议论形式、简介形式等。在当前的广告语言中也存在一些语言不通的毛病。由于广告宣传的范围大、流传广，这些毛病会给语言运用、社会风气带来不良影响，所以要注意提高广告用语的水平，使广告语体逐步走向规范化。

思考题

1. 分析下列对话，从哪句问话开始为不得体的言语行为？

A. ——谁来的电话？——我的同学

B. ——是不是长途？——不是。

C. ——男生女生？——女生。

D. ——哪个学校的？——你查户口的怎么的？

2. 回答“今天晚上一起吃晚饭好吗？”最有希望的是——

A. ——对不起，我已经约了人。——明天怎么样？——谢谢你，再说吧。

B. ——那么改天好吗？——现在没法定。

C. ——我现在不饿。——改天怎么样？——到时候看情况吧。

D. ——真不巧，我今天有事情。——改天好吗？——哪一天？

3. “一座缩短了从淮南市到淮北市几百公里路的淮河铁路公路两用大桥今天在省委领导同志参加下举行了通车典礼”。是典型的书面语。请转换成口头语。

第六节　篇章修辞

篇章也称语篇、语段、话语，即成篇的话语，正所谓“积字成词，积词成语，积语成句，积句成群，积群成段，积段成篇，积篇成章”。篇章是一次交际过程中使用的完整而连贯的语言单位，是能够表达一个相对完整的思想内容的语流。它由一系列结构上衔接、语义上连贯的句子组成。

篇章有大有小，有繁有简。一般情况下，篇章大于一个句子，可以是层次（句组）、段落、段群（两个或几个意义上有密切联系的段落），也可以是整篇文章，涉及作者、发话人、受话人和读者，篇章既包括对话，也包括独白；既包括书面语，也包括口语。

一、篇章修辞的要求

连贯性、统一性是篇章修辞最核心的要求。

连贯是从语言的组合衔接上对语言运用提出的要求。一篇之中，先说哪一段，后说哪一段；一段之中，先说哪一句，后说哪一句，都要作通盘考虑，合理安排，尽可能使文章前后贯通，语意畅达，一气呵成。统一也是从语言的组合衔接上对语言运用提出的要求。小到一个段落内的各个句子，大到层次、段落和篇章，必须从属于一个中心，任何游离于中心思想之外的句子、层次、段落都是不可取的。

要使文章语言连贯、统一，需要注意以下几个方面。

（一）话题前后要统一

叙述一件事情，或者说明一个道理，要保持话题的前后统一。每个句子要围绕统一的话题，使句子的话题与段的话题一致；每个段要围绕统一的话题，使段的话题与全文的话题一致。话题前后统一，是保持语言连贯的首要条件。例如：

我对松树怀有敬意的更重要原因却是它那种自我牺牲精神。你看，松树的叶子可以榨油，松树的干是用途极广的木材，并且是很好的造纸原料；松树的脂液可制松香、松节油，是很重要的工业原料；松树的根与枝又是很好的燃料。更不用说在夏天它自己用枝叶挡住炎炎烈日，叫人们在绿阴如盖下休憩；在黑夜，它可以劈成碎片做成火把，照亮人们前进的道路。总之一句话，为了人类，它的确是做到了“粉身碎骨”的地步了。

这段话歌颂了松树的自我牺牲精神。第一句总提对松树的自我牺牲精神怀有敬意，第二、三句分述它为人类献身的具体表现，最后一句总结。每一句都围绕这个统一的话题展开，语意连贯、自然。

（二）表述角度要一致

说话也好，写作也好，说明一个意思，描述一个对象，总要有一个表述的角度，包括时间角度、空间角度、人称角度等。一个复句或意思联系紧密的几个句子，表述的角度应该前后一致。角度一致，语言才能连贯。例如：

他童年时候讨过饭，少年时候在财主的马房里睡过觉，青年时候又在秦岭荒山里混过日子，简直不知道世界上有什么可以叫做困难。他觉得照党的指示给群众办事，受苦也是享受。

这段话，头三个分句都从时间角度来表述，前后两句又都以“他”为表述角度，语气连贯，语意畅达。

（三）思路要连续不断

思路连续不断，反映在语言上，就是句子的顺序、段的顺序安排要合理。

事物之间都有一定的顺序，包括时间顺序、空间顺序、程序顺序、事理顺序等。按照这些顺序合理地安排文章，语言才能连贯。一般说来，记叙文多以时间或空间为顺序，说明文多以空间或程序为顺序，议论文以事理为顺序。句的安排、段的安排都应该考虑这些相关的顺序。例如：

从远处看，郁郁苍苍，重重叠叠，望不到头。到近处看，有的修直挺拔，好似当年山头的岗哨；有的密密麻麻，好似埋伏在深坳里的奇兵；有的看来出世还不久，却也亭亭玉立，别有一番神采。

（四）语言衔接要紧密

注意语言形式上的衔接与呼应，也是保持话语连贯的一个重要条件。要使语言前后衔接紧密，可以采用下列一些方法。

1. 恰当使用关联词语

关联词语可以连接复句中的分句，表示分句间的关系，也可以连接句子或段落。恰当使用关联词语，可以使语言连接紧密，语意表达连贯。关联词语残缺或使用不恰当，则会影响语意的连贯。例如：

①这还是初步的研究成果，它的巨大意义是不难理解的。

前边说是初步的研究成果，后边又说意义巨大，意思脱节。如果加上关联词语，说成“这虽然还是……但它的……”，表意就明确了，语言也连贯了。

②于是，这枚恐龙蛋化石千万年后扬名于今的机会再次到来了。这次机遇是否会再度失之交臂呢?

前后两句缺少关联，可在后一句的前边加上“但是”。

2. 巧妙使用意思有联系的词语或句子

所谓意思有联系的词语或句子，包括序数词、表示时间或空间的一组词、表比较的词、同一词语、同义词语、代词、同义句子等。恰当使用这类词语或句子，可以使语言前后贯通，语意自然顺畅。例如:

如今，你若是从井冈山许多山坳走过，便能看到一条条修长的竹滑道。它们几乎是笔直从山顶上穿过竹林挂下山来的。这便是英雄的井冈山人的业绩。他们在竹林里送走了几百个白天和黑夜，用竹滑道，用水滑道，送出一百多万根毛竹。

通过几个代词，将前后意思巧妙地贯穿起来。又如:

1993年初，李广岭发现他收集到的一枚蛋化石很有些奇特。这枚较小的蛋化石，显得有些扁，直径为9厘米，约重450克，蛋壳完整，没有裂纹，比跟它同样大小的要轻。

第一句只说他发现“一枚蛋化石很有些奇特”，紧接着却说“这枚较小的蛋化石”，“较小”在前边没有交代，很突然，致使语意表达不连贯。

3. 适当使用过渡性语句或段落

从一个意思转到另一个意思，一个事件转到另一个事件，一个场面转到另一个场面，等等，需要适当使用一些过渡性的语句或段落，以避免文章生涩、不流畅。例如:

我在这里也并不想对于“送去”再说什么，否则太不“摩登”了。我只想鼓吹我们再吝啬一点，“送去”之外，还得“拿来”，是为“拿来主义”。

前边有四段是批判“送去主义”的，这一段先总结上文，结束批判，然后引出下文，正面提出“拿来主义”，这样就把前后两个意思自然而然地连接了起来。

二、篇章修辞的主要方法

(一) 标题的修辞艺术

标题是文章的眼睛。标题运用修辞手法，可以简洁明了，生动形象，富有艺术特色，可以引导读者理解文章的内容，可以具有强烈的吸引力和感染力。

1. 比喻

《手术台就是阵地》

把“手术台”比作战斗的“阵地”，形象地表达了“手术台”的重要性和特殊性，突出了紧张、危急的气氛。意在歌颂战斗在手术台前的白求恩大夫对革命工作极端负责的崇高品质和伟大的国际主义精神。

《沙漠里的船》和《彩色的翅膀》用的也是比喻的修辞手法。

2. 拟人

《大海的歌》和《骄傲的孔雀》

《大海的歌》把无生命的大海当作有生命的人，它能唱歌、传情、表意。《骄傲的孔雀》则把孔雀当作人，它能思维、有表情、神态活泼。

3. 借代

《帐篷》

借“帐篷”歌颂了社会主义的建设者们为了祖国的繁荣富强，以帐篷为家，艰苦创业的革命精神。

《金色的鱼钩》和《手》也采用了借代的修辞手法。

4. 双关

《种子的力》

表面写种子的力量无穷，赞美它是世界大力士，实际写中国人民有一股百折不挠、奋发向上的抗日力量，赞美了抗日的烽火扑不灭，中华民族具有独立于世界民族之林的伟大力量。

《落花生》、《古井》和《挑山工》也采用了双关的修辞手法。

5. 引用

《“你们想错了”》

引用了方志敏烈士的原话。这句话不仅是方志敏对敌人的严厉驳斥，表现出了共产党人和国民党人的本质区别，而且突出了中心，点明了主题。

《兄弟便是朱德》、《半夜鸡叫》也采用了引用的修辞手法。

6. 倒装

《别了，我爱的中国》

表达了作者郑振铎告别亲友、离开祖国时依依不舍的真挚感情，抒发了强烈的爱国主义激情。

《再见吧，妈妈》也采用了倒装的修辞手法。

7. 设问

《幸福是什么》

用设问句作题，给人以深刻的启示，发人深思。

总而言之，文章的标题对一篇文章的成败，是至关重要的。

（二）布局谋篇的修辞方法

在一篇文章从无到有的成形过程中，剪裁和结构处于关键的地位。茅盾曾指出，有些文学作者“虽有丰富的生活经验，但还不善于在丰富的生活经验中把握本质的东西而剔除非本质的东西；换言之，还不善于剪裁”。一些作者的作品失败，其中一个重要原因是“没有经过剪裁与综合。作者总觉得他所有的生活经验，样样都很有意义，舍不得割弃一些……论结构，则散漫而重选”。因此，学习写作就要自觉锻炼这种“剪裁与综合”的能力。

1. 剪裁

服装师缝制衣服是根据一个人身材的大小，式样的要求，量好尺寸进行设计后把布料剪碎，再按设计要求进行缝制，从而制成一件合身而又美观的服装。写作者为了组织材料成为一篇“天衣无缝”的文章，首先就要按照构思对材料进行选择、取舍，这就是“剪裁”。

剪裁的主要内容是：区别主次，进行取舍，确定详写和略写。

初学写作者提高剪裁能力的方法主要有：

（1）养成敏锐的眼光和善于思索的头脑。写作者所面对的是社会生活和客观事物，要从那些表面纷繁复杂的现象中看清楚哪些是能够反映生活中某种本质规律的现象，从而将它们选择出来。至于那些不能反映这一本质规律或与这一本质规律无关的现象，则加以剔除。

（2）以确定的主题或中心人物、事物作为剪裁的中心。对它们进行剪裁不能是下意识的，而是要按照立意自觉地进行。凡是有利于表现立意——主题（中心人物，中心论点）的材料，就选取备用，相反的则舍去。

（3）在剪裁过程中注意完整与多样的统一。剪裁之前也要有周密的构思。由于剪裁是为了缝合，所以要从整体上、宏观上着眼，来安排剪裁的每一个步骤，以保证篇章的完整性。当然，完整不等于单调，完整是多样的统一。

（4）剪裁应当注意加法与减法的辩证关系。剪裁不是照搬生活纯客观地进行的，哪里要用加法，何处该用减法，要根据表现主题的需要来决定。然而减法是用得最多的。《水浒传》不写林冲当教头时的生活，而是把它们统统删掉，而直接写他和高衙内的冲突。这样就立即展开了林冲的性格特点，掀起了情节的波澜，也立即揭开了“官逼民反”这一主题思想的序幕。因此，剪裁就要把那些不相关的、非本质的东西通通剪去。只有这样，那些必需的、本质的东西才会显豁、突出。处理好剪裁中加与减的辩证关系，是整个写作过程中十分重要的一环。

2. 结构

结构是紧接着剪裁之后的一项整体构造工作，也称为“布局”、“谋篇”。它的任务是使文章“言之有序”。孙犁说：“作品的结构不单是一个形式的问题，也是内容的问题。因为一篇作品既是描写一个事件，那事件本身就具备一个进行的规律，一个存在的规模。作者抓住这个规律，写出这个规律，使它鲜明，便是作品的基本结构。”

文章的结构包括内部结构和外部结构两种：

（1）内部结构

主要指构成文章的思路和线索，是文章的内在逻辑在篇章中的表现。思路是作者写作时思维活动的线路；线索是作者用以串连全文思想内容的人、事、物、情、理。在具体的写作中，思路和线索的形式是多种多样的。内部结构主要有两种类型：

① 主观型结构。这种结构是以作者的思想认识、心理活动的次序、变化来组织材料的。主要有：

Ⅰ. 情感结构。按照主观感受、情绪变化来组织材料、进行表现的形式。

Ⅱ. 思辨结构。按思想认识、理性分析进行结构。如依照“提出问题”、“分析问题”、“解决问题”或“摆出谬论”、“批驳谬论”、“击破谬论”写出的评论文章。

Ⅲ. 意识流结构。依照意识的流动来组织材料。这种结构的内容通常表现为“内心独白”、“自由联想”和“象征暗示”。

② 客观型结构。这种结构是以客观事物本身的内在结构为依据组织材料、进行表现的。具有明显的“摹制”的特点。主要有：

Ⅰ. 时空结构。依照客观事物的产生、发展、消亡的时间、空间对材料进行组织和安排，不加任何的改动、调换。

Ⅱ. 人物结构。依照起初人物的原样进行写作，保存原有人物自身的结构特点。

Ⅲ. 事物结构。依照事物本身的内在结构组织材料。

(2) 外部结构

主要指文章的外部存在形式。它的结构方式主要有：

① 纵式结构。从开头依照“顺流而下”或“直线向上”逐层发展到结尾。

② 横式结构。从开头至结尾的各层次之间是平列的形式。

③ 交错式结构。即以纵式为主、横式为辅或以横式为主、纵式为辅而纵横交错地安排材料。

④ 连环式结构。用一环扣一环的方式将有关的材料组织起来。

⑤ 包孕式结构。一种结构中包含着其他结构的形式，如大的结构中包含着中、小结构，是故事中套故事的结构。

(三) 外部结构的安排

外部结构的主要内容是：层次和段落，过渡和照应，开头和结尾。

1. 层次和段落

(1) 层次是文章中各层意思的次序，标志着文章内容展开的步骤和次序。一篇文章的主题往往要分几层意思才能表达清楚，每一层意思就是一个层次。层次也称为“意义段”。段落是表达一个完整的意思而相对独立的单位，它服从于层次的安排，是层次的具体表现形式。通常称为“自然段”。

(2) 文章的层次和段落是客观事物发展规律的阶段性和人的思维认识过程的阶段性反映，也是由文章本身的特殊性所决定的。安排层次段落，可以分清先后主次，理清来龙去脉，使文章能有步骤地展开，将文章结构成为一个连贯的有机体。

(3) 层次和段落是既有联系又有区别的。层次是整体布局的问题，是整篇文章展开的一个步骤。层次可包括段落，段落从属于层次；有时一个层次的内容比较单纯，只需一个段落即可说明，这时候层次和段落在形式上是一致的。在写作时，先要把文章的层次安排好，具体的段落在执笔时再斟酌、确定。

(4) 不同文体在层次安排上有不同的方法。一般来说：议论文的层次应根据论点和论据之间的逻辑关系来确定它们在文章中的地位和次序。具体形式有：①总提分述式；②逐层深入式；③并列论述式；④正反对比式，等等。记叙文的层次应按照事物发生的先后、因果 、始末的关系及空间位置来安排。具体形式有：①按事物发展阶段来安排；②按人物活动来安排；③按时间变化来安排；④按空间转换来安排；⑤按叙述过程的先后和叙述方法（顺叙、倒叙、插叙）确定层次，等等。

（5）划分段落的原则是：要注意内容的单一性和完整性。凡是揭示层次内容必须单独成段的，就要作为一段。段落的多少和长短，均应视文章内容的需要，体裁的特点，有利于表达来确定。

段落即自然段，是篇章结构的基本单位。在文章中每个段落用换行作为明显的标志，表示文章思路发展中的停顿和间歇。段落的划分要受多种因素的影响，如文章的内容、风格、体裁、流派以及作者的个性、习惯等。文章中需要用较多的层次段落来表达，可用小标题表示，也可用空行显示层次，或者用一、（一）、1、（1）四级序码表示层次段落的安排。

（6）层次与段落的联系

① 段落由一个层次构成。

段落由一个层次构成的情况下，段落与层次是重合的。例如：

你用不着客气，任何一个蒙古包都是你的温暖的家，只要你朝着有火光的地方走去，不论走进哪一家蒙古包，好客的哈萨克牧民都会像对待亲兄弟似的热情地接待你。渴了你可以先喝一盆马奶，饿了有烤羊排，有酸奶疙瘩，有酥油饼，你可以一如哈萨克牧民那样豪情地狂饮大嚼。

这个自然段就是一个层次，也就是一个句组。

② 段落由两个以上的层次构成。例如：

歌谣可分为练歌和乐歌。练歌是随口唱，乐歌是随着乐器唱。练歌也有节奏，手舞足蹈便是帮助节奏的；可是乐歌的节奏更规律化些。乐器在中国似乎早就有了，《礼记》里说的土鼓槌儿、芦管儿，也许是我们乐器的老祖宗。到了《诗经》时代，有了琴瑟钟鼓，已是洋洋大观了。歌谣的节奏最主要的靠重叠或叫复沓，本来歌谣以表情为主，只要翻来覆去将表情表到了家就成，用不着费话。重叠可以说原是歌谣的生命，节奏也便建立在这上头。字数的均齐，韵脚和调谐，似乎是后来发展出来的。有了这些，重叠才在诗歌里失去了主要的地位。

这段由三个层次（句组）共九个句子组成。前三句是第一个层次，第四五两句是第二个层次，最后四句是第三个层次。

③ 段落由一个句子构成。句子与段落重合，没有句组。例如：

在自然科学发展的历史中，有不少科学家认识了真理，并且坚持真理，结果被愚昧的统治者杀死、烧死，他们的学说、著作也被禁止、焚毁。

④ 段落由句组（层次）和句子组成。例如：

Ⅰ这不，那边稻禾里也“嘎嘎”地叫起来了，声音略老一些，莫非是妈妈在唤它？快放下它，让它去。它去了，伸着两只小翅，欢叫着跑去了。

Ⅱ看不见母子团聚的欢欣，只见泥地上印着一个又一个的“个”字。

Ⅰ是由两个复句构成的承接句群。Ⅱ是由两个分句构成的并列复句。

⑤ 段落由小于层次的句子组成。这种情况也称为“层次大于段落”，即把句组中若干个句子分成若干个段来表达，一句是一段，几段合成一个句组。由两个或两个以上的段落组成一个句组是一种特殊情况，这种情况比较少见。例如：

吃人的是我哥哥！

我是吃人的人的兄弟！

我自己被人吃了，可仍然是吃人的人的兄弟！

2. 过渡和照应

过渡和照应（也可以说是起承转合）是在文章中体现事物发展的连贯性的一种结构手段。运用过渡和照应，可使文章结构严密，气势贯通，前后呼应，条理分明，增强表达效果。

（1）过渡，是文章中各层次、各段落之间的桥梁，起承上启下的作用。

一般在以下情况下需要过渡：

① 由总到分，或由分到总；

② 由叙入议，或由议到叙，由写景到抒情；

③ 今昔相联；

④ 地点、事件转换；

⑤ 由环境到人物；

⑥ 从概述到详述，或由详入简；

⑦ 从正面到反面，或从反面到正面。

过渡可以采用段落之间空行、关联词、过渡句（陈述句或设问句）或过渡段等方法。

（2）照应，包括交代和照应。交代又包括伏笔。照应既反映篇章的严谨又表现脉络的连贯。常用的照应方法有：首尾照应，论点照应，性格照应，事物照应，气氛照应，等等。

3. 开头和结尾

开头和结尾是体现文章结构完整与否的重要标志。它们必须统一在完整的结构之中，不可脱离主题或中心思想而游离于整体之外。

运用怎样的开头和结尾，应根据主题、内容的需要和不同的文章体裁、不同的读者对象来决定。要写得简洁、有力，力求新颖、生动。

(1) 开头

文章的开头方法很多，如开门见山法、对比法、引用法、比喻法、排比法、设问法、悬念法等等，但一篇好的文章，最好是开篇点题，开宗明义，开门见山，先声夺人。文章的开头必须引人入胜，能激发起读者往下读的欲望。

写记叙文可以开篇点题，将中心思想和盘托出；写议论文可以开篇竖起论点，让人明了所持观点；写散文可以开篇言志，自然表明情感倾向；写说明文可以开篇引出说明对象，紧紧抓住对象特点。如此，则观点明确，中心突出，写作者意在文先，顺势而发；阅读者明察意图，一目了然，正所谓“立片言以居要，乃一篇之警策。”

归纳起来看，文章的开头大致有以下几种：

① 开门见山法

文章开头就点出题意，并表明倾向。运用此法，简洁明快，中心突出，文章的思想内容可一目了然，避免了拖泥带水，含混不清。毛泽东同志写《改造我们的学习》开篇写道：“我主张将我们全党的学习方法和学习制度改造一下。”言简意赅，观点明确；朱自清先生写《绿》开篇就说：“我第二次到仙岩的时候，我惊诧于梅雨潭的绿了。”

② 引征启志法

巧妙利用引语顺势引出文章的主旨，既能点明文章中心，又能增强语言的文采及文化底蕴，可谓一箭双雕。如唐弢的《琐忆》：“鲁迅先生有两句诗：‘横眉冷对千夫指，俯首甘为孺子牛。’这是他自己的写照，也是他作为一个伟大作家的全部人格的体现。”

③ 巧设疑问法

写文章应善于设疑，在一问一答中点出文章中心，亮出自己的观点。如毛泽东同志《人的正确思想是从哪里来的?》一文：“人的正确思想是从哪里来的？是天上掉下来的吗？不是；是人类头脑里固有的吗？也不是；人类的正确思想只能从社会实践中来。”

④ 赋陈排比法

通过对题目或文意的外延及内涵的反复吟诵，顺势引导，自然亮出观点，表明情感倾向。如有人写《心灵的阳台》，开头就铺陈阳台：“阳台是大剧院一节小小的包厢，你端坐其中，如临戏境；阳台是天地间被抽出的一节小小的抽屉，你从抽屉中探出身来，便不再感到窒息；阳台是你一位诚挚的朋友，你随时可以敞开心扉，向它铺展自己的灵魂；阳台是一盘深情的歌带，只要你把它放在转动的轴上，它便可以为你奏出如丝细流与万丈狂澜。”然后点出：“房间里有阳台的人，可能是家境富裕的人；心目中有阳台的人，却一定是有灵魂的人。”观点自然流露，升堂入室，水到渠成。

⑤ 对比寄托法。

事物都是相辅相成、对立而又统一的整体，巧妙利用事物的这种特点，一退一进，一转一承，自然亮出观点，不仅使得行文曲折有致，而且有力地突出了文章的中心，增强了文章表情达意的深刻性、丰富性。如一篇题为《感谢冷漠》的文章开篇写道：“如果说宽容是一种美丽的潇洒，那么冷漠则是一个幸福的磨难，冷漠给了我们生活的动力，我们感谢冷漠。”

（2）结尾

文章或段落的结尾和开头一样对整个文章来说是非常重要的。这是作者最后一次和读者交流的机会，这里可以进一步地进行解释、加强，或者总结你在文中所阐述的观点和看法。结尾必须精心安排，或点明中心，发出号召，或给人以启发教育，或使读者回味无穷，留下深刻的印象。

文章结尾若能妥善经营，不仅能收到画龙点睛之妙，还能给读者回味无穷的感觉。文章有好的开头和发挥得淋漓尽致恰到好处的结尾，将可能是一篇完美无缺的作品。

归纳起来看，文章的结尾大致有以下几种：

① 自然性结尾

这种结尾方法就是按一定的顺序把事情叙述完了，文章也就到此为止，不再作其他的叙述。一般地说，事情的结果也就是文章的结尾。如《半夜鸡叫》，就是以周扒皮被长工们痛打了一顿，“倒霉丧气，一肚子的话说不出来”作结尾。读完课文后，没有拖泥带水之感，只觉得痛快淋漓、干净利索，并为长工们的行为拍手叫好。

② 启发性结尾

这种结尾方法是指文章结尾时做到“言有尽而意无穷”，即让人回味无穷，得到启发，受到教育。如《腊八粥》的结尾：“我没有说什么，含着泪低下头去，和他们一同剥起花生来。”就是启发性结尾。我们读了以后会引起一连串的问题：作者为什么会含着泪？作者没有说什么，那么她内心到底想说什么？作者为什么要和他们一同剥起花生来？这里，反映了作者一种怎样的情思呢？……而这些问题又促使读者进一步从文章中去寻找答案。搞清了这些问题，也就加深了对文章的理解，获得了更深的感受。

启发性结尾有时也以作者的发问作结尾，如《劳动最有滋味》就以“要不，怎么劳动会改变一个人的气质呢?”作结尾。

③ 总结性结尾

这种方法就是对文章所写的人物事件或景物、所表达的感情在文章结束时加以总结，使读者得到一个清晰明确的总印象。如《新型的玻璃》的结尾：“在现代化的建筑中，新型玻璃正在起着重要的作用。随着科学技术的发展，新型玻璃将会创造出更多的奇迹。”这就是一种总结性结尾，是对前文生动具体地描述各种新型玻璃用途的总结，突出了新型玻璃的作用，也进一步点明了题意。

思考题

1. 生命的大屋里，有着千百万道情感之门，开启它们，我们将得到欢乐、忧伤、勇气、沮丧。

思考：从这个开头看，本文所涉及的话题会是什么？它采用的是什么方法？下文涉及的内容将是哪些？

明确：本文所涉及的话题应是“门”。它采用的是“单刀直入，开门见山”的方法。下文涉及到的内容应有欢乐之门、忧伤之门、勇气之门、沮丧之门等内容。

归纳：一个开门见山的开头，不但会使文章不兜圈子就直奔正题，而且会省去曲折迂回的语言而直接进入主题叙述。

采用开门见山的开头应注意的问题：（1）写作前要经过认真的思考，提炼出能够引领全文主题内容的开头；（2）这种开头语言要非常精练，要有一种引人入胜的效果，激起阅卷老师的阅读欲望。

2. 以“相信自己与听取别人的意见”为话题，用“开门见山法”写个开头，列出主体部分的提纲，并写出结尾。

[开头示例] 人生的追求，就如水上行舟，只有高扬起两面风帆：相信自己与善于听取别人的意见，我们才能进退自如，抵达胜利的彼岸。

第七节 常用修辞格

修辞格，又叫辞格，是为了使语言生动、形象、富有表现力而使用的一些特殊的修辞方式。一种成熟的修辞格一般都是由特定的修辞手段（方法）、特定的结构格式和特定的修辞效果形成的统一体。现代汉语中有许多修辞格，本节介绍十五种最常见的：比喻、比拟、借代、拈连、夸张、双关、对偶、仿词、顶真、排比、通感、反复、回环、设问、反问。

一、比 喻

1. 比喻及其作用

比喻就是“打比方”。即两种不同性质的事物，彼此有相似点，便用一个事物来比方另一个事物的修辞格。例如：

①书就像微波，从内向外震荡着我们的心，徐徐地加热，精神分子的结构就改变了，成熟了，书的效力凸显出来。

例①用“微波”的作用来比方“书的效力”。

比喻用得好，可以使语言通俗易懂，生动形象。好的比喻，可以使深奥的道理浅显化，抽象的概念形象化，平淡的语言生动化。例①用“微波”的作用这样一件日常生活中常见的事物去比喻“书的效力”，这样就化抽象为形象，变深奥为浅显，形象地说明了书对人内在精神结构的渐进影响，使人极易领悟。

2. 比喻的基本类型

比喻一般由本体、喻体和比喻词三个部分组成。本体是指所要描写或说明的事物，喻体是指用来打比方的事物，比喻词是连接本体和喻体的词语。由于本体、喻体、比喻词隐现情况的不同，比喻可分为明喻、隐喻和借喻三种基本类型。

（1）明喻

明喻是本体、喻体和比喻词都出现的比喻。比喻词常用“像、如、似、仿佛、犹如、好比、如同、像……一样、仿佛……似的、犹如……一般”等。其基本格式是：甲像乙。例如：

②王少奶奶又有了喜，肚子大得惊人，看着颇像轧马路的石碾。

（2）隐喻

隐喻是本体和喻体同时出现的。它不像明喻那么明显，一看就知道是在打比方。这种比喻关系是隐含着的，实际上是暗中打了比方，所以称为隐喻，也叫暗喻。比喻词常用“是、就是、成了、成为、变成、等于”等，这种比喻直接说本体就是（或成为）喻体，实际上比明喻更强调了喻体同本体的相似点。其基本格式是：甲是乙。例如：

③家是既让你高飞又用一根线牵扯的风筝轴。

隐喻有时可以不使用比喻词，这也正符合其“隐”的特点。

④长街静穆，万民伫立，

一颗心——一片翻腾的大海，

一双眼——一道冲决的大堤。

⑤良药苦口利于病，忠言逆耳利于行。

⑥我的思想感情的潮水，在放纵奔流着。

⑦胡宗南这个志大才疏的饭桶，什么都想要，什么都舍不得，结果把一切都丢得精光！

例④为注释式比喻，即本体和喻体之间的关系利用破折号注释形式表现出来，“——”可视作比喻词“是”等。例⑤为平列式比喻，喻体在前，本体在后，一前一后，平行排列。例⑥为修饰式比喻，“潮水”比喻“思想感情”。例⑦是同位式比喻，本体在前，喻体在后，形成复指关系。

（3）借喻

本体和比喻词都不出现，直接以喻体代替本体的比喻，借喻的基本形式是“乙代甲”。例如：

⑧黑夜，静寂得像死一般的黑夜！但是黎明的到来毕竟是无法抗拒的。

例⑧用“黑夜”比喻“半殖民地半封建反动统治”，借“黎明”比喻“人民得到解放的日子”。

3. 比喻的变式

比喻还有灵活的用法，这里介绍主要的几种：

（1）反喻

反喻是用否定句构成的比喻。即从本体的反面设喻，来说明本体不具备某种性质或特征。采用“本体——不像（不是）——喻体”的格式。强调本体和喻体的差异之处。例如：

⑨我如果爱你——/绝不像攀缘的凌霄花/借你的高枝炫耀自己。

（2）博喻

连用两个以上的喻体来描述同一本体的比喻，又名“复喻”、“莎士比亚式比喻”。这种比喻能充分地描写事物的特征，形象地揭示事物多方面的内涵，又能大大地增强文章的气势。其结构形式大致为：本体＋比喻词

+多个喻体。例如：

⑩它是黑夜的火把，雪天的煤炭，大旱的甘露。人们含着欢喜的眼泪听这首歌。

例⑩本体只有一个“这首歌”，而喻体却有三个“火把”、“煤炭”、“甘露”，对本体进行描绘。

(3) 较喻

较喻是指本体和喻体在程度上相互比较的比喻，是以喻为主，喻中有比，根据程度的不同，比喻词的变化，又可以分为强喻（本体超过了喻体）、弱喻（本体不及喻体）、等喻（本体和喻体在程度上相等）。例如：

⑪可是在中国，那是确无写处的，禁锢得比罐头还严密。

⑫冬天里草木不长芽，旧社会庄户人不如牛马。

⑬他那件汗衫破烂得和渔网差不多。

例⑪是强喻，例⑫是弱喻，例⑬是等喻。

4. 运用比喻应注意的问题

(1) 要贴切。本体与喻体必须是性质不同的两类事物，但两者之间要有相似点。这是两个相反相成的条件，是构成比喻的客观基础，缺一不可。例如：

一颗颗炮弹像重型炸弹，在敌人的阵地上炸开了。

那一棵一棵的大树，像我们的俘虏似的狼狈地躺在工地上。

例中“炮弹”与“炸弹”是同类事物，不能起比喻作用，因而是一个不恰当的比喻。例中“大树”与“俘虏”属异类事物，但二者没有相似点，故无法构成比喻。

(2) 要通俗。通俗的实质是，喻体比本体更为人所熟悉，让人易于理解。如果喻体也是抽象的、生疏的事物，这个比喻就失去了作用。例如：

这篇文章的结构，像神经网那样严密。

例中的“神经网”本身是捉摸不定的概念，用作比喻，不易理解。

(3) 要新颖。新颖的比喻是作者对生活的新发现，对艺术的新创造。一般来说，本体喻体在相同点上“距离”越大比喻也就越新鲜。例如：

书本就像降落伞，打开才能发生作用。

例由“书本”联想到“降落伞”，是远联想，二者之间有较大的距离，作者将他们巧妙地联系起来，产生了新鲜的比喻。

二、比　拟

比拟是通过想像，把物当作人写，或者把人当作物来写，或者把甲事物当作乙事物来写的一种修辞格。比拟包括拟人和拟物两种。

1. 拟人

把物当作人来写，赋予物以人的言行或思想感情，又叫物的人格化。包括两种情况：

（1）把事物当作人来描写。例如：

①鸟儿将巢安在繁花嫩叶当中，高兴起来了，呼朋引伴地卖弄清脆的喉咙，唱出婉转的曲子，跟轻风流水应和着。

例①将“鸟儿”人格化了，具有了人的情感“高兴”，而且还具有人的行为，“呼朋引伴”、“卖弄清脆的喉咙”、“唱出婉转的曲子”，从侧面显示了春天万物复苏，生机勃勃的美好景象。

（2）让人同事物说话，或者把事物变成人，跟人一样说话行动，有思想感情。例如：

②不好！“小芦花”和“猫头鹰”卡在门口了。我说：“慢点儿，别卡坏了身体！”忙把它们抱了出来。

③这一圈小山在冬天特别可爱，好像是把济南放在一个小摇篮里，它们安静不动的低声说：“你们放心吧，这儿准保暖和。”

例②我和小鸡说话，例③小山能够说话。

运用拟人，可以使表达更为生动活泼，使人感到亲切有趣，同时，便于抒发感情，加强语言的感染力。

2. 拟物

拟物就是把人当作物来写，使人具有物的动作或情态，或者把甲物当作乙物来写，表达某种强烈的爱憎感情。例如：

④我到了自家的房外，我的母亲早已迎着出来了，接着便飞出了八岁的侄儿宏儿。

⑤说是春天，那是日历上的节气，4 月份了。但对雪域高原来说，冬季还甩着白茫茫的尾巴。

例④把人物化为长着翅膀的鸟类，用“飞”来描绘出一个八岁孩子与久别重逢的亲人相见时的惊喜与兴奋状态。动物才长尾巴呢！例⑤将“冬季”当作动物写，以抒发感情，加强幽默感。

拟物能够使表达形象生动，进而激发人们的联想，使人展开想像的翅膀，捕捉它的意境，体味它的深意。

3. 比拟与比喻的区别

比拟与比喻都是两事物相比，但它们有所区别：比喻重在“喻”，把甲事物喻为乙事物，着重突出事物的相似点；比拟重在“拟”，把甲事物当作乙事物来写，甲乙两事物彼此交融，对于事物的相似点已不着重突出了。

4. 运用比拟应注意的问题

（1）想像或联想应合乎事理，要切合事物的固有特点。例如：

⑥机关枪吐着愤怒的火舌，恨不得把侵略者一个个地吞下去。

例⑥拟人，但“吐”与“吞”相矛盾，不符合“机关枪”的特征，想像不合理。

（2）要跟当时的环境气氛、人物的思想感情相吻合。例如：

⑦在这欢乐之夜，月亮也板着面孔在看着大家。

例⑦“板着面孔”与“欢乐之夜”在气氛上不协调，比拟不合理。

三、借 代

1. 借代及其作用

借代是不直接说出要说的人或事物的名称，而借与它具有密切关系的其他事物来代替的修辞格。借代中，被代替的事物是本体，用来代替的事物是借体。

借代重在事物的相关性，也就是利用客观事物之间的种种关系巧妙地形成一种语言上的艺术换名。通过换名，引人联想，使表达的特点鲜明、形象突出、语言活泼。

2. 借代的方式

借代的方式很多，常见的有：

（1）用特征、标志代本体。例如：

①“红眼睛原知道他家只有一个老娘，可是没料到他竟会那么穷，榨不出一点油水”，……壁角的驼背忽然高兴起来。

例①用外貌特征“红眼睛”、“驼背”来代替人。

（2）用具体代抽象。例如：

②搞好菜园子，丰富菜篮子。

例②用具体事物“菜园子”来代替抽象事物农副业生产和老百姓的物质生活。

（3）用部分代整体。例如：

③军队驻扎一个月，没有动过群众的一针一线。

例③借“一针一线”代指包括“一针一线”在内的群众的所有财物。

（4）用专名代泛称。例如：

④苏州的公交系统也涌现了一批李素丽。

例④用“一批李素丽”代许多模范售票员。

（5）用结果代原因。例如：

⑤于是大家替他们捏着把汗。

例⑤的“捏着把汗”代替“担心”。

此外，还有用产地代本体的，如用“龙井”代“龙井茶”；用原料代本体的，如用“狼毫”代“毛笔”；用作者代著作的，如“读点鲁迅”用“鲁迅”代“鲁迅著作”；用牌号代本体的，如用“桑塔纳”代替这些牌号的汽车，等等。

3. 借代与借喻的区别

借代的基础是相关性，即要求借体同本体有关系；借喻的基础是相似性，即要求喻体同本体有相似之处。两者的作用也不同，借喻是喻中有代，以喻为主。借代是代而不喻，只起代称的作用。借喻可改为明喻，借代则不能。例如：

⑥红旗指处乌云散，解放区人民斗倒地主把身翻。

例⑥“红旗”是用标志代解放军，二者有密切关系，是借代；“乌云”是用它的黑暗来比喻国民党的统治，二者有相似的地方，而且可以说成“国民党的统治就像乌云一样黑暗”，是借喻。

4. 运用借代应注意的问题

（1）借体必须具有代表性，所指的意义要明确

运用借代，要使读者一看就知道借代的本体和借体是什么，如果不够明显，应在上下文中交代清楚。比如鲁迅《故乡》中前面描写杨二嫂站着的样子像“圆规”，下文才用“圆规”来代替杨二嫂。

（2）要注意借代的褒贬色彩、使用场合

以人物形象的某一特征来称代某人物时，大都带有一定的感情色彩。有些借代含有讽刺、幽默意味，使用时要慎重，不宜用在庄重的场合。

四、拈 连

拈连就是利用上下文的联系，把用于甲事物的词语巧妙地用于乙事物上的一种修辞格。例如：

①我不停地写，不停地写……写在纸上的我不得不一封封毁掉，可写在心上的却铭记得愈来愈深。

拈连把甲乙两个事物巧妙地联系起来，甲事物一般都是具体的，在前；乙事物一般都是抽象的，在后。这种修辞方法凭借上下文的联系，把本来不搭配的词语搭配在一起，给人的感觉是生动活泼，新鲜别致。例①

把“写在纸上”的“写”巧妙地连到“写在心上”，自然而深刻地写出陶斯亮对父亲陶铸的刻骨铭心的爱和思念之情。

拈连可分为全式拈连和略式拈连两种。

1. 全式拈连

又称明式拈连。甲乙两事物都出现，拈连词语不可少，这是一种形态完备的拈连。例如：

②蜜蜂是在酿蜜，又是在酿造生活；不是为自己，而是在为人民酿造最甜的生活。

例②把本适用于“酿蜜”的“酿”字，顺势拈来用在“又是在酿造生活”这样的句子中，使本来互不搭配的词语，临时顺畅地搭配起来，贴切自然地表现了对蜜蜂奉献精神的歌颂。“酿”用在前后两个事物的叙述之中。

2. 略式拈连

又称暗式拈连。甲事物省略，或甲事物中的拈连词语省略，乙事物必须出现，借助上下文，省略的内容还是清楚的。例如：

③母亲一把大剪刀，仿佛裁掉了我童年的忧伤，给我剪出一个原来如此瑰丽的世界。

④我只是伫立凝望，觉得这一条紫藤萝瀑布不只在我眼前，也在我心上流过。

例③省略了甲事物“剪裁衣服”。例④省略甲事物中的拈连词语“流过”。

运用拈连，要注意甲乙两事物在语义上必须有内在联系。甲事物是乙事物的根据或条件，乙事物只有联系甲事物才能得到确切深刻的理解。例如：

⑤在高原的土地上种下一株株的树秧，也就是种下了一个美好的希望。

种树是造福后代，所以说“种下了一个美好的希望”。

五、夸 张

夸张是故意对客观事物言过其实，用以突出事物的某方面特征，表达某种强烈思想感情的修辞格。

1. 夸张的类型

夸张的方式可分为扩大夸张、缩小夸张、超前夸张三种。

(1) 扩大夸张

扩大夸张是故意把事物往大、多、高、重、强等处说。例如：

①这个马国丈原名马国章；奸、懒、馋、滑、坏，一身占全五个字；不必提名道姓，打个喷嚏，顶风臭四十里。

例①作者抓住马国丈“五毒”俱全的特点，以夸张的手法突出表现他的丑恶。

（2）缩小夸张

缩小夸张是故意把事物往小、少、矮、轻、弱等处说。例如：

②可是更妙的是三五月明之夜，天是那样的蓝，几乎透明似的，月亮离山顶似乎不过三尺。

例②是说月亮离山顶非常近，只隔着“三尺”。

（3）超前夸张

超前夸张是故意把事物出现的顺序颠倒，把后出现的说成是先出现的，或是同时出现的。例如：

③碰上院里搬来个陈大爷，捻儿更急，你还没点哪，他就炸了。

例③“捻儿更急，你还没点哪，他就炸了”。

2. 运用夸张应注意的问题

（1）运用夸张要以事实为基础，要合乎情理，合乎逻辑，否则就不可信。如“人有多大胆，地有多高产。”这个夸张便是脱离现实地说大话，因为农作物产量要受到地力的限制，不是你想有多高的产量便会有多高的产量。

（2）运用夸张要明显，不要使人觉得又像夸张，又像事实。如有人用夸张来形容力气大，说“他力气大，简直能挑得动三五百斤”，这便可能会被误会为事实如此，因为实际真有人挑得起三五百斤重的东西。

（3）运用夸张还要注意语体，不可滥用。一般说来，文艺语体宜用夸张，而科技语体尤其是科学专著不宜用夸张。

六、双 关

双关是在特定的语言环境中，利用语音或语义条件，有意使语句同时关涉表面和内里两重意思，表面上说的是一种意思，实际上指另一种意义的修辞格。

双关包括谐音双关和语义双关两种。

1. 谐音双关

谐音双关是利用词语之间的同音、近音关系构成的双关。例如：

①她说，我有约法三章：第一，你得听我的。那当然，我心想大不了你当家长，我当副家长，叫人家笑话气管炎。

例①的“气管炎”是“妻管严”的谐音，这样表达显得风趣活泼。

2. 语义双关

利用词语或句子的多义性构成的双关。例如：

②周蘩漪：好，你去吧！小心，现在（望窗外，自语）风暴就要起来了！

③夜正长，路也正长，不如忘却，不说的好罢。

例②的“风暴”表面上是指自然的气象现象，实际上是指将要震荡整个周家的一场情感的劫难。这里可以看作是弱女子蘩漪向周家大少爷周萍发出的严正警告。例③中“夜正长”指黑暗的统治还要延续；“路也正长”指斗争道路曲折漫长。

恰当地运用双关，往往能含蓄曲折地表达思想感情，适应特定环境的需要，如例②、③。同时也可以使语言表达幽默风趣，活泼生动，如例①。

运用双关要特别注意不能产生歧义，意思要明朗，不能过于冷僻、晦涩。必须使读者或听者能够根据生活经验、上下文的交代，自然地体会到它的含义，否则就容易造成误解。

七、对　偶

对偶就是把字数相同、结构相同或相似，意义相关的两个短语或句子对称排列在一起，表达相似、相反或相关意思的修辞格。对偶又叫“对仗”，俗称“对对子”。例如：

①风声雨声读书声，声声入耳；
　家事国事天下事，事事关心。

例①从形式上看，结构相同、字数相等、两个分句构成一组对偶；从意义上看，语义相关，突出反映了爱国忧民的知识分子关心国家社会命运的思想感情。

1. 对偶的类型

对偶从内容上可分为正对、反对、串对三种。

（1）正对

构成对偶的两个短语或句子分别从两个角度、两个侧面说明同一事理，内容相似，互相补充，这就是正对。例如：

②草堂有耀终非火，
　荷露虽团岂是珠。

例②以相等的字数和相同的词性构成了整齐匀称的形式，上下联表达了相似的内容，告诉人们不要被表面现象所迷惑。

（2）反对

构成对偶的两个短语或句子从正反对立的两个方面说明同一事理，在内容上相反或相对，是反对。例如：

③带着冷漠的目光看待生活，纵然在盛夏也不会感到温暖；怀着火热的感情对待生活，即使是严冬也不会觉得冷酷。

例③从对立的两个方面说明了对待生活的不同态度，对比鲜明。

（3）串对

构成对偶的两个短语或句子有承接、假设、因果、条件等关系的，是串对。串对的句子不是平列的，而是如流水顺连而下，所以又叫“流水对”。例如：

④才饮长沙水，
又食武昌鱼。

⑤不因鹏翼展，
哪得鸟途通？

例④以“才”、“又”的时间顺序，表明上下联是顺承关系。例⑤是因果关系。

从结构看，对偶可分为严对和宽对两种。

（1）严对

又叫“工对”，要求上下分句字数相同，结构相同，意义相关，词性一致，平仄相对，没有重复的字。例如：

⑥墙上芦苇，头重脚轻根底浅；
山间竹笋，嘴尖皮厚腹中空。

上联是“仄仄平平，仄仄平平平仄仄”，下联是“平平仄仄，平平仄仄仄平平”，上下联的字不相重复。

（2）宽对

宽对在格式上要求就不是那么严格，只要求字数相当、结构相似即可，上下分句不必过于注意平仄，可以使用相同的字。例如：

⑦惨象，已使用我目不忍视了；流言，尤使我耳不忍闻。

2. 运用对偶应注意的问题

对偶强调结构工整，音律和谐，易记易诵。但使用时必须出于自然，要根据所表达的内容来决定，不能生拼硬凑，单纯追求形式而以辞害意。在现代诗文的写作中，运用对偶可不必完全拘泥于古代“工对”的戒律。

八、仿词

比照现成词语，临时仿造出新的词语，这种修辞格叫仿词。

1. 仿词的类型

仿词可分为反仿、类仿两种。

(1) 反仿

根据上文出现的某词语，临时仿造出与之意义相反的词语。例如：

①……陶君于石印本的错字多未纠正，而石印本的不错字却多纠歪了。

②由于是日式，它嫌矮，而且像一朵“背日葵”那样，绝对晒不到太阳。

例①比照“纠正”仿造出“纠歪”，讽刺了陶君的不学无术。例②的“背日葵”是利用反义关系，仿照“向日葵”而造出来的新词。

(2) 类仿

根据上文已出现的某词语，临时仿造出与之意义相近的词语。例如：

③他醉眼迷离，翻了三五本历史教科书，凑满一千多字的讲稿，插穿了两个笑话。这种预备并不费心血，身血倒赔了些，因为蚊子多。

④一天，上官云珠对我说：“我再也不演交际花交际草了。”

例③“身血”是仿造“心血”而造的，幽默风趣。例④“交际草”是根据“交际花”仿造的，生动诙谐。

2. 运用仿词应注意的问题

仿词别致新鲜，精练生动，大都富有讽刺性或幽默感，能深刻有力地突出事物的本质。但运用仿词不宜过多过滥，更不能生搬硬套、机械模仿。要仿得自然得体。仿词都是临时创造的，它的特定含义一定要清楚明白，特别是当被仿的词不出现时，单用仿词要加引号，使人一目了然。如例②中的“背日葵”。

九、顶真

顶真是用上一句句尾的词语充当下一句句首的词语，使前后句子头尾蝉联的修辞格。顶真又叫顶针、联珠或蝉联。例如：

①有个农村张家庄，张家庄有个张木匠，张木匠有个好老婆，外号叫个“小飞蛾”，“小飞蛾”生了个女儿叫“艾艾”……

②没有思想，就没有创造；没有创造，就没有人类的未来。

③竹叶烧了，还有竹枝；竹枝断了，还有竹鞭；竹鞭砍了，还有深埋在地下竹根。

恰当地运用顶真，可以使音节匀称，形式整齐，声音和谐，节奏分明，如例①；可以使议事说理准确、谨严、周密，如例②中的顶真使上下文气贯通，强调了“思想”之于“创造”、“创造”之于“人类的未来”的重要性，说理严密透辟；可使条理更清晰，如例③条理分明地反映了事物间的有机联系，显现了井冈翠竹的顽强生命力。但顶真不宜滥用，要根据表达思想感情的需要而选用，不能为了追求形式而不顾内容地大搞文字游戏。

十、排　比

排比是把结构相同或相似、意义相关、语气一致的三个或三个以上的短语或句子排列起来而构成的修辞格。

从排比的形式看，常见的有以下几种：

1. 句子的排比

①生产多么需要科学！革命多么需要科学！人民多么需要科学！

②中国的新文艺失却一个公正的扶持人，朋友中失却一个公正的畏友，将来的新中国失却一个脚踏实地的文艺工作者。

③无聊是把自我消散于他人之中的欲望，它寻求的是消遣。寂寞是自我与他人共在的欲望，它寻求的是普通的人间温暖。孤独是把他人接纳到自我之中的欲望，它寻求的是理解。

例①是三个单句构成的排比，强调了科学的重要性。例②是三个分句组成的排比，强调了朱先生的逝世给社会造成的损失。例③是三个复句构成的排比，显示出作者对人生的哲学思辨。

2. 短语的排比

④延安的歌声，是革命的歌声，战斗的歌声，劳动的歌声，极为广泛的群众的歌声。

例④是宾语用四个短语构成的排比，对延安歌声进行了高度评价。

3. 词语的排比

⑤看，这是何等庄严、肃穆、伟大的葬礼！

例⑤是定语用三个词语构成的排比，表现了周总理葬礼的隆重及人民的悲哀。

排比形式整齐，节奏鲜明，语意贯通，气势强劲，往往给人一气呵成之感。用于说理，可以把道理论述得周密深刻，富有说服力；用于抒情，可以把感情抒发得淋漓尽致，富有感染力。

运用排比要注意形式必须适应内容的需要，不能为了加强气势而不顾内容如何来滥用排比的形式。排比的各项不能互相包容，必须是轻重相称，平等并列的关系。

排比和对偶虽在形式上相似，但不相同：排比不止两项，对偶只限两项；排比在结构、字数等方面的要求，不像对偶那样严格。排比的各项常常出现相同的词语充当提示语，对偶则要求尽量避免字面的重复。

十一、通　感

通感是把听觉、视觉、味觉、嗅觉、触觉等各种感觉沟通起来，通过更换感受的角度来表达的修辞格。通感又叫“移觉”。从心理角度看，这种现象叫“感觉转换”，或者叫“感觉变换”。例如：

①那笛声里，有故乡绿色平原上青草的香味，有四月的龙眼花的香味，有太阳的光明。

②黄宾虹曾把画面的风格分为两种，一种是甜味的，一种是苦味的。他说苦味的是笔墨高古，不专求形式，一般人看了不易懂。苦禅的画应该是属于苦味的。

例①笛音里有草的清香，花的芬芳，还有明亮的阳光，听觉、嗅觉、视觉相融会，那笛声该是多么的撩人情思！例②绘画是一种视觉艺术，用不同的味觉区分画的风格，说苦禅的画是“苦味的”，正好概括了他的画古拙、苍劲、老辣的特点。

通感常常和比喻融为一体，使表达更加形象生动。例如：

③微风过处，送来缕缕清香，仿佛远处高楼上渺茫的歌声似的。

例③把嗅觉“缕缕清香”比喻为听觉“渺茫的歌声”，更能突出清香幽远，若有若无、时断时续的特点。

通感使用得好，往往既能化抽象为具体，通过具体形象的描绘达到令人神往的程度；又能创造出一种优美的意境，启发读者联想，体味余韵，给人以新鲜的异乎寻常的感觉。

十二、反　复

反复是为了突出某个意思，强调某种感情，有意重复使用某些词语或句子的修辞格。

反复的形式可分为连续反复和间隔反复两种。

1. 连续反复

某些词语或句子连续反复出现，中间没有其他词语隔开。例如：

①盼望着，盼望着，东风来了，春天的脚步近了。

例①的反复“盼望着”抒发了对春天盼望的急切心情。

2. 间隔反复

词语或句子间隔地反复出现，中间有其他的词语或句子隔开。例如：

②同学们嫌他古怪，嫌他脏，嫌他多病的样子，都不理睬他。

③婴儿的眼睛闭了，
青天上出现了两个大星。
婴儿的眼睛闭了，
海边上坐着个年少的母亲。

例②的“嫌他”是短语的间隔反复。例③的“婴儿的眼睛闭了”，是分句的间隔反复。

反复具有突出思想，强调感情，分清层次，加强节奏感的修辞效果。

间隔反复有时和排比结合在一起使用，同时发挥两种辞格的作用。如：“时间就是生命，时间就是速度，时间就是力量”，是排比兼反复，不仅强调了时间的重要性，而且增强了语言的气势。

运用反复必须抓住关键的词语，这样才能使重点显得突出。如果随意地把某些词语或句子重复使用，不仅不能加强表达效果，反而使人感到重复啰嗦，意思雷同。

十三、回 环

回环是指运用变换语序的方法，把词语相同而排列次序不同的语言片断紧密联系在一起，以循环往复的形式来表达不同事物间的有机联系的一种修辞格。

回环分严式与宽式两种。

1. 严式回环

指构成回环的部分词语相同、结构相同或相近，只是顺序不同的回环。例如：

①“近来呀，我越帮忙，她越跟我好，她越跟我好，我越帮忙，这不就越来越对劲儿了吗？”

2. 宽式回环

指构成回环的部分结构相似或相近、词语并不完全相同的回环。例如：

②可是“闻名不如见面，见面胜似闻名”——越州另一方面的面目终于亲见了。

③理性认识依赖于感性认识，感性认识有待于发展到理性认识，这就是辩证唯物论的认识论。

④也许这是一个永远不可调和的矛盾，你要事业，你就得失去做女人的许多乐趣。你要享受做女人的乐趣，你就别要事业。

例②③④分别是词、短语、句子构成的宽式回环。由于宽式回环不受相同词语、相同结构的严格限制，因此在表达上具有了相对自由的空间，产生出整齐与参差相互映照的变化之美。

回环手法可以广泛运用于明理、状物、写景、抒情的文章中。回环手法的使用，可以强调语意，阐明事理，同时也可使音律和谐，情趣无限。但使用时不能单纯追求形式而置内容于不顾。

回环与顶真比较：首尾用一词语，互相衔接，这是它们的共同点。但是，回环的特点是“顶”而后“回”，其轨迹是圆周，可用“甲→乙，乙→甲”来表示。而顶真的特点是“顶”而不回，其轨迹是直线，可用“甲→乙，乙→丙”来表示。另外，回环都是整句，顶真比较灵活，既可是整句，也可是散句。

十四、设 问

设问是为了强调某一意思或引起读者的注意和思考，故意设置问题的修辞格。设问是无疑而问，有时是自问自答的，有时是问而不答的，让读者自己去领会答案。例如：

①小屋点缀了山，什么来点缀小屋呢？那是树！

②只见沙海上出现一片褐色的峰峦，像一堵废弃在沙海中的城堞。是云？是雾？是烟？还是沙漠中常见的海市蜃楼的幻影？还是翻译同志眼尖，脱口而叫着：“骆驼！骆驼！”

③问弃家的人：家是什么？

她说：家是一种能力，一种学习，我自忖无力从那里毕业，就中途逃亡了。

问无家的人：家是什么？

他说：家是羁绊，家是约束，家是熄灭人创造激情的沼泽地，家是一种奢侈的靡费。

问恋家的人：家是什么？

她说：家是树上的喜鹊窝。纵然世界毁灭了，只要家在，依然有一切。

④日本日立公司电机厂，五千五百人，年产一千二百万千瓦；咱们厂，八千九百人，年产一百二十万千瓦，这说明什么？要求我们干什么？

例①是一问一答；例②是数问一答；例③是连问连答；例④在对比说

明了两个工厂的人数和产量后，连用两个设问而不作回答，引起对方或读者的思考，这说明“咱们厂”生产率太低，必须进行改革。

设问是论说文或散文里经常用到的一种修辞方法。设问的修辞作用和设问的位置有着密切的关系。标题或开头用设问，可以统摄全篇，帮助读者领会中心；段与段间用设问，可以起到承上启下的作用；段落中用设问，可以使段内层次分明，论证深入。

使用设问要注意：问题要富有启发性，能引起读者的注意，否则就会失去设问的意义。

十五、反　问

反问是用疑问的句式来表达某种确定的意思的修辞格。反问又叫“反诘”、“激问”。反问是明知故问，往往是只问不答，答案寓于问语的反面。一般地说，肯定的反问形式，表达否定的思想内容；否定的反问形式，表达肯定的思想内容。例如：

①四十多个青年的血，洋溢在我的周围，使我艰于呼吸视听，那里还能有什么言语？

②当年毛委员和朱军长带领队伍下山去挑军粮，不就是用这样的扁担么？

例①用肯定反问句，表达否定的意思：“无话可说”，以此来表达对青年学生被血腥屠杀的强烈的悲愤之情。例②是否定反问句，表达肯定的意思：毛委员和朱军长挑军粮就是用这样的扁担。

设问和反问也可以连用，一般是用反问回答设问，往往比直说更有力量。例如：

③朋友们，当你听到这段英雄事迹的时候，你的感想如何呢？你不觉得我们的战士是可爱的吗？你不以我们的祖国有着这样的英雄而自豪吗？

例③先用设问提出问题，引人思考，后用两个反问句加以回答，使文意起伏，语势加强。

恰当运用反问，能够加强语气，激发读者的感情，加深人们的印象，使本来已确定的思想表现得更鲜明、更强烈。但反问必须是在意思十分明确的前提下提出，否则就会造成语意含混，使人误解。

十六、修辞格的综合运用

修辞格的综合运用是指在一个语言片段中，两个或两个以上修辞格的同时运用。在语言实践中，有时是某种辞格单独使用，有时是几种修辞方式综合运用。修辞格的综合运用，有连用、兼用、套用三种方式。

（一）连用

连用是指在一句话或一段话中，有两种或两种以上的修辞格接连使用。例如：

①惨象，已使我目不忍视了；流言，尤使我耳不忍闻。我还有什么话可说呢？我懂得衰亡民族之所以默无声息的缘由了。沉默呵，沉默呵！不在沉默中爆发，就在沉默中灭亡。

在这段文字中，先用对偶、反问，然后是反复、对比。四个修辞格连用，语言生动，充分抒发了作者对反动政府的反动行径无比愤怒的感情。

（二）兼用

兼用是指一句话或一段话中，兼有两种或两种以上的修辞格，从这个角度看是甲修辞格，从那个角度看是乙修辞格。例如：

②高松年听他来了，把表情整理一下，脸上堆的尊严厚得可以刀刮。

"脸上堆的尊严厚得可以刀刮"，既是夸张，又是拟物。这是夸张兼拟物。

（三）套用

套用是一句话或一段话总的看来是用了甲修辞格，但其中又包含着其他辞格，形成包容关系。例如：

③一站站灯火扑来，像流萤飞走，

一重重山岭闪过，似浪涛奔流，……

例③是对偶中兼用了比喻，比喻中又兼用了拟人。第一个层次是对偶。对偶由比喻构成第二个层次；比喻的本体又是比拟，为第三个层次。

必须注意，修辞格的连用、兼用、套用，不是泾渭分明地使用的，而往往是交织在一起，综合使用的。分析的时候要分清主次，灵活细致，不能顾此失彼。例如：

④队伍虽然出罗网，

韩英不幸入铁窗。

例④总的看是对比和对偶。这是两种辞格的兼用。"罗网"和"铁窗"分别是借喻（比喻反动派的搜捕）和借代（敌人的监狱），这两种辞格的分布是连用。这两个连用的辞格被对比、对偶包含，这又是套用。

思考题

1. 举例说明借代与借喻、回环与顶真的异同。

2. 举例说明比喻与比拟、排比与对偶的区别。

3. 下面各例运用的是什么修辞方式？

（1）狂风紧紧抱起一堆巨浪，恶狠狠地扔到峭崖上，把大块的翡翠摔成尘雾和水沫。

（2）要学参天白杨树，不做墙头毛毛草。

（3）让我们对土地倾注更强烈的感情吧！因为大地母亲的镣铐解除了，现在就看我们怎样为我们的大地母亲好好工作了。

（4）农民在土地上种下一粒粒种子，也就是种下了一个美好的希望。

（5）姓陶不见桃结果，姓李不见李花开，姓罗不见锣鼓响，三个蠢材哪里来？

（6）到底度过几年“人之初”，这字写得多秀气，多有劲。

（7）我在公坑寺天成禅院曾看过一副对联：“肚大能容，容天下难容之事；口开常笑，笑世间可笑之人”。

（8）泥鳅有须又无磷，小妹有口又无心，花言巧语来哄我，云遮日头是假晴。

（9）我不知上了多少石级，一级又一级，是乐趣也是苦趣，

（10）真正的世界杜鹃花中心何在？就在云南、四川、西藏三省接壤的广大地区……芝麻大的外国植物园，怎样和它相比？

（11）如果离开充分发扬民主，这种集中，这种统一，是真的还是假的？是实的还是空的？是正确的还是错误的？当然只能是假的，空的，错误的。

（12）高粱好似一队队红领巾，悄悄地把周围的道路观察。

（13）好！黄山松，我大声为你叫好，
谁有你挺得硬，扎得稳，站得高？
九万里雷霆，八千里风暴，
劈不歪，砍不动，轰不倒！

（14）这两种人都凭主观，忽视客观实际事物的存在，或作演讲，则甲乙丙丁、一二三四的一大串，或做文章，则夸夸其谈的一大篇，无实事求是之意，有哗众取宠之心，华而不实，脆而不坚。自以为是，老子天下第一，“钦差大臣”满天飞。这就是我们队伍中若干同志的作风。这种作风，拿了律己，则害了自己；拿了教人，则害了别人；拿了指导革命，则害了革命。

第六章 逻 辑

第一节 逻辑概述

一、什么是逻辑

"逻辑"一词源于希腊文"λογοδ"（逻各斯），原意指思想、理性、规律、语词等，20世纪初由严复从英语"logic"一词翻译而来。从广义上讲，逻辑包括辩证逻辑、形式逻辑和数理逻辑。本教材从狭义角度，讲述的是形式逻辑。

二、逻辑研究的对象

逻辑是研究思维形式（逻辑形式）及其规律的科学。我们在思维活动中无论思维内容是多么千差万别，但思维过程总是一个运用概念、命题、推理的过程。因而概念、命题、推理就成为人们思维过程中用来反映客观现实必不可少的基本形式，即逻辑学所说的思维形式。思维形式（概念、命题、推理）组成要素之间一定的联系方式，是其内容不同的各种思维形式中最一般的共同东西，我们把它称为思维形式结构。以命题为例：

1. 所有正义战争是得到人民支持的。

2. 所有商品都是有价值的。

这两个命题分别断定两种不同的属性，它们的思维内容是根本不同的，但它们有着共同的逻辑结构，形成一个公式：所有S都是P。

这里的"S"和"P"分别表示命题的对象和所具有的属性，它可以代入任何具体内容，是形式结构中可变的部分，叫逻辑变项 。这里的"所有"和"是"分别表示命题对象的量和该命题的质，在形式结构中是不变的部分，叫逻辑常项。

逻辑的重要任务之一，就是要揭示这种推理中各个命题形式之间必然的合乎规律的联系，使人们在思维过程中能正确地运用这种逻辑形式，从真实的前提出发，必然地推出真实的结论。因此，对思维的各种逻辑形式的研究，特别是对推理形式的研究，就成为逻辑的主要对象。

逻辑还研究保证思维正确性的基本规律，即同一律、不矛盾律和排中律。只有遵循这些逻辑规律，才能保证人们的思维具有确定性、无矛盾性、明确性，从而为正确思维创造必要条件。

逻辑除了研究思维形式及规律外，还研究一些简单的逻辑方法。这些逻辑方法与思维形式及其规律有着密切的联系，是逻辑研究对象中不可缺少的部分。

综上所述，逻辑研究的对象可概括为：逻辑是研究思维形式及其规律以及简单逻辑方法的科学。

逻辑的性质具有全人类性，但是，正如一切自然科学一样，对它们的解释、研究以及建立的理论体系，总要由具有某种世界观的人来进行，因此，对逻辑的研究以及建立理论体系，是由一定的世界观作指导的。恩格斯指出"逻辑本身从亚里士多德直到今天都是一个激烈争论的场所"。①

逻辑具有工具性。逻辑作为一门具体科学，当然也不能脱离科学世界观，但逻辑不是世界观和方法论，而是一门工具性的科学。逻辑为人们提供运用概念、命题和推理的方法的规则。只有熟练地掌握这些方法和规则才能有效地提高思维表达能力，因而逻辑作为人们表述和论证的手段具有工具的性质。正是由于逻辑学是一门工具性科学，因此在学习逻辑过程中必须强调思维的实际训练，以求熟练掌握逻辑工具，从而把逻辑知识转化为逻辑形式和技能技巧。

逻辑作为一门思维科学，它既有认识的作用，又有表达、论证、思想的作用。因此学习逻辑对自觉进行思维的逻辑训练，提高人们的逻辑思维能力，增强逻辑论证的力量，都具有重要的意义。

三、怎样学逻辑

第一，破除神秘感，知难而进。

逻辑在以前没有普及时，不少人不了解它的内容，因而认为它似乎神秘，是一门深奥莫测的科学。其实，逻辑学并不神秘，逻辑所讲的内容都是我们日常生活、工作中的问题。说也好，写也好都有一个合乎还是不合乎逻辑的问题。大家在表达中注意语法，并没有把语法看成神秘的东西，逻辑与语法类似，它也是在说或写中要考虑的事情。只是，它所讲的是思维方面的内容，不像语法那样普及，随着人们对培养逻辑思维的日益重视

① 《马克思恩格斯选集》第三卷465～466页

和逻辑科学的普及，这种神秘感就会被打破。学习逻辑不要怕抽象，相反，倒是有必要学点逻辑来自觉培养抽象思维能力，因为科学的抽象总是更深刻、更正确、更完全地反映着客观事物，只要接触多了，了解多了，就不会为它的抽象感到困难了。

第二，讲究学习方法，循序渐进。

学习任何一门科学都要持之以恒，循序渐进，切忌三天两辍，一暴十寒。学习逻辑更是如此。许多学过逻辑的人都体会到：学不学不一样，系统学和不系统学不一样。这是因为逻辑学有它的自身的严密体系，前后知识的内在联系非常紧密，前边的命题没有学好，就会影响后面的推理的学习。因此在学习中由浅到深，循序渐进，扎扎实实，这样才能全面系统地把握逻辑知识，避免走弯路。俗话说："多想出智慧"。学习逻辑要勤于思考，抓重点和难点，有恒心，下工夫。把前后知识贯通起来学，就会收获明显。

第三，理论联系实际，学以致用。

逻辑知识是从实践经验中总结出来的，学习逻辑要弄懂会用，就必须紧密联系实际，既联系自己的思维实际，也要联系别人的思维材料。平时说话，写文章，看书读报等，遇到思路清晰，结构严密的地方，就仔细地想想里面有什么逻辑道理；发现思路混乱，含糊不清，前后冲突的地方，就认真思索里面有什么逻辑问题；遇到不懂的方面，再对照逻辑理论。逻辑有广阔的"用武之地"，在日常生活、工作、学习中，都要运用概念、命题、推理形式。可供逻辑分析的材料到处都有，要做学习的"有心人"。

毛泽东同志在1956年接见尼泊尔教育代表团时说，他学逻辑开始也不懂，后来实际运用中就逐渐懂了，感到有用。实际证明，只要决心大、方法对，学以致用，就一定能掌握逻辑科学。

思考题

1. 逻辑研究的对象是什么？
2. 什么是思维和思维形式？
3. 怎样学逻辑？
4. 指出下列各句中"逻辑"一词的含义：

（1）语法、修辞、逻辑等都是没有阶级性的。

（2）"窃书不能算偷"，这是孔乙己的逻辑。

(3) 历史的逻辑是无情的。

第二节 概 念

一、什么是概念

(一) 概念的含义

概念是反映思维对象特性或本质属性的思维形式。任何事物都具有多种属性，是多种属性的统一体，概念就是通过反映对象的这些特性和本质来反映对象的属性。毛泽东同志在谈到概念时，曾有一段极其生动形象的论述：

“小孩子已经学会了一些概念。狗，是个大概念，黑狗、黄狗是小些的概念。他家里的那条黄狗，就是具体的。人，这个概念已经舍掉许多东西，舍掉了男人、女人的区别，大人、小人的区别，中国人、外国人的区别……只剩下区别于其他动物的特点。谁见过‘人’？只能见到张三、李四。‘房子’的概念谁也看不见，只看到具体的房子，天津的洋楼，北京的四合院。”①

从这段论述中，我们可以知道：第一，概念，总是反映一个个或者一类类的事物或对象的，具有抽象性和概括性的特点，表现着同类事物的共同属性。第二，概念和感觉、知觉、表象等不同，概念所反映的不是事物的现象，事物各个片面、事物的外部联系，如“人”这个概念所反映的早已不是人的高、矮、胖、瘦等表面现象的东西，而是人区别于其他动物的特点 。这种特点就是人所具有而其他动物所不具有的，反映人的特有属性和本质属性的东西。如能思维、说话、制造和运用生产工具等，这些都是“人”这一些对象所共有的，也是“人”这一类对象和其他对象的最根本的区别点。因此，概念就是通过反映对象的这些特性和本质来反映对象的。第三，概念是随着人们对客观世界的认识不断发展的。例如：对“敌人”和“人民”两个概念的发展变化的认识，正如毛泽东所说的那样：“在抗日战争时期，一切抗日阶级、阶层和社会集团都属于人民的范围，日本帝国主义、汉奸、亲日派都是人民的敌人。在解放战争时期，美帝国主义和走狗即官僚资产阶级、地主阶级以及代表这些阶级的国民党反动派，都是人民的敌人；一切反对这些敌人的阶级、阶层和社会集团，都属

① 《毛泽东论教育革命》，人民出版社，1967 年版

于人民的范围。在现阶段，在建设社会主义的时期，一切赞成、拥护和参加社会主义建设事业的阶级、阶层和社会集团，都属于人民的范围；一切反抗社会主义斗争和敌视、破坏社会主义建设的社会势力和社会集团，都是人民的敌人。"[①] 随着客观事物和人们认识的发展，不但概念的内容发生变化，而且，概念自身也经历由初步概念过渡到深刻概念，由简单概念向复杂概念的发展。

（二）概念和语词

概念作为一种思维形式，离不开语词。概念和语词密切相连，语词是概念的存在和表达形式，概念是语词的思想内容。任何概念都要借助于语词来表述，不依赖于语词的赤裸裸的思想是不存在的。

概念与语词又有区别：

首先，虽然所有概念都必须用语词来表达，但并非所有的语词都表达概念。一般说来，实词（包括名词、动词、形容词等）表达概念，例如：学校、训练、勇敢等；虚词（包括连词、助词、介词等）只有语法意义不能独立地表达概念，例如：和、的、于等。

其次，同一个概念可以用不同的语词来表达。例如："世界观"和"宇宙观"、"攻势防御"和"积极防御"都是表达同一概念的两个不同语词，这在语法中被称为同义词，同义词往往能表达同一概念。

再次，同一语词可以表达不同的概念。有些多义词，在不同语境中表示不同的含义。比如在第一节中谈到过的"逻辑"一词，在不同的语言环境中表示不同的含义。

我们对表达概念的语词形式的多样性有了深刻的了解，在使用同义词中知道它们表达的是同一个概念，就不会作一些不必要的文字之争；而在使用多义词时，能加以区别，就不会犯逻辑上混淆概念的错误。因此，要准确表达概念，必须把握概念与语词的联系与区别，选用适当准确的语词表达概念，这是逻辑训练的基本任务。

（三）概念的内涵和外延

1. 内涵和外延的含义

任何概念都有内涵和外延两个方面。概念的内涵是指反映在概念中的事物的特性或本质，说明概念所反映的事物是什么。例如："军队"的内涵是"执行政治任务的武装集团，是国家政权的主要成分。""执行政治的

---

①《毛泽东选集》第五卷

武装集团”揭示了“军队”的本质属性。

概念的外延是指反映在概念中的一个个、一类类事物，说明概念反映了哪些事物，概念反映的范围有多大。例如：“军队”的外延是指古今中外所有的军队。

一般来说，内涵反映概念质的方面，外延反映概念量的方面。一个概念只有当内涵和外延都明确时，这个概念才是明确的。概念不明确，就会导致不正确的思维，就会影响表达思想和论证思想。例如，有个学生在读书演讲会上说：“我国科学技术在古代是非常先进的。例如，我国古代数学家祖冲之比欧洲人早一千多年发明了圆周率。”这里由于对“发明”这个概念的内涵与外延缺乏应有的了解，造成了用词不准确。因为圆周率是客观存在的，它是不能“发明”的，如改用“发现”就准确了。什么叫发明和发现，鲁迅先生曾解释过：“查出了前人未知的事物叫发现，创出了前人未知的器具和方法叫发明。”

2. 概念的内涵与外延的反变关系

概念的内涵和外延有这样一种相互制约的关系：一个概念的内涵越多，那么这个概念的外延就会越少。反过来，如果一个概念的内涵越少，那么，这个概念的外延就会越多。内涵与外延的这种关系，称之为内涵与外延的反变关系。例如：“现代战争”与“战争”两个概念相比较，其内涵前者多于后者，其外延前者小于后者。“战争”的内涵是指为了一定的政治目的而进行的武装斗争。它的外延是指古今中外的一切战争。“现代战争”的内涵除了“战争”的内涵外，还要增加时间的限制内容，比“战争”内涵多，它的外延包括现代战争以外的其他战争，比“战争”的外延小。

概念的内涵和外延的反变关系，揭示了内涵和外延的变化规律，依据内涵和外延的变化关系，可以对概念进行限制和概括。

3. 概念的限制和概括

概念的限制和概括，是通过增加或减少概念内涵以缩小或扩大概念的外延来明确概念的一种逻辑方法。

(1) 概念的限制

概念的限制是通过增加概念的内涵以缩小概念的外延，即由属概念过渡到种概念来明确概念的一种逻辑方法。例如：毛泽东在《中国革命战争的战略问题》一文中说：

“战争……从有私有财产和有阶级以来就开始了的，用以解决阶级和阶级、民族和民族、国家和国家、政治集团和政治集团之间，在一定发展阶段上的矛盾的一种最高的斗争形式”……革命战争……革命的阶级战争和革命的民族战争，在一般战争的情形和性质之外，有它的特殊的情形和性质……中国革命战争……不论是国内战争或民族战争，是在中国的特殊环境之内进行的，比较一般的战争，一般的革命战争，有它的特殊情形和特殊的性质。①

这段论述中，对“战争”这一概念就是逐步增加其内涵而缩小其外延，即用限制的方法来加以明确的。在限制的过程中不仅明确了“战争”、“中国战争”、“中国革命战争”这几个概念的内涵，而且同时也明确了这几个概念在外延之间的属种关系。

概念的限制是有限度的，限制到单独概念时，就不能再限制了。因为单独概念是反映一个独一无二的对象。例如，将“学院”可以限制到“教育学院”，当进一步限制到“安徽教育学院”时，就不能再限制了。有时，人们在表达和交流思想时，往往在表达单独概念语词前面加上某种限制词，以突出和强调这个单独概念本身的内涵中某个或某些方面揭示出来而不是增加它的内涵。所以，即使在单独概念前面加上某种限制词，也不能叫做限制。比如：“前进中的安徽民营企业”、“雄伟壮观的中国长城”等就是如此。

(2) 概念的概括

概念的概括是通过减少概念的内涵以扩大概念的外延，即由种概念过渡到属概念以明确概念的一种逻辑方法。例如：当我们说“新闻是反映新近发生的、重要的、有意义的、能引起广泛兴趣的报道”时，我们的思维过程就由“新闻”这一概念过渡过“报道”这一概念，这就是一个概括的过程。

为了使这一概括过程得以实现，就必须减少“新闻”这一概念中所包含的“反映新近发生的、重要的、有意义的、能引起广泛兴趣的事实”这一部分内涵。由于从“新闻”这一概念中减少一部分内涵，剩下的就是“报道”的涵义，因而就概念来说也就从“新闻”这一概念过渡到了“报道”这一概念。

在表达和交流思想的过程中，如果对某些概念作必要的概括，就可以进一步加深人们对这些概念的理解。例如，把“紧紧地和中国人民站在一

① 《毛泽东选集》第一卷

起，全心全意为人民服务”概括为“我军宗旨”，就是通过概括扩大了认识的范围，深化了对事物的理解。

必须注意的是，对一个外延较小的概念可以连续进行概括，但不能超出该学科的论域。

为了使概念的限制和概括真正起到明确概念的作用，必须对概念本身的逻辑特性和具体论域来对概念加以限制或概括，否则就有可能犯“限制不当”或“概括不当”的逻辑错误。

二、概念的种类

逻辑关于概念的分类，是根据概念的最简单、最一般特征，即概念的内涵和外延来进行分类的。从概念所反映的事物数量来说，可以分为单独概念和普遍概念；从概念所反映的事物的性质来说，可以分为集合概念和非集合概念，正概念和负概念。辨明概念的种类有助于我们准确地理解和运用概念。

（一）单独概念和普遍概念

根据概念所反映思维对象的数量不同，可分为单独概念和普遍概念。

单独概念：反映某一特定思维对象的概念。它的外延是指一个单独的对象。语言中的专有名词都表达单独概念的。如：“北京”、“雷锋”、“淮海战役”等。

普遍概念：反映某一类思维对象的概念。它的外延既可以是有限的也可以是无限的对象。如：“行星”、“学校”、“青年”等都是普遍概念。普遍概念是由若干分子组成的类，每个类分子都具有类的属性。

（二）集合概念和非集合概念

根据概念所反映的思维对象是否为集合体，可分为集合概念和非集合概念。

集合概念：反映的思维对象具有集合体本质属性的概念。例如：“大学生是祖国的希望和未来”，这句中的“大学生”表示成千上万人组成的集合体，它表达的是集合概念，其含义是说：“大学生”只有作为整体才具有“祖国的希望和未来”的属性，而不是说构成集合体的一个个的人都具有“祖国的希望和未来”的属性。

集合概念相对于组成它的同类个体而言是集合体。相对于适合集合概念的一类对象而言具有普遍性。所以，集合概念又可分为单独集合概念与普遍集合概念。外延是一个集合体的叫单独集合概念，如“中国共产党”。外延有若干集合体则称之为普遍集合概念，如“共产党”，它包括“中国共产党"、"罗马尼亚共产党"、"法国共产党" 等。再如 "森林"，它包括"原始森林"、"人造森林" 等。

非集合概念：反映的思维对象不具有集合体本质属性的概念。如 "秘书专业的学生"、"教师" 等，都是非集合概念。

在实际思维中，同一个语词在不同语境里，表达集合体时为集合概念，不表达集合体时为非集合概念。例如 "大学生" 这个概念，把它放到不同语境，情况就不一样：

大学生是祖国的希望和未来。

我是一名在校大学生。

第一句话里的 "大学生" 表达集合概念；第二句话里的 "大学生" 则表达非集合概念，是指 "大学生" 这一类中的某一分子，实为普遍概念。可见，集合概念与普遍概念的区别在于：集合概念具有的属性，组成集合体的个体不具有；普遍概念具有的属性，组成普遍概念的类分子都具有。因此，事物的类和事物的集合体是有区别的。

（三）正概念和负概念

根据概念所反映思维对象是否具有某种属性，可分为正概念和负概念。

正概念又称肯定概念，反映思维对象具有某种属性的概念。如 "正规化训练"、"在编序列"、"党员" 等。

负概念又称否定概念，反映思维对象不具有某种属性概念。如 "非正规化训练"、"不在编序列"、"非党员" 等。

负概念一般用 "非"、"不"、"无" 等否定词表示，但带有否定词的不一定都是负概念。如 "非无产阶级"、"无名英雄" 等都不是负概念。

三、概念外延间的关系

概念相互之间存在着一定的关系，这种关系是事物复杂联系的反映。逻辑只从概念外延方面研究概念之间的关系，分为相容关系和不相容关系，以及并列关系。

（一）相容关系

概念间的相容关系是指外延至少有一部分重合的两个概念外延间的关系。相容关系有三种：

1. 同一关系

同一关系也叫重合关系，是指两个概念虽内涵有所不同，但外延全部重合。如 "北京" 与 "中华人民共和国的首都"，"近海" 与 "距我海岸二百里以内的海区”等，它们都是同一关系。具有同一关系的概念，是从不同方面反映同一事物情况的。“北京”是从地理特性方面反映事物占据的空间位置。“中华人民共和国的首都”是从政治特性方面反映事物的地位作用。具有同一关系的概念可以交换使用。例如“我爱北京”也可以说“我爱中华人民共和国的首都。”

2. 交叉关系

交叉关系也叫部分重合关系，是指两个概念的外延只有部分相同。如“大学生”与“共青团员”，就是交叉关系。“大学生”与“共青团员”之间表现为：有的大学生是共青团员，有的大学生则不是共青团员。反之，有的共青团员是大学生，有的共青团员则不是大学生。两者外延有一部分重合，所以，这两个概念有交叉关系。

3. 属种关系

属种关系也叫从属关系，是指一个概念的外延全部包含在另一概念的外延中，是另一个概念外延的一部分。其中外延大的概念叫属概念，外延小的概念叫种概念。如：“学生”与“大学生”，“运动员”与“体操运动员”，都是属种关系。“大学生”概念的外延全部包含在“学生”的外延中，所有大学生都是学生，学生是属概念，大学生是种概念，两概念之间是属种关系。

（二）不相容关系

不相容关系是指两个概念的外延互相排斥，毫无重合之处，两者共同包含在另一概念的外延内。不相容关系有两种：

1. 矛盾关系

两个概念的外延互相排斥，没有重合之处，它们的外延之和等于其邻近的属概念的全部外延，这两个概念之间的关系叫矛盾关系。如：“党员”与“非党员”，“正义战争”与“非正义战争”等，都是矛盾关系。“正义战争”不是“非正义战争”，“非正义战争”也不是“正义战争”，两者指的是不同对象，适用不同的范围，但两者的外延之和等于“战争”这个属概念的全部外延。在具有矛盾关系的两个概念中，有一个是肯定概念，另一个是否定概念。否定概念除了对另一概念的内涵表示否定外，它自身并不肯定什么，如“非正义战争”只是说不是正义战争，具体是什么战争并不明确。

2. 反对关系

两个概念的外延互相排斥，A 与 B 没有重合之处，它们的外延之和小于其邻近的属概念 C 的外延，这两个概念之间的关系叫反对关系。如：“先进班级”和“后进班级”就是反对关系。“先进班级”不是“后进班级”，“后进班级”也不是“先进班级”，它们是两种不同类型的班级。两者的外延之和小于属概念“班级”的外延，因为除了先进和后进外，还有中间状态的班级。具有反对关系的两个概念，各自的内涵是不同的，但共同具有属概念的内涵，无论“先进班级”或“后进班级”都具有属概念“班级”的属性。

逻辑上概念的矛盾关系与反对关系，只表示两个概念间的外延情况，此外，并不表示其他含义。这一点与哲学上的“矛盾”、“反对”的含义是不同的，应把它们区别开来，否则会造成混乱。

（三）并列关系

并列关系是指一个属概念下两个以上种概念间的关系。并列关系有两种：

1. 相容并列关系

相容的并列关系是指同一属概念中两个以上种概念的外延互相交叉的关系。如“职业学校”、“电脑学校”、“技术学校”等概念都是“学校”这个属概念下并列的种概念，它们之间是相容的并列关系，因为有的职业学校同时也是电脑学校和技术学校。具有相容并列关系的概念外延之和一般小于属概念的外延。

2. 不相容并列关系

不相容并列关系是指一个属概念下两个以上种概念的外延相互排斥的关系。如：“手枪”、“步枪”、“冲锋枪”等概念都是“枪”这个属概念下并列的种概念，它们之间是不相容的并列关系。具有不相容关系的概念外延之和一般小于属概念的外延。

概念的矛盾关系和反对关系都是同一属概念下的两个种概念间的关系，可以把它们看作是不相容的并列关系中的特殊情况。

四、概念的定义与划分

（一）概念的定义

1. 定义的含义

定义是揭示概念内涵的逻辑方法。通过给概念下定义，揭示概念的内涵，明确概念所反映的事物的本质属性。例如：

（1）军事是直接有关武装战争的事项。

（2）军事科学是研究战争规律，并用于指挥战争准备和实施的科学。

上面分别说明“军事”、“军事科学”两个概念的含义。这种通过揭示概念内涵达到明确概念的方法就是下定义。

定义由三部分组成。一是被定义概念（又叫被定义项），即通过定义揭示其内涵的概念，如例（1）“军事”；二是定义概念（又叫定义项），即用来揭示被定义概念内涵的概念，如例（1）“直接有关武装战争的事项”；三是联结词（又叫定义联项），即联结定义概念与被定义概念组成定义的语词，如例（1）“是”。一个正确的定义，必须准确揭示这个概念的内涵，即它反映的事物的本质属性。

2. 下定义的方法

常见的下定义的方法是属概念加种差，即属种定义。用公式表示：

被定义概念 = 种差 + 属概念

被定义概念即我们要赋予定义的概念；属概念即直接包含被定义概念全部外延的那个概念；种差即在同一概念内，被定义概念与其他种概念的本质差别。

例如，要给“海军”这个概念下定义，首先要找出海军邻近的属概念——军队，然后找种差。在“军队”中“海军”同“陆军”、“空军”的本质差别在于它的作战区域在海洋上，明确了属概念和种差就可以给海军下定义：

海军	是在海上作战的	军队
被定义概念	种差	属概念

3. 定义的规则

要保证定义准确，必须遵守定义的以下规则：

第一，定义必须相应相称。即定义概念的外延和被定义的概念的外延必须相等。如果定义概念的外延大于或小于被定义概念的外延，就要犯“定义过宽”或“定义过窄”的逻辑错误。如：

逻辑学是研究思维的科学。

逻辑学是研究思维形式的科学。

前者，定义概念的外延大于被定义概念的外延，犯了“定义过宽”的错误。后者，定义概念的外延小于被定义概念的外延，犯了“定义过窄”的错误。两个定义都没有准确揭示逻辑学的内涵，都不是正确定义。

第二，定义不能循环。即定义概念不能直接或间接地被用定义概念来说明。否则，就要犯“同语反复”或“循环定义”的逻辑错误。如：

战斗英雄是战斗中的英雄。

生命是有机体的新陈代谢。

前一个定义犯了“同语反复”的错误，等于什么也没有说。后一个定义犯了“循环定义”的错误，因为“有机体”本身要用“生命”解释。正确的定义是：“战斗英雄是在战斗中具有特殊功绩的人员”。“生命是蛋白体的存在方式”。

第三，定义一般不能用否定形式。否定形式只能说明概念不具有某些属性，没有说明概念具有哪些属性，起不到明确揭示概念内涵的作用。如：

逻辑学不是文学。

坦克分队不是炮兵分队。

这两个例子只说明“逻辑学”和“坦克分队”不具有的属性，没有揭示它们具有的本质属性，所以，不能作为定义。

有时给否定概念下定义，可以用否定形式，如：“非对抗性矛盾不是通过外部冲突的形式去解决的矛盾”。其次，有些正概念也必须用负概念来定义，如：“旁听就是非正式地随班听课”。这种定义通过否定形式揭示了被定义概念的内涵。

第四，定义不能用比喻。比喻虽然形象、生动，但不能准确揭示事物的本质属性。如：

教师是人类灵魂的工程师。

儿童是祖国的花朵。

这些比喻尽管生动、深刻，但并没有揭示“教师”和“儿童”的内涵，作为定义都是不行的。正确的定义必须用清楚确切、严密科学的语词来表达。

(二) 概念的划分

1. 划分的含义

划分是揭示概念外延的逻辑方法。一个概念的外延，有时包含着许多对象，要明确这个概念的外延，不需要也不可能逐一列举每一事物，只要依据一定的属性，把这个概念所反映的一类事物分为若干小类，就可以达到明确其外延的目的，这种方法就叫划分。

例如，要明确“文学作品”这个概念的外延，可以按照体裁，把它分为小说、诗歌、散文、文学剧本四类。通过划分明确了“文学作品”这个概念的外延。

划分由三部分组成：一是被划分概念叫划分的母项，如“文学作品”；二是划分后得出的概念叫划分的子项，如“小说”等；三是划分的依据叫划分的标准，如上例是以体裁为标准来划分的。

事物具有多方面的属性，对概念的划分究竟以什么属性为依据，通常是由实践的需要决定的。如“军人”这个概念，以年龄为标准，可划分老年军人、中年军人和青年军人；以性别为标准，可划分为男军人和女军人；以国籍为标准，可划分为中国军人和外国军人。

从上述概念的划分可以看出：划分的母项与子项表现为属种关系，母项为属概念，子项为种概念，划分的过程是将一个属概念分成若干种概念的过程。所以，划分的对象一般是普遍概念，单独概念不能划分。

划分不同于分解，划分后的子项都具有母项的属性。分解是把整体分成若干部分，每个部分不具有整体部分的属性。如将“树”分为落叶树和常绿树，这是划分。无论是落叶树还是常绿树都具有树的属性。若将“树”分为树根、树干、树冠等则是分解，它们都不具有“树”的属性。

2. 划分的种类

划分有一次划分、连续划分和二分法。

一次划分：把被划分概念的外延一次划分完毕。例如，把“现代中国革命战争”依时期划分为：北伐战争、土地革命战争、抗日战争和解放战争，就是一次划分。

连续划分：在一次划分后，把子项当作母项再进行划分。例如，把“武器”划分为“轻武器”和“重武器”，再把“轻武器”划分为“步枪”、“冲锋枪”、“机枪”等，把“重武器”划分为“火炮”、“坦克”、“装甲车”等，还可以把“步枪”和“火炮”再进行划分。所以，连续划又叫多层次划分。划分的层次根据需要而确定。

二分法：以概念有无某种属性为依据，将划分的母项分成两个互相矛盾的子项概念。如，把“元素”划分为“金属元素”和“非金属元素”。

3. 划分的规则

为了对概念进行正确划分，必须遵守以下规则：

第一，划分必须是相应相称的。划分所得子项的外延之和必须与母项的外延相等。如果划分后所得子项的外延之和小于或大于母项的外延，就要犯“划分不全”或“多出子项”的逻辑错误。例如：

文学作品包括小说、诗歌、散文。

文学作品分为小说、诗歌、散文、剧本、通讯。

前者遗漏了“剧本”，犯了“划分不全”的错误，后者把通讯作为文学作品，犯了“多出子项”的错误。

第二，划分后的子项必须互相排斥。各子项外延之间不能重合，也不能交叉。否则，就要犯“子项相容”的逻辑错误。例如：

战备等级分为一级战备、二级战备和紧急战备。

侦察分为战略侦察、战役侦察、战术侦察、技术侦察。

前者划分后得到的子项中“一级战备”与“紧急战备”外延是重合关系。后者划分后的子项中“技术侦察”与其他侦察是交叉关系。两种划分都犯了“子项相容”的错误。

第三，划分的标准必须同一。每次划分的标准只能有一个。否则，就要犯“混淆标准”的逻辑错误。例如：

战争分为世界战争、局部战争、人民战争。

文学作品可以分为古代文学作品、现代文学作品、中国文学作品、外国文学作品等。

前者划分采取了两个标准，一是根据战争规模，二是根据战争性质。后者划分也是采取了两个标准，一是按年代划分，二是按国度划分。由于划分的标准不统一，犯了“混淆标准”的错误，使划分的子项出现重叠。“子项相容”的逻辑错误也是由划分标准不同造成的。

划分在思维中具有重要意义。通过对复杂事物的分门别类的划分，可以帮助人们从外延方面明确事物的概念，有助于人们认识和掌握事物。要真正对概念作出正确的划分，还必须具有相应的科学知识。

思考题

1. 指出下列括号内的语词是从内涵还是外延方面来说明概念的：

（1）学校是（进行教育的机构）。学校有（大学、中学、小学）。

（2）谈判是（就有关方面对有待解决的重大问题所进行的会谈）。

（3）思维形式就是（人脑对复杂程度不同的思维对象的不同反映方式）。它包括（概念、命题、推理等）。

2. 下列括号内的概念是哪种概念？

（1）（《红旗谱》）的旋律是优美的。

（2）（这首歌曲）很动听。

（3）文秘班同学的学习是（认真）的。

3. 指出下列概念间的关系。

（1）<u>法学</u>、<u>社会科学</u>、<u>语言学</u>和科学。

（2）正概念、非集合概念和单独概念。

（3）教师与党员。

4. 对下列概念各进行一次限制和概括。

（1）小说　（2）社会科学　（3）概念　（4）大学生

5. 下列定义是否正确？如不正确，请指出它违反了下定义的哪条规则？

（1）大学不是小学。

（2）形式主义者就是讲究形式主义，用形式处理问题的人。

（3）狗咬人不是新闻，（人咬狗才是新闻）。

5. 下列划分是否正确？如不正确，请指出它违反了划分的哪条规则？

（1）干部分为基层干部、机关干部和中青年干部。

（2）戏剧可以分为喜剧、悲剧、京剧和地方戏。

（3）概念分为概念的内涵和概念的外延。

第三节　简单命题及其演绎推理

一、命题和判断

命题是判断的语言表达，即是表达判断的语句。判断是对事物有所断定的一种思维形式。例如：

（1）正义的战争是得到人民支持的。

（2）有的鸟不会飞。

任何判断都有两个逻辑特征：第一，表示对事物情况有所断定，或者是肯定事物的情况，或者是否定事物的情况。第二，表示对事物情况的断定有真有假。而识别判断的真假，逻辑本身无法解决，实践是检验判断真假的标准。逻辑只研究关于判断的特征、种类、形式结构问题，以及判断应遵守的逻辑规则。

二、命题和语句

命题与语句有着密切的联系。任何命题都要通过语句来表达，命题是语句的思想内容，语句是表达命题的语言形式。但两者又是有区别的：命题属于思维范畴，而语句属于语言范畴。在现代汉语中，陈述句是表达命题的；疑问句的反问句和特定条件下的感叹句，也表达命题。例如：“难道能让困难吓跑吗？”又如“春天多么美呀！”这两例句对事物情况有所断定，所以表达命题。

命题与语句不是对应的。同一个命题可以用不同语句来表达。各民族的语言不同，可以用不同语种的语句来表达同一个命题，即使是同一民族语言中，也可以用不同语句表达同一个命题。此外，同一个语句也可以表达不同的命题，这是由于语句中包含多义词所造成的。

命题的种类很多，我们首先按一个命题本身是否包含有其他命题，而把命题分为简单命题与复合命题两大类。然后，按简单命题中所断定的事物是性质还是关系，将简单命题分为性质命题和关系命题。再按复合命题中所包含的各个简单命题之间的结合情况，将复合命题分为联言命题，选言命题、假言命题等。

三、推理

人的视觉不如鹰，嗅觉不如狗，力气不如牛，为什么能够成为世界上的万物之灵呢？真正的奥秘在于人会思维、会推理。

（一）推理的定义

推理和概念、命题一样，也是人们经常运用的一种思维形式。它的定义可以概括为：推理是由一个或多个已知命题推出一个新命题的思维形式。请看下例：

1. 所有的教师都是知识分子，

所以，有些知识分子是教师。

这是由一个已知命题推出一个新命题的推理。

2. 科学是不断发展的，

逻辑学是科学，

所以，逻辑学是不断发展的。

这是由两个已知命题推出一个新命题的推理。

推理是由前提和结论两部分组成的。我们把已知的判断称为前提，把推出的命题称为结论。推理中前提可以是一个，也可以是两个或两个以上，而结论只能是一个。前提与结论之间必须具有推论关系。

任何一个推理都是借助语言来表达的。表达推理的语言形式可以是复杂的，或是一个多重复句，或是一个语段，或是一篇文章。表达推理一般使用的关联词有“因为……所以……”“由于……因此……”等。在“因为”或“由于”后边的一般是前提部分，在“所以”或“因此”后边的一般是结论部分。有时在一个推理中关联词常有不同情况的省略，前提和结论的位置也是灵活多变的。因此，通过语言分析一个推理时，既要注意语言标志，又不能机械地按语言标志去死扣，关键在于看命题之间有无前提与结论之间的推论关系。

（二）正确推理的条件

正确的推理必须具备两个条件：第一，前提必须真实；第二，推理形式正确。两者缺一不可。

前提真实，就是说作为前提的命题必须符合客观实际，如不符合，就推不出正确的结论。

推理的形式正确，就是要遵守推理的规则，如果不遵守推理规则，仍推不出正确的结论。

必须指出，一个正确的推理固然要求推理前提的真实和推理形式的正确，但逻辑研究推理并不研究思维内容的真假问题，前提的真实并不属于逻辑的研究范围，逻辑研究推理的重点是推理形式的逻辑性问题。因此，要把握推理的规则，保证思维和表达从真实的前提中推出合乎逻辑的结论。

（三）推理的种类

客观事物间的联系方式不同，反映这些联系方式的推理也不相同。根据思维方向的不同，推理分为演绎推理、归纳推理、类比推理。如下表：

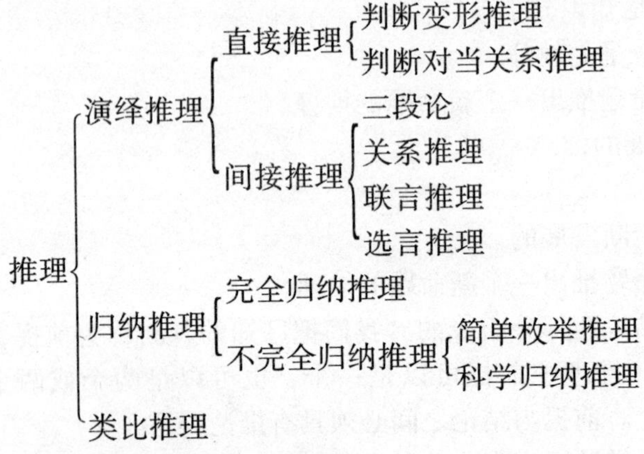

四、性质命题与直接推理

（一）性质命题

性质命题是简单命题的一种，又称直言命题，它是断定事物具有（或不具有）某种性质的命题。例如：

（1）战争是流血的政治。

（2）有些战争不是正义的。

性质命题有四个部分组成，即主项、谓项、联项和量项。

主项是表示被断定对象的概念，如例（1）、（2）中的“战争”，主项通常用“S”表示。谓项是表示被断定对象属性的概念，如例（1）中的“流血的政治”、例（2）中的“正义的”；谓项通常用“P”表示。联项是表示被断定对象与其属性之间联系的概念，如（1）中的“是”与（2）中的“不是”。性质判断的区别主要是由联项来确定。量项是表示被断定的概念数量，如例（2）中的“有些”。全称判断的量项可以省略，如例（1）中的“战争”意指“一切战争”。命题中依据主项的数量不同，分为全称量项和特称量项。

性质命题的逻辑结构可以表示为：

所有（有的）S是（不是）P

在这一逻辑结构中，量项“所有（有的）”和联项“是（不是）”是逻辑常项，主项S和谓项P是逻辑变项。

1. 性质命题的种类

根据性质命题联项的不同，可将性质命题分为肯定命题和否定命题。

根据性质命题量项的不同，可将性质命题分为单称命题、特称命题和全称命题。

性质命题按性质和量项结合划分，依据联项和量项的结合情况，可分为单称肯定命题、单称否定命题；特称肯定命题、特称否定命题；全称肯定命题，全称否定命题。

下面分别简述各种性质命题：

全称命题：断定某类事物全部对象具有或不具有某种属性的命题。其逻辑形式是：所有S是（或不是）P。例如：

所有正义的事业都是不可战胜的。

凡是正确的思想都不是自然形成的。

特称命题：断定某类事物的部分对象具有或不具有某种属性的命题，其逻辑形式是：有些S是（或不是）P。例如：

有的学生是党员。

有的教师不是青年。

单称命题：断定某个事物具有或不具有某种属性的命题。其逻辑形式是：某个S是（或不是）P。例如：

孙武是我国古代军事家。

李文不是学生。

由于单称命题和全称命题都是断定主项的全部外延，因此，传统逻辑把单称命题当作全称命题看待。这样，上述六种性质命题合并为四种。四种性质命题通常用 A、E、I、O 四种符号表示。如下表：

种类	逻辑形式	缩写	简称
全称肯定命题	所有 S 是 P	SAP	A
全称否定命题	有的 S 不是 P	SEP	E
特称肯定命题	有些 S 是 P	SIP	I
特称否定命题	有些 S 不是 P	SOP	O

2. 性质命题的主、谓项的周延性问题

性质命题的主、谓项周延问题，是指在一个性质命题中对该命题的主项、谓项外延的断定情况。如果断定了全部外延，就叫周延，如果没有断定全部外延，就叫不周延。下面分别阐述 A、E、I、O 四种命题的主、谓项周延性情况：

（1）全称肯定命题主项周延，谓项不周延。例如：

一切反侵略战争都是正义的。　　（SAP）

（S）　　（P）

这个命题的主项"反侵略战争"，由于量项"一切"标明是断定了主项的全部外延，所以，主项（S）在命题中是周延的。该命题的主项"反侵略战争"只是谓项"正义的"外延部分，因为除了"反侵略战争"还有别的东西也是"正义的"，如"革命事业"等。由于谓项的外延在这个命题中，没有被全部断定，所以（P）是不周延的，该命题的主谓项周延性，可用图表示为：

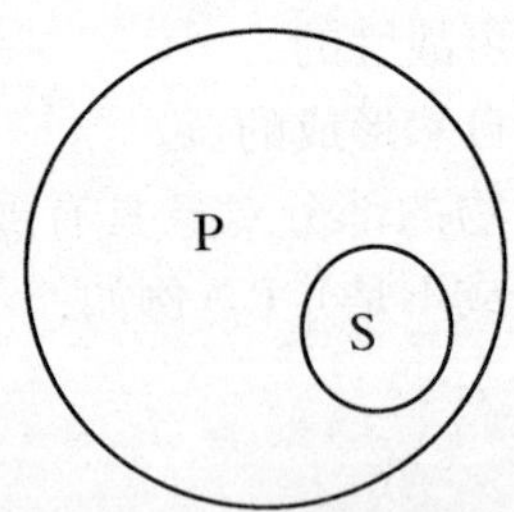

从图中可以看出：所有 S 的外延都包括在 P 的外延里，是 P 的外延的一部分。所以，S 在 SAP 中周延，P 在 SAP 中不周延。

（2）全称否定命题的主项和谓项都周延。例如：

一切脱离客观实际的战术原则都不是正确的。　　（SEP）

（S）　　（P）

这个命题的主项“脱离客观实际的战术原则”，由于量项“一切”标明是断定了主项的全部外延，所以，主项（S）在命题中是周延的。该命题的谓项“正确的”与主项“脱离客观实际的战术原则”是互相排斥的，即是说在“正确的”全部外延中不包括主项。由于谓项的外延在这里也被全部断定，所以，谓项（P）在命题中也是周延的。该命题的主、谓项周延，可用图表示为：

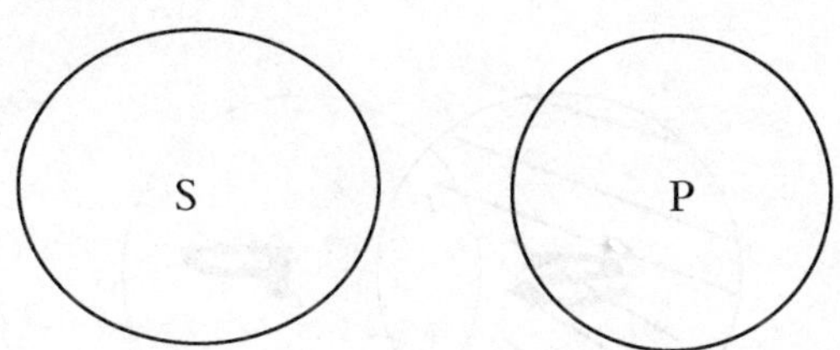

从图中可以看出，所有S和所有P相互排斥，S全部排斥在P之外，P亦全部排斥在S之外。由于断定了两者的全部外延，所以，S在SEP中周延，P在SEP中也周延。

（3）特称肯定命题的主项和谓项都不周延。例如：

有些教师 是 党员。　　　　（SIP）
　　（S）　　（P）

这个命题的主项“教师”，由于量项“有些”标明只断定了主项的部分外延，所以，主项（S）在命题 中是不周延的。该命题的主项“教师”只是谓项“党员”的外延一部分，因为除了“教师”外还有别的人也是“党员”，如“工人”、“农民”、“军人”等。由于谓项的外延在这个命题中，没有被全部断定，所以，谓项（P）是不周延的。该命题的主、谓项周延性，可用下图表示为：

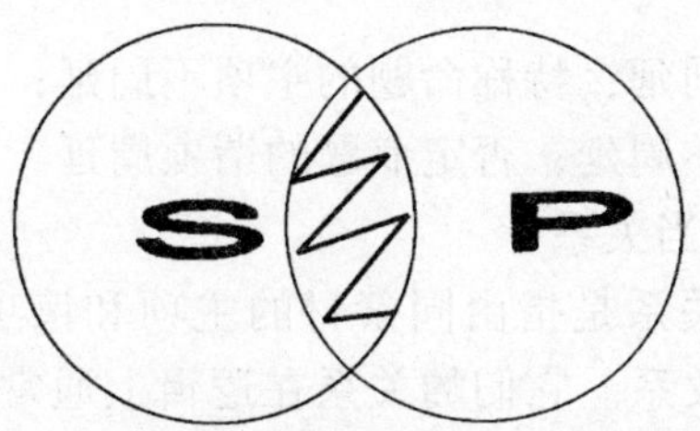

从图中可以看出：S的部分外延包含在P的外延中，P的部分外延包含在S的外延中，S和P两者的外延是交叉关系。由于只断定了两者的部分外延，所以，S在SIP中不周延，P在SIP中也不周延。

（4）特称否定命题的主项不周延，谓项周延。例如：

有些班级 不是 先进集体。　　　(SOP)

(S)　　　(P)

这个命题的主项“班级”，由于量项“有些”标明只断定了主项的部分外延，所以，主项（S）在命题中是不周延的。该命题的谓项“先进集体”的全部外延中不包括“有些班级”，这就断定了谓项的全部外延。所以，谓项（P）在命题中是周延的。该命题主、谓项周延性，可用图表示为：

从图中可以看出：S 的部分外延与 P 的外延相排斥，P 的外延完全排斥在 S 的部分外延之外，由于断定了 S 的外延和 P 的全部外延，所以，S 在 SOP 中不周延，P 在 SOP 中周延。

以上分析 A、E、I、O 四种命题的主、谓项周延性情况可列下表如下：

命题种类	主项	谓项
A	周延	不周延
E	周延	周延
I	不周延	不周延
O	不周延	周延

从表中可以看出：

全称命题的主项周延，特称命题的主项不周延；

肯定命题的谓项不周延，否定命题的谓项周延。

3. 性质命题的对当关系

性质命题的对当关系是指由同素材的主项和谓项组成的 A、E、I、O 四种命题之间的真假关系。它们的关系在逻辑上通常是用正方形即“逻辑方阵”来表示的。如图所示：

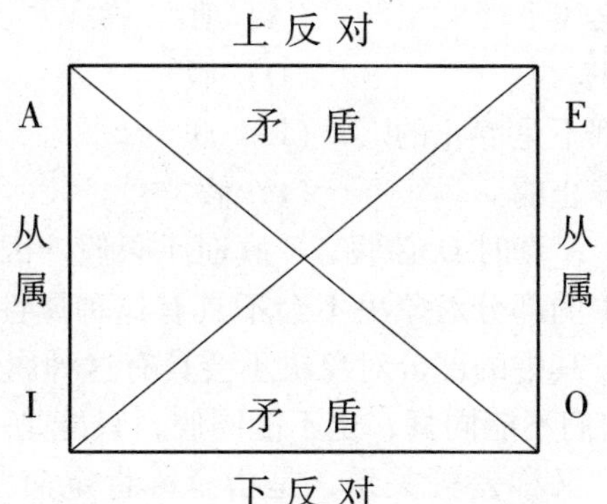

在这个方阵中，A 与 E 为上反对关系，A 与 O 和 E 与 I 为矛盾关系，A 与 I 和 E 与 O 为从属关系，I 与 O 为下反对关系。下面分别简述：

（1）上反对关系：全称肯定命题与全称否定命题，即 A 与 E 的关系。它们是不同真、可以同假的关系。不能同真，就是说其中一个真，另一个必假。例如：

一切革命军人都要遵守革命纪律。　　（A）真

一切革命军人都不要遵守革命纪律。　（E）假

对这两个反对关系判断。当我们肯定 A 真时，E 必是假的。因为既然断定一类事物的全部对象具有某种属性是真的，那么此类事物的全部对象不具有此种属性必定为假，两者不能都真。但是两者可以同假，就是说其中一个为假时，另一个可真可假。例如：

①所有的原子弹都是没有冲击波的。　（A）假

②所有的原子弹不是没有冲击波的。　（E）真

③我校所有教师都是研究生。　　　　（A）假

④我校所有教师都不是研究生的。　　（E）假

上述事列说明，当全称肯定命题假时，全称否定命题可以真，也可以假，为什么会出现两个相互反对的命题同假呢？

这是因为把本来只属于一类事物的部分对象具有或不具有的属性，当作一类事物部分对象具有或不具有来断定，结果全称肯定命题假，全称否定命题也假。所以，A 与 E 的关系不能同真但可同假。

（2）矛盾关系：全称肯定命题与特称否定命题，全称否定命题与特称肯定命题，即 A 与 O、E 与 I 的关系。它们是此真彼假，此假彼真的关系。例如：

①所有的鸟都会飞。　　　　（A）真
②有的鸟不会飞。　　　　　（O）假
③所有的事物都不是静止的。（E）真
④有的事物是静止的。　　　（I）假

上述事列说明，A 真时 O 必假，E 真时 I 必假。因为肯定某类事物具有某种属性真，其中的部分对象决不会不具有这种属性。否定某类事物具有某种属性是真的，其中的部分对象决不会具有这种属性。所以，A 与 O、E 与 I 的关系中，它们不能同真，也不能同假，只能是一真一假。

（3）从属关系：又称差等关系，是指全称肯定命题与特称肯定命题，全称否定命题与特称否定命题的关系，即 A 与 I、E 与 O 的关系。从属关系比较复杂，下面分四种情况介绍：

第一，全称命题真时，特称命题必真。例如：

①五连所有的战士都是勇敢的 。　　　（A）真
②五连有的战士是勇敢的 。　　　　　（I）真
③五连所有的战士都不是怕死的。　　（E）真
④五连有的战士不是怕死的。　　　　（O）真

上述事例说明：当全称命题真时，特称命题必真。这是因为肯定或否定某类事物具有或不具有某种属性，也就是肯定或否定包括在某类事物中的部分对象具有或不具有某种属性。所以，A 真 I 必真，E 真 O 必真。

第二，全称命题假时，特称命题可真可假。我们以 A 与 I 命题为例来说明：

①一切矛盾都是非对抗性的。　　（A）假
②有的矛盾是非对抗性的。　　　（I）真
③任何战争的规律都是静止的。　（A）假
④有些战争的规律是静止的。　　（I）假

上述四例说明，当全称肯定命题假时，特称肯定命题可以真，也可以假。这是因为当某种属性只是一类事物中的部分对象具有时，断定一类事物所有对象具有的全称肯定判断则假，断定部分对象具有特称肯定判断则真；当某种属性为一类事物都不具有时，无论是断定该类事物具有的全称肯定命题，还是断定该类部分对象具有特称肯定命题是假。所以，A 假 I 真假不定。同样，E 假 O 真假不定。

第三，特称命题假时，全称命题必假。例如：

①有的战术原则是一成不变的。　（I）假

②所有的战术原则都是一成不变的。 (A) 假

③有的战争规律不是客观的。 (O) 假

④所有的战争规律都不是客观的。 (E) 假

上述事例说明：当特称命题假时，全称命题必假，这是因为既然断定某类事物的第一对象具有某种属性假，那么，断定该类事物的全部对象具有某种属性自然也假。同样，断定某类事物的部分对象不具有某种属性假，那么，断定该类事物的全部对象不具有某种属性自然也假。所以，I假A必假，O假E必假。

第四，特称命题真时，全称命题可真可假。我们以O与E为例来说明：

①有些战争规律不是静止的。 (O) 真

②所有战争规律不是静止的。 (E) 真

③有的军官不是本科生。 (O) 真

④所有军官不是本科生。 (E) 假

上述事例说明，当特称命题真时，全称命题可以真，也可以假。这是因为某种属性是一类事物不具有时，断定该类事物全部对象不具有的全称否定命题真，断定该类事物部分对象不具有的特称否定命题也真。当某种属性只是一类事物中部分对象不具有时，特称否定命题是真的，而断定该类事物全部对象不具有全称否定命题是假的。所以，O真E真假不定。同样，I真A真假不定。

(4) 下反对关系：特称肯定命题与特称否定命题，即I与O的关系。它们是可以同真，不能同假的关系。可以同真是说其中一个真，另一个可真可假，例如：

①有的班级是精神文明的先进单位。 (I) 真

②有的班级不是精神文明的先进单位。 (O) 真

③有些革命战争是正义的。 (I) 真

④有些革命战争不是正义的。 (O) 假

上述事例说明，当特称肯定命题真时，特称否定命题可以真，也可以假。为什么会出现这种情况呢？这是因为同属一类事物的分子，有些具有某种属性，有些则不具有某种属性，在这种情况下，特称肯定命题真，特称否定命题也真。但两者不能同假。其中一个假时，另一个必真。例如：

有的团员不是青年。 (O) 假

有的团员是青年。 (I) 真

为什么特称肯定命题与特称否定命题不能同假？因为当我们断定某类

事物的部分对象不具有某种属性为假时，就是说某类事物都具有这种属性。因此，肯定某类事物的部分对象具有这一属性，所以 O 假 I 必真，I 假 O 必真。

性质命题的对当关系，可列下表如下：

已推知 \ 推知	A	E	I	O	推知 / 已推知
A	真	假	真	假	A
E	假	真	假	真	E
I	不定	假	真	不定	I
O	假	不定	不定	真	O

（二）运用命题变形法的直接推理

命题变形法推理是通过改变原命题的形式而推出结论的推理。我们可以改变原命题的联项，也可以改变原命题主项和谓项的位置，还可以既改变命题的联项又改变它的主项与谓项的位置。由于变形的不同，它可以分为换质法、换位法、换质位法。

1. 换质法

换质法是通过改变原命题的质，推出一个新命题的一种直接推理。就是说，把原来的肯定命题变为否定命题，或者把原来的否定命题变为肯定命题，在改变原命题联项的同时，必须把原命题的谓项概念换成原概念的矛盾概念以使推出的新命题同原命题含义相同（等值）。例如：

（1）有些战争不是正义战争，

所以，有些战争是非正义战争。

（2）所有的战争都是流血的政治，

所以，所有的战争都不是非流血的政治。

换质法有两条规则：第一，改变原命题的质；第二，以原命题谓项的矛盾概念为新命题的谓项。比如例（1）原命题的联项“不是”变为“是”，例（2）原判断联项的“是”变为“不是”，都改变了原命题的质。例（1）原命题的谓项的矛盾概念“非正义战争”为新命题的谓项，例（2）原命题的谓项的矛盾概念“非流血的政治”为新命题的谓项。

A、E、I、O 四种命题都可以进行换质推理，其公式如下表：（表中“$\bar{P}$”代表“非 P”）

原命题	换质命题
SAP	$SE\bar{P}$
SEP	$SA\bar{P}$
SIP	$SO\bar{P}$
SOP	$SI\bar{P}$

举例说明：

（1）A（全称肯定命题）的换质变形：

所有S是P→所有S不是非P。

如：所有的诗歌都是文学作品→所有的诗歌都不是非文学作品。

（2）E（全称否定命题）的换质变形：

所有的S不是P→所有的S是非P。

如：所有的革命军人都不是怕牺牲的 → 所有的革命军人都是不怕牺牲的。

（3）I（特称肯定命题）的换质变形：

有的S是P→有的S不是非P。

如：有的军人是诗人→ 有的军人不是非诗人。

（4）O（特称否定命题）的换质变形：

有的S不是P→有的S是非P。

有的军官不是女性→ 有的军官是非女性。

以上是A、E、I、O四种命题的换质变形推理。它虽简单但应用广泛，因为它虽然改变命题的质，由肯定变为否定，或由否定换为肯定，但其等值不变。因此可以使我们对关于同一对象的认识更加明确和全面。

2. 换位法

换位法是通过改变原命题主、谓项的位置，得出一个新命题的一种直接推理。推出的结论的主项是前提的谓项，结论的谓项是前提的主项。结论的质与前提的命题相同；原来是肯定命题，推出的仍是肯定命题；原来是否定命题，推出的仍是否定命题。例如：

①人民公仆都不是怕吃亏的，

所以，怕吃亏的都不是人民公仆。

②铅笔是笔，

所以，有些笔是铅笔。

换位法也有两条规则：第一，不得改变原来命题的质；第二，不得扩大原命题中的周延性情况，即原来不周延的项换位后仍不得周延。比如例①中原命题的联项的“不是”在结论中仍然是用“不是”为联项，例②中原命题的联项的“是”在结论中仍然是用“是”为联项。原命题是否定命题，换位后亦应是否定命题；原命题是肯定命题，换位亦应是肯定命题。例①中周延的项在换位后仍然周延；例②中换位后为什么得出“有些笔是铅笔”呢？这是因为原命题谓项“笔”是不周延的，所以换位后仍不得周延。假如扩大了原命题的周延性，就会得出“所有的笔是铅笔”的结论。这显然错误，“铅笔”只是“笔”的部分外延而不是它的全部外延，所以全称肯定命题换位后必须加限制词“有些”。

原命题	换位命题
SAP	PIS
SEP	PES
SIP	PIS
SOP	不能换位

A、E、I、O 四种命题情况如上表。

举例说明：

(1) A（全称肯定命题）的换位变形：

所有 S 是 P→有些 P 是 S。如：

所有的电影剧本是文艺作品→有些文艺作品是电影剧本。

(2) E（全称否定命题）的换位变形：

所有 S 不是 P→所有 P 不是 S。如：

凡马克思主义者都不是相信鬼神的→凡相信鬼神的都不是马克思主义者。

(3) I（特称肯定命题）的换位变形：

有些 S 是 P→有些 P 是 S。如：

有的学生是党员→有的党员是学生。

(4) O（特称否定命题）不能换位：

因为 O 命题的主项是不周延的，如果换位后，不周延的主项到了谓项位置，就变成周延的了。根据逻辑规则，原命题不周延的换位后仍不得周延，因此 O 命题不能进行换位变形，否则就推不出正确的结论。例如：

①有些教师不是教授，　　　　　　　　　（真）

所以，有些教授不是教师。　　　　　　　（假）

②有些学校不是大学，　　　　　　　　（真）

所以，有些大学不是学校。　　　　　　（假）

显然，这两例结论都是荒谬的。原因在于两个都是 O 命题，O 命题不能换位推理，原命题主项“教师”、“学校”是周延的，经过换位都变成不周延的。因此，特称否定命题不能换位。

换位法也和换质法一样，变形后的新命题虽与原命题含义未变，但能更好的展示事物间的辩证联系，达到明确表达思想的目的。

3. 换质位法

换质位法是换质法和换位法的联合应用。就是既改变原命题的质，又调换原命题主项和谓项的位置，从而得出一个新命题的一种直接推理。

换质位法的推理顺序有两种：一种是先换质，后换位；或者接着再换质，再换位，得出换质位后的命题。例如：

原命题：真理是不怕批评的，

先换质：真理不是怕批评的，

再换位：怕批评的不是真理。

另一种是先换位，后换质；或者接着再换位，再换质，得出换质位后的新命题。例如：

原命题：散文是文学作品，

先换位：有些文学作品是散文，

后换质：有些文学作品不是非散文。

在 A、E、I、O 四种命题中，A、E、O 三种判断都可以换质位。I 判断不能先换质，因为 I 判断先换质后就要成 O 命题，而 O 命题是不能换位的。

举例说明：

（1）A 命题的换质位法：

①先换质，后换位：

$SAP \rightarrow SE\bar{P} \rightarrow \bar{P}ES$。例：

凡大学生都是爱国的→凡大学生都不是不爱国的→凡不爱国的都不是大学生。

②先换位，后换质：

$SAP \rightarrow PIS \rightarrow PO\bar{S}$。例：

铅笔是笔→有些笔是铅笔→有些笔不是非铅笔。

（2）E 命题的换质位法：

①先换质，后换位：

SEP→SA$\bar{P}$→$\bar{P}$IS。例：

革命者不是怕死的→革命者是不怕死的→有些不怕死的是革命者。

②先换位，后换质：

SEP→PES→ PA$\bar{S}$。例：

唯心主义不是科学世界观→科学世界观不是唯心主义→科学世界观是非唯心主义。

（3）I 命题的换质位法：

①SIP→SOP（先换质，不能得到换质位的命题）

②先换位，后换质：

SIP→PIS→PO$\bar{S}$。例：

有些教授是女同志→有些女同志是教授→有些女同志不是非教授。

（4）O 命题的换质位法：

①先换质，后换位：

SOP→SI$\bar{P}$→$\bar{P}$IS。例：

有些作品不是现实主义的作品→有些作品是非现实主义的作品→有些非现实主义的作品是作品。

②SOP，不能先换位

下面将上述几种推理的方法用公式表示为：

命题类型	先换质　　后换位	先换位　　后换质
SAP	SAP→　SE$\bar{P}$→　$\bar{P}$ES	SAP→ PIS→ PO$\bar{S}$
	→PAS→ SIP	
SEP	SEP→　SA$\bar{P}$→ $\bar{P}$IS	SEP→ PIS→ PA$\bar{S}$
	→PSP	→ SIP→ SOP
SIP	SIP→ SOP	SIP→　PIS→ PO$\bar{S}$
	（先换质，不能得出换质位命题）	
SOP	SOP→ SI$\bar{P}$→$\bar{P}$IS	SOP→
	→　POS	（不能先换位）

五、三段论

（一）三段论及其结构

三段论是由两个性质命题作为前提，推出一个新的性质命题为结论的推理。这种推理是从一般性的认识出发，结合具体对象的情况，从而得出一个新的认识，这对知识的扩展有很大的意义。

在三段论的理论中，对三段论中的三个不同概念和三个命题，根据它们在三段论中的位置，分别给以特定的名称。

1. 三个不同的概念：

（1）小项：结论中的主项，用S表示。

（2）大项：结论中的谓项，用P表示。

（3）中项：在两个前提中起中介作用的共同概念，用M表示。

2. 三个命题：

（1）大前提：包含大项（P）和中项（M）的命题。P在大前提中可以在主项的位置上；也可以在谓项的位置上。

（2）小前提：包含小项（S）和中项（M）的命题。S在小前提中可以在主项的位置上，也可以在谓项的位置上。

（3）结论：包含小项（S）和大项（P）的命题。S与P分别为结论的主项和谓项，而且位置不变。

任何一个三段论都是由三个性质命题组成，两个是前提，一个是结论。一般来说在"所以"以前的都是前提，在"所以"以后的就是结论。而两个前提位置不定，有时也可以小前提在前，这根据大项与小项的位置来确定大小前提。例如：

A. 所有的武器（M）都有杀伤力（P），（大前提）
机枪（S）是武器（M），（小前提）
所以，机枪（S）有杀伤力（P）。（结　论）

B. 电影（S）是文艺（M），（小前提）
文艺（M）要为人民大众服务（P），（大前提）
所以，电影（S）要为人民大众服务（P）。（结　论）

（二）三段论的公理与规则

一个正确的三段论推理必须是从前提能够必然地推出结论的。这是因为三段论是以有关公理为基础的。我们可以把三段论的公理概括为两点：

第一，肯定全体者亦肯定部分。例如：

文学作品是反映生活的，
小说是文学作品，
所以，小说是反映生活的。

此例大前提断定了"文学作品"一类具有"反映生活"的属性，小前提断定了“小说”是“文学作品”的一类对象，结论断定了“小说”也具有“反映生活的”属性。

第二，否定全体者亦否定部分。例如：

凡迷信活动都不是科学，
算命是迷信活动，
所以，算命不是科学。

此例大前提断定了所有“迷信活动”都不具有“科学”的属性，小前提断定了“算命”是“迷信活动”的一类，从而断定了“算命”不属于“科学”的范围。

人们在长期思维实践中，以三段论公理为基础，总结出三段论的推理规则。凡是符合推理规则的三段论就是有效的；凡是不符合推理规则的三段论就是无效的。我们介绍五条规则。

1. 一个三段论必须也只能有三个概念

一个三段论如果少于三个概念，只有两个概念，则这两个概念因缺少作为中介的概念而使它们的关系不能确定。例如：

枪是武器，
有些武器是枪，
所以，?

可见，两个概念的前提，缺少中项，无法推出必然的结论。

如果在一个三段论中有四个不同概念，那么作为中项的概念就不能保持同一，因而也不能推出必然的结论 。例如：

物质是永恒的，
武器是物质，
所以，武器是永恒的。

在这个三段论中，出现的“物质”作为中项，虽然字面上相同，但含义不同，大前提指的是哲学上的“物质”，它是客观实在的，既不能创造也不能消灭，因此，它是永恒的。而小前提中指的却是具体的“物质”表现形态，而它是可以改变的。武器随着战争的消灭也会失去存在的价值，因此，它不是永恒的。这样，该三段论就出现了四个概念，犯了“四概念错误。”

“四概念错误”，主要表现有两种情况：一是两个中项在字面上完全一样，但含义不同。例如，在逻辑史上有这样一个著名的诡辩。古希腊的诡辩家欧布利德对另一个人说：“你没有失掉的东西，那你就有这种东西，对吗?”那个人回答:“对呀!”欧布利德就说:“你没有失掉头上的角吧?那你的头上就有角了。”那人被欧布利德这种诡辩弄糊涂了，虽然他在事实上不承认欧布利德的诡辩，但却无法驳斥他。其实，欧布利德玩弄的也是“四概念”的把戏。我们把欧布利德的推理列成公式如下:

凡你没有失掉的东西就是你有的，

角是你没有失掉的东西，

所以，角是你有的。

从中我们可以看出，“你没有失掉的东西”这一中项在大小前提中，含义是不同的。在大前提中，指的是“原来有这种东西”，在小前提里，指的则是“原来没有的东西”，这也就无所谓失去。因此，欧布利德的这个诡辩是犯了“四概念错误”。

“四概念错误”的另一种表现形式是，两个中项在字面相同或相近，但含义不同。从概念的明确性要求看，它犯有“误用集合概念”的逻辑错误。例如:

鲁迅的著作是一天读不完的，

《祝福》是鲁迅的著作，

所以，《祝福》是一天读不完的。

在这三段论中，虽然“鲁迅的著作”这个词语各出现一次作中项，但它却分别表达不同的概念:大前提反映的是鲁迅著作的集合体，小前提却只是反映《祝福》是鲁迅著作中的一部著作，是作为非集合概念使用的。因此这个三段论同样犯了“四概念的错误”。

“四概念错误”在日常交流思想和文章表达中是比较易犯的逻辑错误。防止和纠正这种错误的办法就是要准确地使用概念，并在使用过程中始终保持概念的同一。

2. 中项在前提中至少要周延一次

三段论中的大项、小项的联系是依靠中项来起媒介作用的。如果中项在两个前提中一次都不周延，那么，前提中的小项与大项就只与中项的部分外延发生关系，这样就不可能保证小项与大项通过中项发生必然的联系，因而也无法得出必然的结论。违反这一规则，就会犯“中项不周延”的逻辑错误。

例如:有的学员入校后给家中写信说:“从入学的第一天起，我便立下当将军的志愿。过去，有些军人立志当将军，后来果然成为将军。我相信自己一定能够成为一名将军”。该同志的决心与志愿是值得鼓励的，但推论却是错误的。他的推理是：

有些军人成为将军，

我是军人，

所以，我一定能成为将军。

这个三段论的中项："军人"一次也没有周延，大项"将军"与小项"我"只和中项的一部分发生联系，这样就不能保证大项和小项发生必然联系，因而也无法推出必然的结论，犯了"中项不周延"的逻辑错误。

3. 前提中不周延的项，在结论中也不得周延

这是因为大项和小项如果在前提中没有周延，在结论中却周延了，那么，结论断定的范围就超出了前提所断定的范围，这不符合演绎推理由一般知识向特殊知识推断的进程，结论的可靠性就得不到保证。违反这条规则，就会出现两种错误，即"大项扩大"或"小项扩大"的逻辑错误。例如清代一则笑话：

孝子王生父亲病重，传说割股疗亲，方可病除。王生怕痛，不敢下刀，又怕落个不孝的名声，于是便想出个"借花献佛"的主意，立即执刀出门，拦住路人悍然下刀。路人惊拒，王生振振有词斥责道："割股疗亲，乃是大孝，你乃惊拒，岂是孝子哉！"

王生的"妙语"中包含着一个三段论：

割股疗亲是孝，

路人不割股疗亲，

所以，路人不孝。

这里作为大项的"孝"在大前提中是不周延的，在结论中却变成周延的项，这就违反了上述规则，犯了"大项扩大"的错误，故得出的结论是荒唐的。再如：

《论辩的魂灵》是鲁迅先生在1925年写的一篇富有战斗性的杂文。文章列举了当时的顽固派和许多反对改革的人散布的奇谈怪论，然后逐一揭露，使那些对新思想仇恨、毁谤革命的丑类"魂灵"及其荒谬"逻辑"暴露在光天化日下。这里选一段供大家分析：

"你说甲生疮。甲是中国人，你说中国人生疮了。"这里包含一个三段论：

甲生疮，

甲是中国人，

所以，中国人生疮。

这个结论显然荒谬至极。因为小项“中国人”在前提中不周延，仅仅涉及到它的一部分外延（仅仅是甲），但在结论中，小项“中国人”是周延的，涉及到全部（所有的中国人），这就超过前提的范围，犯了“小项扩大”的逻辑错误。

4. 两个否定前提不能推出结论

前提之一是否定的，结论只是否定的；

结论是否定的，前提之一必须是否定的。

如果两个前提都是否定判断，就会推不出结论。这是因为一个三段论的两个前提都是否定的，那么，大项、小项相排斥，这就不能通过中项的中介作用来确定大项和小项的关系，所以推不出确定的结论。例如：

军医不是教员

吕某不是军医

所以，吕某?

这里的两个前提都是否定的，因而无法确定小项与大项的关系，就推不出结论来。这种两个前提都是否定命题的三段论，推不出必然的结论，犯的是“双否前提”的逻辑错误。如果两个前提中有一个是否定命题，结论也只能是否定命题。这是因为前提之一是否定的，或是大前提否定，则中项和大项排斥；或是小前提否定，则中项和小项之间相排斥。由于大项或小项同中项相排斥，因而大项和小项也必然排斥。例如：

公元前十世纪以色列国王所罗门被当时人民誉为“智慧的国王”。他处理这样一个案例：有两个妇女来找所罗门王判婴儿。甲妇说：“我与乙妇住一室，各生了一个儿子。她的孩子睡觉时不小心压死了，却偷走我的儿子，把她死去的婴儿放在我床上。求求陛下，把我的孩子要回来。”乙妇说：“这话不对，我的儿子是活生生的，她的儿子是死了的”。两人相持不下，又无人可以证明。智慧的国王眉头一皱，计上心来。立即吩咐法官拿剑来，并对两个妇女说：“你们不要吵了，把活的孩子劈成两半，你们平分”。甲妇一听连忙跪下哀求：“千万别杀死孩子！把活的孩子给她吧！”乙妇却说：“劈就劈吧！我们也别争了。”于是，所罗门王说：“不要杀死婴儿，把活的婴儿还给甲妇，她是婴儿的真正母亲！”所罗门王是根据两个妇女对把婴儿劈成两半的态度来确定的。他的思维过程采用了三段论形式是：

凡婴儿的真母亲都不忍心婴儿被劈，

乙妇忍心婴儿被劈，

所以，乙妇不是婴儿的真母亲。

既然乙妇不是婴儿的真母亲，由此可知婴儿的真母亲是甲妇。这个三段论前提之一是否定命题，结论也是否定命题，符合推理规则，所以结论是可靠的。

为什么说结论是否定命题，前提之一必定是否定的呢？因为如果结论是否定的，那一定由于前提中的大、小项有一个和中项结合，而另一个与中项排斥。中项与大项或小项相排斥的那个前提就是否定的，所以结论是否定的，则前提之一必须是否定的。

如果结论是否定的，就意味着它否定了包含关系。但是，肯定的前提则是反映包含关系，因此，由两个肯定前提不能得到否定的结论。例如：

一位军校学员看见一个儿童落水，便奋不顾身跳下水抢救。事后，孩子家长万分感激，他却由衷地说："这是应该做的。"

这位军校学员的话包含这样一个三段论推理：

解放军应当抢救落水的儿童，

我是解放军，

所以，我应当抢救落水儿童。

它的两个前提都是肯定命题，所以结论也应当是肯定的。如果有人把它推出否定命题的结论，那既不符合三段论的推理规则，也是违背共产主义道德的。

5. 两个特称前提不能得出结论

前提之一是特称的，结论必然是特称的。

这是因为，如果两个前提都是特称的，那么前提中周延的项只能有一个（即两个前提中可以有一个是否定命题，它的谓项周延，其余项都不周延）。而这就不可能满足正确推理的要求。例如：

有的学员是团员，

有的团员是在中学加入的，

所以，?

由两个特称前提，我们无法推出任何结论，因为在这个推理中的中项（团员）一次也不周延。又如：

有的学员不是党员，

有的党员是教员，

所以，?

这里，虽然中项有一次周延了，但仍无法得出必然结论。因为，在这两个前提中有一个是否定命题，按前面的规则，如果能推出结论，也只能是否定命题；而如果是否定命题，则大项“教员”在结论中必然周延，但它在前提中是不周延的，所以必然又犯“大项扩大”的错误。

因此，两个特称前提是无法得出必然结论的。这一点，我们还可以运用三段论的其他规则（前面推理的规则）来加以证明。

设：如果两前提都是特称的，那么前提就有以下不同的组合情况：

第一，II 前提，没有一个周延的项，两个前提中的中项都不周延，不能推出结论。

第二，OO 前提，两个否定前提推不出结论。

第三，IO 或 OI 前提，在这两种情况下，前提中只有一个周延的项，即 O 命题的谓项，如果这一周延的项作小项，那么大项、小项都不周延，根据前提有一个否定，结论也必否定的规则，势必犯“大项扩大”的错误。如果这一周延的项用作大项，那么中项在两前提中都不周延，又违反了中项必须周延一次的规则。

所以，两个特称前提推不出正确的结论。

那么，为什么前提之一是特称的，结论必然是特称的呢？例如：

所有的共青团员都是青年，

有的军人是共青团员，

所以，有的军人是青年。

此例说明，当前提之一为特称命题时，其结论必然是特称命题；否则，如果结论是全称命题就必然会违反三段论的另几条规则（如出现大、小项扩大的错误等）。

关于这条规则的这部分内容，也可以运用前部分内容的论证方法加以证明。

两个前提中如果有一个是特称的，则只能得出特称命题的结论。

以上介绍的三段论五条规则，前三条是关于“项”的规则，后两条是关于前提与结论的规则。任何一个正确的三段论都必须符合这些规则。如果一个三段论违反了其中任何一条规则，就不能保证必然推出真的结论。当然，这还必须有真实的前提，再符合推理规则，才能保证必然推出真的结论。

掌握三段论规则的意义在于它能使我们更自觉地、有效地进行正确的推论，使议论具有严密的逻辑性，同时，也能够帮助我们揭露一切没有逻辑性的错误推论，从而在论辩中取胜。

(三) 三段论“格”的规则

三段论的格是根据中项在两个前提中的不同位置而构成的不同的三段论的形式，也就是指三段论中的大项、中项和小项在前提中排列的方式。大项、中项和小项在前提中排列的可能方式有四种，这就构成了三段论的四个格，中项在四个格中的不同位置如下：

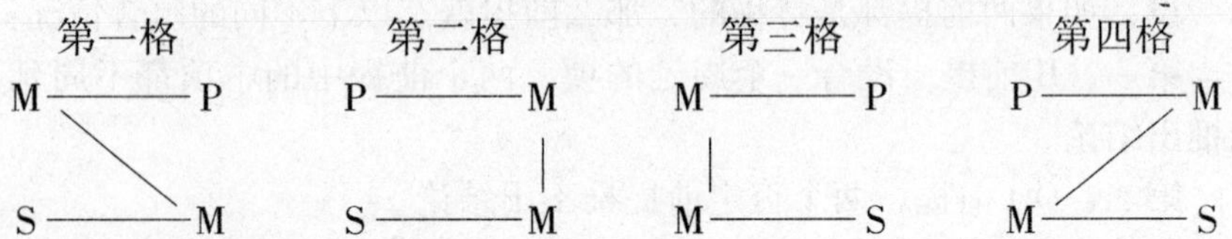

由于把三段论的五条一般规则应用到四种“格”的三段论中，就产生了各个格的特殊规则。简述如下：

第一格，中项在大前提中是主项，在小前提中是谓项。它的特殊规则是：

1. 小前提必肯定；

2. 大前提必全称。

证明：首先证明小前提必肯定。假若小前提是肯定的，那么根据三段论的规则4，结论必是否定的。结论是否定的，那么结论中的大项P就是周延的。根据三段论的规则3，大项P在前提中就必须是周延的，而由于大项P在大前提中处于谓项位置，因此，大前提就应当是否定的。这样，根据三段论的规则4，大小两个否定前提不能推出正确的结论。所以，小前提只能是肯定的。

其次证明大前提必全称。已经证明，小前提必须是肯定的，又知第一格小前提的中项M是在谓项位置，因而中项在小前提中不周延。根据三段论规则2，中项在前提中必须周延一次，因而就要求大前提中处于主项位置的中项必须周延。所以，大前提必须是全称。

第一格推理形式的应用最为广泛，只要人们用一般原理去说明特殊的事物，就自然地运用第一格。它推出的结论可以是A、E、I、O四种情况，这一点，其他三格都不具备，因此有人称第一格是“完善格”、“典型格”。在审判工作中常运用第一格推理形式，所以它也被称为“审判格”。例如：

《著作权法》第141条规定：凡剽窃他人作品的都犯侵权过错。

某人剽窃他人作品，

所以，某人犯侵权过错。

第二格：中项在大、小前提中都是谓项。它的特殊规则是：

1. 前提中必有一个是否定的；

2. 大前提必须是全称。

先证明前提中必有一个是否定的。如果两个前提都肯定，由于第二格的中项位置都在谓项，所以中项无一周延；如果两个前提都否定，根据规则4，不能得结论。因此前提中必有一个是否定的。

再证明大前提必须是全称的。已知前提中有一否定，结论必否定，否定命题的谓项（即大项S）周延。大项是大前提的主项，所以，大前提必须全称。

第二格的作用是以大前提表示的一般原理或原则为标准，区别特殊事物，所以，又称为“区别格”。例如：

凡是金属都是导体，

碳不是导体，

所以，碳不是金属。

第三格：中项在大、小前提中都是主项。它的特殊规则是：

1. 小前提必肯定；

2. 结论必特称。

先证明小前提必须是肯定命题。如果小前提是否定的，则结论也是否定，结论的谓项（即大项）周延。大项在该格大前提中是谓项，所以大前提必为否定命题。这样，大、小前提都是否定命题，根据规则4，推出结论。因此小前提必须是肯定的。

再证明结论必须是特称的。已知小前提是肯定的，那么，前提的谓项（即小项）不周延。根据规则3，小项在前提中不周延，结论中也不得周延，小项在结论中是主项。所以，结论必是特称。

第三格的作用表现为以特称的结论来证实或反驳全称判断，所以，又称为“例证格”。例如：

汞是液体，

汞是金属，

所以，有的金属是液体。

第四格：中项在大前提中是谓项，在小前提中是主项。它的特殊规则有三条：

1. 如果大前提是肯定的，则小前提必全称；

2. 如果小前提是肯定的，则结论必是特称；

3. 如果前提中有一否定，则大前提必全称。

为什么如果大前提肯定，小前提必全称呢？这是因为大前提是肯定判断时，则谓项不周延，谓项属中项位置，所以，中项在大前提中不周延。根据规则2，中项至少周延一次，小前提的中项（即主项）必须周延，因此，小前提必须全称。

为什么如果小前提是肯定的，结论必须是特称的呢？这是因为如果小前提肯定，则谓项（即小项）不周延，根据规则3，小项在前提中不周延，在结论中也不得周延，小项是结论中的主项，因此，结论必须特称。

为什么如果前提中有否定，大前提必须是全称的？这是因为前提中有一否定判断，则结论必为否定判断，否定判断的谓项（即大项）周延，大项在大前提中是主项，所以，大前提必须全称。

第四格与其他三格相比，实际作用不大，运用的也较少。由于它的特殊规则具有条件性，使用时要注意，以免发生错误。

（四）三段论的“式”

由于三段论是由三个性质命题组成，性质命题又有A、E、I、O四种类型，以各种形式来组合，穷尽所有的可能，可以组成64个式。根据三段论五条一般规则及各格的特殊规则，其中不正确的式应予排除。

A、E、I、O四种判断在三段论四个格中可以组合成19个正确式，它们是：

第一格的有效式：AAA、EAE、AII、EIO。

第二格的有效式：EAE、AEE、EIO、AOO。

第三格的有效式：AAI、IAI、AII、EAO、OAO、EIO。

第四格的有效式：AAI、AEE、IAI、EAO、EIO。

对于一个具体的三段论，我们首先看它属于哪一格，再看它的式。如果在其所构成的格中有正确有效式，那么它就是结构正确的，否则就是不正确的。

我们检查三段论是否正确，若前提真实，又符合一定的格与式，那么这个三段论就是正确的。

例如：

雷锋是共产主义伟大战士，（A）

雷锋是解放军战士，（A）

所以，有的解放军战士是共产主义伟大战士。（I）

这个判断是第三格，三个判断构成AAI式，我们从表中找出第三格，有AAI的有效式，因此这个三段论是正确的。熟练地运用三段论的格与式，有助于我们运用三段论的形式，认识真理和反驳谬误。

（五）三段论的省略式

人们在说话或写文章时，为了避免啰嗦呆板，常常把非常明显不言而喻的大前提、小前提或结论省略掉，以求表达上的生动灵活，简明有力。在逻辑学中，把这种语言形式上的省略的三段论叫作省略式的三段论。

省略式的三段论有三种形式：

1. 省略大前提。当一个三段论推理的大前提是一般熟知的道理时，往往就把大前提省略。例如："军事科学是知识，所以军事科学也来自实践。"这是省略了"一切知识来自实践"的大前提。

2. 省略小前提。当一个三段论小前提的意义比较明显时，表达时可以将其省去。例如："这部小说不是优秀作品，因为优秀作品是思想性和艺术性都好的作品。"这里省略了"这部小说的思想性和艺术性都不好"这个小前提。

3. 省略结论。当一个三段论的结论明显时，就可省去结论。

例如："你是教师，教师必须为人师表"。这里省去了"你应当为人师表"的结论。

省略式三段论是人们在实践中大量使用的一种推理形式，它便于我们敏捷地进行思维活动，简洁有力地表达思想。

但由于省略，就有隐含错误的可能。对此，我们可以先把省略的部分补全，然后根据三段论的规则进行检查。例如：小学生张洪不小心落水，解放军李伟奋不顾身跳下水去抢救，但在场先看到儿童落水的一位年轻人却无动于衷。有人问他为什么不下去救儿童，他说："我又不是解放军。"这是一个既省略了大前提，又省略了结论的省略式三段论，我们将其补出后为：

凡解放军都应救儿童，

我不是解放军，

所以，我不应救儿童。

很显然，这个三段论违反了三段论一般规则，犯了"大项扩大"的逻辑错误，违反第一格"小前提必须肯定"的规则。

怎样才能迅速恢复一个三段论推理中所省略的部分，并判明其真假和断定推理是否符合逻辑呢？这就要靠熟练地掌握三段论规则及省略推理的各种形式。一般步骤是：

第一，判明哪个是前提，哪个是结论。从语言标志上看，一般用"因为”、“由于”表示前提；用“所以”、“因此”表示结论。如果没有语言标志就要根据语句的内在联系来分析确定。关键是找到结论，然后根据结论中的小项和大项，就可以推断另一个命题是哪个前提，从而也就可以推断出省略的命题是哪个前提了。

第二，如果发现省略的命题是大前提，那就把结论中的大项和小前提中的中项结合起来构成一个命题，这个命题就是被省略的大前提。如果省略的命题是小前提，那就把结论中的小项与大前提的中项结合起来，这就构成被省略的小前提。如果没有结论，就把前提中的小项与大项结合起来，就成为三段论的结论。

第三，把被恢复的三段论对照规则检查，分析前提是否真实以及推理是否符合逻辑要求。

如果遇到省略结论又省略了一个前提的推理恢复起来要复杂些。需要指出的是恢复一个三段论往往并非只有一种可能，由于在不同语境中省略的命题中概念在主、谓项的位置可以不同，所以也可以有不同的恢复方式。不过，只要细心按照上述方法加以推究，总会搞清楚。至于在哪种恢复下是对的，哪种恢复下是错误的，而他本人是在什么意义上作出的省略，这种逻辑的敏锐感是需要不断培养才能获得的。

（六）三段论的复合式

三段论的复合式，是由两个以上三段论构成的特殊的三段论形式。

1. 复合三段论前进式：前一个三段论的结论是后一个三段论的大前提。例如：

文学作品是反映社会生活的，
诗歌是文学作品，
所以，诗歌是反映社会生活的。

在这个推理中，思维的进程为：由一般性认识进到对具体对象的认识。

2. 复合三段论后退式：前一个三段论的结论是后一个三段论的小前提。例如：

军旅诗是诗歌，
诗歌是文学作品，
所以，军旅诗是文学作品，
文学作品是反映社会生活的，
所以，军旅诗是反映社会生活的。

在这个推理中，思维的进程表现为：由对具体对象的认识到一般性的认识。相对由一般到具体的前进式来说，即为后退式。

必须指出，复合三段论中的每一个三段论都必须符合三段论规则，如果其中一个三段论违反规则，就会导致这个复合三段论的错误。

复合式层层深入，可以加深对事物层次的认识。

六、关系命题及其推理

（一）关系命题及其性质

关系命题也是一种简单命题，它是断定事物与事物之间关系的命题。和性质命题不同，关系命题的“关系”存在于两个或几个事物之间，因此，关系命题的对象就有两个或两个以上。

任何一个关系命题，都是由三个部分组成，即：关系项、关系者项、量项。如果我们用“a”、“b”分别表示关系者前项和关系者后项，用“R”表示关系项，那么，具有两个关系者项的关系命题就可用公式表示：所有（有的）aR 有的（所有）b，或简写为 a R b

我们仅按关系的逻辑特性，最常见的有两种关系。

1. 对称关系

在两个事物之间，如果一个事物与另一个事物有某种关系，另一个事物与这个事物必有着同样的关系，这种关系为：如公式 a R b 真时，公式 b R a 也真，关系 R 就是一种对称关系。

在日常学习、工作中，我们碰到的“相等关系”、“相互关系”、“对立关系”等，就是这种对称关系。与这种对称关系相对应，则有反对称关系与非对称关系。

反对称关系：如一事物对另一事物具有某种关系，而另一事物对前一事物肯定不具有此种关系。用公式表示则为：如 a R b 真时，b R a 必假，那么关系就是反对称关系。例如“事实胜于雄辩”。如“胜于”、“高于”等关系，都是反对称关系。

非对称关系：如一事物对另一事物具有某种关系，而另一事物既可对前一事物具有某种关系，也可不具有该种关系。如用公式表示则为：如 a R b 真时，b R a 有时为真，有时为假，那么，关系 R 就是非对称关系。例如“小王认识师长”。如“认识”、“尊重”、“佩服”等关系，都是非对称关系。

2. 传递关系

如果当甲事物与乙事物有某种关系，而乙事物又与丙事物也有某种关系，因而甲事物与丙事物也有这种关系。用公式表示则为：如 a R b 真而且 b R c 真，那么 a R c 必真，在此，关系 R 就是一种传递关系。

在日常生活、学习中常遇到到“小于”、“在前”、“在后”、“早于”、“晚于”等都是这种传递关系。与这种传递关系相对应的，则有反传递关系和非传递关系。

反传递关系：如甲事物与乙事物有某种关系，乙事物与丙事物也有这种关系，而甲事物与丙事物则肯定没有这种关系。用公式来表示则为：如果 a R b 真而且 b R c 也真时，a R c 一定假，那么 R 关系就是反传递关系，如：“老李是大李的父亲，大李是小李父亲”，那么，老李一定不是小李的父亲。

非传递关系：如甲事物对乙事物有某种关系，乙事物对丙事物同样有某种关系，而甲事物对丙事物则可能具有这种关系，也可能不具有这种关系。用公式来表示则为：如果 a R b 真而且 b R c 也真时，b R c 有时为真，有时为假，那么，关系 R 就是非传递关系。如根据“小李与小王是朋友，小王与小刘是朋友”，那么断定小李与小刘可能是朋友也可能不是朋友。

（二）关系推理

关系推理是以关系命题作为前提或结论的推理。举例说明：

某大学的教室管理条例规定：“在教室晚自习的同学，最后走的要把教室门锁好。”一个周末的晚上，自动化系二年级同学小黄、小兰、小白、小红在 001 教室自习后，最后离开教室的同学忘了锁门，碰巧当晚小偷光顾了该教室，偷走了日光灯两支，于是管理员就问他们是谁最后离开教室的。

小黄说：“我回来路过小白房间，去还他书。”

小红说：“我和小兰住一间宿舍，我回来看见她已睡着了，我也跟着就睡了。”

小白说：“我经过小红房间时，她正准备上床睡觉。”

小兰说：“我已经睡着了，根本不知道谁最后回来的。”

究竟是谁最后离开教室？

我们可以把除小兰以外其他人说的话分别用关系命题来表示，根据这三个关系命题，通过两次推理就可以推出最后离开课堂的是谁。

（1）小黄迟于小白，
小白迟于小红，
所以，小黄迟于小红。

（2）小黄迟于小红，
小红迟于小兰，

所以，小黄迟于小兰。

既然小黄分别迟于其他三人回到宿舍，故可以肯定小黄是最后离开教室的。

上述两个推理的前提和结论都是由关系命题构成的，因此关系命题是根据对象间的关系的逻辑性质进行推理的。关系推理根据前提的结论数量可以分为直接关系推理和间接关系推理。

1. 直接关系推理

直接关系推理是从一个关系命题推出另一个关系命题的推理形式。包括对称性关系推理和反对称关系推理。对称关系推理是根据对称性关系命题的性质进行的推理。例如：

思维不同于语言，

所以，语言不同于思维。

对称关系推理的逻辑形式是：

aRb

所以，bRa

对称关系推理的规则是：如果 a R b 真，则 b R a 必真。

反对称关系推理是依据反对称关系命题的性质进行的推理。例如：

秦国战胜晋国，

所以，晋国没有战胜秦国。

反对称关系推理的逻辑形式是：

aRb

所以，bRa

反对称关系推理的规则是：如果 a R b 真，则 b R a 必假。

2. 间接关系推理

间接关系推理是从两个关系命题推出另一个关系命题的推理。包括传递关系推理和反传递推理。传递关系推理是根据传递关系命题的性质进行的推理。例如：

一班成绩高于二班，

二班成绩高于三班，

所以，一班成绩高于三班。

传递关系推理的逻辑形式是：

aRb

bRc

所以，aRc

传递关系推理的规则是：如果 a R b 真，并且 b R c 真，则 a R c 必真。

反传递关系推理是根据反传递命题的推理。例如：

《红楼梦》中贾母与王夫人，薛宝钗三人的关系：

贾母与王夫人是婆媳关系，

王夫人与薛宝钗是婆媳关系，

所以，贾母与薛宝钗没有婆媳关系。

反传递关系推理的逻辑形式是：

aRb

bRc

所以，aRc

反传递关系推理的规则是：如果 aRb 真，并且 bRc 真，则 aRc 必假。

3. 混合关系推理

以上介绍的间接推理的两种形式，前提和结论都是由关系命题构成的，所以逻辑学把它们称为纯关系推理。相对于纯关系推理，还有一种混合关系推理。混合关系推理是大前提和结构都是关系命题，而小前提是性质命题的推理。例如：

初级指挥院校的大专生比本科生军龄长，

五队学员都是大专生，

所以，五队的学员都比本科生军龄长。

混合推的逻辑形式是：

aRb

c 是 a

所以，cRb

混合关系三段论有下列五条规则：

（1）中项在两个前提中至少周延一次。

（2）在前提中不周延的项在结论中不得周延。

（3）前提中的性质命题必须是肯定命题。

（4）如果前提中的关系命题是肯定的，则结论中的关系命题也必须是肯定的；如果前提中的关系命题是否定的，则结论中的关系命题也必须是否定的。

（5）如果关系 R 是不对称的，则前提中作关系项的前项（或后项），在结论中也必须相应地作关系前项（或后项）。

这五条规则是判定混合关系推理是否正确的标准。

思考题

1. 简答题

（1）什么是推理？演绎推理的特点是什么？

（2）直接推理有哪几种？

（3）什么是三段论？它的规则是什么？

（4）关于推理有哪几种？其逻辑规则分别是什么？

2. 练习题

（1）指出下列三段论中的大前提、小前提、结论以及大项、小项、中项和形式结构。

①学术论文不是文学作品，一切文学作品都要塑造艺术形象，而学术论文是不需要塑造艺术形象的。

②优秀的文学作品都是艺术成就高的作品，《红楼梦》是艺术成就高的作品，所以，《红楼梦》是优秀的文学作品。

③语言没有阶级性，所以语言不是上层建筑，因为上层建筑都是有阶级性的。

（2）下列三段论的形式是否正确？如不正确，指出它违反了三段论的哪些规则。

①炮兵是战争之神，我是炮兵，所以我是战争之神。

②有的鸟不会飞，有的鸟是食肉动物，所以，有些食肉动物不会飞。

③想从事文秘工作的学生都报考中文专业，小杨报考了中文专业，所以小杨一定想从事秘书工作。

（3）以下列各组命题为前提，能否必然地推出结论，为什么？

①有些热心学外语的同学想报考研究生，小李热心学外语。

②凡正确三段论都包含三个概念，这个三段论包含三个概念。

③有的诗歌是写景的，有的诗歌是抒情的。

（4）下列是什么关系推理？并写出推理形式。

①鲁迅是周建人的哥哥，所以周建人是鲁迅的弟弟。

②上海与杭州比邻，所以，杭州与上海比邻。

③春秋在战国之前，所以，战国不在春秋之前。

（5）下列关系推理是否逻辑错误？为什么？

①牵牛花藤绕着枯树枝藤，所以，枯树枝藤也绕着牵牛花藤。

②黄山比泰山高，泰山比庐山高，所以，黄山比庐山高。

③老师喜欢学习好的学生，小红学习不太好，所以，老师不喜欢她。

（6）已知下列命题的真假情况，请写出与其同素材的其他三类命题，并根据命题间的对当关系指出它们的真假情况。

①学校是允许大学生谈恋爱的。（真）

②所有的鸟都会飞。（假）

第四节　复合命题及其演绎推理

复合命题是包含其他命题的一种命题。按照联结词的不同，复合命题一般可分为联言命题、选言命题、假言命题等。

一、联言命题及其推理

（一）联言命题

联言命题是断定事物的若干种情况同时存在的命题。其公式可表示为：p 而且 q。例如：他是大学生，也是军人。

p 与 q 表示联言肢。在现代汉语中表示联言命题的逻辑联结词有"……和……"、"既……又……"、"不但……而且 ……"、"一方面 ……另一方面……"、"虽然……但是 ……"等。

联言命题的逻辑值（即真假值）与其联言肢逻辑值的关系，可用下表来表示：

p	q	p 并且 q
真	真	真
真	假	假
假	真	假
假	假	真

（二）联言推理

联言推理是根据联言命题的逻辑性质进行的推理。它包括两种形式：分解式和合成式。

1. 分解式

这是指推理的前提是联言命题，它的结论是该联言命题的其中一个联言肢。例如：

中国人民解放军是保卫祖国的钢铁长城，也是建设祖国的强大力量；

所以，中国人民解放军是保卫祖国的钢铁长城（或“中国人民解放军是建设祖国的强大力量”）。

它的前提是由两个共有共同主项的联言肢组成的联言命题，其结论是，该联言命题的某个联言肢。这个推理从前提中联言命题真，推导出该命题中的某个联言肢真的结论。

联言推理分解式的逻辑形式是：

P并且q

所以，P（或q）

联言推理分解式的作用：它是人们对事物的认识由整体到部分，由总论到分论的思维形式。

2. 合成式

这是指推理的结论是联言命题，它的前提是该联言命题的各个联言肢。例如：

李白是唐代伟大诗人，

杜甫是唐代伟大诗人，

白居易是唐代伟大诗人，

所以李白、杜甫、白居易都是唐代伟大诗人。

这是合成式的联言推理。它的结论是联言命题，其前提是该命题的三个肢命题。由于三个肢命题有共同的谓项，所以结论中合为一个命题。这个命题由前提中各个肢命题真，推导出整个联言命题真的结论。

联言推理合成式的逻辑形式是：

P

q

r

所以，p并且q并且r

联言推理合成式的作用：它是人们对事物认识由部分到整体、由分论到总论的思维形式。我们说话或写文章常使用这种形式。例如：一位青年幻想成为世界上伟大的科学家，到爱因斯坦那儿询问成功的秘密，爱因斯坦写下了一个公式：X+Y+Z=A。爱因斯坦解释说：X代表劳动，Y代表适当的方法，Z代表少说话废话，A是成功。这里，爱因斯坦的表述可以用联言推理表示：

要想成功必须付出劳动，

要想成功必须有适当的方法，

要想成功必须少讲废话，

所以，成功等于劳动，适当的方法和少讲废话之和。

这里的思维过程就表现为联言推理的合成式。

联言推理的依据是联言命题的逻辑特性：即如果一个联言命题是真的，当且仅所当所有的联言肢都是真的。

联言推理的形式比较简单，但使用广泛。它经常与选言推理或假言推理结合，构成许多复杂的推理。因此，要分析复杂的推理，也必须对联言推理有正确的理解。

二、选言命题及其推理

（一）选言命题

选言命题是断定事物若干种可能情况的命题。它分为相容的选言命题与不相容的选言命题。

1. 相容的选言命题

断定事物若干种可能情况中至少有一种情况存在的命题就是相容的选言命题。其公式为：P 或者 q。例如：

胜者或因其强，或因其指挥无误。

表达相容选言命题的逻辑联言词通常有“或……或……”、“可能……也可能……”、“也许……也许……”等。

由于相容选言命题的各个肢所断定的情况是可以并存，可以不止有一个选言肢是真的，而且至少有一个选言肢是真的，该选言命题才是真的，否则，就是假的。

相容选言命题的逻辑值与其选言肢的逻辑值之间的关系可表示为：

p	q	p 并且 q
真	真	真
真	假	真
假	真	真
假	假	假

2. 不相容的选言命题

不相容的选言命题是断定事物若干可能情况中有而且只有一种情况存

在的命题。其公式为：要么P，要么q。例如：

（武松过景阳冈）要么老虎吃掉武松，要么武松打死老虎。

表达不相容选言命题的联言词有“或……或……”、“要么……要么……”、“不是……就是……”。

由于不相容的选言命题断定了事物若干可能情况中，有而且只有一种情况存在，这样，一个不相容的选言命题为真，当且仅当有一个选言肢为真。当所有的选言肢都为假或不止一个选言肢为真时，整个不相容的选言命题便为假。其真值表如下：

p	q	p并且q
真	真	假
真	假	真
假	真	真
假	假	假

（二）选言推理

选言推理是以选言命题为大前提，并且根据选言命题与选言肢之间的关系推出结论的一种演绎推理。

选言推理也是由三个不同的命题组成的，其中断定了几种可能并以此为依据的选言命题是大前提；肯定或否定大前提中某些可能的命题是小前提；从而推出对大前提的其他选言肢加以否定或肯定的是结论。

选言命题有相容，不相容两种。选言推理是依据选言命题的逻辑性质进行的推理，因此在形式上也有两种：相容选言推理和不相容选言推理。

1. 相容选言推理

相容选言推理是以相容选言命题为大前提，组成的选言推理形式。根据选言肢之间的逻辑联系，它只有一种正确式，即：

否定肯定式，其公式是：

或P，或q

非P

所以，q

例如：（两军相争）

胜者或因其强，或因其指挥无误，

红军第一次反“围剿”的胜利不是因其强，

所以，红军第一次反“围剿”的胜利是因其指挥无误。

这个推理的大前提是有两个选言肢组成的相容选言命题，小前提否定了大前提中的一个选言肢，结论则肯定了大前提中的另一个选言肢，从而构成相容选言推理的否定肯定式。

相容选言推理的规则：

（1）否定一部分选言肢，就要肯定另一部分选言肢。

根据相容选言命题的逻辑性质，各选言肢不能同假，至少有一真。当已知一部分选言肢为假，就可以必然推断出另一部分选言肢为真。所以，推理中否定一部分选言肢，就要肯定另一部分选言肢。

（2）肯定一部分选言肢，不能否定另一部分选言肢。

根据相容选言命题的逻辑性质，各个选言肢可以同真。当已知一部分选言肢为真时，不能必然推断出另一部分选言肢假。所以，在推理中肯定一部分选言肢，不能否定另一部分选言肢，否则，结论不是必然的。例如：

一篇不成功的文学作品或是思想性不强，或是艺术性不高；

这篇不成功的文学作品思想性不好，

所以，这篇不成功的文学作品不是艺术性不高。

这个推理的结论不是必然的，因为大前提中"思想性不好"与"艺术性不高"是相容的，可以同时存在。所以不能由肯定"思想性不好"而排斥"艺术性不高"。事实上这篇不成功的文学作品可能既是"思想性不强"，又是"艺术性不高"。此例说明在相容的选言推理，肯定否定式的推理形式是不正确的。即：

或P，或q

P

所以，非q

这种推理形式是不合逻辑的。

2. 不相容的选言推理

不相容的选言推理是由不相容选言命题为大前提组成的选言推理形式。根据选言肢之间的逻辑关系，它有两种正确式：肯定否定式和否定肯定式。

（1）肯定否定式。其公式是：

要么P，要么q

p

所以，非q

例如：《红楼梦》中的林黛玉虽然是贾母的嫡亲外孙女，刚进贾府时，被奉为上宾，贾母百般怜爱，可是当她与宝玉互为“知已”，她的思想性格不合于封建统治阶级的道德规范时，贾母等人不仅对她冷眼相看，而且为宝玉选择了一个符合封建礼教的大家闺秀薛宝钗，不惜拆散林黛玉与贾宝玉的“木石前盟”。这里有一个推理：

要么“金玉良缘”，要么“木石前盟”；

要“金玉良缘”，

所以，不要“木石前盟”。

“金玉良缘”象征贾宝玉与宝钗的封建婚姻；“木石前盟”象征着宝玉与黛玉的自由恋爱。在这个推理中，大前提是一个不相容的选言命题，小前提肯定了其中的一个选言肢，从而作出否定其另一选言肢的结论。

（2）否定肯定式，其公式是：

或P，或q

非p

所以，q

例如：封建压迫可以强制人处于他本来不愿处的地位，但没有爱情的“金玉良缘”无法消除宝玉心灵上的巨大创痛，使他无法忘却精神上的真正伴侣，也无法调和他与宝钗之间两种思想性格的本质冲突。《红楼梦》的第一支曲子开头四句说得好：“都道是金玉良缘，俺只念木石前盟，空对着山中高士晶莹雪，终不忘世外仙姝寂寞林”。这里也有一个推理：

或“金玉良缘”，或“木石前盟”；

不要“金玉良缘”，

所以，要“木石前盟”。

“纵然是齐眉举案，到底意难平。”结果宝玉与宝钗一个万念俱灰，弃家为僧；一个空室独守，抱恨终身。所谓“金玉良缘”，实质上是“金玉成空”！

不相容选言推理的规则是：

肯定一个选言肢，就要否定其余选言肢；

否定一部分选言肢以外的选言肢，就要肯定未被否定的那个选言肢。

三、假言命题及其推理

（一）假言命题

假言命题是断定事物情况之间条件关系的命题。不同的条件关系，构成不同性质的假言命题。一般地说，就一事物情况作为另一事物情况的条件来说，主要有充分条件、必要条件和既充分又必要的条件之分。因而，作为反映这种不同条件关系的假言命题，也相应分为三种。

1. 充分条件假言命题

充分条件的假言命题是指前件是后件的充分条件的假言命题。其逻辑公式为：

如果P，那么q。

例如：

如果天下雨，马路就会湿。

充分条件假言命题的联结词通常是：

“如果……那么……”、“只要……就……”、“若……必……”。充分条件假言命题的逻辑值与前后件逻辑值之间的关系可表示为：

p	q	如果p那么 q
真	真	真
真	假	假
假	真	真
假	假	真

2. 必要条件假言命题

必要条件的假言命题是指前件是后件的必要条件的假言命题。其逻辑公式为：只有P，才q。例如：

只有刻苦努力，才能攀登科学高峰。

表达必要条件的假言命题的联结词有“只有……才……”、“不……（就）不……”、“没有……没有……”等。

由于必要条件的假言命题反映的是前件对后件所具有的必不可少的作用，如果没有前件，就必定没有后件。根据此逻辑性能，我们把它的逻辑值与其前后件逻辑值之间的关系表示为：

p	q	只有p才q
真	真	真
真	假	真
假	真	假
假	假	真

3. 充分必要条件假言命题

充分必要条件假言命题指的是一个假言命题，前件既是后件的充分条件，又是后件的必要条件。其公式为：

当且仅当P，则q。

例如：人不犯我，我不犯人；人若犯我，我必犯人。充分必要条件假言命题的逻辑值与肢命题逻辑值之间的关系表示为：

p	q	当且仅当P则q
真	真	真
真	假	真
假	真	假
假	假	真

（二）假言推理

假言推理就是前提中至少有一个假言命题，并且根据假言推理前、后件之间的条件关系，从而推出结论的演绎推理。

假言推理是依据假言命题的逻辑性质所进行的推理。假言命题有充分条件、必要条件和充分必要条件三种，与此相应假言推理也有三种形式：充分条件假言推理、必要条件假言推理、充分必要条件假言推理。

1. 充分条件假言推理

充分条件假言推理是由充分条件假言命题为大前提组成的假言推理。根据它的前件与后件的逻辑关系，有两种正确形式，即肯定前件式和否定后件式。

（1）肯定前件式：即小前提肯定大前提的前件，结论肯定大前提的后件。可以说是由肯定前件到肯定后件。其公式是：

如果P，那么q

p

所以q

例如：

如果是骄兵，则必败；

项羽是骄兵，

所以，项羽必败。

（2）否定后件式：即小前提否定了大前提的后件，结论否定大前提的前件。可以说是由否定后件到否定前件。其公式是：

如果 P，则 q
　非 q
所以，非 p

例如：

如果在军事行动中有卓越成就，则具备卓越智力；
　不具备卓越智力；
所以在军事行动中不可能有卓越成就。

这一充分条件假言推理的否定后件式，是根据军事家克劳塞维茨的论述得出的。他说："如果我们进一步研究战争对军人的种种需求，那么就会发现智力是主要的。不具备卓越智力的人，在军事行动中是不可能取得卓越成就的。"通过这一推理，智力对于军人的重要性就明显地突现出来了。

运用充分条件的假言推理要注意的规则：

第一，肯定前件就要肯定后件，但否定前件不能否定后件。

充分条件假言命题前件与后件的逻辑关系还表明：没有前件，不一定没有后件。正如《墨经》所言"无之未必不然"。

第二，否定后件就要否定前件，但肯定后件不能肯定前件。

充分条件假言命题后件与前件的逻辑关系表明：无后件必然无前件。所以，推理中否定后件就要否定前件。例如（2）中的小前提否定了大前提的后件即"不具备卓越智力"，结论必然否定了大前提的前件，得出"在军事行动中不可能有卓越成就"的结论。

充分条件假言命题后件与前件的逻辑关系还表明：有后件不一定有前件。所以推理中肯定后件不能必然肯定前件。

充分条件假言推理，如果违背上述两条规则，就不可能必然得出正确结论。例如《世说新语》里记载孔融小时候的一个故事：

孔融 10 岁时随父亲到洛阳，拜见洛阳司隶校李膺，到了门口就对守门人说："我是李府君亲。"看门的就让他进去了。李膺问孔融："我与你有何亲？"孔融说："我们先人孔子曾向你的先人老子问过礼仪之事，所以我们之间有亲。"因老子姓李名耳，故孔融这样说。在座的客人都对这 10 岁孩子的回答感到惊奇。但客人中一个名叫陈韪的不以为然，他说："小时了了，大未必佳。"显然，这表明了对孔融的轻视和否定。聪明的孔融完全理解陈韪的语义，便来个反唇相讥，他说："想君小时，必当了了。"陈韪一听，十分尴尬。

这里孔融是巧妙地利用陈韪之语作大前提，加上“想君小时，必当了了”作为小前提，省略了结论。这是一个充分条件的作假言推理肯定前件式：

如果小时候聪明，那么长大后就不怎么样；

我想你小时候必定聪明，

所以，怪不得你现在不怎么样。

虽然孔融省略了结论，但这是不言自明的，所以令陈韪难堪。这里，从肯定前提到肯定后件，符合推理规则，结论也是必然的。如果我们根据这个故事的内容，把推理过程这样表述：

如果小时候聪明，那么长大后就不怎么样；

想必你小时候不聪明，

所以，你现在这么样（必佳）。

显然，这种推理是违背孔融原意的。这是一个充分条件假言推理的否定式，但客观存在从否定前件到否定后件，违反了规则（1）“否定前件不能否定后件”，因此推不出可靠的结论来。

又如：

如果大雾弥漫，则看不清作战的目标；

今日看不清作战的目标，

所以，今日大雾弥漫。

这个充分条件假言推理也是错误的。因为这是充分条件假言推理的肯定式，它违背了规则（2）“肯定后件不能肯定前件”。所以，结论也不是必然的。事实上看不清作战的目标是诸种因素，如“隐蔽巧妙”，也是难以暴露目标的。因此，肯定“今日看不清目标”，不能必然得出“大雾弥漫”的结论。

上述事例说明了充分条件假言推理有两种形式都是不正确的：

如果P，那么q	如果P那么q，
q	非p
所以，p	所以，q

2. 必要条件假言推理

必要条件假言推理是由必要条件假言命题为大前提组成的假言推理。根据客观存在的前件与后件之间的逻辑关系，有两种正确形式，即否定前件式和肯定后件式。

（1）否定前件式：即小前提否定了大前提的前件，结论否定了大前提的后件。可以说是由否定前件到否定后件。其公式是：

只有P，才q

非P

所以，q

例如：

只有尊重士兵，才能搞好官兵关系；

有些人不尊重士兵，

所以，有些人搞不好官兵关系。

（2）肯定后件式：即小前提肯定大前提的后件，结论肯定大前提的前件。可以说是由肯定后件到肯定前件。其公式是：

只有P，才q

q

所以，非p

例如：（没有战争经验的人）

只有研究军事史，才能对战争摩擦获得明确的印象；

学员要对战争摩擦获得明确的印象，

所以，学员要研究军事史。

这是必要条件假言推理的肯定后件式，是根据克劳塞维茨的论述得出来的，他说：“只有军事史的研究才能使那些本身没有经验的人，对我所谓的战争摩擦获得一种明确的印象。”通过这一推理，研究军事史对没有战争经验的学员就显得非常重要了。运用必要条件的假言推理要注意客观存在的规则：

第一，否定前件就要否定后件，但肯定前件不能肯定后件。

必要条件假言命题前件与后件的逻辑关系表明：无前件必然无后件。正如《墨经》概括的“无之必不然”。所以，推理中否定前件就要否定后件。例（1）中的小前提否定了大前提的前件，指出“有些人不尊重士兵”，结论必然否定大前提的后件，得出“有些人搞不好官兵关系”。

必要条件假言判断前件与后件的逻辑关系还表明：有前件不一定有后件。正如《墨经》所言：“有之未必然”。所以推理中肯定前件不能肯定后件。在例（1）中即便有“尊重士兵”这个条件，也不能必然地推出“搞好官兵关系”的结论。因为“搞好官兵关系”固然需要“尊重士兵”，但只有这个条件还不够，若不能主动关心士兵，爱护士兵，科学带兵，也是不能搞好官兵关系的。

第二，肯定后件就要肯定前件，但否定后件不能否定前件。

必要条件假言推理后件与前件的关系表明：有后件就有前件。所以推理中肯定后件就要肯定前件。例如例（2）中的小前提肯定了大前提的后件，即“学员要对战争摩擦获得明确的认识”，结论必然肯定大前提的前件，得出“学员要研究军事史”。

必要条件假言推理后件与前件的逻辑关系还表明：无后件不一定无前件。所以，推理中否定后件不能否定前件。在例（2）中即使没有：“要对战争摩擦获得明确的印象”这个后件的存在，也不能必然推出“要研究军事史”的结论。因为，“要对战争摩擦获得明确的印象”固然需要“研究军事史”，但如果不注意军事实践，加强演习训练，也是不能“对战争摩擦获得明确的印象”的。必要条件假言推理，如果违背上述两条规则，就不能必然得出正确结论。

三国时期的赤壁之战，吴蜀胜利的原因之一是巧借东风，以风助火，破了曹操的连环船。《三国演义》第四十九回写诸葛亮给周瑜“看病”时，“屏退左右，密写出十六字曰：欲破曹公，宜用火攻；万事俱备，只欠东风。”这里所说的“万事”包括在此之前已经完成的准备工作，如草船借箭十余万支，黄盖用苦肉计，阚泽下诈降书，庞统献连环计等。在做好了这些准备工作之后，有无东风就成了胜败的关键。假如没有“东风”这一必要条件，便不能纵火三江口，结局将会像诗人杜牧所言“东风不与周郎便，铜雀春深锁二乔”了；如果有东风，而无其他条件，也只会落得“东风无力百事空”。所以，借东风，只是赤壁之战的必要条件之一。这里包含这样一个推理：

只有巧借东风，才能破曹操的连环之船；

现欲破曹操的连环之船，

所以，要巧借东风。

这是一个必要条件假言推理的肯定后件式，符合推理规则，结论是必然的。但如变成这样的形式，即：

只有巧借东风，才能破曹操的连环之船；

现巧借东风了，

所以能破曹操的连环之船。

这个结论就不一定可靠了。“巧借东风”是“破曹操的连环船”的必要条件，没有前件就没有后件；但有了前件就不一定有后件。事实上要“破曹公”除了“巧借东风”，也离不了草船借箭、苦肉计、诈降计、连环计这些必要条件。这个必要条件的假言推理违背了规则（1）“肯定前件不能肯定后件”，所以结论是不必然的。又如：

只有知己知彼，才能百战不殆；

我们知己知彼了，

所以，我们百战不殆。

这也不可令人信服，因为即使知己知彼，说明只是具备了百战不殆的必要条件，但并不等于具备了所有的条件。所以它违反了规则（1）“肯定前件不能肯定后件”，所以结论是不可靠的。

假如光有知己知彼这一条就能包打胜仗，那么就不需要千军万马和大炮坦克了，更不需要流血牺牲了。所以不能“肯定前件来肯定后件”。再如：有人说：

只有在工作中有突出成绩的，才能立功受奖；

他没有立功受奖，

所以，他在工作中没有突出成绩。

这个推理也是错误的，因为客观存在违背了必要条件假言推理规则（2）“否定后件不能否定前件”，所以结论也是不必然的。事实上，许多没有立功受奖的同志在本职工作中兢兢业业、埋头苦干、见困难就上、见荣誉就让。所以不能根据他没有立功受奖来断定他工作中没有突出成绩。

上述事例说明了在必要条件假中，下面两种推理形式都是不正确的：

只有 P，才 q	只有 P，才 q
p	非 q
所以，q	所以，非 p

3. 充分必要条件假言推理

充分必要条件假言推理是由充分必要条件假言命题为大前提组成的假言推理。根据它的前件和后件之间的逻辑关系，有四种正确式，即肯定前件式、否定前件式、肯定后件式、否定后件式。

（1）肯定前件式：即小前提肯定大前提的前件，结论肯定大前提的后件。

例如：当且仅当社会产品极为丰富，人们觉悟极大提高，才能实行各尽所能按需分配；共产主义社会产品极为丰富，人们觉悟极大提高，所以，共产主义社会才能实行各尽所能，按需分配。

（2）否定前件式：即小前提否定了大前提的前件，结论否定大前提的后件。

例如：当且仅当社会产品极为丰富，人们觉悟极大提高，才能实行各尽所能按需分配；现阶段社会产品还没有极大丰富，人们觉悟还没有极大提高，所以，现阶段还不能实行各尽所能按需分配。

（3）肯定后件式：就是小前提肯定大前提的后件，结论肯定大前提的前件。

例如：当且仅当社会产品极为丰富，人们觉悟极大提高，才能实现各尽所能，按需分配，

共产主义社会实行各尽所能，按需分配，所以，共产主义社会产品极为丰富，人们觉悟极大提高。

（4）否定后件式：即小前提否定大前提的后件，结论否定大前提的前件。

例如：当且仅当社会产品极大丰富，人们觉悟极大提高，才能实行各尽所能，按需分配；现阶段没有实行各尽所能按需分配，所以，现阶段没有达到社会产品极大丰富，人们觉悟极大提高。

充分必要条件假言推理的规则是：

（1）肯定前件就要肯定后件。

（2）否定前件就要否定后件。

（3）肯定后件就要肯定前件。

（4）否定后件就要否定前件。

这些规则是由充分必要条件假言命题的逻辑性质决定的。充分必要条件假言命题是充分条件假言命题和必要条件假言命题的结合，并有两者的特点，它的前件和后件具有等值的关系。

四、二难推理

二难推理是由两个假言前提和一个具有二肢的选言前提联合作为前提而构成的推理，也称为假言选言推理。运用这种推理形式，辩论的一方常常提出具有两种可能的大前提，对方不论肯定或否定其中的哪一种可能，结果都会陷入进退两难的境地，所以叫做二难推理。例如“上帝是否是万能的”二难推理：

如果上帝是万能的，那他能造出一块他自己举不动的石头吗？

如果上帝能造出，那么上帝不是万能的；（因为这块石头上帝举不动）

如果上帝不能造出这样的石头，那么上帝不是万能的；

或者能造出，或者不能造出；所以，上帝都不是万能的。

在实际运用二难推理的过程中，其语言表达形式是多种多样的。由于

二难推理是由假言命题与选言命题结合而成的一种推理，这就使之既具有假言推理的特点，又具有选言推理的特点。因此，在进行这种推理过程中，既要注意遵守假言推理的有关规则，又要注意遵守选言推理的有关规则。

思考题

1. 简答题

（1）什么是联言命题？联言推理有哪些形式？

（2）什么是选言命题？选言推理有哪些形式？其各有哪些逻辑规则？

（3）什么是假言命题？假言推理有哪些形式？各种形式的假言推理，应遵守哪些规则？

2. 练习题

（1）下列推理的种类是什么？用公式表示它们的推理形式。

①只有不畏艰苦，才能攀登科学高峰。某人登上科学高峰，所以，某人不畏艰苦。

②如果刮大风，树枝就摇动；树枝没有摇动，所以没有刮大风。

③在我国，工人、农民和知识分子都是社会主义社会的劳动者。所以，知识分子是社会主义社会的劳动者。

（2）下列推理是否正确，为什么？

①如果三段论前提是假的，就不能必然地推出真结论；这个三段论前提都是真的，所以能够必然地推出真的结论。

②一个文学工作者，或者是诗人，或者是小说作家，或者是戏剧作家；某同志是小说作家，所以，某同志不是诗人，也不是戏剧作家。

③要么为人民而死，要么为贪生而活；革命战士不能为贪生而活，所以，革命战士要为人民而死。

第五节　归纳推理

一、什么是归纳推理

为了弄清什么是归纳推理，请大家先看这样一个论述：

美国前首相希思作为指挥家来北京举办音乐会；尼克松从军时是南太平洋有名的扑克大王；福特访华来京还坚持早晨长跑锻炼；毛泽东喜读

史、善诗词；周恩来善于演讲……可见，著名的首脑人物中有多才多艺的人物。

这段议论，就是一个归纳推理。它从对许多个别事物的认识中，概括出这些共同特点，得出一个一般性的认识，这个思维过程，就是一个归纳推理的过程。

因此归纳推理就是由个别性知识为前提，推导出一般性知识为结论的思维形式。它的前提是一些特殊事例的命题，而结论是关于一类事物或现象的一般性的说明。

归纳推理的特点是具有概括性。因为客观事物本身存在着个别与一般的联系，“普遍性即存在于特殊性之中”。事物的这种普遍性与特殊性的辩证关系，是归纳推理的客观基础。

归纳推理是人们认识活动不可缺少的一种思维形式。毛泽东指出：“就人类认识运动的程序说来，总是由认识个别的和特殊的事物，逐步地扩大到认识一般的事物。人们总是首先认识了许多不同事物的特殊本质，然后才有可能更进一步地进行概括工作，认识诸种事物的共同本质。”① 正是由于归纳推理把人们的认识由个别扩大到一般，所以它可使人们获得一些新的认识。

二、归纳推理与演绎推理的联系与区别

归纳推理和演绎推理有密切的联系，主要表现为：

其一，归纳推理为演绎推理提供前提

演绎推理，一般说来，是由一般性的知识推出个别性结论。因为，归纳推理可以从个别事物的知识中，总结、概括出带有一般性的知识。如果没有归纳推理推出一般的知识，也就没有演绎推理的前提。

其二，归纳推理也要依赖演绎推理

从人类的认识来说，单纯用归纳推理是无法说明认识的归纳过程的，因此，单纯的归纳推理不能深入地认识事物的本质。事实上，在运用归纳推理的过程中，也必须有演绎推理参加，应用普通性、一般的知识来分析个别性的现象。因此，也可以说，没有演绎推理，就不可能实现认识的归纳过程。

归纳推理与演绎推理也有明显的区别，主要表现为：

其一，两者反映的思维程序不同。演绎推理反映着思维由一般到特殊

---

① 《毛泽东选集》第一卷第 284 ~ 285 页。

的过程，它从一般性知识的前提中推出特殊性知识的结论。归纳推理反映思维由特殊到一般的过程，它是从特殊性知识的前提中推出一般性知识的过程。

其二，两者的结论所判定的范围不同。演绎推理的结论所断定的范围没有超出前提所断定的范围，归纳推理的结论比前提所断定的范围大。

其三，两者的前提与结论的联系性质不同。演绎推理的前提与结论之间有必然的联系。只要前提真实，推理形式正确，那么结论一定是可靠的。但是归纳推理的前提与结论之间具有或然性联系，即使从真实前提出发，结论也有时真，有时假，未必完全可靠。

三、归纳推理的种类

根据归纳推理前提中是涉及一类事物的全部对象还是部分对象，我们可以把它划分为完全归纳推理和不完全归纳推理两类。

（一）完全归纳推理

完全归纳推理是由某类事物的各个对象具有（或不具有）某种属性的思维形式。

这种推理是根据对一类事物的每一个对象是否具有某种属性，逐个加以考察，从而得出这一类事物都具有某种属性的一般性结论。例如：

我们考察一个学员队的体能情况：

一区队优良

二区队优良

三区队优良

四区队优良

一、二、三、四区队是这个学员队的全部区队，

所以该学员队体能成绩优良。

完全归纳推理由于考察了某种事物的所有对象的性质，结论的范围没有越过前提，是依据前提必然得出的，因此具有真实性。在我们总结经验教训，论证问题和反驳中经常运用。

运用完全归纳推理必须做到两点：

（1）必须对某类事物的所有对象进行断定，不能有任何遗漏。若有遗漏，就不能由前提必然推出结论。

（2）在结论中所概括的关于某种对象的属性，必须是前提中该类每一对象所具有的属性。前提中所有对象的属性的总和，与结论中所概括的关于整类对象的属性之间，具有同一性。只有前提中特殊事实与结论中一般

概括之间的同一性，才能使结论确实可靠。

如果对于研究的对象了解不完全，或者前提中特殊事实与结论中的一般概括之间不具有或不完全具有同一性，那么，结论就不是必然的。

现实世界的事物繁杂多样，有些类似的事物其对象很多，由于时间与空间的限制，无法逐个考察，所以，运用完全归纳推理有一定的局限性。这样考察其外延无限多的事物，就需要运用不完全归纳推理。

（二）不完全归纳推理

不完全归纳推理是由某类事物的部分对象具有（或不具有）某种属性，推出该类事物所有对象具有（或不具有）某种属性的思维形式。

不完全归纳推理不同于完全归纳推理，不完全归纳推理不是考察某类事物的全部对象，只是考察某类事物的部分对象的情形，而作出关于该类事物一般性的结论，由于结论断定事物情况的范围超出了前提断定的范围，使前提已有知识简单扩大，所以，结论不具有必然性，它可能真，也可能假。

不完全归纳推理以概括的依据不同，可分为简单枚举归纳推理和科学归纳推理。

1. 简单枚举归纳推理

简单枚举归纳推理是根据某类事物中以若干对象具有某种属性，而没有遇到相反的情况，从而得出这类事物都具有某种属性的一般性结论的一种推理形式。例如：

有的运动员听轻音乐可消除疲劳；

有的女同志听轻音乐生产时可以顺产；

有的高血压患者听轻音乐血压正常；

有些运动员、女同志、高血压患者等都是用听轻音乐的方法获得一定的疗效，

所以，听轻音乐对人体健康有益。

这是一个简单的枚举推理，根据部分对象听轻音乐获得很好的疗效，没有遇到相反的情况，从这种经验认识中概括出“听轻音乐对人体健康有益”的结论。

简单枚举归纳推理在实践中应用广泛。当人们不能考察一类事物的所有对象，只能考察其中一部分对象，又要作出一般性结论时，往往就运用简单枚举推理。例如，民间谚语“瑞雪兆丰年”、“山雨欲来风满楼”、“八月十五云遮月，正月十五雪打灯”等都是用简单枚举概括来的。这样的归

纳，对人们的实践活动有着积极的意义。

人们运用简单枚举归纳推理，必须注意两点：

第一，前提中，考察的对象越多，结论的可靠性程度越大。如果只根据个别的、为数不多的事实进行归纳，作出结论，就会犯“轻率概括”的逻辑错误。例如一则笑话：

一位农村大嫂，因为晚上孩子啼哭不止，正在为难之际，忽然想到一个好办法，便大声叫道，“快拿一本书来!”她丈夫马上把书送来问道：“你要书干什么?”这大嫂便说：“我看你平时说说笑笑，就来了精神，一捧起书就打起呵欠，可见书一定有催眠作用。”

这则笑话是讽刺不爱看书的人，讽刺得比较巧妙，但是如果从逻辑角度看，这位农村大嫂是犯了“轻率概括”的错误，她从丈夫一看书就发困的事例中，就得出“所有人看书都发困”的一般性的可笑结论。

第二，在前提中，对象被考察的愈广，结论的可靠性就愈大。如果只根据个别情况个别地区的同类对象进行归纳，就会犯“以偏概全”的错误。例如人们通过对金、银、铜、铁等金属能沉到水底概括出“凡金属都沉水底”的结论。可现代化学知识告诉我们：钾、钠等金属的比重比水轻，它们并不沉到水底。还有人看到一些年轻人由于沾染了不良习气，不爱学习，从而得出结论：“这是垮掉的一代”。这就是犯了“以偏概全”的逻辑错误。

提高简单枚举的可靠程度，必须注意以上两点。我们在集中事例时，不要只满足于相同现象的重复出现，不要只满足于没有遇到相反情况，而要进一步分析研究事物现象产生的必然性，从探求事物现象间的因果联系中，进而推出一般性的结论，这样就会大大提高结论的可靠性。

2. 科学归纳推理

科学归纳推理是以对事物的科学分析为根据，从探索一类事物中部分对象与某种属性之间的因果联系，概括出关于该类事物一般性结论的推理形式。

例如，毛泽东同志关于“一切反动派都是纸老虎”的科学论断，就推理形式而言，就是根据历史上几个典型的反动派的分析，揭示出它们具有纸老虎性质的必然原因，最后得出“一切反动派都是纸老虎”的科学结论。断定这个推理，过程大致如下：

十月革命前的俄国沙皇是纸老虎；

希特勒是纸老虎；

墨索里尼是纸老虎；

二次世界大战时的日本帝国主义也是纸老虎；

（而沙皇、希特勒、墨索里尼、日本帝国主义都是反动派，他们外表似乎很强大，但从长远观点来看，他们的阶级地位和本质决定了他们是反人民的，因而是没有力量、没有前途的，必然是纸老虎。）

所以，一切反动派都是纸老虎。

科学归纳推理和简单枚举归纳推理虽然都是不完全归纳推理，但二者有明显的区别：

第一，两者的推理依据不同。简单枚举以经验认识为依据，前提数目越多，结论可靠程度越大；科学归纳以科学分析为指导，前提多少对结论影响不大，重要是分析研究造成这种事实的因果联系，从而得出一般性的结论，因此，科学归纳比简单枚举的结论更可靠些。

第二，科学归纳的结论常表现为科学的规律，反映着客观现实间的必然联系；而简单枚举的结论只表现为经验的规律，这种经验还必须进一步加以研究和证明。

第三，科学归纳法从若干个别前提概括出一般性的结论，它与演绎推理密切结合，在使用价值方面比简单枚举更高。

进行科学归纳推理需要有系统有步骤地收集和整理有关事物及其现象的有关材料，通过对这些材料的研究，寻找事物及其现象间的因果联系，进而作出可靠的结论。

思考题

1. 简答题

（1）什么是归纳推理？它与演绎推理有何不同？

（2）什么是完全归纳推理？其运用过程中必须注意什么？

（3）什么是简单枚举归纳推理？何谓“轻率概括”？请举例说明。

（4）什么是科学归纳推理？它与简单枚举归纳推理有何不同？

2. 能否运用完全归纳推理得出下列的结论？为什么？

（1）小学一年级学生都已年满六岁。

（2）超级大国推行的对外政策都少不了扩张主义。

（3）三角形的面积公式都是“底 × 高 ÷ 2”。

（4）文学家多在中年时代成果显著。

3. 下列推理属于何种推理？为什么？

（1）人类的宝贵的文化遗产，都是先驱者艰苦劳动的结晶。请看：洪昇写《长生殿》用了九年；曹雪芹写《红楼梦》用了十年；司马迁写《史记》用十五年；司马光主持编写《资治通鉴》用了十九年；歌德写话剧《浮士德》用了几乎六十年。

（2）在一桩盗窃案中，陆某被怀疑为作案人。他申辩时说，案发时间他正在职工休息室里看电视。办案人员询问了当时休息时看电视的二十一名职工。他们不约而同地说没有看见陆某看电视。办案人员从而否定了陆某的申辩。得出结论：在案发时间内，陆某不在职工休息室里看电视。

（3）一位老和尚让两个小和尚各剥一筐花生，看看是否所有的花生都有粉衣包着。一个小和尚抱着一筐花生一个一个地剥起来；而另一个小和尚却不是一个个剥，而是捡了几种不同样的花生，有一粒仁的，两粒仁的，三粒仁的各剥了几种发现都有粉衣包着，于是，这个小和尚就报告老和尚说："所有的花生都有粉衣包着"，而那个小和尚还一个个地剥着。

第六节　类比推理与假说

一、类比推理

类比推理从个别性知识的前提推出个别性知识的结论，有它独特的特点。

（一）类比推理的特征

类比推理是由两个（或两类）事物在某些属性上相同，进而推论它们在另一个属性上也可能相同的推理。例如：

1939 年 10 月 11 日，美国总统罗斯福默默地听着他的顾问萨克斯宣读一封爱因斯坦的来信。信中，爱因斯坦对德国在原子弹实验方面遥遥领先表示忧虑，并要求美国在纳粹德国之前赶制出第一颗原子弹。罗福斯举棋不定。于是，他的顾问萨克斯就给罗福斯讲了一件事：当年拿破仑想征服英国，但在怎样渡过英吉利海峡的问题上却一筹莫展。当时一位叫富尔的科学家建议他赶快制造蒸汽船。但是，拿破仑一意孤行，拒绝了富尔的建议，仍然使用帆船，结果终于未能横渡英吉利海峡，征服英国的愿望也落了空。听了萨克斯的一番话，罗福斯经过苦苦思索，终于在 19 日对美国制造原子弹拍了板。

这里，萨克斯的一番劝说，对罗福斯的拍板是起了决定作用的。那么，萨克斯运用的是什么方法呢？他运用的就是类比推理这一逻辑方法。

类比推理是从个别性或特殊性的前提推出个别性或特殊性结论的推理。它的公式是：

A 事物具有属性 a、b、c、d

B 事物具有属性 a、b、c

所以，B 事物也可能具有属性 d。

上例中萨克斯正是运用这种推理去劝说罗斯福的。他先分析了罗斯福与拿破仑在这个问题上的共同点：要征服对方需要强有力的现代化武器装备，拿破仑需要的是蒸汽船，罗斯福需要的是原子弹。接着又分析了拿破仑不听科学家的忠告结果失败了，推出了：如果罗斯福不听爱因斯坦的忠告也会失败的这一结论，从而使罗斯福下了制造原子弹的决心。

（二）类比推理的作用

类比推理同归纳推理、演绎推理一样，在认识中有独特的作用。主要有以下几个方面：

1. 启发人们的思想，起触类旁通的作用，给进一步得出科学的结论提供可贵的线索，有时能帮助人们找出解决问题的途径。例如：

古时，浙江句章县有一妇女谋害了丈夫后，怕官府追究，立即放火把房子烧了，然后哭嚎着说房屋失火烧死了丈夫。死者之弟怀疑此事，告到县衙。当时句章有一位检验官名叫张举，他验尸后当即向这妇人宣告："你丈夫不是失火烧死的。凡烧死的人，死在火中，烟熏火烤，呛得喘不过气来，迫于呼吸，口中势必吸进灰尘，而你丈夫口中却一点灰尘也没有。"这个妇女不服。张举就叫人取来两头活猪，杀死其中的一头，然后将活猪与死猪同时放在柴堆中焚烧。火灭后，取出两头焦猪来检查，活猪烧死的，口中有灰，而死猪口中无灰。杀夫的妇人不得不供出谋杀丈夫的事实和原因。

从逻辑上看，张举正是从猪与人在生理上有许多相同的情况加以类比，既然活猪烧死后口中有灰尘，那么活人烧死后口中亦应有灰尘；死猪被烧后口中无灰尘，人死后被烧口中亦应无灰尘，由此可见，死者不是失火烧死的。

科学史上的重大发明与发现，有许多是应用类比推理获得的。传说中的我国古代著名工匠鲁班造锯，就是偶然被野草叶片外缘上的利齿划破手指，进而便仿照这种草叶制成带齿的锯条。美国医生詹纳看到挤牛奶女工感染了牛痘，因而不生天花，从中得到启发，提出了"种牛痘"可以预防天花的方法。特别是新兴的仿生学更是以类比推理为基础的，例如类比苍蝇的楫翅，研制出用于火箭和飞机导航的振动陀螺仪；类比狗鼻制造出“电子警犬”；类比蛙眼制造出人造卫星跟踪系统等。这都显示了类比推理的作用。

2. 类比推理可以帮助说明抽象事理，使思想表达富于形象性，增强说服力，是人们论证的一种有力工具。

人们在议论中，为了解释某种事实或原理，往往找出另一种与之相似的事实或原理，然后通过类比推理来说明。史书上记载着这样一件事。子禽问他的老师墨子：“多说话到底有没有好处?”墨子回答说：“池塘里的青蛙，整天整夜地叫着叫着，从来也没有引人注意。但是，雄鸡，只在天亮时叫几声，大家知道就要天亮，却很留意。所以说话要说得有用处。”这里，墨子就是用类比推理告诫他的学生，说话不在多，而在于有用。

《乐羊子妻》写乐羊子妻根据织布与读书都是由一点一滴积累而成这一属性的相似性，以及一旦引刀割断所织的布就会“损失成功，稽废时日”，从而类比推出，她的丈夫“若中道而归”，就会跟“断斯织”一样，也会“损失成功，稽废时日”，她终于说服了丈夫乐羊子“复还终业”。

类比论证是我国古代文章一种传统写作手法，也是一种很普遍的思维方法。如：《察今》、《邹忌讽齐王纳谏》、《劝学》、《庖丁解牛》等，都是运用这种类比形式写出来的文章。

（三）类比推理的逻辑要求

类比推理的结论具有或然性，提高类比推理的可靠程度，必须注意以下几点：

1. 类比对象间的相同属性愈多，结论的可靠性就愈大。

因为 A、B 两个对象的共同属性越多，那就表明其他属性相同的可能性就越大。反之，如果只根据某一属性的相同就类比其他属性，结论的可靠性则小。所以要提高类比推理结论的可靠程度，就要增加类比对象相同属性的数量。例如《东施效颦》的故事：

西施是古代出名的美女，后来她得了心痛病，常用双手捂住胸口，整天愁眉蹙额的，但邻居们仍然说她很美丽。同村有个丑女叫东施，听见人家赞扬西施美丽，以为这是由于西施愁眉蹙额的缘故。于是她也学着西施的样子，村上人见她这副丑相，就挖苦说：哈哈！你一皱眉，眉头上的皱纹更深，捂住胸口又弯腰，倒像个老太婆啦！

东施在效法西施之前，是这样琢磨的：

西施捂住胸口，愁眉蹙额的，就有了增添美丽的结果；

如果我东施也捂住胸口，愁眉蹙额的，那么同样会有增添美丽的结果了。

然而，东施忽视了类比对象之间相同属性越多越好，而且这种相同的属性应说是主要的关键。东施仅仅从表面相似的愿望出发，不了解西施的美丽客观存在的，是由多方面条件决定的，误把西施之美与捂住胸口，愁眉蹙额具有必然联系，因而忽视了本身的条件，生搬硬套也学西施病态时的举动，自然弄巧成拙，传为笑话。

2. 类比推理对象间的共同属性与推出的属性联系越密切，结论的可靠性就愈大。

这是因为类比对象已知属性与推出属性如果联系密切，则表明有前者就有后者，所以，结论的可靠性大。反之，已知的共同属性与推出属性联系不密切，结论的可靠程度则小。例如：

有一次，拿破仑对他的秘书说："布里昂，你也将永垂不朽了。"布里昂迷惑不解，拿破仑提示道："你不是我的秘书吗?"布里昂明白了他的意思，微微一笑，从容不迫地反问道："那么请问，亚历山大的秘书是谁?"拿破仑答不上来，便高声喝彩："问的好!"

拿破仑以为布里昂能借他的名声扬名后世，这种思维过程是：

我是伟人，能永垂不朽。你是我的秘书，所以你也能永垂不朽。

这种推理显然是得不出可靠结论的。而布里昂用亚力山大的秘书同自己进行类比，既然亚力山大的秘书是谁你都不知道，那么后人也将忘记拿破仑的秘书是谁。这种类比则抓住了类比对象之间的密切联系，既驳倒了拿破仑的观点，又使自己的观点立了起来。这种类比推理隐含在语言形式之中，含蓄有力，所以就连精明的拿破仑，也不得不对布里昂的反驳发出由衷的喝彩。

3. 类比对象中不能有与推断相矛盾的属性。

在进行类比推理时，如果类比对象具有与推断相矛盾的属性，那么，无论类比对象间具有多少相同属性，结论都是不能成立的。例如：

加拿大外交官切斯特·朗宁在竞选省议员时，因幼年时吃过中国奶妈的奶水而遭到政敌的攻击，说他身上一定有中国的血统。这种推断显然是错误的。朗宁反驳时用"以子之矛，攻子之盾"的手法，他说："照你们这样说，我喝了中国奶妈的奶水就一定有中国血统，那你们是喝牛奶长大的，身上一定有牛的血统了!"这种反驳运用类比，使对方猝不及防，无言以对，从而出奇制胜。

类比推理容易发生机械类比的错误。机械类比是把两个表面某些相似的事物进行类比，从而得出荒谬结论的推理方法。《东施效颦》就是说明东施从表面上模仿西施，结果在逻辑上犯了“机械类比”的错误。

类比推理与比较、比喻有明显的区别：比较只是在同类事物中进行，从而比出其优劣、异同；而类比则是在比的基础上，从已知推出未知。比喻重点突出“喻”，是常用的一种修辞手法，是用具体的形象、生动的浅显的道理来说明比较深奥的道理，使人形象地理解。例如把儿童比作“花朵”，把青年比作早晨“八九点钟的太阳”。而类比重点突出“推”，是从两个对象已知的相同属性推出未知的相同属性，它可以使人获得新知识。

二、假说

（一）什么是假说

假说，也叫假设，它是关于某种事物的存在或关于某一现象的原因、规律的推测和设想。

例如，哥白尼的太阳系学说在三百年里一直是一种假说，后来勒维烈从这个太阳系学说所提供的数据推算出一定还存在一个尚未知道的行星，并且推算出这个行星在太空中的位置，加勒于1846年确实发现了海王星这个行星，哥白尼的太阳系学说才被证实了，成为公认的真理。

可见假说具有三个显著的特点：（1）具有推测性质；（2）要有事实材料和科学知识的根据；（3）是人们的认识接近客观真理的一种方式。

（二）假说建立的过程

假说有一个形成的过程，基本上可以分为三个阶段：

1. 假说的提出

假说是以科学知识为根据，以客观事实为基础，运用归纳、演绎或类比的方法提出来的。列宁说：“神奇的预言是神话，科学的预言却是事实。”① 假说的提出要求做到以下几点：

第一，假说不能与已知事实相矛盾。

如果提出的假说与已知事实相矛盾，则不能成立。例如，第二次世界大战前夕，英国为了对付希特勒法西斯扩军备战而举行了一次空军演习。在演习的进行中，一架斯皮尔式的战斗机坠落地面，驾驶员当场牺牲。死者是一位亲王的儿子，此事引起英国政府的极大重视。飞机失事的原因何在？经检查，发现飞机的主轴断裂，断裂面上有许多裂纹。为什么主轴内部会出现这些裂纹呢？有人设想里面残留奥氏体，它在转动中产生内应力

---

① 《列宁全集》第27卷第462页

而出现裂纹。有人设想，钢中含有杂物，它能导致应力集中，从而产生裂纹。经科研人员大量实验，发现许多含有奥氏体的钢样中并无裂纹；有些含有多量杂物的钢样也没有出现裂纹。这说明上述做法与已知事实相矛盾，故结论不可靠。于是又进一步调查实验，终于查出钢裂是水蒸气侵入的缘故，经证明，这是飞机失事的原因。

第二，假说不能与已经证实的科学基本原理相背离。

如果提出的假说与已经证实的科学基本原理相背离，则不能成立。例如创作与生活的关系的文学原理，是马克思主义经典作家早就论证过了的：只有深入生活，才能得到丰富的创作素材，激发出饱满的创作热情。但有些人提出在“象牙塔”炮制巨著的假说，这是不能达到预期效果的。

当然，提出假设时，也不能为某些科学上已经证实的定律、原理所束缚。因为人类知识是不断发展的，科学原理有相对性，它会随实践的发展而变化。遵循科学原理又不僵化科学原理，才能提出新的假说。

第三，假说应能解释已知事实或现象的总和。

如果提出的假说不能解释事实或现象的总和，而只能解释个别事例，则该假说意义不大。例如福尔摩斯的《四个签名》一案中所述：房间的主人惨死在一张木椅上。福尔摩斯发现是谋杀，和他同住的医生却弄不明白：罪犯究竟是怎么进来的呢？门是锁着的，窗户又够不着；烟囱太窄，不能通过。福尔摩斯说：“当你考虑到一切可能的因素，并且把绝对不可能的因素都除去以后，不管剩下什么，不管是多么难以相信的事，那不就是实情吗？我们也知道，他不会预先藏在屋里，因为屋里没有藏身的地方，那么他是从哪里进来的呢？”医生嚷道：“他是从屋顶那个洞进来的。”经检查，果然这一假设为真。但是，关于罪犯是从何处进来的问题，如果这间房子可通地道，那上面医生的假设就不可能是真实的了。因为没有“穷尽”一切可能性。

2. 由假说推理出结论

提出假说后，就要对假说进行逻辑推理，通过逻辑推理得出一系列结论。

例如，关于“江山代有才人出，各领风骚数百年”的假说能够成立的话，那么可以得出如下结论：我国历史上所有的朝代都创作了诗歌。这个结论是从假说前提出发的；我们根据史料了解到，从先秦各代，经秦、汉、魏、晋、南北朝、隋、唐、五代、宋、元、明直到清，各代都留下了大量诗歌创作，“江山代有才人出，各领风骚数百年”，是这个完全归纳推理的艺术表达。由假说推出结论，合乎推理的逻辑规则，所以结论就可靠。否则，违反逻辑规则，结论则不可靠。

3. 假说的验证

就是把从假说出发推出的结论，放在社会实践和科学实验中检验。如果由假说推出的结论与事实相符，那么，这个假说则被证实；如果由假说推出的论断在现实中不能实现，则证明这个假说不能成立，须另立新的假说。

验证假说，首先是对提出的假说进行分析，如果这个假说是真实的，那么这个假说就可以推出它应有的伴随现象出现，这就形成一个假言命题："如果 A，则 B。" A 是假说，如果 A 是真实，则必有伴随现象 B 出现。A 是 B 的充分条件，有 A 必定有 B。接着就是检查有 A 是否有 B 的出现。这种检查，有时通过直接观察，有时还需通过实验来进行。如果检查结果，没有 B 出现，那就证明这个假说不能成立。在这种情况下，我们就应当放弃这个假说，另外提出新的假说，或者将原来的假说加以某种程度上的修改，然后再进行检查。

如果检查结果，发现 B 现象确实存在，那就说明这个假说有一定程度的可靠性，但还不能证明这个假说可以成立。因为 B 现象的出现，也可能是由其他原因引起的。

为了验证这个假说，这时就要运用选言推理。首先把产生 B 现象的一切可能原因找出来，构成选言推理的大前提，然后经过分析研究把不是 B 现象的原因一一加以排除，直到最后得出 A 是产生 B 的原因的结论。这就证明了这个假设可以成立。

假说经过验证虽然是成立了，但毕竟还是假说，还需要继续经受实践的检验。确实证明它符合于客观实际，假说才能转变为科学的理论。

在验证假说时，必须运用演绎推理，推出一些能够验证的命题，以便通过这些来证实假说的正确性。

（三）假说的作用

假说在人们的认识过程中有着重要的作用。它是由已知到未知的桥梁。没有假说，知识的领域就不能扩大，科学技术就不能发展，理论与实践也难以创新。

我们在充分估计假说的作用的同时，还必须看到假说也有局限性。因为假说的成立并不等于科学真理，只要假说没有最终被实践所证实，假说始终是假说。所以，还必须坚持以唯物辩证法为指导，不断在实践中验证和修正，使之能在更大程度上正确地反映客观事物及其规律性。

思考题

1. 下列推理是什么推理？是否正确，如不正确，指出其逻辑错误。

（1）食品商店里，顾客问售货员："这月饼怎么缺了一点儿?"售货员答："这有什么奇怪的，天上的月亮还有圆有缺呢!"

（2）明朝谢肇制汇编的《五杂俎》中，记载着这样一件事。观察推官李载仁不吃猪肉。一天，他们两个随从打起架来，他就罚他们吃大饼夹猪肉。而且还郑重其事地警告他们："以后如敢再打架，就加重处罚，猪肉里还要加大油，叫你们也知道我的厉害!"

2. 根据假说的形成过程对下例进行逻辑分析：

军医在诊断过程中，得知患者下午经常发低烧，四肢无力，易感疲倦，轻微咳嗽，胸痛，食欲不振，体重下降较快等，根据这些情况初步断定为初期肺结核。依据医学知识，初期肺结核的症状是：体温升高，易感疲劳，胸痛，体重减轻，血沉下降加速等。把观察到的患者症状同初期肺结核的一般特征加以对照，除了血沉下降加速外，其余症状都符合。这样需要再检查一下患者的血沉。检查结果是患者血沉下降加速 ，于是医生作出确诊：患者的病是初期肺结核。

第七节　逻辑基本规律

人们在运用概念、命题，进行推理和论证时，必须遵循形式逻辑的基本规律。形式逻辑的基本规律有同一律、不矛盾律、排中律和充足理由律。

逻辑基本规律规定和制约着各种思维形式。它具有普遍性、确定性和客观性，是理解各种逻辑问题的钥匙，只有正确认识和掌握它，才能全面地把握逻辑的基本内容。

一、同一律

（一）同一律的基本内容

同一律是指在思维过程中，每一概念或思想必须保持自身同一。

同一律的公式表示为：A 是 A。

同一律的作用在于保证思维的正确性。它要求人们在同一思维过程中，任何概念必须具有确定的内涵和外延；任何命题必须具有确定的主项、谓项和联项；任何推理必须具有确定的前提和结论及其逻辑关系。人们不能随意改变，否则，思维就会出现混乱。

同一律的同一性是相对的，它是指同一时间、同一关系、对于同一对象而言的，丝毫不排斥事物的发展。如果事物发生变化，或者时间等条件不同了，可以而且必须用不同的概念、命题和推理来代替原来的概念、命题和推理。例如：

"人民"和"敌人"这两个概念，在我国不同的历史时期，有着不同的内容。抗日战争时期一切抗日的阶级、阶层和社会集团都属于"人民"的范围，日本帝国主义、汉奸、亲日派都是人民的"敌人"。解放战争时期，帝国主义和它的走狗即官僚资产阶级、地主阶级以及代表这些阶级的国民党反动派都是人民的"敌人"，一切反对这些敌人的阶级、阶层和社会集团都属于"人民"的范围。

可见，反映不同时期概念的内涵和外延是不一样的。但在同一时期，概念的内涵和外延必须是确定的。否认概念在不同时期的变化，就会使思想僵化；否认概念在同一时期的确定性，就不能保持思维的正确性。

形而上学把同一律看作是事物的绝对同一，永远同一，使同一律变成了形而上学，这是对同一律的严重歪曲。同一律只是要人们在思维过程中，概念和命题不得随意变换，要始终保持同一含义。并不包含断定事物与自身绝对同一、永远同一的思想。所以，形式逻辑的同一律与形而上学完全是两回事，不能混淆。

（二）违反同一律的逻辑错误

违反同一律要求的逻辑错误，一般有三种情况：

1. 混淆概念。就是把表面上类似而实际上不同的两个概念混为一谈。例如：有人说："在'连进攻战术'讨论会上，对'连进攻战斗队形'问题，一些人这样说，一些人那样讲，各说各的理，没有一点共同语言。可见，语言是有阶级性的，没有什么通用的共同语言。"这段议论就包含着"混淆概念"的逻辑错误。因为"语言"概念一是指思想观点，说"双方没有共同语言"意为双方的思想观点是不一样的，思想观点一般具有阶级性。二是指思维形式，即——概念、命题、推理，是人类共同具有的，没有阶级性。"语言"前后含义不一，实际是两种概念。把前一个概念与后一个概念的属性相混淆，这就违反了同一律的要求，犯了"混淆概念"的错误。

2. 偷换概念。就是在同一思维过程中，有意改变概念的内涵与外延，使之变成另一概念。例如，“四人帮”把“经验”说成“经验主义”，把有经验的老干部诬蔑为经验主义一概打倒。马克思主义哲学认为，“经验”是指感性认识；“经验主义”是指片面夸大感性经验轻视理论的主观主义，这是两个完全不同的概念；“四人帮”有意把这些表面相似而本质不同的概念加以偷换，颠倒是非，制造混乱。

3. 转移论题。在论证中用一个命题取替另一个命题。例如，二十世纪初俄国无政府主义者大肆攻击马克思主义，说马克思主义是“吃饭决定思想体系”的“胃口理论”。斯大林驳斥道：“请诸位先生告诉我们吧，究竟何时，何地，在哪个星球上，有哪个马克思说过‘吃饭决定思想体系’……诚然，马克思说，人们的经济地位决定了人们的意识，决定人们的思想，可是，谁向你们说过吃饭和经济地位是一个东西呢？难道你们不知道，像吃饭这样的生理现象是和人们的经济地位这种社会现象根本不同的吗?”① 可以看出，俄国无政府主义者妄图以“吃饭决定思想体系”的论题取代马克思主义“经济地位决定思想体系”的论断，由于转移了论题，违背同一律要求，所以是荒谬的。

二、不矛盾律

（一）不矛盾规律的基本内容

不矛盾是指在同一思维过程中思想不能前后自相矛盾。两个互相矛盾或相互反对的命题不能同真，其中至少有一假。如果同时肯定两种都真，就会出现自相矛盾。不矛盾律就是不允许思维过程中出现逻辑矛盾。

不矛盾律的公式表示为：A 不是非 A。

“A”表示一个思想，“非 A”表示与“A”相矛盾的思想。在同一思维过程中，A 和非 A 不能同真，其中至少有一假。

不矛盾律的作用在于保持思维的首尾一贯性。如果一个人的思想前后矛盾，就不能如实反映客观事物和正确地表达思想。不矛盾律是用否定的形式表达了同一律用肯定形式表达的思想内容。

不矛盾律对思维的要求是有条件的，只是在同一对象，同一时间，同一关系的条件下才能发挥作用。如果条件变化，产生不同的意思，并不违反不矛盾律。例如：关于革命道路问题，“俄国革命是首先城市起义夺取政权”，“中国革命是农村包围城市”。由于考察的对象不同，因而，这两

① 《斯大林全集》第 1 卷第 298 ~ 299 页

个不同的命题都是正确的。若对象同一，而时间不同一，得出的两个不同的命题也有可能是正确的，并不违反不矛盾律。例如，“一年前战士小张不是神枪手”、“一年后小张是神枪手”。即使在同一时间，对同一对象，但是从不同方面考察，得出不同的命题，也不违反不矛盾律。例如，毛泽东指出：“同世界上一切事物无不具有两重性一样，帝国主义和一切反动派也有两重性，它们是真老虎是纸老虎”。(《毛泽东选集》合订本第1088页）这里的“帝国主义是真老虎”与“帝国主义是纸老虎”是两个相互矛盾的判断。由于它们是从不同方面对帝国主义下的论断，一个是从本质方面，一个是从现实的现象方面，所以两个命题都是真的。

（二）违反不矛盾律的逻辑错误

违反不矛盾律的逻辑错误表现为思想上的自相矛盾。

“自相矛盾”这个典故来自《韩非子·难势》，说的是有个卖矛和盾的人，吹自己的矛利盾坚时说：“我的矛能刺穿所有的盾。”又说：“所有的矛都不能刺穿我的盾。”当别人问：“以子之矛，陷子之盾何如”时，他无言。因为用“此矛”刺“此盾”，结果无外乎有两个：

其一，如果矛刺穿了盾，至少可以断定“有的矛可刺穿我的盾”这个特称肯定命题是真的。根据判断对当关系，前面说的“所有的矛都不能刺穿我的盾”这个全称否定命题则是假的。

其二，如果矛不能刺穿盾，至少可以判定“我的矛不能刺穿有的盾”这个特称否定命题是真的。根据判断对当关系，前 面说的“我的矛能刺穿所有的盾”这个全称肯定命题则是假的。

这个典故说明我国古代的韩非，已总结出了不矛盾律的逻辑特征，告诉人们只要同时肯定两个相反的或矛盾的判断，就要犯自相矛盾的错误，陷于逻辑矛盾中。

逻辑矛盾一般表现在两个完全相反命题之中。例如：

毛泽东在《为皖南事变发表的命令和谈话》一文中指出：“至于重庆军委会发言人所说的那一篇，只好拿自相矛盾四个字批评它。即在重庆军委会的通令中说新四军叛变，又在发言人的谈话中说新四军的目的在于开到京、沪、杭三角地区创立根据地。”① 重庆军委会发言人与重庆军委会的通令对新四军作了两个不同的判定，他们自己打自己的耳光，陷入逻辑矛盾。

① 《毛泽东选集》合订本第734页

逻辑矛盾有时也表现在一个命题中。例如，炮兵侦察指示目标时说："前面一大片独立小坟，注意观察。"这个命题中"独立"是一个的意思，而"一大片"则是多数的意思，既然是说"一大片"就不是"独立小坟"，这违反不矛盾律，陷入逻辑矛盾。

思维如果违反不矛盾律，一定会出现逻辑矛盾，因此，正确思维，必须遵守不矛盾律。我们反对逻辑矛盾，并不否认现实矛盾，逻辑矛盾与现实矛盾是不一样的。逻辑矛盾是违反逻辑规律而产生的思维错误，现实矛盾是指客观事物本身存在的既对立又统一的现象。逻辑矛盾是悖理矛盾，现实矛盾是合理矛盾。我们对现实矛盾应承认它，正确分析与解决它；对思维中的逻辑矛盾应力求避免，坚决克服。决不能以排除逻辑矛盾为借口来否定现实矛盾，也不能以承认现实矛盾为旗号为逻辑矛盾作为辩护。

三、排中律

(一) 排中律的基本内容

排中律是指在同一思维过程中，一个命题或肯定事物的某种属性，或否定事物的某种属性，二者必居其一；两者不能同假，必有一真。不是前者真，就是后者真，两者必居其一。排中律的公式表示为：或者A或者非A。

"A"和"非A"表示相互矛盾的两个思想。排中律的"排中"就是排除第三种可能，排中律的作用在于保持思维的明确性。在同一思维过程中，对两个相互矛盾的思想必须作出抉择，承认其中必有一个是真的。不能态度暧昧，含糊不清，也不能折中调和，骑墙居中，排中律把问题用"非此即彼"的断然形式提出来，有利于人们果断处理问题。

排中律与不矛盾律有联系又有区别。不矛盾律不允许人们思维有逻辑矛盾，排中律则进一步要求人们在思维出现相互矛盾判断的情况下，必须作出明确的选择，承认其中必有一个是真。从这个意义上讲可以说排中律是不矛盾律的继续。两者的区别是：

1. 两者的适用范围不同。不矛盾律适用不矛盾律关系的命题和反对关系命题，而排中律只适用于 矛盾关系命题，不适用于反对关系命题，因为反对关系命题两者可能都假。例如，"一排战士都是神枪手"与"一排战士不是神枪手"，这两个具有反对关系的命题中还有第三种即"有的战士是神枪手"。如果仅在上述两个反对关系命题中使用排中律作出选择，就会发生错误。所以，具有反对关系的命题不能使用排中律。

2. 两者逻辑作用不同。不矛盾律的逻辑作用在于指出两个矛盾关系或反对关系的命题至少有一假，而排中律的逻辑作用在于指出两个矛盾关系的命题必有一真。因此，人们在揭露思想的自相矛盾，指出其中至少有一个是假的或者全假时，运用不矛盾律。而当揭露两个具有矛盾关系的思想呈现出模棱两可的态度时，需要运用排中律指出其中必有一真。

（二）违反排中律的逻辑错误

违反排中律的逻辑错误表现为，对两个相互矛盾的判断持模棱两可的态度，一个也不肯定，否认其中必有一真。现实中的虚无主义和机会主义就是违反排中律的。

虚无主义否认思想的确定性不承认识有真假之分，是非之别。在他们看来，一切都是虚幻的、是假的，无真理可言。因而在相互矛盾的问题面前，持两不可的态度。

机会主义善于搞折中调和。列宁说："和机会主义作斗争的时候，决不应当忘记整个现代机会主义在各个方面所表现出来的特征：模棱两可，含糊不清，不可捉摸。机会主义按其本性来说是回避明确地肯定地提出问题，企图找出一种合力，在两种相互排斥的观点之间像游蛇一样周旋"。[①] 机会主义在原则问题面前不明确态度，搞折中调和。我们坚持马列主义，反对机会主义必须对原则问题态度明确，旗帜鲜明。

四、充足理由律

（一）充足理由的基本内容

充足理由是指论证过程中，要确定一个思想真，总是有充足的理由的，一个思想只有具备了充足的理出，在逻辑上才能成立。例如：毛泽东说：人民军队"之所以有力量，是因为所有参加这个军队的人，都具有自觉的纪律；他们不是为着少数人的或狭隘集团的私利，而是为着广大人民群众的利益，而结合，而战斗的。"[②] 在这个论证中，"人民军队有力量"要确定为真的命题，其余的论述是论证这个命题为真的理由。由于理由充足，这段论证有说服力。

充足理由的公式表示为：A 真，因为 B 真，并且 B 能推出 A。

公式中"A"代表论证中要确定为真的命题，称为推断。"B"代表用来确定"A"命题为真的命题，在一个论证中，能从理由"B"真推断"A"真，那么，"B"就是"A"的充足理由。

---

① 《毛泽东选集》第一卷，第 499 页

② 《毛泽东选集》合订本第 940 页

“理由”与“推断”之间的联系是客观事物之间必然联系的反映。既然一个事物有它存在的条件和原因，那么，反映在思维中，一个思想被确定为真，必然有足以确定其为真的理由；既然没有一个条件和原因的事物根本不存在，那么，反映在思维中没有充足理由的思想，也不能被确认为真。可见，充足理由律不是主观确定的，而是客观事物间的条件联系在人们思维的反映。

（二）违反充足理由律的逻辑错误

违反充足理由律要求的逻辑错误一般有以下几种情况：

1. 主观武断。充足理由律要求论证必须有理由，主观武断则表现为没有理由，不讲道理，强加于人。通常讲的“信口雌黄”、“无理取闹”等，从逻辑上讲都是违反充足理由律的。

2. 理由虚假。充足理律要求理由本身必须真实，理由虚假则表现为用来确定推断的命题不符合实际情况，带有主观片面的性质。用虚假的理由不可能论证某一思想的真理性。

3. 推不出。充足理由律要求能从理由必然推出结论，推不出则表现为理由与推断没有联系，从理由不能推出。说明理由是不充足的。

思考题

1. 简答题

（1）同一律的内容和要求是什么？

（2）不矛盾律和排中律的内容和要求是什么？二者有何区别？

（3）充足理由律的内容和要求是什么？

2. 练习题

（1）下列议论是否违反逻辑思维基本规律？

①在激烈的战争中，全连同志英勇顽强，只有个别新战士有怯战的表现。

②我们站在一排夹道欢迎凯旋的战友。

③他实在是太疲倦了，一坐下来就不知不觉地进入了梦境。但一想到山上的敌人还没消灭，他怎能睡得着呢？

（2）下列各题有无错误？如有错误，指出它违反了哪条逻辑规律的要求。

①为什么一定要将“决策科学化”和“反对经验主义”相提并论呢？难道能否认丰富的工作经验在决策过程中的重要作用吗？如果邓小平同志

没有丰富的政治经验，我们国家近二十年来的发展会这样顺利吗？

②我们来到××先生的故居，看到小小院落中两棵百年老槐树遥相对望，似乎在交流着对主人的怀念之情。

③当有人说欧谛德谟说谎时，他狡辩说：谁说谎，谁就是说不存在的东西，不存在的东西是无法说的，因此没有人说谎。

④下面是金朝人王若虚的一段话。

或问文章有体乎？

曰：无。

又问无体乎？

曰：有。

然则果如何？

曰：定体则无，大体则有。

⑤对于《金瓶梅》是不是中国文学史上的优秀作品，在这次研讨会上出现了两种截然不同的意见：一种意见认为它是一部优秀作品，另一种意见认为它不是一部优秀作品。对于这两种意见，我都同意。

（3）用逻辑基本规律知识，解答下列问题。

①在第二次大战时某国空军有一条军规规定：如果飞机员被医生断定有精神病，他可以不参加作战飞行。在退出作战以前，他本人应提出不参加战斗的理由；而假如他意识到自己有病不能参加战斗，那证明他头脑健全，没有精神病。

试分析上述军规中存在的逻辑错误。

②两个猎人在打猎时看到一只松鼠，松鼠在树上盯着他们看。他们决定围绕着松鼠走一圈，但随着他们按圆圈移动时，松鼠也在移动。一直用一个方向面对猎人，始终用眼睛盯着他们俩，就这样一直围绕他们走回原来的地方时为止。

有人问：两个猎人到底围绕松鼠走一圈没有？

其中的一个猎人断定是走了一圈，是因为他们围绕松鼠在地上划个圆圈。而另一个猎人则不同意此说，因为，他认为：他们真的围松鼠走了一圈的话，那就理应从前后左右各个方面都看到了松鼠，可是他们现在仅仅只看到了松鼠的前面，没有看到松鼠的背面和侧面。

第八节 论 证

人们在思维过程中，往往要确定某种想法的真实性；在表达思想过程中，往往需要使别人相信自己某个观点是真实的，或者不同意某个观点，力图要证明它是错误的，这就需要加以“论证”。从正面来证实自己的观点的真实性叫证明。批驳某个观点，证明它的错误叫反驳。下面分别阐述。

一、证明

（一）什么叫证明？

证明是根据已知的真实命题来论证某一命题真实性的思维过程。这就是说，为了使别人确信某一命题的真实性，我们就要引用其他已知的真实命题来加以证明。而这些被引用的命题的真实性是已经为实践证实了的，从这些命题可以必然地推出所要证明的命题。

例如：诸葛亮的《隆中对》，为刘备制定了暂隐锋芒，先取荆州为家，后取西川建基业，成鼎足之势，再图中原的战略方针。这一主张历来为人们所称道。诸葛亮之所以得出此结论，不仅在于他熟知当时各方面的情况，有充分的根据，而且在于他正确地运用了逻辑证明，进行了一系列正确的推论。他从刘备兵少将寡，而“今操已拥有百万之兵，挟天子以令诸侯”，推出：“此诚不可与争锋”；他从刘备尚无立足之地，而“孙权据有江东，已历三世，国险而民附”，推出“此可用为缓世而不可图也”；他从刘备信誉天下，而刘璋暗弱，推出刘备宜取而代之；由荆州地理位置之重要，推出必须欲先取之。在这里，诸葛亮的证明都有理有据，而且由论据能合乎情理推出论题，因此使刘备口服心服，也使后人赞叹不已。

由此可见，证明就是根据其他已知的真实命题论证某一命题真实性的过程。通过证明，使命题的真实性为人所信服。所以，证明是使一切命题具有科学性和说服力的一种重要的逻辑方法。

证明有两种：一种是经验的证明，一种是逻辑的证明。例如，要证明“今天的太阳从东边升起”这个命题是真实的，一种方法，是在出太阳的时候，用今天的太阳从东方出来的事实加以证明；一种方法是根据已知的天体运行规律，通过一定的推理过程加以证明。前者是经验的证明，后者是逻辑的证明。

（二）证明的结构

任何证明都是由三个部分组成的，即论题、论据和论证。

证明首先有论题。论题就是所要证明的命题，是证明的中心，全部证明的目的就是在于证实论题的真实性。

论据是用来证明论题，确立论题为真实的根据。论据可以是抽象的理论、原则、公理、定义；也可以是具体的事实。通常说的“摆事实、讲道理”，正是这两种论据的通俗的概括。

论证方式是论据与论题的联系形式。在证明中，论证方式是联系论据与论题的逻辑纽带。先看看下面的例子：

美国历史上很有声誉的林肯总统曾经是一个律师，不是知名人物。有一次在法庭辩护中，他以广博的知识和非凡的逻辑论证揭穿了一个假证人的骗局，因而，成为全国的有名人物。事情是这样的：

林肯有一个老朋友的儿子叫小阿姆斯特朗，被人诬告谋财害命。原告收买一个叫福尔逊的证人，证明亲眼看见被告小阿姆斯特朗作案。被告有口难辩，眼看就要被判罪了。林肯为拯救老朋友的儿子，以律师身份要求复审，为被告辩护。他首先向法庭查阅了有关的全部案卷，发现认定犯罪的证据很多是虚假的，于是经过深思熟虑，作出庭辩护的准备。

复审开始了，原告方面的证人福尔逊，一口咬定被告小阿姆斯特朗用枪击毙了死者，并发誓说是在十月十八日的月色下亲眼目睹的。按照惯例，林肯向福尔逊进行了面对面的质询。林肯问：“你认清的是小阿姆斯特朗吗?”福尔逊说：“是的。”林肯又问：“你在草堆后面，小阿姆斯特朗在大树下，相距二、三十公尺，你能看得清楚吗?”福尔逊说：“看得清楚，因为当时的月光很明显。”林肯又一次强调地问：“你肯定不是从衣着等方面认识的吗?”福尔逊再一次肯定地说：“不是从衣着看的，肯定是看清了他的脸，因为月光正照在他的脸上。”最后，林肯问证人具体时间也能肯定吗？福尔逊说：“完全可以肯定，我回到屋里时，看了时钟，那时是十一点一刻。”询问完毕，林肯胸有成竹转过身来，对大家说：“我不能不告诉大家，这个证人是一个彻头彻尾的骗子！”接着，林肯发表了一席惊人的辩护词，他说，福尔逊一口咬定十月十八日晚上在月光下认清了被告的脸蛋，请大家想一想，十月十八日那天是上弦月，十一点钟的时候月亮已经下山了，哪里会有月光呢？退一步讲，也许证人所认的时间不准确，假如稍稍提前一些时候，月亮还没下山，但那时月光应该是从西边向东边照射着，草堆在东，大树在西，如果被告的脸面向草堆，月光只能照在他的后脑勺，不能照到脸上，证人怎么可能从二、三十米外的草堆处看清被告的脸上呢？如果被告脸朝西，月光可以照在他脸上，但是证人在大树东边的草堆后面，那么证人也就根本不可能看到被告的脸了。

在场的人们沉默了一会儿，接着，掌声、欢呼声一起爆发了出来。这时，福尔逊傻了眼，说不出话来了。于是，法庭宣告小阿姆斯特朗无罪。从此，林肯的声誉就传遍了全国。

上述故事中林肯是怎么证明的呢？林肯要确立的论题是“福尔逊这个证人是一个彻头彻尾的骗子！”如果仅提出这样一个论题，而没有充分的论据来证明它，那么，它是没有说服力的，不可能使小阿姆斯特朗获释。林肯为了论证这个论题，首先针对证人一口咬定十月十八日晚上十一点在月光下看清了被告的脸，林肯运用科学知识证明，十月十八日是上弦月，十一点时月亮已下山，没有月光，因而这是假证词。其次，退一步说，月亮虽未下山，但那时的月光应该是从西面向东照，草堆在东，大树在西，如果被告的脸面对草堆，脸面上是不可能有月光的；如果被告面向西，月光能照在脸上，但福尔逊还是看不到被告脸的。因而这证词是假的。

最后还指出在没有月光的情况下，或在脸上照不到月光的情况下，怎么可能从二、三十米以外的地方看清楚被告的脸面呢？这更是谎言。

经过确凿的具体事实证明，最后归纳起来，林肯以无可辩驳的理由和证据，论证了：“证人福尔逊是一个彻头彻尾的骗子”这个论题，逻辑十分严密。

证明过程中论题、论据、论证方式是有机联系的整体，在一个证明中有明确的论题，充分可靠的论据，正确的论证方式，达到三者的统一，证明才能有说服力。

（三）证明与推理的关系

1. 证明与推理的联系

证明必须运用推理，通过推理进行证明，没有推理就没有证明。证明的逻辑结构与推理的各个组成部分彼此相对应；证明的论题相当于推理的结论，证明的论据相当于推理的前提，证明的论证方式相当于推理的形式。

2. 证明与推理的区别

第一，两者的思维进程不同。推理是由已知前提推出结论；而证明则是先有论题，然后再有论据。

第二，两者断定的内容不同。推理是断定前提与结论之间的逻辑联系；证明则是断定论题与论据逻辑联系的真实性。

第三，两者的结构状况不同。推理比证明的结构简单；证明往往是由若干推理构成。

第四，两者的语言表达形成不同。推理一般由复句表达；证明一般由复句、句群以及它们组成的复杂的语言形成来表达（即段落、篇章常作为表现证明的形式）。

（四）证明的方法与种类

证明是通过推理来实现的，而推理的形式有演绎推理、归纳推理和类比推理，因而证明也有演绎证明、归纳证明和类比证明三种方式。证明的方法，有直接证明与间接证明两种。

1. 证明的方法

按证明的方法划分，有直接证明与间接证明。下面分别叙述两种方法。

(1) 直接证明

直接证明是从正面来证明论题的真实性，就是说，引用论据就论题本身加以证明，从论据直接地证实论题。例如林肯为小阿姆斯特朗的辩护词，就是直接论证。

直接论证从论据的真实性中直接推出论题的真实性，它的特点：不拐弯抹角，从论题出发，为论题的真实性提供正面的理由。直接论证可以借助于演绎推理、归纳推理等形式来进行。例如，要证明创作与生活的关系是花朵与土壤、鱼和水、报喜鸟和春天的关系可以形成如下论证过程：

丁玲深入生活，得到了丰富的创作素材，激发饱满的创作热情；

肖红深入生活，得到了丰富的创作素材，激发饱满的创作热情；

冰心深入生活，得到了丰富的创作素材，激发饱满的创作热情；

……

所以，一批深入生活的作家，都得到丰富的创作素材，激发饱满的创作热情。

这个结构表达了创作与生活的关系，证明了原先提出的论题，与那些形象化的语言表达是顺理成章的。这个证明是采用直接证明的方法，运用归纳推理的形式进行论证的。这是从一个个具体的事实中归纳出来的结论，从而使论题得到证实。如果采用演绎推理的形式，这个论证过程可以表达如下：

创作和生活的关系，是花朵和土壤、鱼和水、报喜鸟和春天的关系。

如果深入生活，就能得到丰富的创作素材，激发饱满的创作热情。

丁玲、肖红、冰心等作家深入生活，所以，得到了丰富的创作素材，激发了饱满的创作热情。

这也是直接证明，运用演绎推理的形式进行论证的，经运用可靠的真实作为论据，精密严密地推出论题，使论题得到证实。

（2）间接证明

间接证明是通过另一命题的虚假来确定论题真实性的证明，它不是就论题本身直接地进行证明，而是通过间接的方法使论题得到证明。间接证明有反证法和选证法两种。

① 反证法

反证法是通过证明与原论题相矛盾的论题为假，从而证明原论题为真的证明方法。

例如：有一首七言诗是“风水先生惯说空，指南指北指西东；倘若真有龙虎地，何不当年葬乃翁。”

此诗采用反证法，它的证明过程是：倘若风水先生真的能找出龙虎地来的活，那么，他就会用这块地埋葬他的先人了；事实上他没有这样做，可见风水先生是骗人的。这就把风水先生的欺骗行为揭露得淋漓尽致。

② 选证法

选证法是把需要证明的论题看作是几种假定的论题之一。然后证明除论题外的其他假定论题都是不能成立的，从而证明论题的真实性。这就是说明论题与其他几个命题组成选言推理的前提，运用选言推理的否定肯定形式。否定前提中除论题以外的其他选言，从而得出肯定论题这个选言肢的结论。

在证明过程中，直接证明和间接证明往往是结合运用的，这样可以加强证明的逻辑力量，使证明更具有论证性和说服力。

例如：毛泽东同志在《关于正确处理人民内部矛盾的问题》一文中写到：“马克思主义是一种科学真理，它是不怕批评的，如果马克思主义害怕批评，如果可以批评倒，那么马克思主义就没有用了”这个证明的论题是：“马克思主义是不怕批评的”，证明的方法，既用了直接证明，也用了间接证明（反证法）。

2. 证明的种类

按照推理的性质划分，有演绎证明、归纳证明和类比证明。

（1）演绎证明

运用演绎推理形式的证明。它的特点是着重讲道理，即运用真实可靠的一般原理作为论据，精密地推出论题，使论据与论题之间表现为必然的联系。例如：

战斗英雄是高尚的人，因为战斗英雄为了保卫祖国具有不怕牺牲、勇往直前的革命精神，一个人为了祖国的利益具备这种奉献精神，就是一个高尚的人。

这是一个演绎推理。论题是“战斗英雄是高尚的人”。论据是后面的两个命题，论证方法是演绎三段论。这里通过演绎推理，证明了论题的真实性。

（2）归纳证明

运用归纳推理形式进行的证明。它的特点是着重摆事实，即列举一些确凿可靠的事实，从中概括出一般原理，从而使论题得到证实。它的论据与论题之间表现为或然性联系。例如：

现代武器的研制成功是相对论、量子力学、核武器的研制成果；弹道导弹作为崭新武器运载工具，是在火箭动力学、无线电学、自动控制系统等领域的发展成果基础上生产的；军队的自动化指挥系统是在控制论、无线电学、数学、大系统理论等科学发展基础上形成的。可见，离开现代科学技术发展，就没有军事科学的发展。

这是一个归纳推理，论题是“现代科学技术与军事有着密切关系”，论据是三个具体事实，论证方式是不完全归纳推理。

（3）类比证明

运用类比证明推理形式进行的证明，它的特点是运用以“此”比“彼”，以“此”喻“比”的类比形式。根据个别的、特殊命题判断证明另一特殊性判断的真实性。它的论据与论题之间表现为或然性联系。例如：

明人冯梦龙的《古今谭概》中，记有这样一个故事：一个名叫翟永令的人，他的母亲信佛教，一天到晚没停没歇地念：“南无阿弥陀佛。”儿子听厌了，但又不能横加阻拦，于是就想了一个巧妙而又简单的方法劝阻他娘。这个办法就是不停地喊娘。他娘听厌了，就责备儿子不该喊他。翟永会就来个由此及彼，说；“我不停地喊娘，娘就不高兴；那么，佛爷要是听见你天天不停地喊他，也会生气的。”他娘一听，心悦诚服，于是减少了念佛的次数。

这里，翟永令要论证的论题是：“念佛繁多遭人厌”，论据是“不停地喊娘，娘不高兴；那么，佛爷听人成天喊他，也会生气”。论证方式是类比推理。这种论证方法浅显易懂，含蓄有力。

在实际思维过程中，演绎推理、归纳证明和类比证明经常交叉使用，互为补充，表现为摆事实与讲道理相结合，以事实为根据，从道理上让人信服。证明的这三种形式实际上是交叉使用的，只是划分根据不同。

（五）证明的规则

为了正确地进行证明，必须遵守以下规则：

第一，论题必须清楚明确

论题是证明的对象，是论据全过程的中心。如果论题不清，我们的证明就会无的放矢，得不到所要证明的结果，就会在证明中犯“论题不清”逻辑错误。这就要求我们说话，写文章要把想讲、想写的问题明确起来，用明确的语言把它表述出来。

第二，论题必须始终同一

在同一论证过程中，论题必须前后一致，不能改变，这条规则是同一律的要求在论证中的体现，违反这条规则，在论证中就会犯“转移论题”或“偷换概念”的逻辑错误。

第三，论据必须是已知为真的

论题的真实性是通过论据来证明的。因此论据本身必须是已经为实践证实的命题或事实。如果论据是虚假的，或者是未经证实的，那就不能证明论题的真实性。违反这条规则的逻辑错误有两种：一种是“虚假理由”；一种是“预期理由”。

例如：有人为了证明自己的文章写得好，就编造虚假论据。有这样一首诗：“天下文章数三江，三江文章数我乡。我乡文章数舍弟，舍弟请我改文章。”诗的前三句都是夸大其词，因而论题就不真实。“舍弟请我改文章”，可能有这么回事，但也证明不了“我”的文章是堪称天下第一的。这是犯了“虚假理由”的逻辑错误。

“预期理由”是以真实性尚待验证的命题作为论据来进行论证的。通常我们说有的人犯“想当然”的主观主义，多是属于这类错误。在昆剧十五贯中，无锡知县错判苏戎娟是杀人凶手，就是因为他主观臆断，凭想当然办事。知县听说苏戎娟在尤葫芦被杀后与熊友兰同行，尤葫芦被杀后丢了十五贯钱，就断定熊友兰和苏戎娟通奸并谋杀尤葫芦，并把这两个无辜青年判死刑。他断定苏戎娟杀人的理由是“看你艳若桃李，岂能无人勾引？年正青春，怎能冷若冰霜？你与奸夫情投意合，自然要先生比翼双飞之意。父亲阻拦，因之杀其父而盗其财，此乃人之常情。这案情就是不问，也已明白十之八九的了。”这表面看来是言之有理，但实际上是逻辑上所说的“预期理由”，根本经不起事实的检验。

“虚假理由”和“预期理由”的两种逻辑错误，都是违反充足理由律的要求的。

第四，论据的真实性不应该依据论题来证明

论题的真实性不仅要求论据真实，而且要求论据的真实性不依靠论题而得到独立的证明。如果论据的真实性，有赖于论题为之证明，那么，这件论据便不足以作为证明的根据（这也不符合充足理由律）。违反这一规则，在逻辑上叫做“循环论证”的错误。这种错误就在于既用论据证明论题，又用论题证明论据，其结果是什么也没有证明。例如：

在“朕即国家，国家即朕”的封建时代，皇帝这样来“论证”他的至高无上的权威，这便是一个循环论证。

第五，论证方式合乎推理规则

一个正确的证明，论据不但应该真实、正确，而且还必须是论题的充足理由，即论据与论题之间必须有必然的逻辑联系。违反这条规则，就会犯“推不出”的逻辑错误。

证明需要运用一定的推理形式，因此在证明过程中，必须遵守所有的推理规则和逻辑规律。违反推理的任何一条规则或任何一条规律，都不是正确的证明。

二、反驳

（一）什么是反驳？

反驳是根据已知为真实的命题来确定另一命题虚假性的思维过程。反驳在实质上也是一种证明。不过二者的目的不同。证明的目的，在于证明论题的真实性；而反驳的目的，则在于证明论题的虚假性。所以，用于驳斥虚假论题的逻辑方法，叫做反驳。

反驳是破，证明是立，立真理与破谬误是结合在一起的。不破不立，任何真理都是在与谬误斗争中发展起来的。因而，在维护真理所进行的证明过程中，就不能不运用反驳这一有力的武器。

反驳的真实性是由实践决定的。反驳的任务，只是使论题本身所固有的虚假性得到揭穿，得到证明，而使本身真实的论题因反驳而成为虚假的论题。因为，论题如果是虚假的，那么总可以找到反驳的方法；反之，如果论题本身是真实的，那么，用任何反驳的方法也是驳不倒的。

反驳与证明相对应，证明的规则也适用于反驳。下面分别介绍反驳的几种方法：

（二）反驳的方法

1. 反驳论题

就是揭穿对方的论题虚假不能成立。反驳论题，可以用直接反驳的方法，也可以用间接反驳的方法。

直接反驳论题是用客观事实或被实践检验的真理为依据，证明对方论题的虚假性。

间接反驳论题，不就对方论题本身直接地进行反驳，而通过证明跟对方论题相反或相矛盾的命题（反驳题）是真的，从而证明对方论题是假的；或者把对方论题导向荒谬从而间接地证明对方论题是假的。

另一种方法是归谬法。这种方法就是先假定对方论题是真的，然后导出荒谬的结果，从而驳倒对方的论题。

2. 反驳论据

就是揭露对方的论据虚假性，由于论据是论证论题的，揭穿了对方论据是虚假的，就说明它的论题是没有根据的。

反驳论据的方法，跟反驳论题的一样，也可以采取直接反驳和间接反驳的方法。

直接反驳论据，就是用确凿的事实，直接地证明被反驳论据是虚假的。例如：

有人对军队现代化建设需要许多有才干的年轻人持怀疑态度，他的论据是：（1）“嘴上没毛，办事不牢”。即不成熟，不稳重。（2）缺乏工作经验。有人直接予以驳斥：古今中外许多军事家，恰恰都是在风华正茂的时候，建立了不朽的功业的。民族英雄岳飞 20 多岁就带兵抗金，当节度使时只有 31 岁，其子岳云 14 岁打随州率先登城，成了军中骁将，20 岁就当了将军；曾经统帅大军席卷欧洲大陆的拿破仑，从巴黎军事院校毕业时不过是炮兵少尉，法国大革命时参加革命军，1793 年率部在土伦战役中击溃保皇派复辟势力，被晋升为少将时，才 24 岁，统兵攻打意大利，战胜奥地利时才 27 岁；俄日十月革命时军事统帅伏龙芝，不到 30 岁即当了东线和南线的指挥官，独当一面，任国防部长时才 40 岁；我军许多老将们，多数不也是在二三十岁的时候就当了师长、军长、军团长以及方面军总指挥吗？可见，“嘴上无毛”、“办事不牢”、“缺乏经验”都不是成为提拔使用年轻干部的依据，那种“按资排辈”只会阻碍人才的成长与进步。“有才不在年高”、“无知空活百岁”，关键是要善于用才。

这里运用大量事实，直接反驳“嘴上无毛办事不牢”等论据，从而说服人们大胆地使用那些有才华的年轻人。

间接反驳论据，就是独立证明跟被反驳的论据相反或相矛盾的命题是真的，或用归谬法证明被反驳的论据是真的，从而间接地反驳对方的论据。例如：

德国女数学家爱米诺德获得博士学位后，还不能立刻开课，因为她还没有得到讲师资格。她的学位和才华受到了从事广义相对论研究的希尔伯特教授的器重。在一次教授会上，为爱米诺德能否为讲师发生了一场争论。一位教授说：“怎么能让女人当讲师呢？如果她做了讲师，以后就要成为教授，甚至进大学评议会。难道能允许一个女人进入大学最高等学术机构吗？”许多教授附和他的观点。希尔伯特教授反驳道：“先生们，候选人的性别绝不应该成为反驳她当讲师的理由。我请先生们注意：大学评议会，毕竟不是洗澡堂！”

这一番话掷地有声，铿然作响，驳得对方哑口无言。

希尔伯特教授成功地运用类比反驳法，将“大学评议会”和“洗澡堂”进行类比，从而推出大学评议会限制候选人是非常荒谬的。不仅如此，这种反驳法也是一种归谬法。希尔伯特教授的话隐含着这样的一个推理：假定反对派提出不允许爱米诺德当讲师的理由是真的，然后由此引出了“大学评议会”是“洗澡堂”这个荒谬的结论，从而间接地反驳了对方的论据，收到了良好的表达效果。

反驳论据有助于反驳论点。所以人们经常运用它，但是，驳倒了论据，并不等于驳倒了论点。当然，论据倒了，至少论点是值得怀疑的，是需要进一步证实的。

3. 反驳论证

反驳论证方式，就是证明对方在证明过程中的论题与论据之间的逻辑联系是错误的。因为论题的真实性是从论据必然推出论题来得到证明的，如果我们证明了从对方的论据不能推出他的论题，也就证明了对方论题是不能成立的。

如有的同志不够重视军事院校教育的作用。理由之一是“过去没进院校的‘土包子’不也照样打败了‘黄埔生’吗？”有人反驳这个观点指出：“‘土包子’打败国民党的‘黄埔生’这倒不假，但是国民党军队的‘黄埔生’之所以被打败，问题不在毕业于黄埔，而在于他们为反革命所驱使，从事的是不义之战。况且，我军打败国民党的‘黄埔生’，也不是单纯以‘土’制胜的。当时，尽管受到许多困难条件的限制，我们党和军队还是十分重视院校建设的。且不说红军教导队，仅就抗大而言，就为我军培养了大批军政干部。”

这个反驳既反驳了论据又反驳了其论证方式。首先，反驳的是论证方式。指出“土包子”打败“黄埔生”之间没有必然的逻辑联系，因为国民党军队的“黄埔生”之所以被打败，在于他们为反革命所驱使，从事的是不义之战。接着，反驳了其论据，指出我军打败国民党军队的“黄埔生”，也并不单纯是以“土”制胜的。许多同志都是经过各种各样院校培养的。

上述三种反驳方式，其目的都在于反驳对方的论题。

思考题

1. 简答题

(1) 什么叫做证明？它和推理有什么关系？

(2) 何谓归纳证明、演绎证明和类比证明？

(3) 什么叫反驳？反驳的方法主要有几种？

2. 练习题

(1) 指出下列证明的论题和论据，并简要分析它们的论证方式（直接证明还是间接证明，采用何种推理形式?）。

①电影的教育作用是微乎其微的。因为人们花钱要看的是电影，一般都是为了娱乐娱乐，而不是去受教育。假如靠电影的教育作用能够培养出一代共产主义新人的话，那么，对青少年的思想政治教育就可以用电影来代替了。

②美学是人文科学，因为美学不是与物质生产直接联系的，而人文科学就不是与物质生产联系的。

③汉字没有改革的必要，因为汉字是世界上最古老的文字之一，它记载了我国文明古国数千年的灿烂文化。与拼音文字相比，汉字有其独特的优越性，因此它不需要改革。有人怀疑汉字的优越性，对此我们只需要指出一个事实，在全世界绝大多数民族都使用拼音文字的情况下，汉字至今没有被改革掉，这还不足以证明汉字的优越性吗？

(2) 分析下列反驳的，指出其反驳的论题（或论据、论证方式）：

①倘若说，作品愈高，知音愈少，那么，推论起来，谁也不懂的东西，就是世界上的绝作了。①

②苏东坡有一首《琴诗》，曰：

“若言琴上有琴声，放在匣中何不鸣？

---

① 《鲁迅全集》第七卷，342 页，人民文学出版社 1980 年版

若言声在指头上，何不于君指上听？”

③宋代理学权威朱熹赞美孔子道：“天不生仲尼，万古如长夜。”有个叫刘谐的人反驳道：“怪得羲皇以上圣人尽是燃纸烛而行也！”

参考书目

1. 徐青．现代汉语．上海：华东师范大学出版社，2001
2. 黄伯荣，廖序东．现代汉语增订三版．北京：高等教育出版社，2002
3. 陈阿宝．现代汉语概说．北京：北京语言文化大学出版社，2002
4. 钱为钢．应用汉语教程．上海：上海教育出版社，2002
5. 安徽语言文字工作委员会办公室．普通话训练与测试．北京：语文出版社，1997
6. 胡裕树．现代汉语．上海：上海教育出版社，1995
7. 陆俭明．现代汉语基础．北京：线装书局，2000
8. 周建设．现代汉语．北京：人民教育出版社，2001
9. 张斌．现代汉语．北京：语文出版社，2003
10. 李一平．现代汉语基础．北京：光明日报出版社，2001
11. 邢富义．现代汉语．北京：高等教育出版社，1993
12. 马景仑．汉语（上编）．南京：南京大学出版社，2000
13. 刘继超，高月丽．修辞的艺术．北京：石油工业出版社，2002
14. 刘静敏．实用汉语修辞．合肥：安徽教育出版社，2003
15. 朱志凯．逻辑与方法．北京：人民出版社，2003
16. 曲玉波等．逻辑学导论．大连：东北财经大学出版社，2003
17. 陈波．逻辑学是什么．北京：北京大学出版社，2003
18. 欧阳忠实．逻辑．北京：北京大学出版社，1985
19. 杨树森．普通逻辑学．合肥：安徽大学出版社，2003
20. 华东师范大学哲学系．形式逻辑．上海：华东师范大学出版社，1996
21. 朱士葆．现代汉语知识．北京：企业管理出版社，1999
22. 杨润陆，周一民．现代汉语．北京：北京师范大学出版社，1998
23. 张炼强．修辞论稿．北京：人民教育出版社，2000